KB068182

우물로 본 조선역사

| 조선의 생각과 삶의체험 |

우물로 본 조선역사

김훈, 김지우

지음

바른북스

코로나의 중간에 만난 시골의 우물

코로나 팬데믹의 3년은 세계 모든 사람들을 서로 멀리하게 하고 모든 삶의 흐름을 멈추게 했다. 하지만 "살아 있는 모든 것은 한곳에 머물러 있지 않고 움직이고 흐르면서 변화한다."라는 법정 스님의 말처럼 나는 인적이 드문 시골 마을의 우물 앞을 어느 날 지나고 있었다. 우물 지붕에는 북어가 매달려 있었고 타다 남은 것으로 보이는 축문 종이가 우물 옆을 굴러 지나갔다. 이 마을 사람들은 여기에서 무엇을 했던 걸까? 집으로 오는 내내 나를 사로잡은 이 생각은 『우물로 본 조선의 역사』를 쓰게 된 계기가 되었다.

예로부터 우리나라 마을의 우물은 용신(龍神)과 수신(水神) 등에게 제사를 지내는 곳이다. 제사는 과거부터 존재한다고 믿는 신성(神

性)이나 조상의 가치와 교감하는 성격이 강하다. 또한 우물은 대자연의 수기(水氣) 흐름이 모여져 흘러가는 곳으로 용궁과의 통로라는 공간적 인식도 강하였다. 한마디로 외국의 공상과학영화에서 자주 등장하는 시공간의 통로인 스타게이트인 셈이다. 나는 이 우물을 통해 조선으로 시공간적 기행을 함으로써 조선을 살아간 조상들의 모습을 있는 그대로 보고 싶다는 마음이 들었다.

책의 구성

『우물로 본 조선역사』의 독자들에게 본문 흐름의 이해에 도움을 드리기 위해 몇 가지 책의 구성 배경과 취지를 설명드리고자 한다. 첫째, 본 책은 관광통역사가 현재에 남아 있는 유적을 통해 조선의 역사를 설명한다는 입장에서 출발하였으며, 서술의 방식은 역사교육의 전통적 연대기 서술방식에 의한 사건의 흐름과 관련된 현재의 관광유적을 연결하고 있다. 다만 각 부별 연대기적 사건의 서술 흐름에 장소나 유적에 관련된 다양하고 간혹 시기를 벗어난 이야기가 등장함으로써 독서의 흐름에 지장을 받을 수도 있을 것이다. 또한 왕권과 민생 등의 경우 특정 왕들의 시기에 집중적인 강화 노력이 이루어졌지만, 후대에도 지속된 사안이므로 일부 내용이 왕권과 민생의 우물 부분에 통합되어 기술되었다.

둘째, 관광통역사가 조선의 이야기를 진정한 조선인들의 시각으로 설명하기 위한 하나의 방편으로 그들의 사고를 구성하고 있는 유교 및 그 외 종교적 믿음과 그 종교적 가치에 관련되는 물의 가치가 실제에 어떻게 투영되는지를 설명하는 형태를 취하고 있다. 이를 좀 더 구체적으로 이해하기 위해서는 조선시대 종교와 물에 대한 이야기를 설명드릴 필요가 있겠다. 조선의 건국과 함께 성리학의 가치를 바탕으로 유교적 질서가 확립되었고 이는 대한제국 시기까지 이어졌다고 볼 수 있다. 성리학의 가치를 중심으로 풍수사상, 전통신앙, 불교, 도교, 명리학, 기독교 등이 시기별로 상호수용과 배척의 흐름을 이어갔으며 역사의 많은 사건들을 만들어 내었다.

성리학에서 물의 의미는 맹자의 사상에서 잘 알 수 있다. 먼저 정치에서 백성이 제일 중요한데 백성들의 생명을 기르고 살리는 것은 물이라는 것이다. 다음으로 사람의 본성은 선하므로 아래로 흐르는 물처럼 흘러 사회적 규범으로 공유되어야 한다는 것이다. 또한 우물은 생명의 공간이고 샘물은 결국 바다와 큰 공간을 채우므로 남에게 베푸는 인의예지(仁義禮智)의 실천의 상징이라고 보았다. 유생과 젊은이들에게는 호연지기(浩然之氣)를 강조하여 물이 크게 흐르는 모습처럼 포부를 가질 것을 주문하였다.

성리학이 도입되기 훨씬 이전 신라 말 도선 국사는 풍수이론을 중국에서 도입하였고 이후 불교, 도교와 결합하여 독자적인 풍수사상으로 자리 잡게 되었다. 조선의 풍수사상은 유교와 결합하여 음택풍수(陰宅風水)로 발전하였다. 조상의 묘지를 선정할 때 묘지뿐만 아니라 득수(得水)가 강조되었고, 주산의 좌측에 청룡산, 우측은 백호산을 위치시키고 앞에 물길이 지나며 물길 건너에는 주작산을 갖추어 명당의 기운이 빠져나가지 않도록 유의하였다.

　음택풍수가 성행한 이유는 유교에서 강조하는 인효지심(仁孝之心) 때문이었다. 이로 인해 성리학 가치를 토대로 하고 있던 조선은 풍수에 대해 양가적(兩加的) 태도 즉, '믿을 수 없으나 폐할 수도 없다. 불가신(不可信) 불가폐(不可廢).'를 취할 수밖에 없었다. 반면 다산 정약용과 같은 이들은 풍수설의 허구성을 제기하고 자신의 부모를 위해 남의 묘를 파묘하는 등 풍수가 사회적 문제가 되었음을 지적하기도 하였다.

　전통신앙에서 물은 산천신앙(山川信仰)과 용신신앙(龍神信仰)을 만들어 내었다. 산천신앙은 고대신앙의 주류인 자연숭배 사상이며 여기서 용은 수신의 상징으로 사람들이 강, 하천, 우물, 못 등에서 살고 있다고 믿는 존재였다. 또한 약수신앙(藥水信仰)은 물의 치유기능을 의미한다. 약수에는 신성이 깃들어 그 효능을 발생하므로 약수를 마시기 전에는 부정한 행동을 해서는 안 되고 산신령에게 예의를 지켜야 한다는 종교적 개념이 성립되었다. 무속신앙에서 씻김굿은 죽은 이의 부정을 깨끗이 씻어주어 극락으로 보내는 것인데 직접 물을 사용하지는 않지만 물의 정화 이미지가 투영된 것이다. 전통신앙은 성리학을 토대로 한 유교의 관념성에 비해 보다 실질적이고 기복(祈福)적인 측면이 있어 백성들에게는 보다 잘 받아들여졌으며 유교와 크게 충돌하지 않았다.

　불교에서 물은 진리를 자각시키는 좋은 스승으로 세속의 욕망에서 벗어나 피안에서 다시 태어나기 위해서는 계욕(禊浴)과 관욕(灌浴)을 통해 정화해야 한다고 가르친다. 정토에 들어가기 위해서 감로수를 마시는데 물질로서 물을 마시는 것이 아니라 부처님의 감로법문을 잘 받아 수행해야 한다는 것을 의미한다.

조선건국 초기 정치개혁을 위한 조치로 억불정책이 수행된 바 있으나 인과적 관계를 중시하는 불교의 인연설은 유가적 사상과 크게 충돌하지 않았다. 집권층은 불교의 인과응보를 통한 권선징악의 개념을 신분의 계급 또한 인과적 결과물이라는 인식으로 백성들에게 주입함으로써 기득권을 유지하는 데 이용하기도 하였다. 또한 현실은 과거의 업이라는 인연설을 통해 백성들이 열악한 환경에 순응하도록 만들었다. 물론 이러한 시도가 백성들이 선한 삶을 지향하도록 유도하는 순기능도 있었음은 분명하다.

고려 말 성리학과 함께 도입된 명리학(命理學)은 조선의 혼례 시 사주단자(四柱單子)의 교환, 중요한 행사의 택일(擇日) 등의 형태로 정착하였으며, 고려 말·조선 초 성리학의 대가 목은 이색은 자신의 문집에서 명리학의 핵심 개념인 팔자(八字)를 언급하기도 하였다. 명리학에서 물은 인성(人性)의 개념으로 생명을 낳아주고 보호하며 길러주는 근본을 말한다. 명리학의 사주 또한 전생이나 후생 혹은 조상·부모·형제·자녀라는 인과적 개념을 포함하고 있어 유교적 신분질서 사회를 유지하는 데 크게 충돌되지 않았다. 명리학도 전통신앙과 마찬가지로 백성들의 현재와 미래 삶의 고통을 판단하고 도와준다는 데 공통점을 가지고 있었으며 현재까지 그 명맥을 이어가고 있다.

도교에서 물은 장자(莊子)가 강조한 상선약수(上善若水)가 대표적인 이미지이다. 최고의 선은 물과 같고 물은 선하여 만물을 이롭게 하지만 다투지 않는다는 의미이다. 조선 초기 도교는 국가를 위하여 재앙을 물리치고 복을 비는 종교로서 왕실의 지원하에 그 명맥을 유지하였다. 그러나 성리학자들은 한낱 제후국에 지나지 않는 조선에서 하늘에 제사한다는 것은 주제넘는 일이라 하여 도교의 제사를 극렬하게 반대하였고 소격서(昭格署)가 혁파되면서 공식 석상에서 사라졌다. 도교는 조선 후기 불교와 융합된 형태로 변모하였으며 참성단에서 단군에게 제사를 지내는 도교적 전통은 지금도 남아 있다.

조선 후기에 전래된 기독교(천주교와 개신교)에서 물은 정화(淨化)의 세례, 계시와 영의 상징, 더 나아가 사랑이신 예수의 존재 자체와 삶이라는 해석까지 이어져 왔다. 또한 물의 순환성에 근거하여 예수의 죽음과 부활을 비유하기도 한다.『요한복음』에서는 물이 인간의 생명을 유지함과 동시에 다른 이의 갈증까지 해결해 주는 베풂의 의미로 강조되고 있다. 또한 제자들의 믿음을 강화하는 방식으로 그 물이 사용되고 있음도 보여준다. 그러나 천주교는 조선의 유교적 질서와 충돌함으로써 오랜 기간 갈등을 통한 비극이 발생하였다. 비극의 가장 근본적인 원인은 먼저 천주교가 제사를 지내지 않자 인효지심을 핵심가치로 삼는 집권층에게 무군무부(無君無父)의 패륜(悖倫)으로 받아들여졌기 때문이다. 다음으로 하느님 아래 모든 사람은 평등하다는 가르침은 신분제 사회를 유지하는 조선양반 집권층에 대한 정치적 도전으로 묵과할 수 없는 사안이었다.

　이러한 물의 믿음을 바탕으로 나타나는 조선사회의 행동 및 사건은 샘, 우물, 연못, 저수지, 강, 바다라는 자연의 순환적 구조 안에서, 비, 눈, 습기, 얼음 등의 물질적 형태를 통해, 사람, 동물, 식물, 소금, 건축물 등의 생성 및 성장과 소멸에 관계를 맺게 된다. 이러한 관계의 결과는 유물과 유적으로 남게 된다고 보았다. 또한 조선의 국권이 사라지고 한국인들이 나라를 되찾으려는 과정을 피(희생), 땀(노력), 눈물(슬픔)의 점철 과정으로 보았고, 이러한 한국인의 물에 대한 믿음과 정화의 노력은 대한민국으로 부활이라는 결과를 가져왔다고 판단하였다.

　셋째, 아버지와 딸이라는 두 관광통역사의 대화는 전반적인 역사 흐름의 설명을 주도하는 역할을 하는 것이 아니라 특정 사건과 유적에 대한 이해를 돕기 위한 보조적 역할을 하는 것이다. 따라서 인과적으로 진행되는 역사의 사건 흐름에서 잠깐 숨 고르기를 하고 당시의 이해를 보다 객관화하기 위한 방법으로 사용되었다.

　넷째, 역사의 시기를 특징적 명칭의 우물로 관념화한 것이 실제의 우물과 중의성을 띠고 있어 독자에게 다소 혼란을 줄 가능성이 있다. 다만 중의성은 본 책의 출발점인 전통적 우물의 인식에 기인하는 것이다. 우물은 시공간적 초월의 통로이므로 우물을 통해 과거로 이동하면 특정 시기 역사가 담긴 공간의 우물을 만난다고 보았다.

양해를 부탁드리는 말씀

우선적으로 역사를 전공하지 않은 사람이 역사의 흐름을 자신의 방식으로 판단하고 재단한 것에 대해 역사학자를 포함한 모든 분들에게 깊은 양해를 구하고자 한다. 또한 역사가 공시(共時)와 통시(通時)가 병행된 것이 아닌 그 시대의 관점에서만 집중하는 공시적 기술을 한 것에 대해 불편한 마음이 있는 분도 계실 것이다. 다만 상대를 전혀 이해하지 않으려는 정치적 양극화의 시대에 역사마저도 자신들의 입장에서 이용하려는 행태를 보면서 정말 당시의 시각은 어떠하였는지를 알아보고 설명하려는 정치학도로서 입장이 반영된 것으로 이해해 주면 좋겠다. 한편 야사와 전설이 등장하여 역사의 진실을 다소 가릴 수 있지만 독자 및 유적 탐방자의 입장에서는 보다 폭넓은 이해가 될 수 있겠다는 생각이 있었다. 독자들에게는 우선 조선 왕들의 연호(年號) 사용과 한문을 병기함으로써 읽는 데 어려움이 있을 수 있겠지만 그 시대에 조금 더 가까이 가기 위한 조치라는 점을 알아주기 바란다. 다음으로 모든 역사유적을 국산 핸드폰 카메라로 직접 촬영하다 보니 사진이 다소 조악할 수 있으며 장기간 보수 중이거나 촬영이 제한되는 일부 몇 곳의 모습은 문화재청의 자료를 활용하였다. 마지막으로 본 책은 조선을 치열하게 살다 간 우리 선조들에 대한 존경의 성격이라는 점을 생각하고 사소한 이야기나 장소의 사진도 잘 살펴봐 주시라 부탁을 드린다.

이 책이 나오도록 멀리 방글라데시에서 원고를 감수해 준 권인혁 후배에게 감사드리며 지난 일 년 동안 짜증과 불편함을 감내해 준 가족에게 고맙다는 말을 전하고 싶다.

김 훈

미리 본 건국의 우물

　건국의 우물은 한반도 건국 관련 우물설화 및 조선개국 전후의 역사를 담고 있는 관념의 우물이다. 조선의 건국설화는 신라, 탐라, 백제, 고려와 닮아 있어 모두가 단군의 후예임을 느끼게 한다. 한편 태조 이성계의 건국설화에는 뜬봉샘이 등장하는데 금강의 발원지로 한국 4대강 발원지를 함께 역사적으로 기행하는 것은 조선의 역사 및 본 책이 사상적으로 지향하고 있는 물의 출발이라는 점에서 그 의미가 있다고 보았다. 건국의 설화를 바탕으로 이성계는 정도전을 중심으로 한 신진사대부와 조선을 건국하고 그 기틀을 마련하였다. 반면 조선의 건국은 고려충신들의 희생을 바탕으로 하며 조선은 그들의 희생을 충절의 표본으로 삼았다.

1부

건국의 우물

海東 六龍이 나르샤
일마다 天福이시니

『용비어천가(龍飛御天歌)』

조선이전의 건국설화

신라

『삼국유사』에 의하면 신라가 건국되기 전 경주지역 일대는 진한의 영토로 6명의 촌장들이 각각 다스리고 있었다. 그 중 고허촌장 소벌도리공이 양산 기슭 우물가에 백마 한 마리가 무릎을 꿇고 있는 것을 신기하게 여겨 가보니 빛이 나는 큰 알이 하나 있었다. 박처럼 생긴 알에서 아이가 태어나 성을 박(朴)으로 세상을 밝게 하라는 의미로 혁거세(赫居世)란 이름을 지었다. 신라 시조 박혁거세의 탄생신화의 장소인 우물가는 경주 나정(蘿井)이다.

『삼국사기』는 박혁거세의 왕비탄생 설화를 소개하고 있다. 박혁거세 즉위 5년(기원전 53년) 봄 용이 알영정에 나타났고 용의 오른쪽 옆구리에서 여자아이가 태어났다. 이를 본 노인이 기이하게 여겨

▲ **나정** 사적. 경북 경주시 탑동. 지하에 우물제단이 묻혀 있는 것으로 파악되며 현재도 발굴 작업 진행 중.

거두어 길렀다. 아이의 이름은 우물의 이름을 따 알영(閼英)이라고 지었고 성장하면서 용모와 덕행이 뛰어나 이를 전해 들은 혁거세가 알영을 맞아들여 왕비로 삼았다고 한다. 시조 왕과 왕비가 우물가에서 탄생한 설화는 신라인들의 우물에 대한 신성 인식을 잘 설명해 주고 있다. 한편, 왕과 왕비의 탄생신화가 우물과 연관이 있는 것도 특이하지만 알영의 탄생지가 박혁거세 왕릉과 근접할 뿐만 아니라 오릉 중의 하나가 알영의 능이라는 사실은 많은 사람들의 추측을 무성하게 한다. 일부 학자들은 알영이 사로국 단계에서 건국의 시조이며 후일 박혁거세로 대표되는 세력이 신라를 건국하면서 박혁거세를 시조로 알영을 왕비에 포함시키는 건국신화를 재구성하였다고 해석하기도 한다.

① **알영정**　　　경북 경주시 탑동. 오릉 권역 내 숭덕전(崇德殿) 뒤편에 위치. 사진은 알영비각 뒤에
　　　　　　　　위치한 알영정.

② **숭덕전 제정**

③ **숭덕전**　　　경북 문화재. 세종대왕 왕명으로 건립된 박혁거세 제전.

　건국설화는 아니지만 『삼국유사』에 신라 원성왕의 왕위계승 정
당성을 강조하는 우물 관련 설화도 등장한다. 신라 선덕왕이 승하
하자 당시 승계서열 2위인 김경신이 1위인 김주원보다 먼저 왕궁
에 입성함으로써 원성왕(元聖王)이 된다. 거사가 있기 전 김경신은
자신이 복두를 벗고 흰 갓을 쓴 뒤 12 현금을 들고 천관사 우물에

▲ **괘릉**

사적. 원성왕 왕릉.
왕릉 앞에 위치한 무인상은 서역인 모습으로 페르시아인으로 추정.
당시 울산 개운포를 중심으로 국제교역이 활발하였음을 방증.

들어간 꿈을 꾸었다고 주변에 얘기하여, 장차 왕이 될 것임을 암시
하는 동시에 지지세력을 규합하여 왕권 탈취를 도모하였다. 원성
왕은 통치 기간 내내 천관사 우물을 신성시하고 정성스럽게 관리
하였다고 한다. 원성왕 왕릉이 괘릉(掛陵)으로 불리는 데는 그 이유
가 있다. 괘릉을 조성한 자리에는 과거 절의 연못이 있었고 이를 메
워 능을 조성했다. 그런데 원래 샘이 솟던 곳이다 보니 능에 물이
괴어 왕의 시신을 바닥에 그대로 안치하지 못하자 양쪽으로 관을

거는 시설을 만들었다고 한다. 그래서 걸 괘(掛) 자를 쓴 괘릉인 것이다.

지우 : 신라 시조를 추모하는 숭덕전을 세종대왕의 왕명으로 건립했다는 글을 읽은 적이 있어요. 약간 의아하기도 하면서 깊은 뜻이 있을 것 같기도 한데… 백제와 고구려에 대해서는 세종대왕이 왕명을 내리지 않았나요?

아빠 : 조선건국 초기 건국의 정당성과 왕권의 정통성을 강조하기 위해 민족 국가의 시조들에 대한 제사가 강조되었고 이에 태종은 단군과 기자(은나라 사람으로 고조선을 900년 정도 통치한 것으로 전해짐), 고려의 시조에 대한 제사를 지시했지. 후일 세종대왕께서 보니까 삼국의 시조 제사가 빠진 건 이상한 거야. 세종 11년(1429) 왕명으로 신라 시조에 대한 제사가 시작되었고 경종 3년(1723) 정식으로 숭덕전이라는 묘호가 내려진 거지. 한편 합사(合祀)된 단군과 고구려 동명왕은 숭령전(崇靈殿), 기자는 숭인전(崇仁殿), 신라는 숭덕전, 고려는 숭의전(崇義殿)에서 제사를 지냈고 백제 온조왕의 제사도 지냈지만 묘호는 없었데. 시간이 많이 흘러 신하들의 건의로 정조께서 온조왕의 묘호를 숭렬전(崇烈殿)으로 내려주셨다고 해.

① **숭렬전**   경기 문화재. 남한산성 내 위치하며 건립 시기는 인조 3년(1625). 인조의 꿈에 온
조왕이 나타나 혼자 있기 적적하니 훌륭한 신하를 한 명 보내달라고 요청하여 인조
는 사당을 세워 남한산성의 축조 책임자이자 병자호란 당시 사망한 이서 장군의 위
패를 함께 모셨다고 전해짐.

② **숭렬전 제정** 약수터로 유명하며 제향이 있을 때 약수를 사용.

백제

백제의 시조는 온조왕이다. 구전설화에 의하면 형 비류와 헤어진 온조는 한강 지역에서 도읍을 정하기 위해 위례성 우물을 통해 용으로 둔갑하여 수로를 따라 최적의 장소를 찾아다녔다는 것이다. 백제의 첫 도읍지에 대한 학계 의견이 분분하지만 다수의 학자들은 온조의 하남 위례성 위치로 풍납토성을 지목하고 있다. 서울 송파구 풍납토성 경당지구 우물터에서 왕궁의 어정(御井)이 발견되었고 200여 개의 백제 토기들이 출토된 바 있다. 한편 형 비류는 다수 추종자들의 반대가 있었지만 현 인천의 미추홀로 이동하여 비류국의 성을 쌓고 도읍을 정하였다. 비류가 미추홀에 도읍을 정한 것은 옛 인천의 모습이 작은 반도로 해상 활동에 매우 적합한 위치로 평가하였기 때문인 것으로 추정된다. 또한 고대시대의 황금과 같았던 소금을 비교적 쉽게 확보하여 이를 교역하려 했던 것으로 보인다. 비류는 제한된 여건에서도 농업을 활성화시키고자 노력했으나 뜻을 이루지 못하였으며 비류가 사망하고 비류국은 13년 만에 온조의 백제에 자연스럽게 편입되었다. 『삼국유사』는 백제 30대 무왕(武王)의 탄생 설화도 기술하고 있는데 백제 무왕은 선화공주와 서동요라는 얘기로 우리에게 더욱 친숙하다. 무왕의 어머니는 일찍이 과부가 되어 현재 서울 남쪽 못가에 살았다고 한다. 그러던 중 못에 사는 용과 관계를 맺어 아들을 낳아 서동이라고 했다는 것이다. 백제의 시조가 용과 관계가 있고 무왕이 용의 후손임을 알려 무왕의 정통성을 부각시키려는 의도가 있어 보인다.

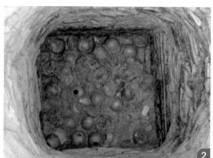

① **풍납토성**　　　　　사적. 서울 송파구 풍납동. 동쪽 토성의 모습.

② **풍납동 경당지구 우물**　발굴 당시 층층이 쌓인 토기들이 발견되어 의식을 수행하던 우물로 추정.

③ **백제 우물**　　　　　인천 연수구 청학동. 비류의 도읍인 문학산 동남쪽 청학동에 위치. 비류가
　　　　　　　　　　　　도읍을 정했을 당시부터 성 밖 백성들이 사용하였을 것으로 추정.

탐라

　제주도는 수천 년간 탐라국으로 왕국을 유지하다가 고려시대 한
반도에 편입되었다. 『동문선』과 『고려사』에 의하면 한라산이 신령
한 화기를 내리어 북쪽 기슭에 있는 모흥이라는 곳에 삼신인(三神人)
을 탄강시켰다. 삼신인은 모흥의 지혈인 모흥혈(毛興穴)에서 각각 용
출하였는데 이곳을 삼성혈(三姓穴)이라 부른다. 삼신인은 제주 탐라
국의 시조이자 수호신인 양을나(良乙那), 고을나(高乙那), 부을나(夫乙
那)이다. 제주도의 3개 성씨인 양씨, 고씨, 부씨의 선조인 것이다. 이
들은 원시 수렵생활을 하고 있었는데 어느 날 동해의 벽랑국에서
오곡의 종자와 가축을 가지고 온 삼공주를 연혼포에서 맞이하게
된다. 이로 인해 농경이 시작되었으며 탐라왕국으로 발전하는 계
기가 된다. 삼신인은 벽랑국에서 온 3명의 공주와 혼인지(婚姻池)에
서 결혼하였으며, 신방을 꾸몄던 굴을 신방굴(神房窟)이라 하고 3개
의 지하 굴로 구성되어 있다. 혼인지의 탐라 시조 설화로 인해 현재
에도 혼인지에서는 전통혼례 체험행사 및 결혼식이 자주 행해지고
있다.

① **삼성혈**　사적. 제주시 이도 1동. 중종 21년(1526) 이후 3성의 후손들이 춘추대제를 봉안.

② **혼인지**　제주 기념물. 제주 서귀포시 성산읍 온평리.

③ **신방굴**　혼인지 동쪽 30m 지점 위치.

고려

고려 태조 왕건의 조모 용녀와 관련된 설화의 우물은 황해북도 개성시에 위치한 대정(大井)이다.『고려사』에 의하면 용녀는 평소 이 샘을 통해 친정인 서해용궁을 왕래하였고 남편 작제건에게 우물 안을 들여다보지 말라고 당부하였지만 남편은 이를 어겼다고 한다. 이후 용으로 화신한 것이 들킨 용녀는 용궁으로 간 뒤 개성으로 돌아오지 않았다. 고려왕조가 시조모신을 숭앙함과 동시에 도읍인 개성을 용궁과 연결하는 중요한 거점이라 강조함으로써 건국의 당위성과 가치를 내세운 것이다.

태조 왕건의 설화는 우리에게 매우 친근하며 잘 알려져 있다. 왕건이 후백제 견훤과 싸우기 위해 행군하던 중 목이 말라 완사천에 이르러 한 처녀에게 급히 물을 청했는데 처녀는 왕건이 체할까 걱정되어 버들잎을 띄워서 주었다고 한다. 이에 감동한 왕건이 그의 아버지를 찾아 청혼했다고 한다. 결혼 후 고려 2대 혜종(惠宗)이 태어나자 사람들은 완사천 주변 마을을 왕이 태어났다 하여 왕을 상징하는 용을 넣어 흥룡동(興龍洞)이라고 불렀다.

반면『고려사』는 그 만남의 장면을 조금 달리 기술하고 있다. 태조가 수군장군으로 나주 지역으로 출정한 후 목포에 정박하여 강가를 바라보았더니 오색구름 같은 기운이 서려 있었다. 그곳에 다다라 보니 장화왕후가 빨래를 하고 있었고 태조가 왕후를 불러 사랑을 나누었다고 기록하고 있다. 왕건은 후삼국을 통일하는 과정에서 강력한 세력의 견훤과 3번에 걸친 해상전투를 벌이는데 이때 왕건을 도와준 나주 호족이 장화왕후의 부친인 오다련이다. 태조 왕건이 지방 토착세력의 지원을 이끌어 내기 위해 장화왕후에게 전략적으로 접근하였고 태조와 왕후의 만남이 완사천 우물을 통한 설화로 재구성되었을 가능성을 말해주고 있다.

① **완사천 조형물**　전남 기념물. 전남 나주시 송월동. 왕건과 장화왕후의 만남.
② **완사천 우물**

· 2장 ·

조선의 건국

태조 이성계의 건국설화

　태조 이성계의 본관은 전주이며 부친은 이자춘이다. 고려 충숙왕 4년(1335) 동북면 화령에서 출생하였다. 무장으로 다양한 전투경험을 하였으며 고려 말기 나라를 위기에서 구해내는 전공을 쌓으며 정계의 주요 인물로 부상하였다. 이후 불안정하고 미약한 왕권과 권문세족의 횡포로 암울하던 현실에 불만이 쌓인 신진사대부들의 지지를 얻어 정치적 대의명분을 쌓는다. 위화도 회군으로 실질적 권력을 장악하고 마침내 고려의 마지막 왕인 공양왕을 몰아내면서 조선을 개국한다. 태조 이성계의 모습은 전주 경기전(慶基殿)에서 만날 수 있다. 태종은 재위 10년(1410)에 태조 어진을 모신 어용전(御容殿)을 완산·계림·평양 3곳에 설치하도록 했으며, 세종 때부터 완산(전주) 어용전은 경기전으로 부르게 된다.

◀ **경기전**

보물. 전북 전주시 완산구 풍남동.
태조 어진은 국보(진본은 경기전
뒤편 어진박물관 소장), 정전은 보물.
경기(慶基)는 전주 李氏의 경사가
터 잡은 곳이라는 의미.

◀ **경기전 어정**

사적. 태조의 제사를 위한 어정.

    태조 이성계의 건국 관련 설화는 태조 왕건의 설화와 매우 유사하다. 고려와 조선의 태조가 공히 버들잎을 띄워 물을 건네는 현명한 왕비를 우물가에서 만난 것이다. 태조의 왕비인 신덕왕후 강씨의 고향은 황해도 북동부의 곡산이다. 태조가 동북면원수겸 자문하성사로 재직 시 함흥과 개경을 오가던 중 길목의 황해도 곡산 가람산 아래 우물가에서 신덕왕후를 만난 것으로 보인다. 정조 때 정약용은 신덕왕후의 생가를 찾기 위해 곡산 지역을 조사했다. 그 결과 용봉(龍峯), 용연(龍淵)이라는 지명을 가진 곳에 상당한 규모의 집터를 찾았고 주민들의 신덕왕후 관련 고증을 들었다고 정조에게 보고하였다. 즉, 신덕왕후가 해당 연못에서 태조 이성계를 만났기 때문에 용의 못, 용연이라는 지명이 생겼음을 확인 및 강조하고 있는 것이다.

　태조 이성계와 신덕왕후의 우물가 버들잎 설화는 황해도 곡산뿐만 아니라 경상남도 진주시 갈전리에도 전해지고 있다. 곡산이 아닌 지역에 동일한 설화가 전해지는데 나름 이유가 있어 보인다. 갈전리의 경우 신덕왕후가 어린 시절을 보낸 외가로 신덕왕후가 어린 시절 자신의 모습을 물에 비춰보고 학에 비유했다고 해서 이름이 붙여진 학영지(鶴影池)가 있다. 또한 신덕왕후가 자신의 부친을 위해 불공을 드렸고 후일 태조가 먼저 죽은 신덕왕후의 극락왕생을 기원하며 향완을 보광전에 안치했던 청곡사(靑谷寺)가 있기 때문에 첫 만남의 장소도 이곳임을 사람들이 믿게 된 것으로 보인다.

◀ **학영지**
청곡사 입구 지역에 위치,
최근 방송 촬영지로 유명.

지우 : 고려와 조선의 태조와 왕비 관련 설화가 유사하다는 것은 현재 후손의 입장에서는 당황스러운 일 아닌가요?

아빠 : 건국설화는 당시 상황을 반영하는 것으로 건국세력의 권위와 당위성을 내세우기 위해 내용이 과장되거나 미화되는 것은 어쩔 수 없겠지. 또한 설화 내용은 고정불변이 아니라 시대상황에 맞게 다양한 모습으로 변화하기도 하지. 고려와 조선의 설화가 닮아가는 것도 처음에는 일정 부분만 비슷했는데 역사를 살아가는 사람들이 이해하고 싶은 바대로 역사를 각색한 결과일 수 있다고 생각해. 역사는 우리가 조상과 소통하는 것이므로 우리의 합리적인 이해가 필요하고 후손들에게는 우리의 솔직한 이야기를 들려주는 것이 좋겠지.

이성계는 고려의 장수로서 공민왕과 우왕시대에 홍건적과 왜구 토벌에서 큰 업적을 쌓아 백성들에게 영웅적 이미지를 구축하였다. 특히, 운봉 황산대첩(1380)에서 왜구에 대승을 거두고 개선길에 마이산(馬耳山)을 들른다. 이성계는 마이산 산세가 어린 시절 꿈에 신인(神人)에게 국가를 다스리는 금척(金尺)을 받았던 장소와 흡사해서 놀라게 된다. 이성계는 이것이 나라를 건국하라는 신의 뜻이라고 여기고 은수사(銀水寺)에서 불공을 올렸다. 은수사 태극전에는 이성계의 꿈을 그린 몽금척도(夢金尺圖)가 소장되어 있으며 은수사 마당에는 이성계가 기도 후 심었다는 청실배나무도 있다. 당시 상원사라 불렀으나 이성계가 우물이 은같이 맑다고 해서 후일 은수사로 개칭하였다.

① **마이산** 명승. 전북 진안군 마령면 동촌리. 서봉(685m) 동봉(678m)이 말 귀 형상을 하여 붙여진 이름.

② **은수사 우물**

③ **은수사** 마이산 탑사와 인접하며 탑사는 조계종, 은수사는 태고종 사찰.

이후 이성계는 상이암(上耳庵) 등지에서 계속적으로 100일 기도를 드리게 되는데 아마도 태조 왕건의 전설을 의식한 것으로 보인다. 태조 왕건의 전설은 이곳에서 치성을 드린 결과 하늘로부터 왕이 되리라는 소리를 들었다고 한다. 또한 100일 기도를 끝내고 계곡 연못에서 목욕을 하던 중 하늘로부터 용이 내려와 몸을 씻어주고 승천하면서 "성수만세(聖壽萬歲)"라 했다고 한다. 현재 이곳의 산이름이 성수산(聖壽山)인 것도 그런 연유이다. 태조 왕건은 하늘의 계시를 받은 기쁨을 계곡의 바위에 환희담(歡喜潭)이라고 새겼다. 한편 상이암 입구에는 태조 이성계가 쓴 '삼청동(三淸洞)' 비석이 있다.

비석을 세운 이유는 태조가 100일 기도를 드렸으나 별다른 감응이 없자 3일을 더 맑은 계곡물에 목욕재계를 하고 기도를 드려 비로소 관음보살의 계시를 얻게 되었다는 것을 기념하기 위한 것이다.

① **환희담**　전북 임실군 성수면 성수리. 계곡에 각자되어 있던 바위를 잘라와 상이암 본전 앞에 위치.
② **삼청동 비각**　환희담 맞은편 근거리에 위치.

　이성계의 100일 기도 기간 중에는 신무산 뜬봉샘 설화도 발생한다. 이성계가 기도 중에 갑자기 산 위로 봉황이 날아오르자 사람들은 이성계가 왕이 될 것임을 암시하는 것이라 생각하였고, 그곳을 찾아보니 샘이 있어 뜬봉(鳳)샘이라 부르기 시작하였다고 한다. 한편 뜬봉샘은 건국설화의 출발지이자 금강의 발원지로 한반도 4대 강의 발원지를 「건국의 우물」 부분에서 함께 살펴보는 것도 의미가 있다고 생각하였다. 그것은 본 책이 조선인의 물에 대한 믿음이 생활과 사건에 투영된다는 관점을 전제로 하고 있으며 강의 발원지는 지상에서 물의 출발점이라는 상징성이 있기 때문이다. 금강

▲ 뜬봉샘
전북 장수군 장수읍 수분리.

은 뜬봉샘의 물줄기가 전라북도 장수군 장수읍 수분리를 거쳐 북진하다가 충남 및 충북의 경계에서 방향을 바꾸어 서진하여 충남 서천의 장항과 전북의 군산 사이를 지나 서해로 빠져나간다. 총 길이 394.79km, 유역면적 9,912.15km²이다. '금강(錦江)'이라는 이름은 공주 인근을 가리키는 옛 지명 웅진(熊津)과 깊은 관계가 있다. 단군 사상과 곰 토템은 백제에서도 존중되었으며 시간이 흐르면서 곰은 '짐, 검, 금, 가무… 등'으로 전음(轉音)되고, '儉, 錦, 今, 金, 金馬, 蓋馬' 등으로 차자(借字)되어 현재 금강이 된 것으로 추정하고 있다.

섬진강의 발원지는 데미샘이다. 섬진강은 전북 진안군 백운면 신암리 원신암마을 상추막이골 데미샘에서 발원하여 전남 광양만에 이른다. 총길이 223.86km, 유역면적 4,911.89km²이다. 데미샘의 유래는 확실하지 않으나 샘이 있는 곳이 너덜(너덜겅의 준말로 많은 돌들이 깔려 있는 산비탈을 가리키는 순수한 우리말)지대로 통상 사람들이 돌데미(더미)라고 했다. 그곳에 샘이 있으니 돌데미 시암이라고 애초 불렀을 것으로 추정되며 돌이 탈락하고 음이 정리되어 데미샘이 된 것으로 최종 판단한다. 데미샘이 섬진강의 발원지로 공식 인정된 것은

우물로 본 조선역사

① **데미샘** 전북 진안군 백운면 신암리.
② **개구리샘**

최근의 일이다. 하천 연구가 이형석 씨가 1983년 직접 섬진강을 거슬러 올라가며 계측한 이후 국립지리원이 데미샘이 최장발원지임을 인증하였다. 옛날 사람들은 섬진강의 발원지를 전라북도 장수군 장수읍 대성리에 위치한 팔공산의 어디쯤에 있을 것으로 봤고 『신증동국여지승람』(1530)에는 중대산 또는 마이산, 『택리지』(1751)는 마이산으로 추정하고 있다. 마이산 은수사를 방문하면 섬진강 발원지라는 표석을 만나게 되는데 이러한 근거에 따른 것이다. 데미샘을 탐방하기 위해 큰길을 따라가다 보면 좌측 계곡 쪽에 최근 만들어진 개구리 샘을 만나게 되는데 이곳은 섬진강의 역사적 배경을 담고 있는 조형물이다. 섬진강의 옛 이름은 모래내 또는 모래가람이었다고 한다. 지금도 하동하구를 방문하면 재첩을 채취하는 모습과 함께 넓고 고운 모래 백사장을 볼 수 있어 이러한 이름에 공감할 수 있다. 고려 우왕 때 왜구들이 강을 거슬러 침략해 오자 어디선가 수만 마리의 두꺼비 떼가 몰려들어 시끄럽게 울자 왜구들이 불안함을 느껴 돌아갔다는 데서 두꺼비 섬(蟾) 나루 진(津) 강이 유래되었다고 한다.

 낙동강의 발원지에 대해서는 여전히 논란이 있다. 먼저 태백시 황지연못이 낙동강의 발원지라는 입장은 『신증동국여지승람』부터 이어져 왔으며 풍부한 수량과 관광적 가치로 인해 태백시는 황지연못이 발원지라는 입장을 고수하고 있다. 반면 강원도 태백시 매봉산 천의봉에 위치한 너덜샘에서 발원하여 구문소를 거쳐 낙동강으로 흐른다는 주장도 끊임없이 제기되고 있다. 발원지가 어디든 황지천은 남쪽으로 흐르다가 태백 동점동에 이르러 구문소(물이 석회암 산지를 뚫고 지나가며 석문과 소를 만든 특수한 지형)를 통해 장애를 극복하고 경상북도와 경상남도를 경유하여 남해로 흘러든다. 낙동강은 총길이 510.36km, 유역면적 23,384km^{2}로 남한에서 제일 긴 강이다. 낙동강의 명칭 유래에는 몇 가지 설이 있는데 첫째는, 과거 김해 지역 금관가야를 뜻하는 가락국에서 가락의 동쪽을 흐르는 강이라는 해석이 있다. 둘째는, 경상북도 상주시의 옛 이름 중 하나인 낙양(洛陽)에서 온 것으로, 상주(낙양)의 동쪽을 흐르는 강이라는 뜻으로 '낙동강'이 되었다는 설이다. 현재에도 상주에 '낙양동', '낙동면'의 행정구역이 존재한다.

 태백시는 낙동강의 발원지로 황지연못으로 확신하며 연못을 중심으로 황지공원을 조성하였다. 황지연못은 편의상 상지·중지·하지로 불리며 전체 둘레 100m의 소(沼)에서 하루 5천 톤의 물이 쏟

◀ 황지연못
강원 태백시 황지동.

아져 나온다. 황지연못에 대한 전설은 다음과 같다. 한 노승이 과거 연못의 자리에 위치한 황 부자의 집으로 시주를 받으러 오자 황 부자는 시주 대신 쇠똥을 퍼주었다고 한다. 이것을 본 며느리가 놀라서 노승에게 시아버지의 잘못을 빌며 쇠똥을 털어내고 쌀 한 바가지를 시주하자, 노승은 "이 집의 운이 다하여 곧 큰 변고가 있을 터이니 살려거든 날 따라오시오. 절대로 뒤를 돌아보아서는 아니 되오."라고 말했다. 며느리가 노승의 말을 듣고 그의 뒤를 따라갔는데 도계읍 구사리 산등성이에 이르자 갑자기 자기 집 쪽에서 뇌성벽력이 치며 천지가 무너지는 듯한 소리가 들렸다. 그때 며느리는 노승의 당부를 잊고 그만 뒤를 돌아보자 돌로 변했고 황 부자 집은 땅속으로 꺼져 큰 연못이 되었다. 상지가 집터, 중지가 방앗간 터, 하지가 화장실 터라고 한다. 그리고 황 부자는 큰 이무기가 되어 연못 속에 살게 되었다고 한다.

한강의 발원지는 검룡소이다. 한강은 대덕산과 함백산 사이에 있는 금대봉(해발 1,418m) 자락의 800m 고지에 위치한 검룡소에서 출

▲ 검룡소
강원 태백시 창죽동.

발하여 정선, 영월, 단양, 충주 호를 거쳐 경기도 양평군 양수리(두물머리)에서 만나 서울특별시를 통과하여 김포 반도에서 서해로 흘러간다. 북한강은 남한강과 규모가 비슷하나 남한강이 길이가 더 길어 본류로 인정된다. 한강은 총길이 494km, 유역면적 35,770km^{2}로 한국을 대표하는 강이다. 한강은 순수한 우리말 한가람에서 온 것으로 '큰 강'을 의미한다. 검룡소에 대한 전설은 서해에 살던 이무기가 용이 되려고 강줄기를 거슬러 이곳에 들어가려다 몸부림을 쳐 지금의 폭포가 생기고 바위에 긁힌 자국이 생겼다고 한다. 이무기가 근처에 물을 마시러 온 소를 잡아먹자 화가 난 지역주민들이 흙으로 검령소를 메워버렸다고도 한다. 한동안 잊혀졌던 검룡소는 1984년 김강산 향토문화연구소장이 재발견하였고, 금대봉 아래에 용 모양의 폭포를 이루고 있어 금룡소(金龍沼)라 이름을 붙였다고 한다. 한편 소장이 경상도 촌노와 대화 중에 그가 계속 검룡소라고 사투리 발음하는 것을 듣고 단군왕검이 우리 민족의 뿌리이고 금룡소는 한강의 뿌리로 일맥상통한다고 판단하여, 국립지리원이 검룡소를 한강의 발원지로 공식인정하기 일 년 전 1986년 검룡소(劍龍沼)로 바꾸었다고 한다.

① **오목대**　전북 기념물 16호. 전북 전주시 완산구 교동. 오동나무가 많았던 언덕으로 추정.
② **고종황제비**　고종은 80m 정도 떨어진 이목대에도 주필유지비를 설치.

　한편 이성계는 100일 기도가 있기 전 황산대첩 후 개선 길에 전주 오목대(梧木臺)에 종친들을 불러 승전축하 연회를 베풀었다. 이 자리에서 이성계는 한 고조 유방이 불렀다는 대풍가(大豊歌)를 불러 일찌감치 대업의 포부를 드러내었다고 전해진다. 반면 오목대에 함께 위치한 고종의 비석은 태조의 건국 발자취와 달리 역사의 비정함을 보여주고 있다. 고종은 광무 4년(1900) 친필로 '태조고황제 주필유지(太祖高皇帝駐蹕遺趾)'라는 글을 비문으로 새겨 오목대 옆에 세웠다. 태조가 머무른 장소라는 의미이다. 고종은 갈수록 심해지는 외세 압력의 환경 아래서 태조의 건국을 칭송하며 대한제국을 중흥시켜 보겠다는 의지를 나타내고 있는 것이다.

태조 이성계의 건국과정

건국설화는 조선이 건국되고 난 뒤 정통성과 정당성을 강조하기 위해 어느 정도 정리될 수 있었겠지만 실제 건국의 과정은 무장출신이었던 이성계에게 복잡하고 험난한 정치적 과정이었다. 공민왕과 우왕 시기 고려는 국가 자주권 회복과 안위를 확보하기 위해 원(元)과의 대결, 홍건적의 난 대처, 왜구 토벌이라는 힘든 안보상황이 점철되었다.[1] 그 과정에서 무장으로서 태조 이성계는 혁혁한 공을 세움과 동시에 불교에 빠진 왕실의 무능, 권문세족들의 부패, 백성들의 생활고 등을 목격하고 이를 개혁하겠다는 생각을 가지게 된다. 그리고 고려 말 도입된 성리학으로 무장한 정몽주, 정도전 중심의 신진사대부 세력과 결탁함으로써 사회 개혁을 위한 사상적·정치적 토대를 강화하게 된다. 그러던 중 조선건국의 시발점이 되는 위화도 회군이 발생한다. 우왕 14년(1388) 명(明)이 철령위 설치를 통보하자 최영 장군은 조민수, 이성계를 좌우군도통사로 임명하고 요동정벌을 지시한다. 최영 장군은 충숙왕 3년(1316)에 태어났으며 본관은 동주이다. 역전의 명장으로 문하시중의 자리에 올랐고 시호는 무민공이다. 최영의 지시와 달리 위화도에 도착한 이성계는 4불가론(四不可論)으로 조민수를 설득하여 개경으로 귀환한다.[2] 최영 장군은 회군한 이성계에 맞서 싸우다가 유배되고 결국 개경에서 죽임을 당하였다. 최영 장군은 최후의 순간에도 당당하였고 자신이 사사로운 탐욕이 있었다면 무덤에 풀이 자랄 것이고 없다면 자

라지 않을 것이라 유언을 남긴다. 실제 무덤에 풀은 자라지 않아 적
분(赤墳)이라 불렸는데 1973년 후손들이 사초(沙草) 후에는 풀이 무
성하게 자라고 있다. 한편 최영 장군을 존경하고 기리는 사람들이
많아 전국에는 9개의 최영 장군 사당이 있다.[3]

① **최영 장군 묘소**   경기 기념물. 경기 고양시 덕양구 교동.
② **기봉사(奇峰祠)**   홍성군 홍북면 대인리. 최영 장군 출생지 사당.

지우 : 이성계의 위화도 회군 이유 중 첫 번째 '소국이 대국을 공격해서는 안 된다(以小逆大不可).'는 것은 자주적이지 못한 저자세로 조선 500년 동안 대중(對中) 종속적 태도와 중화(中華)사상의 시발점이 된 것으로 판단되는데요.

아빠 : 이성계는 평생을 전쟁터에서 살아온 무인으로 애국심이 투철할 뿐만 아니라 전쟁의 본질을 잘 이해하고 있었던 것으로 보여. 만약 우리가 선제공격을 하는 경우 적이 될 명의 잠재적 능력을 잘 알고 있었고, 역으로 우리의 군수·의무(여름출병)·무장(활)의 제한사항과 임박한 위험(왜구)을 종합적으로 판단했을 때 능력적으로 이길 수 없다는 결론을 내리고 적은 것이 큰 것을 이길 수 없다고 표현했을 뿐이야. 물론 공격을 해서 요동을 장악할 수 있었겠지만 한반도 동시전쟁(위화도 출병 후 왜의 공세강화)으로 인한 전쟁지속능력 부족으로 국가존망의 위기에 놓일 수도 있었을 것이야. 태조가 평소 견지했던 천명사상(天命思想)은 민심은 천심이기 때문에 민심이 가장 중요한 가치였지. 따라서 고려 말 백성들의 어려움을 우선 해결하기 위해서는 명과 전쟁이 급선무가 아니라는 판단을 내렸을 것으로 봐. 다만 이로 인해 친명의 기조는 정착되고 신진사대부들과 유교 이념의 국가를 건국하면서 천명의 수여자인 천자(天子)에 대한 종속적 입장을 취하게 되는 미래의 잠재적 위험을 피할 수 없게 된 것은 맞지.

위화도 회군 이후 이성계와 개혁파 사대부들은 과전법(科田法)을 통해 국가재정을 확충하고, 농민에 대한 무질서한 수탈을 제한하며, 대토지를 소유하고 있던 권문세족들의 기반을 약화시키고 신진관료들의 경제적 기반을 확충하려 했다.[4] 이러한 과정에서 신진사대부 세력은 강력하고 신속한 개혁을 요구하는 정도전 일파와 온건하고 점진적 개혁을 주장하는 정몽주 일파로 나뉘게 된다. 이성계의 개혁은 군정개혁으로도 이어진다. 무장이었던 이성계는 오랜 시간 군정개혁의 필요성을 절감하고 있었다. 원 지배 시기에 병역종사자들은 급여를 받지 못하여 사기가 저하되었고 이를 위해서는 전제개혁이 반드시 필요했던 것이다. 또한 고려 군사지휘체계는 사병(私兵)체제로 인해 국가가 필요할 때 통합적인 작전운영이 거의 불가능했다. 이를 개선하기 위해 이성계는 3군부를 설치했다. 물론 건국 이후에도 사병은 즉시 혁파되지 않았지만 사병해체와 국가통수권 확립이라는 것은 국가건국과정의 필수과제로 인식되고 있었다. 고려 말 권문세족의 부패는 군대에도 영향을 크게 미쳤다. 군 고위직이 세습직이다 보니 실제 전쟁을 수행할 수 있는 무관들은 극소수였다. 이성계는 군정개혁을 통해 무과시험을 치르고 정당한 보수를 지급하고 국가의 편제에서 군인들이 제 역할을 수행할 수 있는 여건을 점차 마련하여 갔다.

정몽주는 이성계의 위세와 명망이 날로 높아지고 조준·남은·정도전 등이 이성계를 왕으로 추대하려는 책모가 있음을 알고 이들을 제거하려 한다. 그러나 이성계의 낙상을 위문하려던 정몽주는 이방원의 사주를 받은 조영규 무리에게 오히려 척살당하고 만다. 정몽주가 죽자 4개월 뒤 이성계는 왕위에 오르고 조선은 개국된다.

지우 : 이성계는 정몽주를 살해한 이방원을 불효한 자식으로 꾸짖고 즉위 직후 어린 이복동생 방석을 세자로 책봉하는데 이것이 올바른 조치였을까요?

아빠 : 이성계의 천명사상을 다시 한번 생각해 볼 필요가 있겠네. 이성계는 천명을 얻고 잃는 것은 인심의 향배에 달려 있다고 본 거지. 실제 즉위 시에도 자신이 많은 사람의 뜻에 못 이겨 어쩔 수 없이 왕위에 오른다고 말하고 있어. 무력으로 왕권을 탈취하는 것은 모든 사람들의 공감을 받기가 근본적으로 어렵다고 생각한 거지. 따라서 개국과정에서 자신의 생각과 의도를 잘 따르지 않는 아들이 불편했을 것으로 보여. 반면 이방원은 이성계에게 자신이 효도를 다하기 위해 정몽주를 죽였다고 해. 즉, 아버지가 정치적 결심을 내리지 못하니 내가 그 어려움을 대신했다고 항변하고 있는 것이지. 정치지도자에게 중요한 덕목 중 하나가 책임감 있는 의사결정 능력인 것은 틀림없어. 한편 당시 많은 사람들이 방석의 세자 책봉에 긍정적이지 않았지만 왕조의 창업주가 내린 미래가치 판단에 반대하기는 쉽지 않아. 이러한 상황은 민주주의 사회에서도 제왕적 권위를 가진 국가지도자에 의해 발생할 수 있다는 점을 명심해야 할 필요가 있는 것이지.

태조는 새로운 왕조에 대한 민심을 모으기 위한 방안으로 천도를 결정하고 한양천도의 시기를 고민한다. 하지만 권중화가 바친 계룡산 도읍 지도를 보고는 계룡산에 대한 관심이 생겼다. 태조는 10개월간 계룡산 신도안(新都案) 지역으로 천도준비를 진행시키지만 하륜이 해당 지역이 국토 중앙에 위치하지 않았고 협소하며 수세가 좋지 않다고 반대하자 신도안 천도계획의 추진이 중단된다. 천도에 대한 논란 당시 태조와 정도전은 정확한 정책적 결심을 위해 신도안 지역을 현장 방문 하였다. 정도전은 방문지역의 위치를 표시하기 위해 말채찍으로 사용하던 나무를 꽂아놓았는데 이것이 대전 유성구 말채나무의 전설이다. 하륜은 신도안을 반대하고 새로운 도읍으로 무악(안산 : 신촌 일대)을 주장하였으나 다수의 신하가 한양(경복궁 주변)을 새 도읍으로 지목하였다. 태조의 최종 한양선택에는 좌정승 조준과 우정승 김사형의 조언이 결정적이었다고 한다.

◀ 신도안 궁궐지
충남 문화재.
계룡대 군 관리지역으로
민간의 접근이 제한.

◀ 말채나무
대전시 유성구 송정길
마을회관 앞.

정도전의 역할

◀ **도담 삼봉**
명승.
충북 단양군 매포읍 하괴리.

조선건국의 일등공신이자 통치체제의 근간을 수립한 이는 정도
전이다. 정도전의 호는 삼봉이며 본관은 안동이다. 형부상서 정운
경의 아들로 외할머니가 노비출신이어서 후일 정도전의 자질을 공
격하는 단골 소재가 된다. 정도전의 어린 시절에 대해서는 현실감
이 다소 떨어지는 도담 삼봉의 설화가 전해진다. 얘기인즉슨 강원
도 정선군의 삼봉산이 홍수에 떠내려와 지금 남한강에 위치하게
되었다고 한다. 이후 해마다 단양군은 정선군에 삼봉에 대한 세금
을 냈다고 한다. 단양군 백성들의 불만이 극도로 쌓였을 때 한 소년
이 "우리가 삼봉을 정선에서 떠내려오라고 한 것이 아니요. 오히려
삼봉이 물길을 막아 피해를 보니 아무 소용도 없는 봉우리에 세금
을 낼 필요가 없고 필요하면 도로 가져가시오."라고 정선군에 요구
하였다. 이 설화의 주인공은 정도전으로 설화는 그의 영특함을 선

전하는 동시에 고려 말 부패상을 우회적으로 비판하고 있다.

정도전은 이색의 문하에서 정몽주, 이숭인, 하륜 등과 함께 수학하였다. 정도전은 공민왕에게 총애를 받는 신진사대부였으나 친원파 이인임을 비판한 것으로 인해 유배되어 10년간 정치낭인으로 생활하게 된다. 그는 나주에서 당대 시인 두보가 한 것처럼 풀과 다듬지 않은 나무로 집을 짓고 흙을 쌓아 뜰을 만들었으며 갈대로 울타리를 쌓았다. 이름을 초사라 짓고 유유자적하였다고 전한다. 반면 나주에서 그의 눈앞에서 펼쳐진 왜구의 침탈은 백성의 참상을 실감하게 만들었고 후일 국가정책 수립에 크게 영향을 미쳤다고 한다.

정도전의 새로운 정치역정은 1383년 황산대첩(1380)의 영웅인 태조 이성계를 만나면서부터 시작되고 사전 및 군정개혁과 같은 실질적 정치적 활동은 위화도 회군(1388) 이후부터 가능하였다. 조선 건국의 사상적 배경에는 정도전의 역사관이 깊게 자리 잡고 있다. 정도전의 역사관은 민심을 얻지 못한 군주는 천명을 얻을 수 없고 천명을 다한 군주는 유덕자에게 통치권을 이양해야 한다는 것이다. 이것은 정도전 혁명사상의 출발점이며 조선건국의 정당성이기도 하다. 하지만 이런 역사관으로 인해 태조 이성계와 만남의 가교가 된 정몽주와는 대척점에 서게 만든다. 정도전과 정몽주의 생각은 상호 양보가 불가했고 정몽주가 척살됨으로써 조선은 비로소 건국(1392)되는 상황을 맞이하게 되는 것이다. 건국 후 정도전은 백성들의 생활을 안정시키고 경제를 튼튼히 하는 것에 방점을 두고 도읍을 옮기는 것에 반대하였다. 하지만 태조가 한양천도를 결정한 후에는 일언반구 없이 한양도읍을 직접 설계하고 지휘하였다. 정도전은 1394년 9월 한양에 머물면서 종묘와 사직, 궁궐, 관청, 시장, 도로를 포함하는 설계도를 만들었는데 현재 태평로와 종로의 거리를 중심으로 하는 500년의 도시구조가 마련된 것이었다. 광화문 남쪽 육조 거리에는 좌우로 6조와 삼군부 등의 관청, 동대문과 서대문을 연결하는 운종가에는 상가가 자리 잡았다. 종로 북쪽은 북촌으로 관청과 관료 및 상류층의 주택, 남쪽에는 상인이나 하층민의 주거지를 형성하였다.

도성의 밑그림이 완성되자 조선의 운영체계를 구축하는 데 힘을 쏟았다. 정도전이 구상한 조선의 운영체계는 '군주보다 국가가, 국가보다 민이 우선한다.'는 관계설정을 전제로 하고 있었다. 또한 국가가 백성들을 덕치(德治)와 교화(敎化)로서 이끌겠다는 이상적 방식을 표방하고 있었으나 실재 국정운영에서는 예치(禮治)라는 분명한 국가질서 유지방식을 백성들에게 요구하였다. 이것은 유교적 사고의 이중성으로 조선시대 전반에 걸쳐 위정자와 백성 간의 갈등을

◀ 정도전 사당
경기 평택시 진위면 은산리.
정도전 기념관 언덕에 위치.

쉽게 해결할 수 없게 하는 원인이 되기도 한다. 또한 군주와 신하들 간에 있어서도 정도전의 재상론(宰相論)은 조선 500년 동안 끝없는 힘겨루기 갈등의 씨앗을 내포하고 있었다. 재상론은 국왕의 통치 핵심이 훌륭한 재상 선택에 있고 모든 국정 책임의 주체를 재상이라고 규정하기 때문이다.

이방원은 정도전의 생각을 수용하기 어려웠으며 정도전이 방석의 세자 책봉을 인정하고 사병혁파와 요동정벌 추진하자 1차 왕자의 난(1398)을 통해 정도전을 제거한다.[5] 조선건국 초 정도전은 역적, 간신으로 규정되었다. 성군인 세종도 1차 왕자의 난에 대한 자신의 인식을 묻자 "정도전의 반란을 태종이 진압했다."라고 설명함으로써 후대 왕들은 정도전이 역적이란 것을 기정사실로 받아들였다. 하나의 예로 광해군 때 『홍길동전』의 저자인 허균의 역모죄 증거로 평소 정도전의 시를 좋아했다는 사실이 제시되기도 했다. 개혁군주 정조가 정도전의 문집인 『삼봉집』을 재간행하도록 한 적이 있으나 정도전은 대원군 섭정기에 이르러서야 비로소 복권될 수 있었다. 600년의 세월이 흐르는 동안 정도전은 어디에 묻혔는지를 모를 정도로 세인들의 기억에서 잊혀졌다. 정도전의 후손들은『동국여지지』에 "무덤이 과천현 동쪽 18리에 있다."는 기술을 근거로 묘를 찾아다녔고 서울 우면산 능선에서 한 묘지를 발견했다. 1989년 한양대 박물관이 해당 묘를 발굴한 결과 머리 유골과 조선 초기 고급백자들이 출토되었다. 한양대 박물관 측은 해당 묘가 정도전의 묘일 가능성이 있다는 결론을 내렸고 해당 유골은 평택 진위면 정도전 사당 맞은편 은정골 야산에 가매장되었다. 이와 별도로 진위면 정도전 사당 옆에는 가묘가 조성되었으며 대전 유성구에서 분재해 온 정도전 말채나무를 심었다.

지우 : 조선을 개국한 정도전에 대한 긍정적인 평가가 조선 말에나 이루어진 데는 어떤 이유가 있나요?

아빠 : 정도전에 대한 평가는 지금도 긍정과 부정이 같이 존재하는데 어쩌면 당연한 것인지도 모르지. 과거 조선시대 왕이 강력한 왕권을 유지하기 위해서는 선대에서 한 번 역적으로 규정한 인물을 높게 평가할 필요가 없지 않았을까. 대원군의 경우에는 왕실 권위를 되살리기 위해 경복궁을 재건하려니 이를 설계하고 감독한 정도전의 정치적 소환이 필요했겠지. 다만 한 가지 아쉬운 점은 현재까지도 특정 학파 혹은 역사학자의 정도전에 대한 평가는 무조건 수용할 수 없다고 주장하는 것은 역사의 본질을 통찰하고 미래로 나아가는 자세로는 적합하지 않다고 보여.

종묘와 사직단 정비

① **정전** 유네스코 세계문화유산(종묘 전체), 현판 없으며 태묘(太廟)로 호칭, 명종, 영조, 헌종
증축. (출처 : 문화재청, www.heritage.go.kr)
② **영녕전** 세종이 신축하였으며 조묘(祖墓)로 호칭, 선조, 현종, 헌종 증축.
③ **어정** 왕들의 종묘 방문 시 음용하던 우물.

조선건국 후 태조가 즉위교서에서 제일 먼저 강조한 것이 예에
의해 통치되는 예치 국가였다. 태조는 예치의 구현을 위해 한양천

① **좌측 연지**　종묘 정전으로 가는 방향을 기준.
② **우측 연지**　중연지로 호칭.

도 후 제일 먼저 종묘와 사직단을 건립하였다. 종묘는 조선의 역대
왕과 왕후, 추존된 왕과 왕후의 신주(神主)를 모시는 사당이다. 당시
개경에 있던 태조의 선조인 목조(穆祖)·익조(翼祖)·도조(度祖)·환조(桓
祖)의 신위를 한양으로 모시는 것이 급선무였을 것이다. 종묘는 창
건 당시 대실 7칸에 신주를 모시는 석실 5칸을 조성하였다. 이때
정전이 종묘의 전부였으며 정전의 건축양식은 세종 대에 확정되었
다. 정전은 시간이 지나면서 증축과 개축을 거듭하여 19칸에 49위
를 모시고 있다. 세종 2년(1419) 정종이 승하하자 정전 5칸에 신주
를 모두 모실 수 없게 되자 정전 서편에 별묘로서 영녕전(永寧殿)이
건립되었고 조묘라고도 한다. 영녕전은 현재 16칸에 34위를 모시
고 있다. 공신당(功臣堂)은 역대 왕의 배향(配享) 공신 83 신위를 모신
곳으로 정전 앞뜰에 16칸의 규모로 위치하고 있다. 종묘 정문은 외
대문(外大門) 혹은 외삼문(外三門)이라 하며 하마비와 어정이 위치하
고 정문을 들어서면 연지가 보인다.

◀ 어목욕청
왕이나 세자가 제사 하루 전
목욕을 하던 곳.

◀ 제정
전사청 동쪽 우물.

　연지를 지나면 종묘제사에 필요한 물품을 보관하고 제향에 나갈
헌관들이 대기하던 향대청(香大廳)이 있다. 국왕이 제사를 준비하는
시설로 제궁이 있는데 제궁에는 왕이 목욕하는 어목욕청(御沐浴廳)
이 포함되어 있다. 정전 곁에는 제례 관련 잡일을 담당하는 수복들
이 머문 수복방, 제수를 담당하는 전사청과 향제에 사용하는 우물
인 제정(齋井)이 있다. 제정은 가뭄에도 마르지 않고 물이 차가운 것
이 특징이라고 한다. 또한 정전과 영녕전 곁에는 각각 악공들이 대
기하는 악공청이 있다.

◀ 공민왕 사당 내부
공민왕과 노국대장공주의 영정.
사당 좌측 벽에는 공민왕이
그렸다고 전해지는 준마도가 봉안.

지우 : 종묘에 공민왕 사당이 있더라고요. 좀 안 어울리는 것 같아서 배경을 알아봤어요. 종묘 영건 당시 회오리바람에 어떤 물건이 묘정(廟庭)에 날아와 확인해 보니 공민왕 영정으로 군신 협의 끝에 영정을 봉안하기 위한 사당을 지었다는군요. 이것이 진짜 이유일까요?

아빠 : 영정이 날아온 것이 사실이라 할지라도 사당을 짓기까지는 여러 정치적 고려가 있었다고 봐야겠지. 태조 이성계와 조선건국의 신진사대부 세력은 공민왕의 선택과 지원으로 성장하고 그 위치에 오를 수 있었다는 것을 잘 알고 있었을 거야. 또한 새로운 국가를 출범함에 있어 민심의 동요를 최소화하고 통합하기 위해서는 공민왕의 개혁과 애민의 정신을 계승한다는 정치적 메시지가 필요하다고 판단했을 수 있지.

우물로 본 조선역사

사직단은 토지의 신인 사(社)와 곡식의 신인 직(稷)에게 제사를 드리는 제단이다. 토지와 곡식은 국가의 기반과 민생에 관련된 것이기 때문에, 사직단은 전근대사회 왕조에게 중요한 장소이다. 사직단의 경우 사단은 동쪽에 쌓아 국사단 또는 대사단이라 하였다. 직단은 서쪽에 쌓고 국직단, 대직단이라고도 하였다. 사직단을 국사단, 국직단이라 부른 이유는 각 지방 군현에도 사직단을 두어 제사를 지냈기 때문에 지방의 사직단과 구별하기 위한 것이었다.

▲ **사직단**　　사적. 서울 종로구 사직동.

궁궐 조성

① **광화문**   사적. 1395년 창건 당시 명칭은 사정문(四正門), 세종 7년(1425) 광화문으로 변경.
광화문의 해태상은 남쪽의 관악산을 주시하며 화기나 재앙을 예방.

② **근정문**   보물. 조선 궁궐의 정문 중 유일하게 중층으로 건축.

① **금천교** 　사적. 세종 재위기 영제교(永濟橋)로 명칭. 흥례문과 근정문 사이에 위치.
② **어정** 　강녕전과 흠경각 사이 위치.

　경복궁(景福宮)은 조선의 법궁(法宮)이다. 법궁은 왕이 일반적인 통치업무를 수행하는 궁궐이며 유교가 중요시하는 위계질서에 있어서 맏아들의 역할을 하는 궁으로서 의미가 있다. 경복궁은 『주례』「고공기」에 따라 왕궁의 형태를 사각형으로, 바라보는 남쪽 방향으로 삼문(三問)을 설치하였고 왕궁의 좌측에는 종묘를 우측에는 사직을 위치하였다. 또한 모든 전각을 일직선으로 위치시켰다. 초기 경복궁은 광화문(光化門), 금천교(禁川橋), 근정문(勤政門), 근정전(勤政殿), 사정전(思政殿)과 좌우에 경성전(慶成殿) 및 연생전(延生殿), 강녕전(康寧殿) 순으로 있었다고 추정된다. 경복궁에는 유교적 질서 이외도 풍수지리적 가치와 판단이 반영되어 있다. 풍수적 원리는 첫째가 왕기맥(王氣脈)이다. 삼각산(북한산)에서 발생한 왕기맥이 백악산(북악산)으로, 백악산에서 아미산(경복궁 내)으로 전달되는 축선 상에 강녕전, 사정전, 근정전을 지었다는 것이다. 둘째, 금천(禁川)이다. 삼각산에서 내려온 왕기가 궁궐 밖으로 빠져나가지 못하게 금천을 만든 것이다. 금천은 풍수에서 기(氣)가 물을 만나면 멈춘다는 원리에 따른 것이다. 따라서 금천은 궁궐이라면 반드시 갖추어야 할 명당수이며 다른 궁궐에도 금천은 존재한다. 강녕전 뒤에는 우물이 있는데 왕과 종친들의 연회에 사용되었겠지만 일부 학자들은 왕조의 단순 상징적 우물로 보기도 한다.

지우 : 서울에서 외국 관광객이 가장 많이 찾는 곳은 경복궁인데 중국 관광객들이 경복궁을 자금성에 비교하면서 볼품이 없다고 얘기하는 걸 종종 들었어요. 이럴 때 어떻게 설명해야 하나요?

아빠 : 대원군이 경복궁을 중건했을 때 규모는 자금성의 반 정도가 되었다고 해. 일제 강점기 훼손으로 인해 전각 규모가 많이 축소되었지만 개방된 청와대까지 경복궁 지역으로 잘 설명해 준다면 크기만 따지는 그들의 눈높이도 어느 정도 맞출 수 있다고 봐. 보다 근본적인 대답은 삼봉 정도전의 경복궁 영건 철학을 설명하는 것이 되겠지. "검이불루 화이불치(儉而不陋 華而不侈), 검소하지만 누추하지 않고 화려하지만 사치스럽지 않다." 백성의 수고를 덜고 왕조의 존엄은 살린다는 새 왕조의 정치철학이 잘 드러나 있어. 또한 법궁인 경복궁 가까운 곳에 이궁(離宮)들을 배치함으로써 실재 궁궐의 규모와 유용성을 높이는 효과를 내는 거지.

경복궁의 대부분 전각 이름은 정도전이 이름을 지어 정도전과 경복궁은 불가분의 관계로 여겨진다. 경복이라는 명칭은 경복궁이 완성되고 축하연에서 태조 이성계의 요청으로 지어졌다고 한다. 정도전은 『시경(詩經)』, 「주아(周兒)」 편에 나오는 "기취이주(旣醉以酒)

기포이덕(旣飽以德) 군자만년(君子萬年) 개이경복(介爾景福)", 즉, "이미 술에 취하고 덕에 배부르니 군자만년 그대의 큰 복을 도우리."라는 문구에서 두 자를 따서 경복궁이라 하고 새 왕조의 번영을 기원하였다. 근정전은 경복궁의 정전(正殿)으로 신하들과 정책시행을 논하고 대외적으로 의례를 행하고 사신을 접견하는 곳이다. 정도전은 왕이 정치를 부지런히 해야 한다는 의미로 근정전이라 했다. 근정의 의미는 사정전에서 수립된 정책을 부지런히 집행해야 한다는 책임의 강조이다. 정도전은 부지런함의 의미를 두 가지로 설명했다. 첫째, 올바른 생각을 거듭한 뒤 부지런히 움직여야 백성들의 피해가 없다는 것이다. 둘째, 왕이 해야 할 일만 열심히 해야 모두가 최선을 다할 수 있다는 것이다.

▲ **근정전**　국보. 정종, 세종, 단종, 세조, 예종, 성종, 중종, 명종 즉위식, 건립 초기 청기와 지붕,
고종 4년(1867) 중건.

① **사정전** 　보물. 건립 초기 청기와 지붕으로 건축.

② **강녕전** 　사적. 일제 강점기 창덕궁 내전 재건 시 해체하였고 창덕궁 희정당에 활용. 현재 강녕
전은 1995년에 복원.

　사정전은 경복궁의 편전(便殿)이다. 왕이 신하들과 정책을 수립하
고 경연을 하는 곳이다. 정도전은 천하의 이치를 얻기 위해 깊이 생
각해야 한다는 의미에서 사정전으로 불렀다. 정도전은 국가의 올
바른 정책기획, 정책의 옳고 그름 판단, 정책의 우선순위 및 수행의
적임자 선정, 국왕의 올바른 최종결정을 위해 끊임없이 생각해야
함을 강조하고 있다.

　임금의 처소인 강녕전은 마음이 편안하고 건강하지 못하면 올바
른 판단을 할 수 없으며 국가대사를 제대로 처리할 수 없기 때문에
이를 명심하자는 의미에서 지어졌다. 하지만 이것이 무조건 편히
쉬라는 것은 아니며 거처에서 쉴 때에도 마음을 바르게 하고 덕을
닦아야 한다는 군주의 의무감을 포함하고 있다.

도성 축성

▲ **숭례문**　국보. 조선시대에도 통상 남대문이라 호칭. 2008년 화재로 2013년 복원.
　　　　* 문화재보호법 시행령 및 시행규칙, 2021에 의거 국보, 보물의 순서를 의미하는 숫자를 폐지.

　태조 이성계는 궁궐이 한창 지어지고 있던 태조 4년(1395)에 도성 축조를 위한 임시 특별관청으로 도성축조도감의 설치를 지시하였다. 또한 정도전에게 성을 쌓을 자리를 정하게 하였으며 본인도 여러 차례 한양의 산에 올라 지역을 살폈다. 태조 5년(1396) 정월부터 백성들이 동원되어 본격적인 구역별 성벽공사가 시작되었다. 성벽을 처음 축조할 때 산지와 구릉에는 석성으로 쌓았고 평지에는 토성으로 쌓았었다. 세종 3년(1421)에는 도성수축도감을 설치하고 토성

◀ 흥인지문

보물. 반달형 옹성(甕城)을 설치한
것은 군사방어적 목적보다는
낙산의 약한 기운을 보강하는
풍수적 목적이 우선.
흥인지문의 편액은 정사각형.

◀ 창의문

보물. 자하문(紫霞門)으로
더 유명하며 인조반정
공신 현판이 문루에 위치.

부분을 석성으로 개축하는 등 대대적으로 보강공사가 진행되었다.

사대문은 유교에서 사람으로서 갖추어야 할 네 가지 마음가짐을
나타내는 사단(四端)의 인의예지(仁義禮智)와 풍수지리적인 요소를 동
서남북에 각각 대응시켜 이름을 지었다. 동대문을 흥인지문(興仁之
門)이라 했다. 동쪽은 오행이 목(木)이라 어진 품성을 나타내므로 인
(仁)을 넣어 지었고 동쪽은 청계천이 흐르는데 지대가 낮아 땅의 기
운을 돋우기 위해 갈 지(之) 자를 하나 넣어 흥인지문이 되었다. 서
대문은 돈의문(敦義門)이라 했다. 서쪽의 오행은 금(金)으로 의(義)를

뜻하며 의를 두텁게 한다는 의미로 돈의문이라 지었다. 현재 서대문은 일제 강점기에 철거되어 사진으로만 과거 모습을 확인할 수 있다. 남대문은 숭례문(崇禮門)이라 했다. 남쪽의 오행은 화(火)로 예(禮)를 뜻한다. 숭례문은 도성문의 글씨를 다른 도성문의 글씨와 다르게 세로 방향으로 썼다. 이는 조산(朝山)인 남쪽 관악산이 돌이 많은 화산(火山)이기 때문에 그 화기가 도성에 영향을 미치지 않도록 하는 조치였다. 광화문 앞에 상상의 동물인 해태상이 있는 것도 화기에서 궁궐을 보호하기 위함이다. 북대문을 숙정문(肅靖門)이라 이름을 붙였다. 북쪽의 문에 지(智)를 넣지 않은 것은 지가 들어가면 백성들이 지혜롭게 되어 나라를 다스리는 것이 어려워지므로 청(淸)을 넣었다가 정(靖)으로 바꿨다. 숙정문은 처음부터 규모가 작게 지어졌다. 이것은 북쪽이 음양으로 볼 때 음(陰)에 해당하므로 문을 크게 만들면 음기가 번성하여 도성의 부녀자들이 음란해지므로 문을 작게 만들고 가급적 닫아두었다고 한다.

사소문은 사대문 사이사이에 배치하였는데, 서남에 소의문(昭義門), 서북에 창의문(彰義門), 동북에 혜화문(惠化門), 동남에 광희문(光熙門)을 두었다. 돈의문과 소의문은 일제 강점기에 철거되었다.

한양도성에는 동지, 서지, 남지가 조성되었다. 숭례문 밖 남지와 돈의문 밖 서지는 한양 형세의 약점을 보호하기 위한 비보(裨補), 명당수 확보, 화기진압용 방화수, 수경 시설의 의도하에 조성되었다. 서지는 사신영접의 목적이 강조됨에 따라 경관 조성에 많은 노력이 투입되었다. 서지는 사신들을 맞이하는 모화관까지 약 800m 정

① **서지(천연정 표지석)** 서울 서대문구 천연동. 현 금화초등학교 자리.
② **남지 표지석** 서울 중구 남대문로 4가. 숭례문 광장 남단 맞은편.

도 떨어져 있다. 서지는 천연지라고도 하는데 조선말에는 천연정
이 세워져 백성들의 주요한 휴식처가 되었다. 남지는 조선 중종 때
의 김안로와 관련된 일화로도 유명하다. 김안로는 탄핵을 통해 자
신의 정적들을 수시로 제거하였는데 그에게 정치적 피해를 받은
사람이 정승·판서에서 사림에 이르기까지 수백 명에 달하였다고
한다. 그가 사망하자 많은 사람들이 남대문 근처에 있던 그의 집으
로 몰려가 집을 부수고 그 자리에 연못을 만들었다고 한다. 1927년
남지 터 일대에 건물을 짓기 위한 정지작업 중에 청동용머리의 거
북이 출토되었다. 이때 청동용머리의 거북 안에서 불과 물이 쓰여
있는 종이도 함께 발견되었다. 이 종이 한가운데에는 화(火) 자가 씌
어 있고 주위를 수(水) 자가 둘러싸고 있었다. 남지 터에서 발견된
이 유물을 통해 남지의 조성 목적이 화재에 대비한 측면이 크다는
것을 알 수 있다. 한양의 물이 흘러 나가는 곳에 위치한 동지는 서
지와 남지처럼 비보, 명당수 확보 의도도 있었지만 도성의 수구막
이 역할이 컸던 것으로 판단된다. 서지와 남지는 큰길 주변에 위치

한 반면 동지는 농지와 전원지역에 위치하였다. 3곳의 연지는 모두 장원서(掌苑署)에서 관리하였으며 일제 강점기에 매립되었다.

조선왕조의 한양도성 안에서 가장 지대가 낮은 곳은 흥인지문(동대문)이 위치한 청계천 주변이었다. 이로 인해 도성의 물은 이곳으로 흘러갔고 물의 흐름을 원활히 하기 위해 2곳의 수문을 건설했다. 한양도성의 수문은 성곽 시설물의 일부로서 성 밖으로 하천수를 통과시키는 치수의 역할뿐만 아니라 외부에서 침입하는 적을 막기 위한 방어의 기능도 가지고 있었다. 1907년 일제는 청계천 물을 더 잘 흐르게 한다는 명목으로 2곳의 수문을 헐었다. 지도 위에서 사라졌던 이 수문들은 2000년대 발굴조사를 통해 그 모습을 우리에게 다시 드러냈고 복원되었다.

도성의 비보를 위해 사찰과 석상이 만들어지기도 했다. 대표적인 사찰로 호암산에 위치한 호압사(虎壓寺)가 있다. 호압사가 위치한 호암산의 원래 명칭은 금주산이며 삼성산의 지맥으로 관악산과 이어져 있다. 금주산의 산세가 한양을 바라보는 호랑이 형상을 닮았다고 하여 일명 호암산으로 부르게 되었다. 호압사는 태조 5년(1396) 왕명으로 무학대사가 호암산이 한양과 과천에 호환을 일으키지 못하도록 호랑이 형상 산봉우리 끝에 지은 것이다. 호암산에는 통일신라 문무왕 12년(672) 나당전쟁 당시 축성한 호암산성이 남아 있으며 그 안에는 한우물이 있다. 『동국여지승람』에는 한우물에서 기우제를 지낸 기록이 남아 있으며 전시에는 군사들의 생활용수로 활용되었다. 한우물 북동쪽 50m 떨어진 곳에는 한 마리 개 모양의 석상이 북쪽을 바라보고 있다. 이 석구상은 광화문에 있는 해태상과 서로 마주 보며 한양의 화재와 재앙을 예방하는 목적으로 만들어진 것으로 알려져 있다.

◀ 호압사
서울 금천구 시흥동.
대한불교 조계종 조계사 말사

◀ 한우물
원래 2곳의 우물이 있었으나
통일신라시대부터 있었던
한우물만 현존.

◀ 석구상
과거 해태상이라고 불렀으나
우물 발굴과정에서
석구지(石狗池)라는 글자가
새겨진 조선시대 석재 발견.

성균관과 향교 설립

◀ 성균관 명륜당

사적. 서울 종로구 명륜 3가.
전묘후학(前廟後學) 문묘(대성전)
뒤에 강학 공간(명륜당)이 위치.
알성문과(謁聖文科) 시험장.

◀ 성균관 대성전

봄, 여름 석전대례 거행.

    태조 7년(1398) 태조 이성계는 조선 최고의 관학인 성균관을 한양
에 설립하였다. 성균관은 고려시대부터 있었으며 신진사대부들이
조정에 출사할 수 있는 중요한 통로 역할을 하였다. 태조 당시 성
균관[6]은 양반자제 150명만 입학할 수 있는 소수정예의 최고 고등
교육기관이었다. 성균관의 중요한 시설로 유생들이 함께 공부하

◀ 나주향교

대성전은 보물.
전남 나주시 교동. 성균관과
동일한 구조에 대등한 규모.

는 명륜당(明倫堂), 공자와 선현에 대한 위패가 있고 제사를 올리던 대성전(大成殿), 유생들이 기숙하던 동재와 서재, 어정수 등 제향시설이 있다. 대성전에서는 봄과 가을 2번 석전대제(釋奠大祭)를 올리며 국가 중요 무형문화재 85호로 지정되어 있다. 석전대제는 공자를 비롯한 선성(先聖)과 선현(先賢)에 대한 의식으로 제사의식의 전범(典範)이자 가장 큰 규모의 제사이다. 향교는 성균관의 하급 관학이다. 성균관과 마찬가지로 향교는 고려시대부터 있었으며 성균관과 동일한 시설물과 구조를 가지고 있다. 향교는 조선시대 부·목·군·현에 설립하였으며 현재 234개소가 남아 있다. 나주향교는 규모가 성균관 다음으로 전국에서 제일 클 뿐만 아니라 조선 후기 향교건물을 대표한다. 향교는 조선 중기 이후 점차 쇠퇴하며 서원의 발전으로 그 위상을 완전히 상실하게 된다.

고려의 충신

고려의 운명과 함께 죽거나 은둔한 많은 세력은 조선을 건국한 세력과 마찬가지로 신진사대부 세력이었다. 조선의 건국에 반대한 신진사대부 세력들은 고려 말의 정치적 난맥상을 개혁하려는 데는 공감했으나 역성혁명에는 결사반대했다. 다만 태조와 특정 신진사대부 세력이 권력을 갖는 것에 반대한 것인지 아니면 충신불사이군으로 왕조를 바꾸는 데 반대한 것인지에 대해서는 논란의 여지가 있다.

역성혁명의 반대 중심에는 정몽주가 있다. 정몽주의 호는 포은, 본관은 영일로 영천에서 출생하였다. 목은 이색 문하에서 수학하였는데 스승 이색으로부터 "동방이학의 비조(東邦理學鼻祖)."라는 찬사를 들었다. 성리학 도입단계에서 학문적 역량이 충만치 않아 당시 정몽주가 내리는 성리학 주석과 풀이에 반신반의했지만 후일 많은 서적이 중국에서 도입되면서 중국의 해석이 정몽주와 같음에 놀랐다고 한다. 조선시대 유학자들은 대부분 정몽주를 학문적 비조라는 데 이의를 달지 않고 존경하였다. 정몽주는 중국과 왜국의 외교관계에서도 뛰어난 실력을 보였다. 태조 이성계와는 1383년 함경도 왜구침입과 1380년 황산대첩 당시 조전원수(助戰元帥)로 관계를 맺었으며 이성계는 정도전 이상으로 정몽주에 대한 큰 신뢰와 기대를 갖고 있었다.

황산대첩 승리 후 태조가 오목대에서 대풍가를 불렀을 때 정몽주는 남고산성 만경대에서 우국시(憂國詩)를 읊었다고 한다. 정몽주의 우국시는 만경대에 암각서로 남아 있는데 영조 22년 진장 김의서가 새겼다고 한다. 일부 사람들은 이때 정몽주가 태조 이성계의 역성혁명의 의도를 미리 알고 우국시를 썼다고 하지만 고려 말의 정치적 난맥상에 대한 우려로 이해하는 것이 보다 합리적일 것 같다.

▲ 만경대 암각서 [7]

정몽주는 위화도 회군, 공양왕 옹립 등의 역사적 사건에 태조 이성계의 입장을 지지하였으나 사전개혁부터 거리가 발생하기 시작했다. 고려왕조를 지키려던 정몽주는 결국 태종 이방원에 의해 척살되어 개성 부근 해풍군에 안장되었다. 개국 직후 정몽주에 대한 인식은 부정적이었으나 태종 집권 이후 분위기가 바뀌어 정몽주의 추증과 자손들의 등용이 추진된다. 태종은 왕조체제의 안정을 위해 관료의 절의를 강조할 필요가 있었다. 이런 분위기에 편승하여 태종 6년(1406) 정몽주의 후손들은 정몽주의 고향인 경상도에 천장묘지를 정하고 용인시를 거쳐 장례행렬을 이동하였다. 이들이 잠시 멈추어 쉬고 있을 때 돌풍이 불어 명정(銘旌)이 날아가 현재 용인

◀ 정몽주 묘
경기 기념물.
경기 용인시 처인구 모현읍 능원리.

◀ 정몽주 묘지 앞 연지

묘지 터에 떨어졌다고 한다. 모든 사람들은 이곳이 명당자리라 입을 모으고 최종 유택으로 정하였다고 한다.

세종 16년(1434)에는 삼강행실도에 정몽주의 이야기가 포함되었으며 문종 때에는 고려 시조를 모시는 연천 숭의전(崇義殿) 배신청(陪臣廳)의 16명 충신 신위에도 포함되었다. 연천 숭의전은 태조 왕건이 세웠다는 과거 앙암사 자리에 세워졌으며 왕건이 궁예의 부하로 개성과 철원을 오가면서 마셨다는 어수정도 있다. 정몽주는 중종 12년(1517)에 최치원 다음으로 문묘에 배향되어 성인의 반열에

◀ 숭의전
사적. 경기 연천군 미산군 아미리.

◀ 숭의전 어수정

◀ 임고서원
경북 기념물.
경북 영천시 임고면 양항리.
명종 8년(1553) 최초 건립.
서원철폐령으로 철거 후 근래 복원.

올랐다. 이후 인조에 이르기까지 정몽주를 모시는 임고, 숭양(개성),
충렬서원 등이 연이어 세워졌으며 모두 국가지원을 받는 사액서원
이 되었다.

우물로 본 조선역사

◀ 칠현사
강원 정선군 남면 낙동리.

고려의 멸망과 함께 낙향하거나 은둔하며 살아가는 충신들도 많 았다고 한다. 대표적으로 두문동 72현의 이야기가 전해진다. 영조 16년(1740) 영조가 개성에 행차를 하여 부조현(不朝峴)에 대한 문의 를 하면서 72현은 사람들에게 회자되기 시작했다.[8] 영조 27년(1751) 에는 72인의 충신에게 제사를 지내고 비를 세우라는 영조의 명이 있었다. 정조 7년(1783)에는 이름이 확인된 3명(조의생, 임선미, 맹씨)에 대해 개성 성균관에 표절사(表節祠)를 세워 추모하였다. 이후 특정 가문들이 두문동 72현을 자신들의 조상이라고 밝힘으로써 시비의 소지를 낳게 되었다. 강원도 정선 거칠현동에는 고려 7현을 기리는 칠현사와 칠현비가 있다. 고려에 충절을 맹세한 7명의 유신 전오 류, 신안, 김충한, 고천우, 이수생, 변귀수, 김위가 그들이다. 이들은 자신들의 슬프고 분한 마음을 정선아리랑에 실어 읊었다고 전해진 다. 정선아리랑은 이러한 역사적 설화와 함께 고유의 가치를 인정 받아 유네스코 인류무형유산으로 지정되었다. 반면 7현의 진위 여 부도 72현과 마찬가지로 논란이 계속되고 있다.

지우 : 영조는 왜 고려가 멸망한 지 350년이 지난 시점(1740)에 두문동 72현에 대한 확인이 필요했을까요?

아빠 : 영조는 탕평책을 추진했다고 널리 알려져 있지만 집권 초기 자신의 왕권 강화에 가장 큰 관심이 있었지. 당시 임인옥사(경종 3년 노론의 경종 시해 역모사건)가 소론의 무고에 의한 것임을 공포하는 경신처분(1740)으로 자신의 경종 독살설을 불식시키고 더 나아가 신하들의 자신에 대한 충성을 강화시키기 위한 충절의 실례 발굴이 필요했다고 보여.

지우 : 황희 정승은 두문동 72현 중 한 명이었는데 72현들의 부탁으로 은둔을 접고 조선 조정에 출사하게 되었다고 전해지는데 근거가 있나요?

아빠 : 황희 정승은 청백리와는 거리가 멀고 원칙주의자도 아니지만 조선 초기 국가운영에 공헌을 한 것은 틀림없지. 만약 그가 72현 중 한 명이 사실이라면 현재를 살아가는 우리가 의미 있게 받아들일 필요가 있는 것이지. 어떤 정권이라도 훌륭한 인재는 국가와 국민에 도움이 되므로 출신과 성향에 무관하게 선발하고 활용하는 자세를 가져야 될 것이란 점이야.

성균관 진사 이오는 끝까지 고려의 유민으로 남기 위해 남쪽으로 내려와 거처를 찾던 중, 산간벽지 우거진 숲속에서 백일홍이 만발한 것을 보고 그 자리에 자신 일가의 터전을 일궜다. 그 자리는 오

◀ 황희 영당

경기 파주시 문산읍 사목리.
세조 원년(1455) 건립. 1962년 복원.

◀ 반구정(伴鷗亭)

경기 문화재자료.
원래는 낙하정(落下亭)이었지만
조선 중기 학자인 허목 선생의
반구정기(말년을 갈매기와 벗 삼아
지낸다는 의미) 현판 편액 이후
명칭 변경.

늘날 자미단(紫微壇)으로 남아 있게 되었다. 이오는 함안 은거지 주변에 담을 쌓아 밖은 조선의 영토라 할지라도 안은 고려 유민의 거주임을 명시하는 '고려동학(高麗洞壑)'이라는 표비를 세웠다. 여기서 '담안' 또는 '장내'라는 마을 이름이 유래되었다고 한다. 담 안에 주거를 만들고 우물을 파 논밭을 일구어 자급자족할 수 있는 터를 만들었다. 이오는 아들에게 조선왕조에 벼슬하지 말 것과 자기가 죽은 뒤라도 신주를 고려동을 떠나 다른 곳으로 옮기지 않도록 유언하였다. 현재 고려동 유적지에는 자미단 사적비, 고려동 담장, 자미정, 복정(鰒井) 등이 남아 있다.

① 자미단 사적비　　　경남 함안군 산인면 모곡리.
② 고려동 담장　　　　경남 기념물.
③ 자미정 앞 화단　　　경남 기념물. 순조 33년(1883) 창건, 고종 15년(1878) 중건, 6.25 소실
　　　　　　　　　　　후 복원.
④ 자미정 후원 연지　　경남 기념물.

　전해지는 말에 의하면 이오의 현손인 이경성의 처 여주 이씨는
남편과 마찬가지로 시모에 대한 효성이 지극했다고 한다. 시모가
노환으로 전복이 먹고 싶다고 하자 산골이라 구할 길이 없지만 백
방으로 찾아 헤매던 중 하늘도 효심에 감복하여 집의 우물에서 전
복이 나왔다는 것이다. 시모는 며느리 이 씨에게도 함께 먹자고 하
였으나 먹을 줄 모른다고 대답하였다. 이 씨는 이후 시모를 봉양하
기 위해 한순간의 거짓대답이지만 부모를 속인 죄책감을 가지고

◀ 복정(鰒井)

평생을 살았다고 한다. 영조 때 명재상 유척기가 경상감사로 왔을 때 부임기념으로 백일장을 열었는데, 이때 시제를 '평생불식 복어회(平生不食 鰒魚膾)'로 냈을 정도로 이야기가 널리 알려지게 되었다. 고려동 종택에 있는 이 우물은 통상의 복정(福井)이 아니라 복정(鰒井)이며 지금까지 어떤 가뭄에도 마르지 않는다고 한다.

고려 마지막 왕 공양왕이 강원도 유배길에 올랐을 때, 뒤따르던 이가 있었는데 홍문박사와 예부상서를 지냈던 함부열이다. 공양왕은 태조 3년(1394) 삼척 궁촌리에서 시해되었고 야사에는 함부열이 시신을 거두어 간성 금수리 수타사에서 가까운 고성산 기슭에 묻었다고 한다. 공식적으로 공양왕의 묘는 처음 시신을 매장했던 삼척 궁촌리 묘와 경기도 고양시 원당동 고릉(高陵) 두 군데가 있다. 공양왕의 진묘에 대해서 논란이 있지만 『조선왕조실록』에 공양왕 묘의 조성에 대한 내용이 기술되어 있어 고릉으로 옮겨왔을 가능성이 높다. 이후 함부열의 후손들은 현재 강원도 간성 왕곡마을에 집성촌을 이루어 살게 되었고 최근 영화 「동주」의 촬영지로 주목을 받게 되었다. 윤동주의 생가는 북간도에 있지만 북방식 한옥 구조의 왕곡마을이 유사하여 영화 촬영지로 선택되었다. 우연인지 모르지만 왕곡마을은 저물어 가는 나라 백성들의 삶이 겹쳐 투영되고 있다.

◀ 공양왕 궁촌리 묘
   강원 기념물.
   강원 삼척시 근덕면 궁촌리.

◀ 왕곡마을 큰상나말집
   중요민속자료.
   강원 고성군 죽왕면
   오봉리. 「동주」 촬영지.

조선국왕의 만남을 거절한 고려충신도 있다. 태종은 왕이 된 후 어린 시절 스승이었던 운곡 원천석을 만나러 강원도로 행차하였다. 하지만 고려에 대한 충절을 지키던 스승 원천석은 태종과의 만남을 피하였다. 태종은 오랜 시간 스승을 기다렸지만 결국 만나지 못하였다. 태종이 스승을 기다리던 바위를 주필대(駐蹕臺)라고 부르다가 후일 태종대(太宗臺)로 바꿨다. 현재 태종대 누각에는 주필대 비석이 남아 있다. 국립공원은 공단 치악산 사무소에서 태종대까지 길을 태종이 스승을 만나러 수레를 타고 넘었다고 해서 '수레너머길'이라고 명해서 그 의미를 되새기고 있다.

◀ 태종대
강원 문화재자료.
강원 횡성군 강림면 강림리.

◀ 창의사(彰義祠)
원주 향토문화유산.
강원 원주시 행구동. 원천석 사당.

미리 본 왕권의 우물 ─────────────────────────

  왕권의 우물은 시기적으로 태종부터 성종까지 왕권 강화를 위한 궁궐건립,
외척제거, 권력통제의 노력과 세조의 왕위 찬탈에 대한 내용까지를 2부의 전
반부에 담았다. 또한 조선 전반에 걸쳐 왕권을 강화하기 위한 중앙집권행정
체제 확립노력을 살펴보았다. 한편 왕실의 계승, 안녕, 존중이 국가 및 왕권의
근본이라는 왕조사상에 근거하여, 왕실의 생로병사에 관련된 물의 활용방식
을 조명함으로써 왕권 강화의 종합적인 모습을 확인하게 된다. 후반부 마지
막에는 왕실의 죽음과 연계하여 유네스코 세계문화유산인 조선의 40개 왕릉
중 10개 능에 대해 유교적 문화와 풍수지리가 어떻게 접목되었는지 상세히
살펴보게 된다.

2부

왕권의 우물

샘이 깊은 물은 가뭄에 아니 그치므로
냇물이 되어 바다에 가나니

『용비어천가(龍飛御天歌)』

태종의 왕권 강화

궁궐건립

삼봉 정도전은 "궁궐이란 것은 임금이 정사를 하는 곳이요 사방에서 우러러 보는 곳.", "궁원이란 조정을 높이고 명분을 바루기 위한 것."이라 정의하였다. 조선 초기 궁궐의 건립은 왕실 권위를 높임으로써 임금으로부터 백성에 이르는 유교적 신분질서를 구조적으로 확립한다는 정치적 의미기 가장 컸다. 태조를 실질적으로 계승한 태종은 정종이 양위함에 따라 개성의 수창궁(壽昌宮)에서 즉위하였다. 태종은 태조 이성계의 부탁으로 한양재천도를 결심하지만 신하들의 강력한 반대에 부딪힌다. 갑론을박이 계속되다가 점(占)이라는 방식으로 한양천도가 최종 결정되었고, 태종 4년(1404) 신도 이궁(離宮) 조성도감이 설치되면서 한양 향교동에 궁궐 조성이 시작된다.

▲ **인정전과 우물**　국보. 순조 4년(1804) 재건. 창덕궁 전체는 유네스코 세계문화유산. 원이 쳐진 곳이 우물.

　태종 5년(1405)에 이궁이 완성되자 태종은 경복궁 대신 아예 이궁으로 이어(移御 : 임금이 거처를 옮김)한다. 이궁의 이름은 창덕궁(昌德宮)이라 했는데 '큰 덕을 이룬다.'는 의미이다. 창덕궁은 풍수지리적으로 왕기맥(王氣脈)인 용맥(龍脈)이 삼각산(북한산)에서 시작하여 보현봉(普賢峯)을 통해 숙정문에 이르고 다시 남동진하여 주산(主山)인 응봉(鷹峯)에 다다른다. 명당수 금천(禁川)은 응봉에서 발원하여 북영천(北營川)을 통과해 창덕궁 서쪽으로 흐른다. 이러한 물길은 세종 3년(1421) 하천 준설공사로 인해 북영천의 물이 회동천((灰洞川 : 현재 복개)으로 유입됨에 따라 금천을 흐르는 물은 그 양이 미미하게 되었다.

　창덕궁의 주요 전각을 살펴보면 인정전(仁政殿)은 창덕궁의 정전으로서 왕의 즉위식, 신하들의 하례, 외국 사신의 접견 등 중요한 국가적 의식을 치르던 곳이다. 맹자의 왕도정치에서 강조한 인정, 즉 '어진 정치를 베푼다.'는 의미이다. 인정전 서쪽 계단 앞에는 인정전 건립 초기부터 위치한 것으로 보여지는 우물이 있는데 인정전처럼 큰 궁궐 전각 바로 옆에 우물이 위치한 것은 유일하며 특이하기도 하다.

◀ 선정전
보물. 인조 25년(1647) 재건.

선정전(宣政殿)은 창덕궁의 편전으로 지형을 고려하여 정전인 인정전 동쪽에 세워졌다. 인정전에서는 조정회의, 업무보고, 경연 등 각종 회의가 매일 열렸다. 초기에는 조계청(朝啟廳)이라 불렸는데 세조 7년(1461)에 '정치는 베풀어야 한다.'는 뜻의 선정전으로 이름을 바꾸었다. 현재 5대 궁궐 중에 유일하게 남아 있는 청기와 건물이다. 또한 건물은 행각으로 둘러쌓여 있으며 동쪽은 담장이다. 정면으로는 어로(御路) 복도가 설치된 독특한 구조이다. 후일 뒤편의 희정당으로 편전 기능이 옮겨 가면서 순조 이후에는 이곳을 혼전(魂殿 : 종묘로 모시기 전까지 죽은 왕과 왕비의 신주를 모시는 곳)으로 사용하기도 했다.

◀ 희정당
보물. 임진왜란 및 인조반정,
순조 재위기, 일제 강점기에
화재가 발생하여 복구.

　희정당(熙政堂)은 조선 초기 왕의 침전으로 쓰다가 후기에 편전으
로 전환한 것으로 다수의 학계 전문가들은 보고 있다. 희정(熙政)은
"정사를 밝혀 백성을 접하니 백성이 충정을 다하고, 정사를 넓혀
백성을 구제하니 혜택을 입지 않은 백성이 없다."는 의미로 창건
당시 상량문에서 밝히고 있다. 처음엔 '수문당(修文堂)', '숭문당(崇文
堂)'으로 부르다가 연산군 2년(1496) 12월에 희정당으로 고쳤다. 희
정당은 일제 강점기인 1917년에 화재로 소실되어 1920년에 복구
했는데 경복궁 강녕전을 헐어다 지었다. 그 때문에 지금은 조선시
대 본래의 모습과 완전히 달라졌으며 고종과 순종 황제의 차량 진
입을 위해 입구가 현대식으로 개조되었다.

　대조전(大造殿)은 창덕궁의 침전으로 원래 왕비의 처소이지만 왕
과 왕비가 함께 사용한 것으로 추정된다. 세조 7년(1461) 12월에 양
의전(兩儀殿)으로 이름을 짓고 5월경에 건물 전체의 이름을 대조전
으로 고쳤다. 대조전 뒤에는 내전의 일부인 경훈각(景薰閣)이 있는데
원래 징광루(澄光樓)가 있는 2층의 화려한 건물이었지만 현재는 역

◀ **대조전**

보물. 1920년 복구.
경복궁 교태전을 헐어
대조전 재건.

◀ **경훈각과 우물**

1920년 복구.
경복궁 만경전을 헐어
경훈각 재건.

사의 풍파를 거쳐 단층의 건물만 남아 있다. 경훈각 앞에는 우물이 있는데 대조전에서 사용했던 것으로 추정된다.

태종 6년(1406) 창덕궁 후원에 광연루(廣延樓)를 건립하였다. 경복궁의 경회루를 본떠서 만든 것으로 추측되는 누각이지만 현재 남아 있지 않다. 광연루는 신하들과 함께 연회를 열거나 외국의 사신을 접대하고 잔치를 베푸는 곳으로 사용했으며 세종도 광연루를 즐겨 이용했다고 전한다. 태종 11년(1411)에는 창덕궁 중문인 진선문(進善門)과 금천교(錦川橋)를 건립하였고, 경복궁 금천에도 물이 잘

우물로 본 조선역사

◀ 진선문
1908년 인정전 개수공사 당시
헐렸다가 1999년 복원.

◀ 금천교
보물.
조선 궁궐의 최고(最古) 돌다리.

흐르도록 준설 작업을 하였다. 진선은 '선한 말(善)을 아뢰다(進).'와 '훌륭한 사람(善)을 추천한다(進).'의 의미가 있다. 태종은 백성들의 억울함을 고하는 신문고를 이곳에 설치하도록 명하였는데 세종대에 이르러 설치될 수 있었다. 창덕궁 금천교는 경복궁의 영제교(금천교)와 마찬가지로 풍수적인 이유로 설치되었다.

태종 12년(1412)에는 창덕궁 정문인 돈화문(敦化門)과 좌우 행각을 건립하였다. 돈화는 『중용』에서 인용한 말로 "백성들을 화목하게 하고 교화시킨다."는 의미다. 한편 진선문 안쪽으로 들어서면 진선문, 인정문(仁政門), 숙장문(肅章門)과 행각이 사각형의 공터 공간을 조성하고 있다. 이곳을 바깥 조정이라고 불렀다. 그 이유는 신하들이 경축일 등에 왕에게 인사를 올리는 조하(朝賀) 및 매월 4차례 실시되는 조례(朝禮)는 참가자들의 규모로 인해 인정전 앞의 조정과 이어지는 사각형의 공터가 함께 사용되기 때문이다. 진선문 맞은편 숙장문의 행각은 진선문 행각보다 짧게 구성되어 바깥 조정 공간이 찌그러진 사다리꼴을 이루고 있다. 태종은 이를 반듯하게 하라고 명했지만 궁궐공사를 책임진 박자청은 왕명을 따르지 않았다. 결국 박자청은 태종의 시정 명령을 불복한 죄로 귀양을 갔는데 (태종 상왕 원년, 1419) 왕조시대 신료의 항명에는 분명한 이유가 있었다. 인정전 앞에서 종묘로 이어지는 곳은 얕은 구릉지대로 응봉에서 이어지는 풍수지맥선이다. 박자청이 행각을 반듯하게 설치하지 않은 것은 왕명을 따르는 경우 풍수지맥선을 건물이 침범할 수밖에 없었기 때문이다. 창덕궁의 정문인 돈화문이 인정전과 축선을 이루지 않고 금천교 건너 서쪽에 마련된 것도 같은 맥락이다. 한편 창덕궁과 종묘는 유교 및 풍수지리적 가치를 종합적으로 고려하여 한 울타리 안에 위치하고 있었으나 일제가 의도적으로 창덕궁과 종묘를 분리시켰다. 한국 정부는 2022년 7월에 창덕궁과 종묘의 연결 길을 마련함으로써 조선 초기의 모습을 부분적으로 되찾을 수 있게 되었다.

태종 12년(1412) 태종은 법궁인 경복궁에 대해서도 관심을 가졌다. 경복궁 연못의 누각을 크게 고치어 정비한 뒤 경회루(慶會樓)라고 이름을 지었다. '경회루' 이름은 태종의 명을 받아 하륜이 지었

① **돈화문**　　보물. 1608년 중건.
② **인정문**　　보물. 1745년 중건.
③ **숙장문**　　사적. 1999년 복원.
④ **창덕궁과 종묘 연결길**

고 임금과 신하가 덕으로써 만나는 장소를 의미한다. 올바른 정치를 펴기 위해서는 임금 자신의 밝은 덕은 물론 유능한 인재를 얻는 것이 제일 중요한 일이란 걸 강조하고 있다. 경회루는 주역의 원리에 의거한 우주 만물의 질서가 잘 구현되어 있다. 경회루 중심의 3칸 마루는 정당(正堂)으로 천지인(天地人) 3재를 나타내고 3칸을 구획하는 8개 기둥은 팔괘(八卦)를 표현한다. 그다음 12칸은 정당을 보조하는 헌(軒)으로 1년 12달을 상징하며 16개 기둥 사이에는 4짝의 문이 있어 64괘를 이룬다. 또한 가장 바깥쪽 마루 20칸에 있는 24

개의 기둥은 24절기를 뜻한다. 경회루 연못은 그 물로 불을 제압하여 궁궐을 보호하며 경복궁의 부족한 명당수를 저장하고 땅의 습기를 다스리기 위한 목적이 있다. 한편 경회루 연못을 파낸 흙을 이용하여 침전 뒤에 아미산(峨眉山)이라는 인공동산을 조성하였다. 조선 궁궐의 조경은 화원을 만드는 대신 후원을 조성하였다. 아미산 언덕에는 교태전 구들에 연결된 굴뚝 4기를 포함하여 석분, 석지 등의 조형물을 배치하였고 그 주변으로 화초와 나무를 심었다. 석지(石池)는 노을이 드리운 연못, 낙하담(落霞潭)과 달을 머금은 연못, 함월지(涵月池)를 균형적으로 배치하였다.

◀ **경회루**
국보. 1867년 재건. 현존하는 단일 목조 건축 중 최대.

◀ **아미산**
원래의 명칭은 '아미사(蛾眉砂)'로 혈 자리가 모이기 전에 솟아있는 언덕을 의미.

외척제거

▲ **심온 묘와 연지**　　경기 기념물. 경기 수원시 영통구 이의동.

　왕조시대 외척은 왕을 지지하는 친위세력이나 왕을 무력화시키는 세도세력이 될 수 있는 양날의 검과 같은 존재였다. 태종은 자신의 경험에 비추어 외척은 왕권 강화에 걸림돌이 된다고 확신하였다. 태종의 외척인 민무구·민무질은 태종의 비 원경왕후(元敬王后)와 남매지간으로 1·2차 왕자의 난의 주역이며 태종의 집권에 일등 공신이었다. 태종 7년(1407)에 두 사람은 권력 남용, 불충, 불손 등의 여러 죄목으로 탄핵을 받았다. 조정의 신료들은 약 3년에 걸쳐 탄핵 및 처벌 요청을 하였고 두 사람은 제주에 유배되었다가 태종 10

년(1410) 태종의 명으로 결국 자진하였다. 태종은 직접 민무구·민무질의 열 가지 죄목을 나열하기도 하였다. 이어 1415년(태종 15)에는 동생 민무휼·민무회까지 불충의 명목으로 탄핵되었으며 태종 16년(1416)에 이들 역시 자진하였다. 태종은 미래 왕권 강화를 위해 아들의 외척세력제거에도 착수하게 된다. 자신의 며느리 즉, 세종의 왕후 아버지 심온을 숙청할 계획을 세우게 된다. 태종은 상왕이 되어서도 국가대사와 군사에 대한 부분은 자신이 직접 챙기겠다고 공언하였다. 그런데 병조참판 강상인이 정무를 자신에게 보고하지 않고 세종에게 직접 보고한 것을 빌미 삼아 심온을 제거할 계획을 구체화하게 된다. 태종은 명나라에 세종의 왕위 승계를 요청하는 영의정부사로 심온을 임명하여 파견한다. 심온이 떠난 후 때마침 박은이 태종에게 심온의 동생 심정과 병조판서 박습이 태종의 병권에 대해 비판하였다고 고발하게 된다. 태종은 강상인의 국문을 친히 주관하여 강상인의 입으로 상왕을 무시한 배후가 심온이라는 말을 하게 만든다. 그리고 심온이 돌아오기 전 강상인과 심정, 박습, 이관 등의 신료들을 신속히 처형한다. 돌아온 심온은 대질심문할 용의자나 증인도 없는 상태에서 태종 19년(1419)에 사사되었다. 세종 재위기간 중 심온은 복권되었으며 그의 묘는 수원 광교역사공원에 위치하고 있다.

지우 : 다수의 역사책과 드라마에서 외척인 민씨 형제들이 태종의 왕권 강화를 위한 함정에 걸려들어 억울하게 죽은 것으로 묘사되는데 태종은 정말 피도 눈물도 없는 냉혈한이었던 건가요?

아빠 : 선위쇼를 통해 민씨 형제의 빌미를 잡은 것은 함정수사와 같은 성격이지만 후대 왕들도 이런 방식을 사용하는 경우가 있어. 따라서 옳고 그름을 떠나 조선왕조정치 문화의 일부라고 봐야지. 반면 민씨 형제가 새로운 왕조를 창업한 태종의 정치적 인식과 상황의 변화를 자신들의 관점에서만 바라본 아둔함은 태종으로부터 불충의 죄를 받을만하다고 생각해. 태종이 왕자의 난을 일으킨 명분은 정도전 세력이 이복동생 방석의 세자 책봉 지원 및 자신을 포함한 형제들의 제거 음모를 꾸몄다는 것임을 민씨 형제가 망각한 것이지. 평소에 민무질은 태종에게 "제왕의 아들 중 영기(英氣) 있는 자가 많으면 난을 일으킨다."라고 하였어. 또 태종이 제왕은 적장자 외에는 아들이 없어야 하느냐고 묻자 "그렇다."라고 대답하여 민무질이 장차 위험할 수 있겠다고 생각한 거야. 그런데 선위를 한다는 태종의 정치적 노림수에 민씨 형제가 어정쩡한 태도를 보이니 양녕대군이 집권하면 진짜 왕실의 골육상쟁이 발생할 수도 있겠다고 생각한 것 같아. 태종이 평소 민무구에게 "나는 세자에게 왕위를 물려준 다음 세자가 여러 아우들과 더불어 집을 죽 늘어세우고 우애롭게 사는 모습을 보고 싶다."고 말했던 걸 보면 태종의 의중을 더 잘 이해할 수 있지.

선린외교의 공간 확보

태종은 태종 2년(1404) 왕권의 안정과 백성들의 평안을 위해 고려
시대부터 골칫거리였던 왜국과 국교를 맺었다. 이후 태종은 민무
구·민무질 형제가 탄핵되어 유배되자 태종 9년(1409) 그들의 한양
집을 허물어 일본 사신의 객사인 동평관(東平館)과 서평관(西平館)을
짓게 하였다. 일본 사신은 한양 객관에 머물며 외교활동과 함께 가
져온 물건을 진상하고 조선의 회사품(回射品)을 받아갔다. 후일 동평
관과 서평관은 잦아진 왜국 사신의 활동으로 문제가 발생하자 동
평관으로 통합된다.

태종은 태종 7년(1407)에 개경의 영빈관을 모방하여 서대문 밖에
명나라 사신의 객관을 세웠다. 모화루(慕華樓)라고 하였으며 영은문
(迎恩門)을 세우고 남쪽에 못을 파 연꽃을 심었다고 전한다. 모화루

남쪽의 연못은 한양 도성계획 당시 서쪽의 비보를 위해 조성한 천연지(天淵池)와 동일한 장소로 판단된다. 세종 11년(1429)에는 모화루의 개수를 통해 규모를 확장하고 모화관(慕華館)으로 개칭한다. 오랜 시간이 흐른 청일전쟁 이후 모화관은 폐지되었고 서재필 등이 1896년 독립협회를 세운 뒤 사무실로 사용하게 된다. 독립협회는 영은문 자리에 독립문을 세우고 모화관을 독립관으로 개칭하였다.

◀ **독립문**
사적. 서울 서대문구 현저동.
고종 34년(1897) 건립.

◀ **독립관**
고종 34년(1897) 건립.
1997년 재건.

왕세자 교체

① **교동읍성 남문 유량루** 경기 기념물. 인조 7년(1629) 경기수영 설치 당시 축성한 석성으로 2017년 복원.
② **황룡우물** 유량루 동쪽 100m 지점에 위치.

　태종 18년(1418) 태종은 15년간 세자로 있었던 양녕대군을 폐위하고 셋째 아들인 충녕대군으로 세자를 교체했다. 애초 태종은 양녕대군의 비행이 무도하여 종묘사직을 이어받을 수 없다는 신하들의 의견이 빗발치자 양녕대군의 아들을 세손으로 삼아 왕위를 계승하겠다는 입장을 보인다. 이러한 초기 입장은 잘못히면 적장자 왕위 계승원칙을 지킬 수 없으며 왕세자로 지명도가 높았던 충녕대군이 둘째 아들인 효령대군보다도 승계서열이 낮다는 점을 고려한 것으로 보인다. 그렇지만 태종은 신하들의 여러 가지 의견을 수렴하여 초기 입장을 바꾸게 되고 세자 교체를 위한 세밀한 사전 여건조성 뒤 택현(擇賢)을 명분으로 세자 교체를 단행한다.『조선왕조실록』에는 세자 교체 5개월 전 태종 18년(1418) 3월 13일 수군첨절

제사 윤하의 경기 교동현 수영 우물에 황룡 출현 보고 기록이 있다. 선군들이 우물물을 길으려고 하는데 누런 용들이 가득 차 있었다는 것이다. 황룡은 임금의 상징으로서 해당 보고는 여러 훌륭한 임금 대상자들이 있다는 것을 강조하여 왕세자 교체를 위한 사전 여건을 조성하려는 것으로 보인다.

지우 : 태종의 재위기간 중 개성으로 이어와 한양 환도가 세자 교체와 관련된 의도가 있다고 들었어요.

아빠 : 태종의 재위기간 중 2번의 개성 이어와 환도가 있었는데, 태종 재위 18년 두 번째 개성 이어는 자신이 주도하는 왕위계승 계획, 즉 강력한 왕권수립을 수행하는 과정이라는 데 큰 의미가 있지. 태조와 명이 인정한 세자, 양녕대군을 교체하기 위해서는 신료를 포함한 국가 전반적인 분위기가 한 방향으로 조성될 필요가 있었다고 봐. 태종은 넷째 아들 성녕대군(誠寧大君) 사망으로 인한 액막이 이어의 필요성을 내세워 양녕대군을 한양에 남겨 두고 개성으로 이어한 것이지. 태종은 개성에서 세자의 문제점을 공식적으로 제기하여 신료들에게 왕세자 폐립에 대한 공감대를 강요했다고 볼 수 있어. 설상가상으로 세자가 한양을 이탈하여 개성을 다녀간 뒤 태종은 세자에 대한 처벌을 내렸고 세자 폐립 상소가 올라오자 즉각 세자 교체를 단행해 버린 거지. 한편 한양으로 환도 후 곧장 세종에게 양위를 한 것은 명의 승인 문제나 세자 교체의 논쟁을 무력화시키는 태종의 강력한 마무리 펀치로 평가할 수 있어.

세종의 왕권 강화

궁궐건립

세종은 태종의 양위로 경복궁 근정전에서 태종 18년(1418) 즉위하며 상왕 태종의 거처로 수강궁(壽康宮)을 건립한다. 수강궁은 부왕인 태종의 만수무강과 평안을 기원한다는 의미를 지니고 있다. 세종은 즉위 후 경복궁을 법궁(法宮)에 맞게 확장하고 보완하는 데 힘을 쏟는다. 이는 조선건국이념과 예치의 근간을 확실히 달성하겠다는 의지로 보인다. 세종 9년(1427) 동궁(東宮)으로 자선당(慈善堂)과 승화당(承華堂)을 건립한다. 세자에게 자선당을 거처로 삼고 승화당에서 시강과 서연을 받도록 했다. 경복궁 창건 당시 동궁은 궁궐밖에 위치했고 특히 세자가 아침저녁으로 부왕에게 문안인사를 위해 궁궐을 출입하는 데 어려움이 많았다고 한다.

◀ **신무문**
사적. 고종 2년(1865) 중건.

◀ **흠경각**
사적. 과학자들의 연구 공간.

세종 15년(1433) 경복궁에 정상적인 북문을 건립하였으며 신무문(神武門)이란 이름은 성종 6년(1475)에 비로소 지어졌다. 북대문인 숙정문과 마찬가지로 평소에는 닫아두고 비상시에만 사용하였다. 후일 고종의 경복궁 중건으로 신무문 밖은 경복궁 후원이 되었고 후원을 오가는 출입문으로 기능하게 되었다. 세종 20년(1438)에는 흠경각을 건립하여 옥루기륜(玉漏機輪) 물시계를 설치하였다. 설치 후 우승지 김돈이 흠경각에 대한 기문(記聞)을 지었다. 기문에 따르면 흠경각은 천추전(千秋殿) 서쪽에 있는 1칸의 작은 전각이다. 종이를 발라 만든 7척 규모의 산(傘)을 흠경각 가운데에 설치하고 그 산 안에 옥루기륜을 설치하여 물의 힘으로 스스로 돌아가게 만들었다. 금으로 탄환만 한 크기의 해를 만들어 하루에 1바퀴 돌게 하였는데 낮에는 산 밖에 나타나고 밤에는 산 가운데로 졌다. 시간에 맞추어 옥녀가 금방울을 울렸으며 청룡·주작·백호·신무가 시간에 맞추어 이동하였다. 또한 시각마다 종이나 북이 울리면서 쥐·소 등 12간지의 동물들이 등장하였다.

세종 25년(1443)에는 교태전을 건립함으로써 왕과 신하의 연회를 통해 교류와 친선을 돈독히 하고자 했다. 후일 고종은 경복궁을 중건할 때 교태전을 왕비전으로 활용하였다. 교태전 동쪽에는 경복궁의 주방인 소주방이 있다. 서쪽의 소주방은 수라상에 필요한 여러 가지 반찬을 만들어 안소주방이라 한다. 동쪽의 바깥소주방은 잔칫상을 준비하는 곳으로 난지당(蘭芝堂)이라 했다. 2곳의 소주방 사이에 원형 우물이 있는데 가장 쓰임이 많았을 것으로 보인다.

▲ **교태전**　사적. 1995년 복원.

지우 :   태종은 창덕궁 건립에 집중하고 세종은 경복궁 완성에 주력하였
        는데 아버지와 아들의 궁궐에 대한 접근 차이에는 어떤 의미가 있
        나요?

아빠 :   태종께서 "경복궁은 산이 가두고 물이 말라서 임금을 사로잡고 겨
        레붙이(같은 핏줄을 이어받은 사람)를 없애는 곳이다."라고 하신
        걸 보면 골육상쟁이 발생한 경복궁에 대한 심적 부담이 컸던 것으
        로 보여. 그래서 공식적이고 특별한 행사가 있지 않은 한 경복궁으
        로 행차하는 경우가 드물었던 반면 창덕궁은 친환경적이고 거주하
        기에 편하니까 선호하시지 않았을까 해. 세종께서는 창덕궁에 거
        주하면서도 조선의 법궁인 경복궁에 대한 정비를 철저히 함으로써
        조선의 정치적 질서를 강화하였어. 태종은 강력한 군주인데 반해
        세종은 현군이자 성군이라는 것을 이런 점을 보면 더 잘 알 수 있
        다고 봐.

▲ 소주방과 우물   사적. 2015년 복원.

권력의 통제

세종은 태종 사후 양녕대군의 부적절한 처신과 종친세력의 물의로 정치적 어려움에 직면했다. 세종은 태종과 직결된 종실세력은 보호하는 한편 태종의 왕위계승에 도전하였거나 태종 중심의 왕통 확립에 장애가 되는 종친세력에는 엄정하게 대처하였다. 따라서 세종은 집권 초기 양녕대군과 지원세력의 결집 가능성을 고려하여 그들을 견제하였으나 시간이 흐르면서 대소신료들의 반대에도 불구하고 점차 복권 및 우대조치를 추진함으로써 자신의 정치적 입지를 강화해 나갔다. 친정 초반에는 직계제를 활용하여 기존 정계를 주도하던 대신들을 견제하였고 대간들을 그 공격수단으로 활용하였다. 반면 왕권이 강화되자 승정원과 의정부의 위상을 강화시켜 왕권의 지지기반으로 삼았다. 세종은 태종처럼 단선적인 6조 직계제가 아니라 단계별로 최적의 왕권 강화 방안을 채택한 것이다. 결과적으로 세종은 정치적 무리수를 두지 않고 단계별로 왕권을 강화했기 때문에 왕권을 강화하는 데 장시간이 소요되었다. 한편 왕권 강화에 걸림돌이 되었던 대상자들에게 정치적 치명타를 가하였지만 생명을 빼앗은 적은 없었다. 따라서 세종 대에 태평성대가 구가될 수 있었던 것은 세종의 이러한 높은 수준의 정치철학이 있었기 때문이다.

조선시대 왕실의 친·인척은 크게 왕실의 부계 친족인 종친(宗親)

① **경근당과 옥첩당**　서울 종로구 소격동. 좌측 경근당, 우측 옥첩당.
② **경근당 우물**　경근당 옆 약 30m 이격된 위치.

과 모계 친족인 외척(外戚)으로 나누어졌다. 종친은 종족, 본종, 동종
으로도 칭해졌는데, 외척보다 더 엄격하게 정치 참여를 금지하였
다. 종친에게는 1품 현록대부(顯祿大夫)부터 정6품 종순랑(從順郎)까
지 품계를 부여하였지만 실직(實職)이 없는 명예직이었다. 종친들을
따로 관리하는 기관인 종친부(宗親府)를 설치하기도 했다. 종친부에
서는 왕실 족보인 '선원보'를 제작하거나 왕실에서 사용하는 옷감
을 올리는 등 제한적인 업무만을 했다. 종친부는 결과적으로 종친
들끼리 연락을 하며 화합을 나누는 기관의 역할을 한 것이다. 현재
서울의 북촌 국립현대미술관 서울관 바로 옆에 종친부 건물의 원
형이 남아 있는데 경근당(敬近堂)과 옥첩당(玉牒堂)이다. '경근'은 가
까운 친척을 공경한다는 뜻이며 '옥첩'은 왕실의 계보를 옥에 쓴 것
에서 유래한 이름이다. 경근당은 대군, 왕자군 등 종친들의 대청으
로 종친부의 중심을 이룬 건물이었다. 좌우로 옥첩당과 이승당(貳
丞堂)을 두고 복도각으로 연결되어 있었지만 이승당은 특정 시기에
사라졌고 현재 옥첩당만 남아 있다.

3장

세조의 왕권 강화

왕위 찬탈

　세종의 뒤를 이은 병약한 문종은 자신의 단명을 예견하고 영의정 황보인, 좌의정 남지, 우의정 김종서 등에게 자기가 죽은 뒤 어린 왕세자가 등극하면 잘 보필할 것을 부탁하였다. 자신이 죽는 경우 수렴청정할 대비도 없었기 때문이다. 이렇게 되자 자연스럽게 권력이 김종서를 중심으로 한 고명대신들에게 집중되게 되었다. 『단종실록』은 대신들이 안평대군 등 종친뿐 아니라 혜빈 양씨, 환관 등과 모의해 궁중 내부까지 불순한 세력을 구성하고, 황표정사(黃標政事)[9]를 통해 신료 자제를 포함한 많은 당여(黨與 : 같은 편에 속하는 사람들)를 요직에 임명해 붕당을 조성했으며, 끝내는 종실을 뒤엎고 수양대군에게 위해를 가하려고 음모를 꾸몄다고 기술하고 있다. 이는 왕위를 찬탈한 수양대군 입장 중심의 기술이지만 진실을 탐구

하는 다수 집현전 학자 세력들이 수양대군 편에 선 것을 보면 김종
서를 중심으로 한 의정부가 국왕을 보필하고 정사를 협의하는 최
고 정무기관으로서 본연의 임무에 충실하지 못했던 점이 있었던
것으로 보인다.

　수양대군은 권람·홍윤성·한명회 등을 측근 심복세력을 활용하
여 왕위 찬탈을 획책한다. 수양대군은 사은사(謝恩使)로 명에 다녀온
1435년 정치적 상대세력들을 일거에 제거하기로 결심한다. 먼저
권력의 핵심인 김종서를 척살한 뒤 단종에게 김종서가 반역을 일
으키려 하여 미처 아뢰지 못하고 그를 죽였다고 보고하였다. 어린
단종이 그에게 살려달라고 애원하자 수양대군은 왕명으로 대신들
을 모두 부르도록 하였고 고명대신인 황보인 등 핵심 대신들은 모
두 궁문에서 척살되었다. 또한 수양대군은 자신의 동생이자 정치
적 라이벌인 안평대군도 강화에 압송한 후 결국 사사하였다.

▲ **김종서 집터**　김종서가 마지막까지 살던 곳으로 현재 서대문 농협 박물관이 위치.

◀ 김종서 신도비

세종대 6진을 개척하였고 백두산 호랑이라고 불릴 정도로 용맹하면서도 청렴결백한 관료. 정약용은 『경세유표』에서 "우리나라 장재로서 예전에는 김종서, 최근에는 이순신을 칭한다."라고 극찬. 김종서의 묘를 바라보는 마을 입구가 지네 형상을 하여 신도비 기단을 상극(相克)인 두꺼비로 조성.

단종 3년(1455) 6월 수양대군은 경회루에서 양위형식으로 단종을 몰아내고 왕위를 빼앗았다. 세조의 잔인한 왕위 찬탈에 분개한 사육신을 비롯한 많은 문무백관 특히 초기 수양대군을 지지하였던 집현전 학자들마저도 단종 복위를 결의하였다. 하지만 거사 시기가 미뤄지는 상황에서 김질과 정창손이 반역을 고변함으로써 거사는 실패로 돌아간다. 단종 복위 운동에 참여한 성승·박팽년·유응부·성삼문·이개 등은 처형된 뒤에 한강 기슭 노량진에 묻혔다고 전해진다. 숙종 17년(1691) 노량에서 열무(閱武)하던 숙종은 관리에게 명하여 사육신묘를 봉식(封植)하게 하고 사육신 사당인 민절서원을 세워 사액까지 하였다. 이때부터 사육신묘가 일반인들의 관심을 받게 되었고 공개적으로 존숭하는 계기가 되었다. 정조 때인 1782년 이곳에는 사육신의 충절을 기리는 신도비가 세워졌다. 그리고 1955년에는 신도비와 마주 보는 위치에 사육신비가 세워졌다. 1978년에는 묘역을 크게 넓히고 의절사(義節祠)·불이문·홍살문·비각 등을 새로 지어 단장하였다. 임진왜란 이후 성승(성삼문의 부친)

의 묘가 훼손되어 이곳에는 박팽년·유응부·성삼문·이개의 묘만 남
아 있었다. 후일 하위지·유성원의 가묘가 새롭게 조성됨으로써 현
재의 사육신 묘역을 모습을 갖추게 되었다.

① **사육신 신도비** 　서울 동작구 노량진동.
② **박팽년 · 유응부 · 성삼문 · 이개의 묘**
③ **의절사** 　6위가 아닌 7위의 위패가 모셔져 있는데 국사편찬위원회의 결정으로 김문기를
　　　　　　사육신으로 인정하여 봉안.

▲ **어수정** 여주시 향토유적. 경기 여주시 대신면 상구리.

　세조에게 양위를 한 지 2년, 사육신의 단종 복위 거사가 실패한 지 일 년이 되던 1457년 6월 22일 단종은 상왕에서 노산군으로 강등되어 강원도로 유배를 떠난다. 광나루를 떠나 여주까지는 배를 이용하고 강원도 정선 청령포 유배지까지는 육로 이동한 것으로 기록되어 있다. 단종의 유배시기에 전국은 가뭄과 무더위로 고통을 겪고 있었다. 유배지로 향하는 7일간의 이동기간에 단종 일행도 무더위와 갈증을 해결하기 위하여 여주 행치고개에 위치한 어수정과 영월 솔치재 물미묘원 아래 어음정(御飮井)을 이용한 것으로 전해진다. 현재 강원도는 솔치재에서 주천까지를 통곡의 길, 주천에서 배일치 마을까지 충절의 길, 배일치 마을에서 청령포까지를 인륜의 길로 이름을 정하여 그 의미를 새기고 있다. 특히, 배일치(排日峙) 고개는 단종이 고개를 넘으며 노을이 지자 문종의 묘가 있는 서쪽을 향해 절을 올렸다고 해서 붙여진 이름이다.

① 어음정　강원 영월군 주천면 신일리. 단종해갈지처(端宗解渴之處) 표지석.
② 배일치 고개　강원 영월군 서면 광전리 여촌마을 동남쪽에 위치.

　　청령포 유배지 단종 어소에는 현재 단종이 머물던 기와집 본채와
궁녀 관노가 기거하던 초가집이 복원되어 있다. 담장 밖에는 높이
뻗은 금강송 나무들이 있는데 이를 관음송(觀音松)이라고 부른다. 단
종의 모습을 줄곧 지켜보고 슬픈 독백을 들었을 것이라 사람들이
생각하여 붙인 이름이다. 어소 주변에는 산비탈을 올라 절벽 끝에
서 서쪽을 바라볼 수 있는 곳에 노산대가 있고 단종이 오를 때마다
돌을 주위 쌓았다는 작은 돌탑 망향탑도 복원되어 있다. 영조 2년
(1726) 영조는 불필요한 사람들의 접근을 막기 위해 금표비(禁標碑)를
세웠고 39년(1763)에는 자신 어필로 단묘재본부시유지(端廟在本府時遺
址)라고 새긴 비석을 세워 단종의 어소임을 분명히 하였다.

　　단종은 청령포 지역에 홍수가 나자 영월부 관아 관풍헌(觀風軒)으
로 옮겨와 머물렀다. 이 시기 단종은 관풍헌 동쪽에 있던 누각 매죽
루(梅竹樓)에 자주 올라 고뇌에 찬 자규시를 읊었다[10] 하여 후일 사람
들은 이 누각의 이름을 자규루(子規樓)로 바꾸었다. 한편 순흥(영주)에

① **청령포**　　　　　　명승. 강원 영월군 영월읍 방절리.
② **단종 어소 소나무**　담장 밖 소나무들이 단종의 안부를 확인하기 위해 어소를 향해 자란다고 전함.
③ **금표비**　　　　　　청령포금표(淸泠浦禁標).

위리안치되어 있던 금성대군과 순흥도호부사 이보흠이 2차 단종 복위 운동을 꾀하다 발각된다. 세조는 차제에 복위움직임의 근원을 차단하기 위해 단종에게도 사약을 내리게 본나. 복위 사건으로 인해 금성대군뿐만 아니라 순흥부사를 포함한 순흥 일대 반(反)계 유정난 세력이 떼죽음을 당했다. 당시 순흥을 가로지르는 죽계천을 따라 죽음을 당한 자들의 피가 40리 아래쪽인 동촌리까지 흘러내려 지금도 그 마을을 '피끝마을'이라고도 부른다. 경북 영주시 순흥면에는 2차 단종 복위 운동을 시도한 세종 여섯째 아들 금성대군 이유를 기리는 제단이 있는데 금성대군 신단이라고 한다. 순흥 사

① **자규루**   강원 문화재. 강원 영월군 영월읍 영흥리.
② **금성단**   사적. 경북 영주시 순흥군 내죽리.

람들은 금성대군이 죽어 태백산 산신령이 되었고 앞으로도 그들을
보호해 줄 것으로 믿고 제를 올린다.

단종이 승하하자 시중을 들던 시종과 시녀들이 영월부 동쪽에 있
는 절벽에 올라 동강에 투신하여 생을 마감하였고 사람들은 이곳
을 낙화암(落花巖)이라 하였다. 이날 뇌우가 내리치고 바람에 나무가
뽑히는 기상이변이 발생하였다고 전한다. 영조는 영조 18년(1742)
단종의 시종과 시녀들의 충절을 기리고 영혼을 위로하기 위해 민
충사(愍忠祠)를 짓게 하였고 동강 변 낙화암 뒤편에 그 사당이 건립
되었다. 생육신의 한 사람인 직제학 원호는 단종이 폐위되자 원주
로 낙향하였다. 또한 단종이 영월로 유배 오자 청룡포로 물이 흐르
는 서강(평창강) 벼랑 위에 초옥 관란재를 짓고 아침저녁으로 청령포
를 향해 절을 올리고 음식물을 배에 띄워 보냈다고 한다. 그는 단종
이 돌아가시자 삼년상을 지냈다. 후손들이 그의 충절을 기리기 위
해 관란재 위치에 관란정(觀瀾亭)을 세웠다. 숙종은 원호가 토굴을

파고 은거하다 생을 마감한 곳에 연시각(延諡閣)을 사액하여 정려하였으며 정조는 정간공 시호를 하사하고 이조판서로 추증하였다. 후일 연시각을 모체로 현재의 모현사(慕賢祠)가 세워졌다.

① **민충사**   강원 문화재자료. 강원 영월군 영월읍.
② **관란정**   지방기념물. 충북 제천시 송학면 장곡리.
③ **모현사**   강원 영월군 무릉도원면 무릉리.

사육신은 죽음으로 단종에 대한 충절을 지킴과 동시에 세조의 왕위 찬탈을 반대하였지만 살아서 충절을 지킨 생육신도 있다. 생육신은 김시습, 남효온, 원호, 이맹전, 조려, 성담수이다. 그중 매월당 김시습은 수양대군의 왕위 찬탈 소식을 듣자 머리를 깎고 스님이 되어 전국 각지를 유랑하였다고 한다. 1456년 성삼문이 능지처참을 당하자 한밤중 시신을 몰래 수습해 노량진 산턱에 묻고 장사 지냈다고 한다. 김시습은 경주 남산 용장사에 스님으로 머물던 7년 동안 한국 최초의 소설인『금오신화』를 저술한 것으로도 유명하다. 그는 경주에 머무르던 동안 현재 동궁 월지(月池)를 방문하여 「안하지(安夏池) 옛터」라는 시를 읊었다. 신라는 나라를 잃었는데 봄물로 좋은 벼가 자란다는 시다. 단종 승하로 주군을 잃었는데 세상은 태평하다는 의미로도 읽히는 대목이다. 남효온은 주위의 반대에도 불구하고 사육신에 관한 책을 써서 그들을 추모하였다. 원호는 앞에서 언급한 바 있으며 이맹전은 강정리 전원에 묻혀 대궐 쪽을 향해서는 앉지도 않았다고 한다. 조려는 낙향하여 낚시를 하다가 생을 마쳤으며 성담수는 부친이 성삼문의 역모죄에 연루되어 돌아가시자 파주 부친 묘 밑에 살면서 한양으로 절대 돌아가지 않았다고 한다. 현재 김시습과 남효온은 영월의 창절사(彰節祠)에 사육신과 함께 배향되어 있다. 창절사는 숙종 11년(1685) 단종의 능인 장릉 안에 사육신을 위해 세워졌으나 숙종 31년(1705) 현 위치로 이전하였으며 사액서원인 창절서원도 함께 세워지게 된다.

　전국 각지에는 생육신을 추모하거나 제향을 올리는 곳들이 생겨났으며 그중 하나가 경남 함안 서산서원 채미정(采薇亭)이다. 채미정

① **동궁 월지** 과거 안압지(雁鴨池)로 알려졌으며 주변의 다수 우물과 수로와 연결.
② **창절사** 보물(2022년 지정). 영월군 영월읍 영흥리. 창절서원 안에 위치.
③ **매월당 기념관** 강원 강릉시 운정동. 김시습의 본관은 강릉이며 기념관 뒤쪽 지역에 창절사(김시습을 비롯한 강릉 김씨 9위 배향)가 위치.
④ **채미정** 경남 함안 군북면 원북리.

은 생육신의 한 명인 소려를 기리기 위해 지방 유림들이 영조 11년 (1735)에 서산서원 동편에 세웠다. 1871년 서원철폐 이후에는 이곳에서 줄곧 생육신에 대한 제사를 지냈다. 생육신의 평생에 걸친 충절의 모범은 후일 이들의 사상을 계승한 선비들이 사림파(士林派)를 형성하는 중요한 계기가 된다.

세조의 왕위 찬탈은 유교적 가치와 인간적인 측면에서 많은 비난을 낳았다. 안산지역의 우물설화는 당시 백성들의 왕위 찬탈 및 권선징악 인식을 잘 설명하고 있다. 세조의 꿈에 단종의 어머니 현덕왕후가 나타나서 "내 아들 단종의 왕위를 빼앗고 그것도 부족하여 영월로 내쫓더니 이제는 목숨까지 끊으려 하는구나. 이제 내가 네 자식을 살려 두지 않겠다."라고 한 뒤 세조의 얼굴에 침을 뱉고 사라졌다고 한다. 이 때문인지 세조는 재위기간 동안 피부병으로 무척 고생하였다. 세조는 꿈속의 현덕왕후 말이 생각나 급히 동궁의 처소로 달려갔으나 동궁은 이미 숨이 끊어진 뒤였다. 세조는 이것이 필시 현덕왕후의 보복이라 단정하고 현덕왕후의 묘인 소릉(昭陵)에 사람을 보내어 파헤치라고 명하였다. 왕의 명을 받은 관리들이 파묘 후 아무리 애를 써도 관이 열리지 않았다. 이런 상황이 보고되자 세조는 도끼로 관을 쪼개버리라고 명하였다. 관리들이 관을 쪼개려고 도끼를 들어 올리자 관이 저절로 벌떡 일어나 움직이기 시작했다. 너무 놀란 관리들이 다시 이를 보고하자 세조는 관을 아예 불살라 버리라고 명하였다. 이번에는 난데없이 천둥 번개가 치고 비가 쏟아져 내려 불을 지필 수가 없었다. 마지막으로 세조는 관을 바다에 던져버리라고 명하였다. 그리하여 관리들은 관을 바다 멀리 던져버렸다. 바다에 던지고 난 얼마 후 현덕왕후의 관은 다시 소릉 옆에 있던 바닷가까지 떠밀려 와 닿았다. 조선 초기에는 서해 바닷물이 안산의 마을 남쪽 어귀로부터 관 우물터까지 들어왔었다고 한다. 현덕왕후의 관이 바닷가에 떠밀려 와 있었지만 어느 누구도 건져내 묻어주는 사람이 없었고 관은 썰물에 밀려가지도 가라앉지도 않고 빈 배처럼 둥실둥실 떠돌다가 며칠 후에야 떠내려가 양화나루에 닿았다고 한다. 양화나루에 사는 농부가 이를 보고 밤중에

① **관우물 표석**   경기 화성시 안녕동. 일진회사 담장 안에 위치.

② **소릉 유적물**   경기 안산시 상록구 사동. 안산문화원 내. 현덕왕후 소릉 훼손 당시 흩어진 유물.

③ **현릉**   경기 구리시 인창동. 중종 8년(1513) 현덕왕후의 신분이 복위되면서 바닷가에 있던 소릉을 현릉의 동쪽(사진 오른쪽)으로 이장. (출처 : 문화재청, www.heritage.go.kr)

몰래 관을 옮겨 강기슭 양지바른 언덕 위에 묻어주었다. 그러자 농부의 꿈속에 현덕왕후가 나타나 잘 묻어주어 고맙다고 말하면서 농부의 길흉을 알려주었다고 한다.

현덕왕후의 관이 바다에 버려진 후 처음 닿은 바닷가는 후일 육지가 되어 우물이 생겼는데 관이 닿았던 자리라 해서 그곳을 '관우물'이라고 불렀다. 지금 관우물은 없어지고 주식회사 일진에서 세운 관우물 표석만이 남아 있다. 실제 세조 장남 의경세자는 세조가 즉위한 지 3년 만에 죽었고, 차남 예종은 즉위 13개월 만에 죽었는데 둘 다 20세를 못 넘기고 요절하였다. 단종은 의경세자 사망 2개월 뒤에 승하하였다.

◀ 관대걸이
강원 평창군 진부면 오대산로 상원사 입구.

세조의 왕위 찬탈을 긍정적인 입장에서 조명하는 설화도 다수 있다. 세조는 피부병 치료와 마음의 상처를 치유하기 위해 온천과 명

승을 자주 방문하였다. 상원사로 향하던 세조는 신하들을 물리고
계곡에서 몸을 씻었다. 때마침 지나가는 동자승이 있어 등을 밀어
달라고 부탁하면서 동자승에게 임금의 등을 밀었다고 다른 곳에서
발설하지 말 것을 당부하였다. 등을 밀어준 동자승은 임금님도 어
디 가서 문수보살을 봤다고 하지 마시라고 말하고는 홀연히 사라
졌다고 한다. 이후 상원사 법당에 세조가 들어가려는 순간 별안간
고양이가 튀어나와 세조의 옷자락을 잡아당겼다. 이상함을 느낀
세조가 법당을 수색한 결과 자객이 있었다고 한다. 이런 설화와 관
련하여 상원사 입구에는 세조가 목욕할 때 옷을 걸어 두었다는 관
대걸이가 있다. 또한 상원사 문수전에는 등을 밀어준 목조 문수동
자상과 세조의 목숨을 구한 고양이 석상이 있다.

　세조 10년(1464) 세조가 법주사로 행차할 때 타고 있던 가마가 소
나무 아래를 지나게 되었는데 가지가 처져 있어 시종들이 "연(輦)
이 걸린다."고 말하자 소나무가 가지를 위로 들어 무사히 지나가도
록 하였다고 한다. 이러한 이유로 이 소나무를 '연걸이소나무'라고

하였는데 그 뒤 세조가 정이품의 벼슬을 하사하여 정이품송이라는 이름을 얻었다. 상원사 및 법주사 설화는 세조가 종교와 자연의 보호와 인정을 받고 있음을 은연중에 강조하고 있다.

① **정이품송** 천연기념물. 충북 보은군 속리산면 상판리.
② **연** 국립고궁박물관. 왕과 왕비, 왕세자와 왕세자빈이 타는 가마.

6조 직계제와 주석정치

세조는 즉위 2개월 후 의정부 서사제를 폐지하고 태종이 실시하였던 6조 직계제로 국정운영체제를 전환하였다. 세조로서는 육조 직계제가 왕권 강화에 유리하다고 판단하였기 때문이다. 동시에 군신 간의 모임에 종친의 참여는 물론 계양군을 직접 국정에 참여하도록 조치하였다. 계양군 외에도 구성군은 세조 13년(1467) 이시애 난 때 도총사로서 임명되어 난을 평정하였고 세조 14년(1468)에는 영의정에 오르는 등 세조의 전철을 밟기도 했다. 세조의 이러한 조치는 종친에게도 권력을 분산하여 자신의 왕권 강화를 도모한 것으로 이해할 수 있다. 반면 세조는 종친과 다수 공신들을 친왕세력으로 유지하는 동시에 왕위 찬탈에 대한 정신적 책임감에서 벗어나기 위해 잦은 술자리를 가졌다. 잦은 연회가 업무 장소에서도 이루어지자 많은 신료들이 술에 취해 정사를 수행하는 볼썽사나운 광경이 연출되었다. 더 나아가 이로 인해 신료들이 과음으로 사망하거나 실언과 잘못된 행동으로 참형을 당하는 참담한 상황까지 발생하였다.

·4장·

성종의 왕권 강화

궁궐건립

▲ **창경궁 홍화문**　　보물. 1483년 창건, 1616년 중건.

◀ 옥천교
보물. 2개의 홍예로 구성.

◀ 귀우물
홍화문을 지나 옥천교를 넘어 서면 좌측에
동서남북으로 귀가 달린 우물이 위치.

　성종은 성종 15년(1484) 대왕대비인 세조의 비 정희왕후, 성종의
생모 소혜왕후, 예종의 계비 안순왕후를 편히 모시기 위하여 수강
궁을 확장하여 별궁으로 창경궁(昌慶宮)을 건립한다. 건립 목적은 세
분을 위한 대비궁(大妃宮)이었지만 자연스럽게 창덕궁과 연결되어
동궐로 불리면서 조선 후기 실질적인 궁궐 역할을 했다. 창경은 '창
성하고 경사스럽다.'는 뜻이다. 창경궁의 금천교는 옥천교(玉川橋)
라 부르며 경복궁과 창덕궁과 달리 명당수가 충분하게 흐르고 있
다. 창덕궁의 금천교가 정문과 중문 사이에 있는데 반해 창경궁은
정문인 홍화문(弘化門)과 정전의 정문 사이에 있다. 금천교의 배치는
경복궁과 동일하다. 경복궁과 창덕궁의 정문과 정전이 남향인 것
과는 달리 창경궁은 모두 동향이다.

▲ **명정전**　　국보. 광해군 8년(1616) 복원. 인종 즉위식 거행.

　명정전(明政殿)은 창경궁의 정전으로 조선 궁궐 전각 중에서 가장 오래된 목조건물이다. 경복궁 근정전과 창덕궁 인정전이 중층 건물인 데 비하여 명정전은 소규모 단층으로 지어졌다. 본시 대비를 위한 이궁으로 지어졌기 때문에 법궁에 비해 격을 낮추어 건축하였다. 문정전(文政殿)은 원래 편전으로 건립되었으나 실제 편전으로 사용된 기간은 매우 짧고 조선 후기 계속해서 혼전이 설치되어 조선시대 왕실 상장례 공간으로 대표되는 전각이다. 남쪽에 있으며 명정전과는 달리 남향을 하고 있다.

① **명정전 전각 뒤뜰의 원형 우물**

② **문정전**　사적. 1986년 복원.

① **환경전**　사적. 1833년 중건.

② **환경전 뒤 원형 우물**

③ **경춘전**　사적. 2000년 복원.

④ **경춘전 우물**

환경전(歡慶殿)은 왕과 왕세자들이 생활하던 공간이지만 국상이 발생하였을 때 빈전과 혼전으로 사용된 경우가 많았다. 반면 바로 옆에 위치한 경춘전(景春殿)은 대비전으로 주로 사용되었으며 산실청이 설치되어 정조와 헌종이 이곳에서 탄생하였다. 두 전각의 활용도가 차이가 나는 것은 풍수지리적 입장에서 환경전은 이어지는 지맥선이 없는 반면 경춘전은 생기 넘치는 산줄기의 지맥선이 연결된 것 때문이라 보고 있다. 경춘전 오른쪽에 위치한 우물은 거북이 모양의 전을 붙인 독특한 형태이다. 왕자 둘이 탄생한 공간이므로 무병장수를 기원하는 의미가 우물 조성에 반영되었다고 볼 수 있다.

통명전(通明殿)은 대비전으로 사용되었으며 내전의 법전으로 불렸다. 왕의 생활공간 및 연회공간으로도 활용되었다. 전각 옆의 우물은 다소 크기가 작지만 석축 지당(池塘)과 연결되어 지당의 수원(水源)으로서 역할을 수행한다. 반면 큰 우물은 통명전 북쪽 축대 아래 있으며 영조가 쓴 열천(冽泉)이라는 글자가 새겨져 있다. 우물은 사각형태로 과거 지붕이 설치되어 있던 것으로 판단된다. 양화당(養和堂)은 통명전 동쪽에 위치한 대비전이다. 양화당 앞에는 우물이 둘 있는데 상대적으로 적은 하나는 통명전 옆 우물과 같은 형태이며 큰 우물 앞에는 얼굴을 씻을 수 있도록 우묵하게 판 네모돌이 놓여 있다.

▲ 통명전 보물. 1834년 중건. 통명전 현판은 순조의 친필.

① **통명전 소우물과 지당**

② **양화당과 소우물 · 대우물** 사진 아래가 대우물, 위가 소우물

③ **통명전 열천** 영조 33년(1757) 열피하천(洌彼下泉)의 줄임말인 열천을 붙임으로써 중화사상을 강조함과 동시에 조모인 현종비 명성왕후가 조성한 우물에 효도하는 마음을 표현.

훈구세력 견제와 제도완비

성종은 재위 7년(1476) 수렴청정과 원상제(院相制)를 끝내고 친정을 시작하였다. 수렴청정과 원상제로 성종의 치세가 비교적 안정적으로 시작되었지만 왕권을 강화하기 위해서는 특별한 사후조치가 필요했다. 성종은 우선 대간의 탄핵에 반발하는 주요 훈구대신을 견책(譴責)했다. 재위 10년(1479) 이후 성종은 대간의 활동을 적극적으로 지원했고 그만큼 대신들의 입지는 위축되었다. 성종은 왕권의 확립과 대간의 육성을 통해 대신에게 기울어져 있던 권력의 무게 중심을 일단 자신에게 돌릴 수 있었다. 성종 16년(1485)에는 경국대전이 완성되어 국왕을 정점으로 한 국가통치 제도가 완비되었다. 그러나 대간에게 부여된 탄핵과 간쟁이라는 임무는 국왕 및 대신에게 공히 갈등과 긴장을 조성하기 마련이었다. 성종 후반기 들어 대신을 지목하는 삼사(사헌부·사간원·홍문관)의 탄핵이 점차 격렬해졌다. 성종은 삼사가 국왕의 핵심적인 권력인 인사권을 제약하는 데 불만을 가지게 되었다. 성종은 마침내 "간언을 거부하는 것을 자처(自處 : 스스로 결정)하겠다."는 강경한 태도를 천명하기에 이르렀다. 결과적으로 성종의 재위기 왕권은 안정되었지만 삼사와 갈등 국면은 연산군 대의 불행을 잉태했다고 볼 수 있다.

5장

조선의 중앙집권
행정체제 확립

중앙관리 파견 및 지방 협력

조선은 태종 때부터 전국을 8도로 구획하고 장관으로 관찰사(종2품)를 두었다. 그리고 도 밑에 부·대도호부·목·도호부·군·현의 행정구획을 설치하고 장관으로 부윤(府尹, 종2품)·대도호부사(정3품)·목사(牧使, 정3품)·부사(종3품)·군수(郡守, 종4품)·현령(縣令, 종5품) 또는 현감(縣監, 종6품) 등의 수령을 파견하였다. 중앙에서 파견된 수령의 지방행정을 보좌하는 기관으로는 향소(鄕所)가 있었다. 향소의 향임(鄕任)에는 지방의 토착 유력자인 향반(鄕班)이 임용되었다. 향임은 중앙정부에 소속된 관리가 아니라 지방 유지로서의 지식과 영향력을 바탕으로 하여 지방행정에 도움을 주는 기능을 담당하였다. 향소는 조선 초기 한때 수령과 대립함으로써 조정은 중앙집권에 방해가 된다고 판단하여 폐지된 적도 있었으나, 성종 20년(1489)에는 좌수·별감 등의 임원을 새롭게 임명함으로써 그 체제를 정비하였다. 또한 향소와 밀접한 관계를 맺고 지방의 자치적 기능을 담당한 것으로 향약(鄕約)이 있었다. 조선 중기 이후에 향소의 활동이 부진하자 이를 보강하기 위해 실시된 것이 지방자치 규약인 향약이었다.

① **경상감영 선화당** 보물. 대구 중구 포정동. 1807년 중건 시기의 공포와 부재 가공기법이 잘 반영되고 보존됨. (출처 : 문화재청, www.heritage.go.kr)

② **금성관 정청과 우물** 보물. 전남 나주시 과원동. 팔작지붕으로 다른 맞배지붕 정청과 대비되는 모습.

③ **임영관 객사문** 국보. 강원 강릉시 용강동. 임영관 객사는 고려 태조 丙申年(936년)에 창건. 조선시대 강릉대도호부 관아 내에 위치하였으며 임영관 현판은 공민왕이 하사.

조선 중앙집권행정체제의 특징은 군현제도가 철저하게 지켜졌고 군현이 취락의 대소, 인구의 규모, 전결(田結)의 광협 등에 따라 정해지는 것이 통례였지만 상벌적 성격의 군현 명칭 변경도 있었다. 또한 조정에서는 파견된 관리의 통제를 위해 관찰사의 임기를 일 년간으로 제한하였고 수령은 자신의 본향이나 전장(田莊)을 가지고 있는 지방에는 부임할 수 없었다. 또한 관찰사와 수령은 상피제(相避制)를 적용해 같은 도에 친족의 동시 부임은 법적으로 금하였다. 중앙관리의 단기 부임과 상피제는 지역업무의 전문성을 방해하여 토착세력의 비리로 이어지기도 했다. 따라서 조정에서는 토착세력이라 할 수 있는 향리에 대해서 적절한 견제와 아울러 향역 면제 등의 다양한 보상책을 마련하여 그들이 제 역할을 잘할 수 있도록 유도하였다. 중앙에서 파견된 관리와 향리들의 주요 활동 공간은 관아와 객사였다. 그중 조선시대 종2품 관찰사가 파견되었던 경상도 감영 선화당(宣化堂)은 1807년에 중건된 이후 몇 차례의 수리를 거쳤지만 건립 당시의 건축형태를 잘 유지하고 있다. 객사는 객관이라고도 하며 왕을 상징하는 전패(殿牌)를 봉안한 지방관의 의례 공간이자 지역을 방문하는 관리들의 숙박 시설로 기능하였다. 그 때문에 지방 관아보다 격이 높은 시설로 인식되었으며 해당 지역의 가장 좋은 자리에 가장 큰 규모로 건설되었다. 왕권 강화를 위한 중앙집권체제의 상징적 건물이라 할 수 있다. 나주 금성관(錦城館) 정청은 조선시대 객사 건축물 가운데 가장 규모가 클 뿐 아니라 건축형식에 있어 희귀성을 갖고 있다. 또한 강릉의 임영관(臨瀛館) 객사는 고려시대 건립한 객사로서 조선시대에도 활용이 되어 그 역사적 가치가 높다.

어사제도

    조선의 어사제도는 지방통치를 완성하는 핵심적인 제도였다. 어사는 감찰제도로서 외관제(外官制)를 유지하는 안전장치, 행정체계에 지방사정을 중앙에 보고하는 중요한 전달자, 복지체계에 있어 위기상황을 극복하는 핵심적 역할 등을 수행하였다. 조선조 전반에 걸쳐 어사의 명칭과 역할은 지속적으로 바뀌었다. 조선시대 어사의 시작은 행대감찰(行臺監察)로 행대는 모든 지방 관료를 규찰하지만 파견기간이 짧고 즉결권이 없어 제대로 규찰의 임무를 완성하기 어려웠다. 이러한 제한사항 때문에 세조 대 분대어사(分臺御史)가 출현하였다. 분대어사는 대간을 겸하면서 장기간 백성들의 생활을 살피게 된다. 하지만 분대어사의 파견기간을 대간이 정상적으로 채우기 어렵고 지방 수령과 결탁하는 사례가 발생하자 홍문관에서 직접 파견하는 일반어사가 성종 때 탄생하였다. 성종 대 이후 고종 때까지 일반어사가 유사시에 특정임무를 담당하여 수시로 파견되었는데 이를 별견어사(別遣御史)라고 한다. 별견어사는 임진왜란과 병자호란을 거치면서 군정, 사법, 민생 등의 다양한 임무로 영역이 확대되었다.

    과거부터 현재까지 한국인들에게 어사라고 하면 암행어사(暗行御史)라는 이미지가 강한데 일반어사는 이조에서 파견하는 반면 암행어사는 왕의 특명으로 파견되어 왕권의 가시적인 권한행사라는 측면과 백성들의 높은 기대감이 융합되어 나타나는 현상으로 판단된

① **광한루** 보물. 전북 남원시 천거동. 세종 원년(1419) 황희가 남원에 유배되었을 때 광통루(廣通樓) 누각을 지은 것이 시초.

② **오작교** 세조 7년(1461) 남원부사 장의국이 광한루를 수리하면서 다리를 신축하고 오작교라고 명칭. 현존 연지교 중 최대 규모.

다. 암행어사의 활동은 조선의 고전인 『춘향전』을 통해 잘 묘사되어 있다. 이몽룡의 실제 주인공은 임행어사를 3번 수행한 경력의 성이정이다. 성이정의 고향은 경북 봉화이다. 성이정은 13살 때인 선조 40년(1607) 남원부사로 임명된 부친을 따라 남원으로 왔다. 성춘향과 남원 광한루에서 로맨스와 암행어사 출두로 변학도가 봉고파직 되는 춘향전 이야기는 성이정의 스승인 조경남이 1640년경 지은 것으로 추정한다. 성이정은 암행어사 활동을 통해 백성들에게 고통을 주는 고을 수령들을 가차 없이 처벌했고 담양, 진주, 강계 등지에서 모범적인 지방 관료 생활도 하였다. 특히, 담양부사 재직 시 해마다 발생하는 홍수피해를 막기 위해 담양천 변에 제방을 쌓고 나무를 심어 관방제림을 조성하였다. 성이정 사후 숙종 21년 (1695) 조정은 성이정이 사재를 털어 기아에 고통받는 백성들에게 식량을 나누어 준 관리로서 덕행을 기리기 위해 공직자 최고의 영예인 청백리(淸白吏)로 선정하였다.

◀ 관방제림
천연기념물.
전북 담양군 담양읍 객사리.
인조 26년(1648) 부사 성이정이 축조.

지금도 한국인들의 인식에 있어 암행어사 하면 떠오르는 사람이 박문수이다. 하지만 박문수는 정작 암행어사로 파견된 적이 없었고 영조 3년(1727) 9월 영남별견어사(嶺南別遣御史)로 임명되어 파견된 것이 어사경력의 전부라 해도 과언이 아니다. 하지만 전국 8도 각처의 많은 암행어사 설화에서 박문수가 잘못된 평판이나 소문의 진실을 밝히는 명석한 두뇌의 소유자로 때로는 억울하게 누명을 쓴 백성을 구명하여 억울함을 풀어주는 정의의 심판자로 등장한다. 이러한 배경에는 박문수가 영남에 어사로 파견되어 활동할 때 환곡을 백성들에게 공정하게 제공하고 탐관오리들을 엄벌하였으며 바닷가 고을에 명망 있는 지방관 임명을 정부에 요구하거나 조치한 사실이 알려져 백성들에게 깊은 감명을 준 것으로 판단된다. 박문수와 관련된 설화 중 하나는 안성 칠장사(七長寺) 나한전에서 잠이 든 박문수가 꿈에 시험문제를 보았고 장원급제를 하였다는 것이다. 따라서 지금도 수험기간이 되면 많은 학부모들이 박문수 설화의 장소인 칠장사를 찾는다.

◀ **박문수 생가터와 우물**
경기 평택시 진위면 봉남리. 이곳은 박문수의 외갓집이 있던 곳이며 과거(科擧)에서 어린 시절 자라며 보았던 진위천의 낙조를 읊어 장원급제하였다고 전함.

◀ **칠장사**
경기 안성시 죽산면 칠장리.

읍성체제

조선시대에는 각 고을별 통치 및 관리 영역에 읍성을 쌓았다. 산골 내륙에 위치한 읍치는 꼭 그렇지 않았지만 요충지에는 읍성을 쌓는 것이 기본이었다. 읍성이 행정구역 단위별로 축조된 것은 중앙집권을 위한 행정적 성격이 강하지만 군사적 목적으로 축성되는 성채와 실질적으로 다를 바는 없었다. 평상시 행정적인 기능과 유사시 군사적인 기능이 복합되어 있다고 설명할 수 있다. 『신동국여지승람』에 의하면 조선 초기·중기의 행정구역은 모두 330개소였으며 그 중 읍성은 한양의 도성을 포함하여 160기의 성으로 기록되어 있다. 읍성의 과거 모습이 그래도 가장 잘 보존되고 있는 곳이 낙안읍성이다. 조선 태조 6년(1397)에 왜구의 침입을 막기 위해 김빈길 장군이 낙안읍에 토성을 쌓았고 이후 세종 9년(1426)에 방어를 강화하기 위해 석성으로 보강했다는 기록이 남아 있다. 임경업 장군이 낙안군수를 역임하던 시기에는 현재의 석성을 중수했다. 낙안읍성 마을은 218채의 초가가 남부지방 특유의 주거양식을 원형 그대로 잘 보존하고 있으며 그중 9동은 주요 문화재로 지정되어 있다. 한편 마을 내 연지와 큰 샘 우물은 낙안읍성의 과거 삶의 모습을 잘 보여주고 있다. 풍수지리적으로 낙안읍성은 행주형(行舟形)으로 배와 같아 깊은 우물을 파지 않고 낮은 데서 나는 물을 써야 한다는 믿음 때문에 주민 대부분이 큰 샘에서 식수와 생활수를 모두 해결했다고 한다.

① **낙안읍성 동문** 전남 순천시 낙안면 평촌리. 낙풍문(樂豊門).
　　　　　　　　　 읍성 주변에 해자 설치.

② **읍성 초가집 전경**

③ **큰 샘**

· 6장 ·

왕실의 생로병사

왕손의 탄생과 성장(生)

왕조에서 왕실이 권좌를 원활히 계승하면 국가의 안전과 평안함이 확보되고 백성들이 왕실을 우러러볼 때 국가가 강건해지고 발전한다는 확고한 믿음이 있었다. 그러한 믿음에서 출발한 왕실의 생로병사가 유교적 가치, 풍수, 물에 대한 믿음과 어떻게 접목되었는지를 다음에서 살펴보게 된다. 왕실의 관례상 왕비는 출산 3달 전, 빈궁은 1달 전 택일하여 산청(產廳)을 설치한다. 통상 중궁전에 산실을 구성하며 사전준비를 실시한다. 왕손이 태어나면 옥체를 세욕(洗浴)하고 세태(洗胎 : 태를 세척)하여 함에 보관한다. 함에 보관되었던 왕실 사람들의 태를 산의 명당자리에 봉안한 곳을 태실(胎室)이라 하며 후일 왕위에 오른 왕자의 태실은 태봉(胎封)이라 높여 부른다. 왕자가 왕위에 오르면 태실 내부와 외부의 장식을 변경하고

◀ 세종대왕자 태실
사적.
경북 성주군 월항면 인촌리.

◀ 태실 남쪽 인촌지
원형 부분이 태실이 위치한 지역.

석물들을 추가로 설치한다. 조선왕실이 전국의 명당에 장태(藏胎)한 것은 태를 좋은 곳에 묻어 좋은 기를 받으면 그 태의 주인이 무병장수하여 왕업(王業)의 발전에 기여할 것이라는 풍수지리의 동기감응론(同氣感應論)에 근거한 것이다. 이러한 이면에는 왕실이 전국 명당을 선점하여 태실을 마련하거나 기존 일반 백성들이 차지한 명당을 양보받음으로써 조선왕조에 위협이 되는 요인들을 사전에 제거하려는 정치적 의도도 어느 정도 있었다. 또한 태실의 선정을 한양으로부터 먼 곳까지 마다하지 않은 것은 명당을 찾기 위한 목적도 있지만 왕실의 영향력과 번영을 멀리까지 과시하기 위한 것도 있

우물로 본 조선역사

었다. 경북 성주에는 세종의 14왕자와 단종의 태실까지 15기가 남아 있으며 비교적 원형이 잘 보존되어 있다. 성주 태실은 동북쪽의 선산을 주산으로 남쪽으로 뻗은 지맥의 끝자락에 태봉(胎峯)이 위치하며 세천(細川)이 태봉 좌우에서 출발하여 남서쪽으로 흘러 인촌지(仁村池)로 모인다.

조선왕조의 전통적 태실 조성에 대한 입장이 영조 대에 이르러 다소 변하여 한양 가까운 지역에도 조성된다. 이러한 변화는 태실 조성에 따른 백성들의 고충을 덜어주기 위한 목적이 있었다.

한편 원자가 탄생하여 나이가 차면 왕세자로 책봉된다. 왕세자 책봉은 국가 미래에 대한 설계이자 왕권의 정통성을 확립하는 기준이 된다. 원자가 왕세자로 책봉되는 의례를 책례라고 하였으며 책봉을 위해서는 임시기구인 책례도감이 구성되었다. 왕세자 책봉 의식은 장차 왕위계승자를 결정하는 것이므로 국왕이 면복(冕服)을 착용하고 정전에서 거행하였다. 책봉된 왕세자나 왕세자빈, 왕세손 등은 죽책, 옥책, 금책과 옥인을 받았다.

▲ **죽책** 정조 죽책 (출처 : 국립고궁박물관, www.gogung.go.kr).

▲ **옥책** 순조 비 옥책 (출처 : 국립고궁박물관, www.gogung.go.kr).

◀ **금책**

고종 원자 추호 금책.
(출처 : 국립고궁박물관,
www.gogung.go.kr).

▼ **옥인**

순조 왕세자 옥인
(출처 : 국립고궁박물관,
www.gogung.go.kr).

우물로 본 조선역사

왕위 승계와 궁중 생활(老)

▲ **정족산 사고** 인천 기념물. 인천 강화군 길상면 온수리. 강화도에 사고가 운영되기 시작한 것은
선조 28년(1595)이나 실록이 정족산 사고에 실제 옮겨진 것은 숙종 4년(1678).

　조선시대 국왕이 연로하거나 중병으로 직접 정사를 담당할 수 없
는 경우 세자, 세손, 세제 등이 왕명에 의거 청정(聽政)과 의례를 대
신하였는데 이를 대리청정(代理聽政)이라고 한다. 대리청정은 세자가
왕위에 오르기 전 미리 국정을 익힌다는 점에서 좋은 기회이기도 했
지만 그 기간이 긴 경우에는 부작용을 낳기도 했다. 조선의 역대 왕
세자로서 문종은 세종 재위기의 6년, 경종은 숙종의 2년 4개월, 사도
세자는 영조의 13년 4개월, 정조는 영조의 4개월, 익종은 순조의 3
년 3개월, 영조는 왕세제로서 3년 대리청정을 실시한 바 있다. 왕세자
의 대리청정 절목(節目)은 세종부터 준비하였으나 숙종이 강화도 정
족산 사고(史庫)를 직접 방문하여 실록을 참조하여 완성하였다.

조선시대 국왕이 사망한 뒤 즉위하는 경우에 주상이 어리거나 병약하면 왕권의 약화를 방지하기 위해 대비나 대왕대비가 통치권을 행사하는 수렴청정(垂簾聽政)을 실시하였다. 이는 조선에서 왕후로부터 태어난 원자가 세자자격으로 후계자 수업을 받고 관례식을 거쳐 성인이 된 다음 부왕 사후에 건강한 상태에서 통치권을 행사한다는 원칙을 지키기 위해 일시적 통치권 행사의 대상을 유연하게 적용한 것이다. 예종 대에 정희왕후를 시작으로 총 6명이 8차례에 걸쳐 35년의 수렴청정을 실시하였다. 수렴청정의 대비들은 자기 판단으로 공식적인 통치권을 행사한 실질적인 여왕이었다. 순조 대에 수렴청정을 한 정순왕후는 수렴청정 절목을 완성하여 이후 헌종, 철종, 고종 15년간 수렴청정 기간에 적용하였다. 반면 정순왕후 수렴청정 때부터 외척이 세도세력으로 부상하는 부정적 결과를 초래하기도 하였다. 그럼에도 불구하고 수렴청정은 조선이 왕조체제의 위기를 극복하고 500년 이상을 지속하게 만든 불가피한 조치로도 볼 수 있다.

　상왕은 고려와 조선시대에 걸쳐 자신이 생존하여 있으면서 왕위를 다음 임금에게 양위하고 물러난 임금을 지칭하는 말이다. 조선시대 상왕은 태조, 정종, 태종, 단종 4명이며 태종만이 상왕으로서 실제 정치적 역할을 수행하였다. 태종은 세종이 장년이 될 때까지 군사 업무는 본인이 집행하며 의정부와 육조 업무는 자신이 보고를 받는 조건부 양위를 하였다. 태종은 모든 국정에 관여하였으며 자신이 마음에 들지 않는 신료들에 대해서는 대간들이 탄핵하도록 하는 공안정치를 실시하였다. 하지만 세종은 상왕을 정치적 멘토로 기꺼이 받아들였고 그의 정치적 유산을 포용하는 현명한 치세를 유지하였다.

▲ **상어의궁**　서울 종로구 통의동. 백송(白松)이 남아 영조의 잠저임을 표식.

　조선왕실의 혼례는 가례(嘉禮)로 칭했다. 가례는 국가의 경사스러운 행사를 의미하며 조선 전기 국가의례를 집대성한『국조오례의』에서 규정한 오례의 하나이다. 왕실의 혼례식 절차는 인조와 소현세자 이후부터 공식적인 기록이 존재한다. 혼례의 첫 번째 관문은 전국에 금혼령(禁婚令)을 내리는 것이다. 금혼령 선포 후에 후보 처녀들의 처녀단자(處女單子) 즉, 현대적 개념으로 지원서를 올리게 한다. 이후 3차례의 간택(揀擇)과정을 통해 신붓감을 결정하였다. 두 번째, 선발된 처녀는 별궁에 기거하면서 왕실의 법도를 익히고 왕비로서 덕목을 교육받았다. 별궁으로 활용된 장소는 태평관이었으나 조선 후기에는 영조의 잠저 상어의궁(上於義宮), 효종의 잠저 하어의궁(下於義宮) 등을 활용하였다. 고종과 명성황후의 혼례식은 운현궁(雲峴宮)에서 순종과 효명황후 및 효정왕후의 혼례식은 안국동 별궁에서 거행하였다.

혼례의 핵심은 별궁에서 교육 중인 왕비를 궁궐로 모셔 오는 의식인 친영(親迎)이었다. 친영을 위해 어가를 선도하는 행렬, 왕의 가마 행렬, 후미의 호위 행렬로 친영반이 구성되었다. 행렬의 화려하고 장엄함은 왕실의 권위를 백성들에게 각인시켰으며 백성들은 오랜만의 화려한 구경거리에 즐거워하였다. 최근에는 운현궁 등에서 왕실 혼례식 재현행사가 종종 열리고 있다.

◀ 단봉문
임오군란 당시 명성황후가
상궁 차림으로 단봉문을
빠져나가 민응식의 집으로 도피.

　왕실의 일상 및 특별행사에 사용되는 복장(법복)은 궁궐 내 상의원에서 담당하였다. 상의원은 창덕궁, 경희궁(경덕궁), 창경궁, 경복궁 궐내각사(闕內各司)에 관사 형태로 각각 있었다. 창덕궁의 상의원은 돈화문 옆 단봉문(丹鳳門) 안에 있었고 경희궁의 상의원은 초기에 서쪽 숭의문(崇義門) 안에 있었으나 숙종 37년(1711)에 동쪽 흥원문(興元門) 안으로 옮겨졌다. 창경궁의 상의원은 홍화문 남쪽 선인문(宣仁門) 안에 위치하였으며 경복궁의 상의원은 서쪽 영추문(迎秋門) 안에 있었다. 법복은 창덕궁의 불면각(黻冕閣)과 경희궁의 치미각(致美閣), 경복궁의 면복각(冕服閣) 등에 보관하였다. 상의원의 옷을 만드는 장

① **선인문** 희빈 장씨 시신 운구와 사도세자의 뒤주가 문정전에서 옮겨져 위치했던 역사의 현장.
② **영추문** 연추문(延秋門)이라고도 하며 현재는 원래 위치보다 남쪽 지역으로 옮겨 복원.

인들은 의대색, 교자색, 금은색, 직조색으로 분류하였다. 이조와 병조, 공조, 형조 등 네 관청이 직접 운영에 관여하였으며 물품은 외부의 공인(貢人) 집단이 조달하였다.

창덕궁 후원은 왕실의 영육적인 삶의 충전을 위한 소중한 공간이었다. 왕실이 백성들의 시선과 마주치지 않고 인간적인 여가를 즐길 수 있는 유일한 방법이기도 했다. 후원이 시작되는 지점에 부용지(芙蓉池)와 부용정(芙蓉亭)이 있다. 부용지는 창덕궁 창건 당시에는 '용지(龍池)'라 불렸고, 숙종·정조 시기엔 '태액지(太液池)'라 했다. 태액의 뜻은 큰 연못이고 옛 중국 황궁의 연못 이름에서 유래했다. 부용정은 숙종 33년(1707)에 처음 세워졌고 당시 이름은 택수재(澤水齋)였다. 이후 정조 16년(1792)에 고쳐 지으면서 부용정으로 이름을 바꾸었다.

① 부용지 · 부용정과 주합루   좌측 부용정, 우측 주합루.
② 사정기비각   사적. 숙종 16년(1690) 건립.
③ 부용지 소우물과 대우물   사진 아래가 소우물, 위쪽 대우물.

『세조실록』에 따르면 세조는 열무정(閱武亭)에서 자주 연회를 베풀고 활 쏘는 것을 구경하였다고 한다. 열무정은 현재 부용지를 중심으로 부용정 맞은편에 위치한 주합루(宙合樓)의 서남쪽에 위치하였다고 전한다. 주합루는 정조 1년(1777) 설치된 규장각(奎章閣)의 중심 건물로 왕실의 도서관이자 주요 학술정책 연구기관이었다. 세조는 종친들을 보내어 열무정 주변에 우물을 파게 하였다. 종친들이 찾은 우물이 차고 맛이 좋아 세조는 마니(摩尼), 파려(玻瓈), 유리(琉璃), 옥정(玉井)이라는 이름을 붙이고 비석을 세워 표지하였다. 또한 마니정가(摩尼井歌)를 지어 신하들에게 보여주었는데 그 의미가 깊었다고 전한다. 이러한 우물의 배경 설명은 숙종께서 직접 작성한 사정기(四井記)에 나와 있다. 하지만 세조의 명으로 판 우물로 추정되는 지점 근처에 현재 2곳의 우물이 남아 있지만 우물의 형태로 보아 세조 대가 아닌 조선 중기 이후의 것으로 추정된다.

① **애련지와 애련정**	사적.
② **연경당 정문**	연경당은 보물. 건립 시기는 순조 27년(1827)과 28년 두 가지 기록 존재. 효종 세자의 연회장 용도로 건립.
③ **석거와 저수지**	화살표의 방향을 따라 물이 연경당 앞 석거를 통과하고 저수지에 집수되어 최종적으로 애련지로 흘러듦.

부용지를 지나 북쪽으로 가면 애련지(愛蓮池)와 애련정(愛蓮亭)을 만나게 된다. 애련지와 애련정의 역사는 비슷한 것으로 추정된다. 한편 애련지의 서북쪽은 돌로 된 3층의 단으로 구성되어 있는데 가운데 단의 제일 왼쪽 돌에 전서체로 '태액(太液)'이라는 글씨가 있다. 이를 통해 애련지의 다른 이름이 태액지였을 가능성도 제기되고 있다. 애련정은 숙종 18년(1692)에 건립되었다.『궁궐지』와『애련정기』에 따르면 연못 가운데에 섬을 쌓고 정자를 지었다고 한다. 그러나 현재 섬은 없고 정자도 북쪽 연못가에 걸쳐있다. 숙종은 연꽃이 군자의 덕을 지녔기 때문에 이를 사랑하여 정자의 이름을 애련정이라고 짓는다고 밝혔다.

애련지의 물 유입 구조는 연경당(延慶堂) 앞에서부터 돌을 다듬어 만든 도랑(석거, 石渠)을 감돌아 나온 물이 애련지 서북쪽 모퉁이에서 석축을 덮은 넓적한 판석의 홈통 위로 흘러들고 그 물은 가슴 높이 아래의 오목하게 물 확이 파인 돌로 떨어져 저수지에 모인다. 그다음 다시 낙차를 이루어 못으로 흘러가는 구조로 되어 있다.

애련지를 지나 북쪽으로 더 올라가면 관람지(觀覽池)와 관람정(觀覽亭), 존덕정(尊德亭) 등이 있다. 과거 동궐도에는 관람지 지역에 3곳의 연못으로 분리되어 있는데 현재는 하나의 연못으로 이어져 있다. 연못이 한반도를 닮았다고 해서 반도지(半島池)라고도 부른다. 반도지의 명칭에 대해서는 일본이 의도적으로 붙인 이름이라 하여 논란의 소지가 있다. 관람정은 부채꼴 모양의 독특한 형태로 설립 연도는 고종 또는 순종 연간인 것으로 추정한다. 관람정 위쪽 지역에 존덕정이 위치하며 인조 22년(1644)에 건립되었고 처음에 육면

① **관람지와 관람정** 사적. 1830~1901년 사이 건립된 것으로 추정.
② **존덕정과 홍예다리** 사적.
③ **존덕정의 정조 교시** 정조 년(1798) 만천명월주인옹자서(萬川明月主人翁自序)라는 제목으로
직접 작성한 왕권 강화 교시 목판.

정(六面亭)이라 하다가 후일 존덕정으로 개칭하였다. 존덕정에는 정
조가 쓴 현판이 걸려 있는데 군주의 초월적이며 절대적인 위상을
강조하는 내용을 담고 있다. 존덕정 북쪽에는 네모난 연못과 반달

◀ 취규정
사적. "학문이 번창하여 천하가
태평하게 된다."라는 의미로
독서와 휴식의 공간으로 추정.

◀ 취한정
사적. 왕이 태극정 행사나
어정을 들렀다 돌아가는
경로 상 휴식 장소.

모양의 연못이 있다. 이 연못에서 흘러든 물이 차서 넘치면 홍예다
리 밑을 따라 관람지로 흐르게 되고 관람지에 모인 물이 넘치면 창
경궁 영역에 있는 춘당지로 흐른다.

존덕정의 서북쪽 골짜기와 연경당의 북쪽 골짜기 사이의 언덕 위
에는 청심정(淸心亭)이 있다. 숙종 14년(1688)에 건립하였으며 남쪽
뜰에 돌을 파서 빙옥지(氷玉池)를 만들었고 동쪽 좁은 골짜기로 통
하는 홍예(虹霓)다리를 놓았다고 한다. 정자 앞쪽에는 장방형 돌 연
못을 배치하였으며 돌 연못 앞에는 빙옥지라는 글씨를 새긴 돌 거

◀ **소요정과 수로**
사적. 사진 좌측 소요정.
옥류천 주변의 전 광경을
조망할 수 있는 장소.
인조 14년(1636) 건립.

북 한 마리가 정자를 바라보고 있다. 청심정에서 신선원전으로 향
하는 언덕 위에 능허정(凌虛亭)이 있는데 숙종 17년(1691)에 세워졌
다. 다만 안타깝게도 청심정, 빙옥지, 능허정 등은 일반인 관람금지
구역으로 지금은 찾아가 볼 수가 없다. 청심정 북쪽으로 가면 취규
정(聚奎亭)이 있는데 옥류천 입구에 위치한 취한정(翠寒亭)의 남쪽 언
덕에 위치하고 있다. 취규정은 인조 18년(1640)에 지어졌고 취한정
은 1830년 이전에 지어진 것으로 판단한다. 취한정을 조금 지난 지
점 서편 옥류천 중심인 소요정(逍遙亭)이 있다. 소요정은 인조 14년
(1636)에 건립되었으며 처음에는 탄서정이라고 하다가 후에 이름을
소요정으로 변경하였다.

① **유상곡수거와 소요암** 사적. 인조 14년(1636) 조성한 것으로 추정.
② **포석정** 사적. 경북 경주시 배동.

　왕실 후원 향연의 핵심인 옥류천은 후원 서북쪽 응봉 자락을 따라 흐르는 물이 어정에서 솟아 흐르는 물과 합쳐 작은 개울을 이루면서 태극정과 청의정과 소요정과 취한정을 굽이돌아 흘러내린다. 흐르는 물길이 소요정 앞에 이르러서는 옥류천이라 글자가 새겨진 바위 앞 윗면이 평평한 너럭바위를 따라 흐른다. 그 너럭바위 윗면으로 일단 모인 물은 곡수구(曲水溝)를 따라 둥글게 흘러 작은 폭포가 되어 바위 아래로 떨어진다. 너럭바위는 소요암(逍遙巖) 혹은 위이암(逶迤巖)이라 불리며 옥류천이라는 이름을 인조의 친필로 바위에 새겼고 1670년 그 위에 숙종의 시를 더하였다.[11] 옥류천 유상곡수연(流上曲水宴)은 돌을 다듬어 물길을 만들고 그 물길을 따라 술잔을 돌리며 시를 읊은 놀이를 위해 만든 시설로 유배거(流杯渠)라 한다. 동일한 형태로 경주에 신라시대 포석정(鮑石亭)이 있다.

　어정은 응봉에서 흘러내린 물과 합류하는데 사모지붕 형태의 돌뚜껑이 덮여 있다. 이 어정이 조성된 시기는 주변의 시설물과 동시대가 아닌 고종 시대 이후로 추정한다. 어정에서 보아 산등성이 위쪽에 위치한 청의정(淸漪亭)은 궁궐 내에서 유일하게 초가지붕을 하고 있다. 인조 14년(1636)에 건립되었고 옛 기록에는 작은 연못 가운데 섬을 만들고 집을 지었다고 하며 청의정 앞에 논을 만들어 임금이 친히 모를 심어 벼를 베고 그 볏짚으로 이엉을 엮었다고 한다. 하지만 현재의 주변 모습은 과거 기록과는 많은 차이가 있다. 청의정 동쪽에는 청의정과 같은 시기에 건립된 태극정(太極亭)이 있다. 태극정에서는 왕실을 위한 다양한 행사가 개최되었을 것으로 추정되며 뒤편에는 작은 우물이 있다. 태극정 아래 위치한 농산정(籠山亭)은 임금의 옥류천 행사 시 음식이나 다과를 준비했던 곳으로 추정하나 정조, 순조 대 기록에 의하면 단순히 음식 장만 기능만 있지 않았던 것으로 판단된다.

▲ **어정과 소요정** 사적. 소요정은 어정 아래쪽에 위치하며 정조 14년(1790)에 개수. 정조는 소요정기(逍遙亭記)를 통해 소요정의 풍광을 극찬.

◀ **청의정**
사적.
조선 초가 정자 중 최고(最古).

◀ **태극정과 우물**
사적.
숙종은 상림삼정기
(上林三亭記)를 통해
태극정을 극찬.

◀ **농산정**
사적. 산속에 둘러싸인
아름다운 정자를 의미.

왕실의 치유(病)

▲ 창덕궁 궐내각사 약방   사적. 태종 대 건립. 2004년 복원.

　조선시대 왕실의 진료를 담당하는 관서는 내의원이다. 조선건국 초기에 내약방(藥房)이라 불리다가 세종 대에 내의원으로 개칭되었다. 내의원 관사는 통상 창덕궁 궐내각사와 경희궁 숭정문 앞쪽에 위치하였다. 창덕궁 내의원은 임진왜란으로 불탄 후 광해군 때 재건한 기록만 남아 있다. 시간이 흘러 순조 이후 내의원은 동궁이었던 창덕궁 성정각(誠正閣)으로 이동하였다. 이곳 전각에는 내의원이었음을 알 수 있는 보호성궁(保護聖躬), 조화어약(調和御藥)이라는 현판이 걸려 있다. 왕을 높이기 위해 현판에 임금을 의미하는 '성궁'과 '어'라는 글자를 올려 쓴 것이 눈에 띈다.

① **창덕궁 성정각 내의원**　사적. 일제 강점기 내의원 건물을 신축한 것으로 추정.
② **구암박물관**　　　　　서울 강서구 가양동. 구암박물관과 한의사협회 건물이 나란히 위치.

　내의원의 행정적인 자문 및 관리는 종1품인 도제조가 담당하지만 실질적인 의료행위의 책임자는 어의(御醫)였다. 어의는 단 한 명이 아니라 2~3명까지도 운영하였으며 품계도 정3품~정1품까지 부여되었다. 역사상 가장 유명한 어의는 광해군의 지시로『동의보감』을 집필한 허준이다. 그가 집필한『동의보감』은 18세기 중국과 일본에서까지 번역되었으며 현재도 한방에서 적용하고 있다.『동의보감』은 유네스코 세계기록물유산이다. 허준은『동의보감』에서 "사람의 영양은 물과 음식에 의해 이루어지며 사람의 건강과 수명에 아주 큰 영향을 미친다."고 적었다.「탕액 편」에서는 약재보다 물을 먼저 설명하였다. 또한 약재를 달일 때는 새벽에 처음 길은 우물물 '정화수'와 찬 샘물 (한천수)를 쓰고 국화 밑에서 나는 물 국화수를 쓰면 장수한다고 강조하였다. 허준의 고향인 파주시에는 허준의 묘가 있으며 강서구 가양동에는 그를 기리기 위한 구암공원과 기념박물관이 있다.

우물로 본 조선역사

① **어의정** 　충남 문화재자료. 충남 아산시 온천동. 과거 어천(御泉)이 각자된 석재가 있었다고 전언.
② **신정비** 　충남 문화재자료. 온양관광호텔 소재.

　온행(溫幸)이란 왕이 병을 치료하기 위해 온천으로 가는 행행(行幸 : 임금이 궐 밖으로 이동)을 말한다. 태조와 태종은 황해도 평산온천을 주로 찾았지만 세종 이후 너무 멀어 경기도 이천 등지의 온천을 이용했지만 이마저도 길이 험해 충청도 온양으로 온행지를 변경했다. 왕들이 찾았던 경기 이천온천, 충주시 수안보 온천, 아산시 온양온천을 조선왕조 3대 온천이라고 통상 칭한다. 세종은 온양온천에서 장기간 머무르기 위해 온양에 행궁을 건립했다. 온양행궁은 온천욕을 통해 병을 치료하고 휴식을 취하기 위한 목적으로 초수행궁(椒水行宮)이라 한다. 온양에는 세종의 눈병을 치료하였다는 어의정(御醫井)이 행궁터인 온양관광호텔에서 조금 거리가 떨어진 지역에 남아 있다. 세조 때에는 온양온천 옆에서 냉천을 발견하였고 성종 때에는 이를 신정(神井)이라 기념하며 신정비를 세웠다. 세조 11년 (1465) 세조는 충청도 관찰사에게 어지(御旨)를 내려 임금이 사용하는 어실(御室) 이외 온천은 다른 사람들도 사용토록 명하였다. 하지만 고관대작이 아니면 감히 누가 사용할 수 있었는지는 의문이다.

왕들이 온행을 자신들 마음대로 할 수 있었던 것도 아니다. 어의들이 온행을 건의해도 왕들은 지휘 공백의 문제점, 온행으로 인한 백성들의 피해 등을 신료들이 수시로 제기하여 온행을 주저하였다. 현종, 숙종 등은 눈치를 보다가 집권 중반기가 되어서 겨우 온행을 떠날 수 있었다. 사도세자는 영조 36년(1760) 종기를 치료하기 위해 온양으로 온행을 떠났다. 아들인 정조는 즉위 후 온양 행궁을 방문하여 사도제자가 활을 쏘았다는 곳에 영괴대(靈槐臺) 단을 설치하고 부친이 직접 심은 3그루의 회화나무를 정비했다. 한편 사도세자가 온양에 갈 때 함께 따라갔던 배종관들에게는 특진을 하사했다.

세종은 눈병이 심해지자 온양행궁 이외에도 청주 초정약수터에 초정행궁을 짓고 일 년에 2차례 행차하였다. 세조도 피부병 치료를 위해 초정행궁에 온 기록이 남아 있다. 초정 지역에는 물을 길어 마신 원탕, 목욕이 가능한 노천탕이 있었다고 전해지며 현재 탄산수 우물을 상탕으로 추정하여 초정행궁시설이 복원되어 있다. 세종은 청주에 초정행궁을 짓고 치료하였지만 안질에 차도가 없자 더 센

① 초정영천(椒井靈泉)   충북 청주시 청원구 내수읍 초정리. 초정약수 3개 우물 중 남아 있는 상탕
② 전의초수   충남 향토유적. 세종시 전의면 관정리.
③ 애련정   경기 이천시 안흥동. 성종 5년(1474) 이천부사 이세보가 건립하였고 영의
                  정 신숙주가 애련정으로 작명. 조선 왕들의 여주 세종대왕릉 참배 경로상
                  휴식 장소. 1999년 복원.

약효가 검증된 전의초소에 행궁을 지으려 했다. 하지만 심각한 가
뭄으로 백성들의 고통이 심해지자 행궁 건설을 포기하고 1년 동안
매일 저녁 전의초수를 떠서 빠른 말로 신속히 운반하도록 하여 안
질이 나았다고 한다. 경기도 이천행궁은 세종, 현종, 숙종, 영조, 정

조가 사용하였으며 행궁시설은 1907년 정미의병 당시 일본군이 모두 불태웠다. 지금은 후원이 위치했던 안흥지에 애련정이 복원되어 있으며 행궁 본당 지역은 이천초등학교, 탕실이 있던 곳에는 온천공원이 조성되어 있다.

▲ **수안보 왕의 온천 조형물**　충북 충주시 수안보면 온천리.

수안보온천은 우리나라 최초로 발견된 자연용출온천으로 지역주민들은 '왕의 온천'이라는 자부심을 갖고 있다. 그 이름에 걸맞게 고려사는 현종(1018) 때에 유온천(有溫泉)이라는 유명한 온천이 있다고 기록하고 있으며 『조선왕조실록』은 태조 이성계가 피부병을 치료하기 위해 자주 찾았다고 적고 있다. 또한 충청 지역 역사서인 청풍향교지는 숙종이 휴양을 위해 수안보를 찾았다고 전한다. 고종 29년(1892) 작성된 고사리면 온정동(溫井洞) 동규절목(洞規節目)에는 과거 세종의 부마 안맹림, 세조 때 우의정 권람과 많은 유림들이 치료목적으로 수안보를 찾았다는 사실을 강조하고 있다.

왕실의 죽음(死)

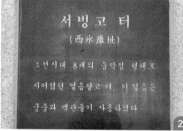

① **동빙고 표석**　　서울 성동구 옥수동. 최초 한강 주변 두모포(豆毛浦)에 설치되었으며 연산
　　　　　　　　　군 10년(1504) 동빙고동 지역으로 이전. 사한단(司寒壇 : 얼음 입·출고
　　　　　　　　　기간에 제사를 지내던 곳) 표석과 함께 위치.
② **서빙고 표석**　　서울 용산구 서빙고동. 8채의 움막 형태로 조성되었다는 설명.
③ **안산 목빙고 유적**　사적. 경기 안산시 상록구 수암동.

　왕실에서 국왕이 돌아가시거나 상을 당했을 때 안장하고 애도하
는 예를 흉례(凶禮)라고 하였다. 흉례에는 상례(喪禮)와 장례(葬禮)가

있다. 상례는 3년의 복상기간 중 행하는 예를 말하며 장례는 돌아가신 뒤 시신을 묻어 무덤을 조성하는 데까지 일체의 예를 말한다. 왕과 왕비가 승하하면 장례준비를 위한 임시 관청인 도감이 설치되어 관련 절차를 진행하였는데 국장도감은 관(재궁)을 왕릉에 모시는 일, 빈전도감은 시신을 수습하여 빈소를 차리고 염습과 상복을 준비하는 일, 산릉도감은 능을 조성하는 일을 담당하였다. 또한 장례를 치른 후 신주를 모시고 삼년상을 치르는 혼전을 담당하는 혼전도감이 별도로 설치되기도 하였는데 많은 경우 빈전도감이 혼전의 업무를 담당하여 빈전혼전도감으로 불렸다. 왕실에 있어 왕이 돌아가셨어도 효의 관점에서 왕이 다시 살아나기를 바란다는 지극한 마음을 표현하는 것이 최우선의 과제였다. 죽은 자의 영혼과 육체를 여전히 산 사람과 같이 여기는 불사기친(不死其親)의 관념을 가지고 있었다. 따라서 대렴(大殮 : 시신에 옷을 입히고 베로 싸는 절차)은 사후 5일째 실시하여 재궁에 입관하였다. 돌아가신 당일에는 국장이 5개월 후 시작되므로 시신부패 방지를 위해 시신 아래 얼음을 넣는 설빙례(設氷禮)가 있었다. 조선시대에는 건국 초기부터 장빙제도(藏氷制度)를 확립하였으며 고종 때까지 지속되었다. 빙고(氷庫)라는 직제를 두어 5품관(五品官)인 제조 이하의 많은 관원을 두어 관련 업무를 수행하였다. 빙고는 대개 도성 밖 강가에서 근접한 곳에 위치하고 있었다. 이것은 강에 얼어붙은 얼음을 채취하여 운반하기 쉬운 곳에 창고를 두었기 때문이다. 한양에서 왕실의 설빙례와 여름의 식음용 얼음을 제공하던 곳은 동빙고와 서빙고로 한강 북쪽 연안에 설치되었던 얼음 창고이다.

이들은 석조가 아닌 목조로 된 빙고였기 때문에 현재 관련 장소에 표석만 남아 있다. 목빙고의 유적은 안산읍성의 목빙고 유적에서도 찾아볼 수 있다. 안산읍성의 목빙고는 얼음을 보관하는 방인 빙실과 얼음이 녹은 물이 흘러 나가는 배수로가 갖추어진 빙고이다. 안산 빙고의 빙실과 배수로는 돌로 만들었고 기둥과 지붕은 나무를 활용하여 만들었다. 현재 남아 있는 얼음 창고의 대부분은 석빙고로 18세기 초 영조 대에 축조되었다. 경주석빙고, 안동석빙고, 창녕석빙고, 청도석빙고, 현풍석빙고, 영산석빙고 등이 경상도 지역에 위치하고 있으며 전부 국가 보물로 지정되었다.

지우 : 현존하는 조선의 석빙고는 황해도 해주의 것을 제외하고 6곳이 전부 경상도에 있어요. 이건 우연이 아니라 다른 이유가 있을 것 같아 보여요.

아빠 : 단정적으로 이야기하기 어렵지만 은어(銀魚) 진상(進上)과 관련이 있어 보여. 은어는 수박 향이 난다 하여 조선 초기부터 왕실에 진상된 기록이 있지. 은어는 양측회유성 어종으로 바다와 강을 오가며 사는데 현재에도 최대 서식지가 경남 산청 경호강이야. 은어는 낙동강을 따라서 경남 전 지역과 경북 안동지역까지 서식하며 안동국시 경우 은어로 육수를 내기도 해. 안동 예안읍 읍지인 선성지(宣城志)에는 예안 현감이 부임하여 자신의 녹봉을 털어 1737년 석빙고를 지었으며 7월 초 은어 30마리를 공물로 진상하였다는 기록도 남아 있지. 진상의 스트레스가 컸음과 동시에 석빙고가 중요한 역할을 담당했다는 걸 알 수 있어.

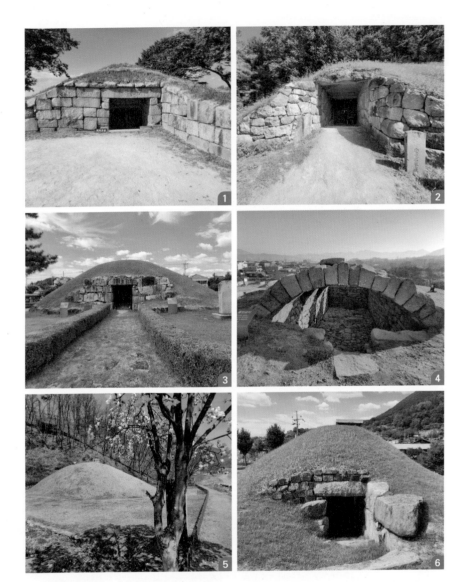

① **경주석빙고**　　보물. 경북 경주시 인왕동.

② **안동석빙고**　　보물. 경북 안동시 성곡동.

③ **창녕석빙고**　　보물. 경남 창녕군 창녕읍 송현리.

④ **청도석빙고**　　보물. 경북 청도군 화양읍 동상리.

⑤ **현풍석빙고**　　보물. 대구 달성군 현풍읍 현풍동로.

⑥ **영산석빙고**　　보물. 경남 창녕군 영산군 교리.

우물로 본 조선역사

왕릉은 산릉도감에서 약 5개월간 택지선정에서부터 조성까지 과정을 진행하였다. 능지는 상지관(相地官)이 선택하여 왕이 재가하는 절차를 통상 따랐다. 조선왕릉은 한강 북쪽의 한북정맥과 한강 남쪽의 한남정맥을 중심으로 택지되었다. 봉분을 중심으로 한 능침 공간은 풍수사상에서 길지라고 일컫는 사신사(四神砂)가 잘 갖추어진 곳이다. 주산을 뒤로하고 산허리에 봉분이 위치하며 좌청룡 우백호 산세와 왕릉 앞으로 물이 흘러야 한다. 또한 앞에는 안산(案山)이 멀리는 조산(朝山)이 보여야 한다. 왕릉의 핵심인 봉분은 합장 여부와 지형에 따라 명칭이 달라지는데 단릉, 쌍릉, 합장릉, 동원이강릉, 동원상하릉, 삼연릉으로 분류된다. 왕릉의 주요한 시설물로는 정자각(丁字閣)이 있다. 왕릉의 정자각은 제사를 지낼 때 사용하는 건물로 왕릉에서 봉분이 있는 언덕 아래에 위치한다. 정자각은 제수를 진설(陳設)하는 정청(正廳)과 제례를 올리는 배위청(拜位廳)으로 구성되며, 정청과 배위청의 평면 형태가 '정(丁)' 자를 이루어 정자각이라 부른다. 조선왕릉 신도비는 후대 왕이 선왕의 치적에 대해 기록해 숭모의 예를 표현하고자 했던 석비조각의 하나이다. 조선시대 왕릉에서 신도비는 조선 초기에 해당하는 건원릉, 제릉, 헌릉, 구 영릉 4곳에만 세워졌다.

왕릉 주변의 풍수도 중요하게 고려되었으며 연지 조성이 그 중심에 있다. 조선사회는 살아 있는 사람의 양택인 경우에 그 혈장(穴藏)이 넓어야 하고 음택인 경우에는 혈장이 꽉 조이게 입구가 좁아야 한다고 생각했다. 따라서 왕릉의 입구는 오므라진 산세를 하고 있는 곳이 많다. 그렇지 않은 곳은 기를 보충하기 위해 인공산을 조성하거나 숲과 연못을 조성하기도 했다. 연지 조성은 실용적인 측면에서 능원위토답(陵園位土畓 : 능 제사에 필요한 재정 목적의 전답)의 용수공급과 참배객의 휴식공간으로 활용하기 위한 목적이 있었다. 연지는 태조 건원릉(健元陵)에서부터 고종의 홍릉(洪陵)까지 20여 기에 조성되어 있었으나 대부분 멸실되었다. 멸실된 이유는 일제 강점기에 능지의 토지가 분할되어 사유지 농사가 진행되자 물의 흐름에 왜곡이 발생한 것으로 보인다. 현재는 영릉, 장릉(莊陵), 광릉, 효릉, 장릉(章陵), 숭릉, 건릉, 융릉, 홍릉 등 9기 능에 11개소 연못을 확인할 수 있다. 동구릉과 서오릉, 서삼릉처럼 능역이 넓은 곳에는 능역 바깥에 특별히 외연지(外蓮池)를 두기도 했다. 또한 장릉(莊陵), 홍릉, 융릉 등지에서는 묘역 내에 다용도의 우물을 발견할 수 있다.

▲ 건원릉
경기 구리시 인창동.
(출처 : 문화재청, www.heritage.go.kr).

다음에서는 유네스코 세계문화유산인 40기 왕릉 중에서 태조의 왕릉과 연지와 우물을 보유하고 있는 9기의 왕릉에 대해서 유교와 풍수지리적 가치가 어떻게 반영되었는지 세부적으로 알아보도록 하겠다. 태조 이성계의 왕릉은 건원릉이며 조선 약 450년에 걸쳐 조성된 9기의 능이 모여 있는 구리 동구릉에 위치하고 있다. 태조는 생전에 자신과 후손들이 묻

우물로 본 조선역사

힐 장소를 찾아다녔으며 동구릉 지역을 찾고 이제는 걱정할 일이 없어졌다고 하여 망우리(忘憂里)라는 지명이 생겼다고 한다. 동구릉에는 7명의 왕과 10명의 왕비가 잠들어 있다. 건원릉은 공민왕의 능인 현릉(玄陵)을 본떠 만들었으나 고려시대 왕릉에 없는 곡장(曲墻 : 낮은 담)을 설치하고 남송 말기 풍의 석물들을 봉분 주위에 배치하였다. 건원릉은 이후 조선왕릉의 기준이 되었다. 건원릉의 봉분은 잔디가 아닌 억새로 덮여 있는데 태조의 유언에 따라 함흥의 억새를 사용하였다고 한다.

① **영릉 세종릉**   경기 여주시 능서면 영릉로.
② **영릉 연지**   금천교와 홍살문 앞에 위치.

영릉은 세종과 소현왕후의 합장 능이다. 세종의 능은 처음 태종의 능인 헌릉 근처 구룡산에 모셔졌으나 세조 이후 영릉(英陵)의 자리가 좋지 못하다는 의견이 지속적으로 제기되어 예종 원년(1469) 여주로 천장하였다. 영릉을 여주로 옮긴 이후 조선의 국운이 100년은 더 연장되었다는 뜻의 영릉가백년(英陵加百年)이란 말이 생겨났다. 이중환은 『택리지』에서 장현대왕(세종)이 묻힌 곳을 용이 몸을

돌려 자룡으로 입수하고 신방에서 물을 얻어 진방으로 빠지는 명
당 중의 명당이라 예찬하였다. 천장 당시 하나의 봉분 아래 석실 2
개를 붙여 왕과 왕비를 최초로 합장하였다. 또한 세조의 유명(遺命)
으로 병풍석을 두르지 않고 난간석만 설치하였으며 난간석에는 십
이지신상을 새기지 않고 방위를 문자로만 표현하였다. 최근 영릉
기념관 옆에 세종께서 발명하신 해시계, 물시계, 혼천의 등을 전시
하여 청소년들의 역사·과학의 교육현장으로 활용되고 있다.

▲ **영릉 효종릉**　뒤가 효종릉, 앞은 왕비릉(출처 : 문화재청, www.heritage.go.kr).

효종의 능인 영릉(寧陵)은 세종의 능인 영릉(英陵)과 왕의 숲길 및
영릉길로 이어져 있다. 약 500m 정도 떨어져 있는 셈이다. 영릉은
제17대 효종과 인선왕후가 모셔진 쌍릉이다. 정자각에서 보아 뒤
쪽에 있는 능이 효종릉이고 앞쪽이 왕비릉이다. 왕비릉엔 둘러쳐

① **영릉 연지**   영릉 주차장 뒤.
② **영릉 재실 제정**   보물.

진 곡장이 없고 왕릉에는 곡장이 있다. 본래 영릉이 동구릉에 위치
했을 때는 세조의 유명으로 금지되었던 병풍석을 다시 사용하였지
만 현재 여주 영릉에는 병풍석이 없다. 영릉을 이곳으로 이장한 시
기는 현종 14년(1673)이다. 영릉으로 이장한 이유는 동구릉 능의 석
물에 틈이 생겨 능 안으로 물이 스며들 염려가 생겼기 때문이었다.
마침 이듬해 왕비 인선왕후가 돌아가시자 영릉을 여주로 이장하여
쌍릉으로 안치되었다. 영릉의 재실은 조선왕릉 재실의 대부분이
일제 강점기와 6.25 전쟁을 통해 멸실되거나 원형이 훼손된 데 반
해 기본 형태가 잘 보존되어 있고 공간구성과 배치가 뛰어나 국가
보물로 지정되었다.

▲ **장릉**　　강원 영월군 영월읍 단종로.

단종의 능인 장릉(莊陵)은 단종이 승하하고 59년이 지난 중종 11년(1516) 비로소 봉분을 갖출 수 있었고 선조 13년(1580) 상석과 표석, 장명등, 망주석을 세워 묘역을 완성하였다. 숙종 24년(1698)에는 묘호를 단종, 능호를 장릉이라고 정하였다. 장릉의 모습은 다른 왕릉과는 다소 차이가 있다. 이는 단종이 승하하고 엄홍도가 시신을 수습하여 산언덕에 암장하고 돌로 표시를 해두었기 때문이다. 이후 중종이 시신이 암장되어 있던 곳에 능을 조성한 것이다. 제사를 지내는 정자각이 능을 정면으로 바라보는 것이 아니라 능의 축선을 옆에서 올려다보는 형태이다. 따라서 신로와 어로도 일직선이 아니라 ㄱ자로 꺾여 있다. 또한 다른 왕릉과 달리 난간석, 병풍석이 없다. 장릉 재실 옆에는 엄홍도 정려각이 있는데 영조 2년(1726) 어명으로 세워졌으며

1970년 장릉 경내로 옮겨왔다. 장릉 서쪽에 있는 우물은 영천(靈泉)이라 하는데 정조 15년(1791) 어명으로 영월부사 박기정이 수축하였다. 한식에 단종제를 지낼 때 제정으로 사용하고 있다.

▲ **장릉 연지**　　재실과 엄홍도 정려각 맞은편 위치.

▲ **장릉 영천**

① **광릉**　　경기 남양주시 진접읍 광릉수목원로. 쌍릉의 좌·우측으로 흐르는 계곡물을 한곳으
　　　　　　로 모아 금천교 방향으로 흘려보내는 구조
② **광릉 연지**　금천교 옆에 위치.

　광릉(光陵)은 조선 7대 세조와 정희왕후를 모신 왕릉이다. 광릉은
같은 산줄기에 좌우 언덕을 달리하여 왕과 왕비를 따로 모시고 능
중간 지점에 하나의 정자각을 세우는 형식인 동원이강릉(同原異岡陵)
의 형태로 조선에서 최초로 채택되었다. 본래 정자각은 세조의 능
역 앞에 있었으나 정희왕후의 능을 조성하면서 두 능의 사이로 옮
겨 지어졌다. 정자각 앞에서 바라보았을 때 왼쪽 언덕이 세조, 오른
쪽 언덕이 정희왕후의 능이다. 광릉이 위치한 광릉 숲은 여의도 면
적 30배의 넓은 숲이다. 광릉 숲에는 다양한 동식물들이 분포하며
우리나라에서 단위 면적당 생물다양성이 가장 높다. 유네스코는
이런 가치를 인정하여 2010년 유네스코 생물권 보전지역으로 지
정하였다. 이렇게 된 배경은 왕릉을 선정할 때 풍수지리적으로 산
림이 겹겹으로 둘러싼 지역을 선정했을 뿐만 아니라 치밀한 왕릉
조성 계획에 의거 묘역에 식재를 하고 철저한 관리를 한 결과임을
『광릉지(光陵志)』를 통해서 잘 알 수 있다.

① **장릉 연지**   경기 김포시 풍무동. 재실 옆에 위치.
② **장릉 저수지**   직선거리로 연지 앞쪽 50m 지점.

 장릉(章陵)은 추존 원종과 인헌왕후의 능이다. 원종은 선조와 인빈 김씨 사이 셋째 아들이자 인조의 아버지이다. 선조 20년(1587)에 정원군(定遠君)으로 봉해졌고 광해군 11년(1619) 사망하여 남양주시 금곡동에 묘소가 마련되었다. 인조가 반정으로 1623년 왕위에 오르자 정원군은 대원군으로 추존되었다. 1623년 계운궁이던 인헌왕후가 세상을 떠나자 김포 성산에 무덤을 만들고 육경원(毓慶園)이라 하였고 정원대원군의 묘도 흥경원(興慶園)이라 하였다. 인조 5년(1627) 두 사람의 묘를 현 장릉 위치로 옮기고 흥경원이라 하였다. 인조 10년(1632) 정원대원군이 원종으로 추존됨에 따라 흥경원은 장릉이 되었다. 비록 장릉으로 높여졌지만 병풍석과 난간석은 생략하고 석물만 추가하였다. 장릉의 홍살문 앞에는 연지가 있으며 그 앞으로는 넓은 저수지가 위치하고 있다.

① **숭릉과 정자각** 경기 구리시 인창동. 동구릉 경내 제일 서쪽에 위치.
② **숭릉 연지** 숭릉 남쪽에 위치.

　숭릉은 조선 18대 현종과 명성왕후의 능이다. 숭릉은 하나의 곡장 안에 봉분을 나란히 배치한 쌍릉형식이다. 봉분은 병풍석을 생략하고 난간석만 둘렀고 난간석으로 두 봉분을 연결하였으며 능침 앞에는 혼유석이 각각 1좌씩 놓여 있다. 그 외 석물은 일반적인 조선왕릉의 형태로 배치되었다. 특기사항은 숭릉의 석물은 효종의 영릉(寧陵)이 여주로 천장될 때 그 석물을 묻었다가 다시 꺼내 재사용한 조선의 첫 사례라는 것이다. 현종은 17대 효종의 아드님이다. 능침 아래에 있는 정자각은 조선왕릉 40기 중 유일하게 남은 팔작지붕 정자각으로 보물로 지정되었다. 숭릉연지는 현종 15년(1674) 왕릉 조성담당 기관인 사릉도감에서 조성한 연못이다. 네모난 형태에 가운데 둥근 섬이 있는 방지원도형으로 네모는 땅을, 둥근 섬은 하늘을 상징하는 우주관과 자연관이 담겨져 있다. 동구릉 내 9기의 왕릉 가운데 숭릉에만 연지를 설치한 것은 동구릉 내에 형성된 3개의 물길(건원릉과 휘릉 사이, 원릉과 경릉 사이, 숭릉과 혜릉 사이)을 관리하기 위해서였다.

① **융릉**　　　경기 화성시 효행로. 좌측에 묘소. 우측에 정자각.
② **융릉 곤신지**　　융릉의 남서방향으로 홍살문 앞 100m 지점의 생방(生方 : 묏자리에서 처음 보이는 물).

　융릉(隆陵)은 추존 장조와 헌경왕후 능으로 합장릉의 형태이다. 영조 38년(1762) 장조(사도세자)가 영조의 명으로 뒤주 속에 갇혀 세상을 떠나자 현 서울 동대문구 배봉산 아래에 묘가 조성되었고 묘의 이름은 수은묘(垂恩墓)라 하였다. 1776년에 정조가 왕위에 오르자 장헌세자라는 존호를 올리고 묘를 원으로 격상하여 영우원(永祐園)이라 하였다. 정조 13년(1789)에 영우원을 현재의 화산으로 옮기면서 현륭원(顯隆園)이라 하였다. 순조 15년(1815)에 혜경궁 홍씨가 세상을 떠나자 이듬해인 1816년에 현륭원에 합장하였다. 그 후 대한제국 선포 후 광무 3년(1899)에 사도세자가 장조로 추존되자 현륭원은 능으로 격상되어 융릉이 되었다. 융릉의 곤신지는 현륭원으로 이전한 이듬해 조성한 원형 연지로 용의 여의주를 형상하고 있다.

▲ **건릉**　　경기 화성시 효행로.

건릉은 조선 제22대 왕 정조와 효의왕후의 합장릉이다. 정조는 본래 자신의 유언에 따라 융릉의 동쪽 언덕 강무당 터에 매장되었다가 효의왕후가 승하한 뒤 능의 자리가 좋지 않다는 의견이 많아 융릉 동쪽 언덕으로 옮겨 합장되었다. 2011년에는 정조의 초장지로 추정되는 곳이 발굴되어 『건릉산릉도감의궤』 내 그려진 물품을 구체적으로 확인할 수 있는 기회가 제공되었다. 건릉은 전반적으로 조선왕릉의 표준을 따르고 있지만 지근에 있는 융릉과 비교해 보았을 때 융릉이 봉분에 화려한 병풍석과 난간석이 있는 반면 건릉은 병풍석 없이 난간석만 두르고 있는 것이 차이점이다. 다만, 18~19세기 조선 후기의 왕릉 형식답게 석물들이 화려함을 갖추고 있고 문인석도 금관조복(문무백관들이 국가행사 때 입는 대례복)을 입고 있는 점은 특이하다. 또한 융릉과 같이 정자각 앞쪽을 굉장히 넓게 조성하였는데 이는 1900년 이후 사도세자와 정조를 황제로 추숭하고 융릉과 건릉을 황제의 능으로 조성하면서 그 격식에 맞게 후대에서 꾸민 것이라고 판단하고 있다.

▲ **건릉 천년지**   건릉 묘역 입구에 위치.

▲ 홍릉   경기 남양주시 금곡동.

　홍릉은 조선 제26대 왕이자 대한제국 1대 황제 고종과 명성황후
의 합장릉이다. 1897년 대한제국을 선포한 고종황제는 명나라 황제
릉의 예를 참고하여 대한제국 황제릉의 새로운 형식을 수립하였다.
기존 조선왕릉과 달라진 점은 두 가지이다. 첫째, 제향을 지내는 공
간인 정자각을 일사형 침전(제향 전각)으로 바꾸고 침전 안에 어탑(御
榻)과 당가(唐家)를 갖추었다. 둘째, 능침공간에 있던 문석인과 무석
인을 침전 앞으로 배치하고 석양과 석호 역시 기린, 코끼리, 사자,
해치(해태), 낙타로 바꾸어 침전 앞에 두었다. 그리고 황제의 자식과
후궁들의 묘도 홍릉 주변에 조성하였다. 홍릉의 연지는 조선왕릉
연지의 일반적 형태인 천원지방(天元地方)이 아닌 원형인 것이 특징
이다.

우물로 본 조선역사

① 홍릉 연지
② 홍릉 지당
③ 홍릉 어정　좌측 위쪽이 홍릉의 봉분.

　홍릉 침전 앞 석물 뒤편에 조성된 지당(池塘)은 비가 오면 물을 저장하고 연지로 흘려보내는 기능을 하는 것으로 판단된다.

▲ **유릉**   경기 남양주시 금곡동.

유릉은 대한제국 2대 황제 순종과 순명황후, 순정황후의 합장릉
이다. 순명황후는 순종이 즉위하기 전인 광무 8년(1904) 11월 5일
숨졌고 이듬해 1월 4일 양주 용마산 아래 언덕에 예장되었다. 1926
년 4월 25일 순종이 승하하여 그해 6월 11일 홍릉 왼쪽 산줄기 현
위치에 안장하고 순명효황후를 이장하여 합장하면서 유릉이 조성
되었다. 1966년에는 순정황후가 합장되었다. 조선시대의 마지막
왕릉인 유릉은 조선왕릉 중에서 하나의 봉분에 3명을 합장한 유일
한 동봉삼실릉(同封三室陵)이다. 유릉은 홍릉처럼 황제릉 양식으로
조성되어 있지만 홍릉에 비해 능역 규모가 약간 작은 편이다. 반면
유릉의 재실은 다른 조선왕조의 왕릉 재실보다 2배 이상의 규모를
가지고 있어 눈길을 끈다.

장례 후에는 위패를 보관하는 혼전에서 우제(虞祭), 졸곡제(卒哭祭)
등이 진행되며 27개월째 담제(禫祭)를 모시면 왕실은 효자로서 거
상이 종료되고 정상생활이 가능하게 되었다. 담제가 끝나면 종묘

① 유릉 어정
② 유릉 제정

에 부묘(祔廟 : 신주를 모심)함으로써 삼년상이 종료된다.

능행(陵幸)은 선대왕과 왕비의 능에 제사를 드리기 위해 궁궐을 떠나 장시간 외유하는 국가적 행사였다. 능행은 국왕권위의 상징성과 통치체제의 정당성을 신료와 만인에게 시각적으로 드러내는 중요한 정치적 행위였다. 능행은 조선 초기보다 후기로 갈수록 증가하였다. 조선사회에서 효와 충을 최고의 덕목으로 개념화함에 따라 능행은 국가의례에서 정한 기간뿐만 아니라 언제든지 할 수 있는 길례였다. 따라서 국왕의 필요에 따라 국왕의 통치권을 의례적으로 안정시키고 국왕 자신의 권위를 높이는 결과를 낳을 수 있었다. 영조와 정조 시대에 능행의 횟수가 많았던 것도 정통성이 약했던 자신들의 정통성을 강화하려는 의도가 컸던 것으로 볼 수 있다. 능침 참배 의례 기본은 이미 세종 대에 정비되었다. 그 절차에 따라 산릉이 먼 경우 행궁에서 유숙하는 것으로 방침을 정하였다. 조선시대 능행을 위한 행궁은 남한산성행궁, 수원화성행궁, 과천행궁, 안양행궁, 시흥행궁, 안산행궁, 사근행궁 등이 있었으며 행궁의 표본적인 모습은 수원화성행궁에서 확인해 볼 수 있다.

미리 본 민생의 우물

　민생의 우물은 시기적으로 태종부터 성종까지 백성의 삶을 위한 통치의 이야기를 담았다. 또한 조선 전체에 걸쳐 진행된 화재예방, 조세제도, 소금생산 정책을 살펴보고, 백성들의 유교와 무속의 관점에서 우물에 대한 접근방식과 치유를 위한 약수, 온천 활용에 대해서도 알아보았다. 제주도는 지역적 특성을 고려하여 물에 대한 이야기를 별도로 다루었다.

3부

민생의 우물

농자천하지대본
農者天下之大本

『사기(史記) 효문본기(孝文本紀)』

1장

태종의 민생정책

양전사업

　태종 5년(1405)에 진행된 을유양전(乙酉量田)사업은 민생에 도움이 되는 농지 관련 개혁이었다. 그 결과 고려 말 1389년 실시했던 기사양전(己巳量田)보다 절대농지가 10만 결이 늘어났다. 공신이나 왕실 등 귀족층이 누락하거나 축소해서 보고했던 토지를 추가로 찾아낸 것이다. 1411년부터 1413년 사이에는 을유양전의 대상지가 아니었던 평안·함경도까지 조사해 120만 결의 농지를 확보하였다. 비록 확보한 땅이 국유지였지만 토지를 경작하는 농민들에게 고통을 경감하는 효과가 있었다. 토지를 경작하는 농민들에게는 정당한 조세가 부과될 수 있었으며 국가가 수취한 조세가 증가하여 농민들의 향후 경제적 부담이 줄어드는 효과가 있었다.

백성과 소통 및 가뭄대책

태종 3년(1402) 태종은 중국의 등문고(登聞鼓)를 참고하여 신문고 제도를 만들어 백성들의 청원·상소·고발이 쉽게 이루어지도록 조정에 지시하였다. 실제 신문고가 설치된 것은 후대였으며 당시 백성의 소리를 듣는다는 정치적·상징적 의미가 컸다.

태종 12년(1412) 태풍이 불고 곡식이 모두 쓰러졌다고 보고되자 태종은 밤에 잠을 못 이뤘으며 제때 수확을 하지 않아 피해를 입은 지역 수령들에게 그 책임을 물었다.

태종 15년(1415) 태종은 "비가 오랫동안 오지 않으니 인사(人事)에 잘못이 있지 않은가?"라면서 정부 부처 2품 이상 관리들에게 시정(施政)의 성패와 민생의 어려움을 모조리 개진할 것을 명하였다. 그 결과 사흘 뒤에 140여 조항의 진언이 올라왔으며 태종은 신하들과 토의를 통해 해결방안을 결정하였다. 또한 가뭄으로 백성들이 고통을 받자 숙정문을 열어 기우제를 지내는 등 국왕으로서 할 수 있는 것을 다하고자 하였다. 『임하필기(林下筆記)』등 많은 기록물에서 태종의 가뭄에 대한 고심을 기술하고 있다. 태종은 재위기간 중 가뭄이 들면 술을 자제하고 반찬 수를 줄이며 사냥을 중단하

▲ **태종대**　명승. 부산 영도구 동삼동.

여 백성들의 고통을 함께하고자 하였다. 태종은 승하하기 전까지도 가뭄대책을 고민하였는데 "내가 마땅히 하늘에 올라가서 이를 고하여 즉시 단비를 내리게 하겠다."라고 말하였다고 한다. 승하후 경기 일원에 큰비가 내려 그해 풍년이 들었다. 그 후 태종의 기일인 음력 5월 10일에는 어김없이 비가 내려 사람들은 이 비를 태종우(太宗雨)라고 불렀다. 당일 비가 오지 않는 경우는 그해 불운이나 흉작을 예상하였다. 부산 영도구에 있는 태종대(太宗臺)는 해발고도 200m 정도의 구릉 지역으로 울창한 숲과 기암괴석으로 이루어진 해식절벽이 바다와 절경을 이루고 있다. 일설에는 동래부사가 여기서 기우제를 올렸는데 태종우가 내려 태종대라고 명명되었다고 한다.

지우 :   세종의 민생에 대한 업적이 워낙 크다 보니 태종은 상대적으로 딱히 떠오르는 민생에 대한 업적이 생각나지 않는데…

아빠 :   두 분의 업적을 비교하기에 앞서 태종이 생각한 당시 최우선 국정 과제와 백성이 느끼는 민생의 가치가 어떻게 연결될 수 있는지 생각해 볼 필요가 있어. 태종은 명에 대한 사대(事大)와 왜와 교린(交隣)을 통해 우선 국방을 안정시켰고 양전사업, 조세법, 호폐법 등의 정비를 통해 법치(法治)의 기틀을 마련하였어. 이것은 새로운 왕조의 건국이나 민주주의 정권교체 초반기에 실시해야 하는 공통적 성격의 과제인 것이지. 백성들의 입장에서 대외 안보가 확보되고 불필요·불합리한 규제나 걸림돌이 사라졌다면 고려 말이나 전 정권과 비교해서 상대적인 민생 체감온도는 높았을지 않을까?

2장

세종의 민생정책

가뭄대책과 농업장려

세종은 즉위하면서 "백성이 나라의 근본이다."라고 선언하였다. 왕의 존재이유가 백성이 잘 먹고 잘사는 여건을 조성하고 보호하는 데 있다고 본 것이다. 이것이 조선사회 중농 정책의 출발점이며 그 의미는 세종 26년(1444) 권농교문(勸農教文)에 보다 잘 나타나 있다. "나라는 백성을 근본으로 삼고, 백성은 식량을 하늘로 삼으니 농업은 의식의 근원이라 왕정의 바탕이 되는 바다." 그러나 세종의 높은 애민사상과는 달리 세종 재위기간 중 하늘은 가뭄과 장마로 그 뜻을 어렵게 만들었다. 세종은 이런 상황을 자신의 부덕함에 기인한 것으로 보고 재위기간 3년을 제외한 전 기간 가뭄에는 기우제를 장마에서는 기청제(祈晴祭)를 지냈다. 기우제는 종묘와 사직에서 그리고 풍운뢰우단(風雲雷雨檀)에서 지냈다. 풍운뢰우단은 용산기지

내 남단(南壇) 터와 삼광 초등학교, 용산중학교 등이 예상 후보지로 거론되고 있다. 세종 17년(1435)에는 동자 80명을 모아 모화관 연못에서 석척(蜥蜴)기우제를 지냈다. 석척제는 연못이나 강변에 도마뱀이나 도롱뇽을 풀어놓고 동자들이 비가 오도록 기도하며 제를 올리는 것을 말한다. 하늘이 도운 것인지 이틀 뒤 비가 내려 기우제를 주관했던 이진이라는 사람이 말 한 필을 상으로 받은 기록이 남아 있다. 세종의 비에 대한 마음을 설명하는 다른 일화도 있다. 세종 7년(1425) 세종이 백성들의 농사상황을 살피고자 왕실의 대표적 별장으로 조성된 제천정(濟川亭)으로 이동하였다. 때마침 정자에 올랐을 때 비가 내리자 세종이 이를 기뻐하여 정자의 이름을 희우정(喜雨亭)이라 하였다. 이후 1484년 성종의 친형인 월산대군이 이 정자를 물려받아 개축하였고 성종은 형님을 사랑하는 마음으로 '멀리 바라본다.', '멀리 바라다보인다.'라는 의미의 망원정(望遠亭)이라 이름을 하사하여 오늘에 이른다.

▲ 희우정(망원정)　　　서울특별시 기념물. 서울 마포구 동교로. 정자 안에 희우정 현판이, 밖으로는 망원정 현판이 걸려 있음.

　　　　　　　　　　　　　　　　　　　　　우물로 본 조선역사

지우 : 세종께서 비가 오도록 무녀들이 주관하는 취무제(醉舞祭)와 승려
들이 주관하는 승도제(僧徒祭)까지 지원하였다고 하는 것은 성리
학을 정치의 근본으로 하는 신료들의 큰 반대에 직면했을 것이라
생각돼요.

아빠 : 백성들은 조선이라는 새로운 나라가 세워졌지만 고려시대부터 이
어온 불교와 민간신앙의 영향력이 그대로 존재하는 상황이었고 고
대로부터 자연재해에 대해서는 신권을 받은 왕의 책임이라는 생각
이 일반화되어 있었다고 봐야지. 왕의 정치적인 입장에서 모든 것
이 본인 부덕의 소치라고 몸을 낮추는 동시에 백성 모두가 위안을
받고 희망을 가질 수 있는 다양한 방안에 대해 지원하는 것이 가장
현명한 방법이라고 판단 돼. 이럴 때 백성들은 자연스럽게 감동하
고 왕의 권위를 인정하게 될 가능성이 높지. 물론 정통 성리학자들
의 입장에서 논란의 여지가 있지만 세종의 조치는 성리학, 풍수지
리학, 명리학, 불교, 도교 등이 공존하는 초기 조선사회의 양가적
(兩加的) 태도를 잘 보여주는 것이라 생각해.

세종은 농업에 도움이 되는 자연환경 이해 및 극복 방법을 실질
적으로 연구하였으며 놀라운 성과를 내었다. 세종 11년(1429) 세종
의 명으로 정초는 『농사직설』을 편찬·발간하였다. 당시 조선에는
원나라에서 편찬(1286)한 『농상집요』 등의 중국 농서가 전부였고
24절기도 중국 화북 지방을 기준으로 설정되어 있어 우리 실정에
맞는 농사방법과 농서가 필요했다. 세종은 『농사직설』을 편찬하여
우리나라의 풍토에 맞는 농사기술을 적용할 수 있게 만들었다. 또

한 과학적 농업경영을 위해 조선실정에 맞는 역법의 발전 필요성
을 느끼고 세종 15년(1433) 자주적인 역법(曆法 : 달력)을 계발하라는
지시를 내리게 된다. 이에 정인지, 정초, 정흠지 등이 명나라『대통통
궤』를 참고하여『칠정산 내편』을 편찬하였다. 또한 이순지, 김담 등은
아라비아 역법인 회회력을 참고하여『칠정산 외편』을 편찬한다.

기상 및 천문 관측

　백성들이 농업과 일반생활에 적용할 수 있는 정확한 시각과 비
의 양을 계측하기 위한 장비 제작에도 나서게 된다. 세종 16년(1434)
장영실, 이천, 김조 등이 해시계인 앙부일구, 장영실, 김빈 등이 조
선 초기 표준 시계인 자격루 물시계를 만든다. 세종 23년(1441)에
는 세계최초로 강우량을 측정하는 측우기가 발명되었고 세종 24년
(1442)에는 측우기를 이용한 지역별 측정 및 보고제도가 확립된다.
현존하는 측우기는 금영측우기가 유일하며 측우대는 관상감 측우
대, 창덕궁 이문원 측우대, 대구 경상감영 측우대, 통영 측우대 등 4
기가 남아 있다.

◀ **자격루**
국보. 국립고궁박물관.
중종 31년(1536) 제작.

◀ **기상박물관**
서울 종로구 송원길.
실제 측우기 및 측우대 소장.
일제 강점기 1932년
서울기상관측소로 건립.

궁궐의 기상관측 시설로는 창경궁 영춘헌 뒤 언덕에 풍기대가 있
는데 바람의 방향과 세기를 측정하는 깃발을 세운 석조물이다. 풍
기대는 화강암으로 만들었으며 높이 228cm로 아래에 상을 조각
한 대를 놓고 그 위에 구름무늬를 양각한 8각 기둥을 세웠다. 8각
기둥 맨 위의 중앙에는 깃대 꽂는 구멍이 있고 그 아래 기둥 옆으
로 배수 구멍이 뚫려 있다. 깃대의 길이는 확실하지 않으며 깃대 끝
에 좁고 긴 깃발을 매어 그것이 날리는 방향으로 풍향을 재고 나부
끼는 정도로 바람의 세기를 측정하였다. 풍향은 24방향으로 표시
하고 풍속은 그 강도에 따라 8단계 정도로 분류했을 것으로 추정된
다. 창경궁 풍기대의 제작 시기는 조선 후기로만 추정한다. 경복궁

▲ 창경궁 풍기대　　보물.　　　　▲ 경복궁 풍기대　　보물.

에도 창경궁과 유사한 풍기대가 있으며 높이만 약 4cm 정도 작다. 현존하는 풍기대는 2곳뿐이지만 『증보문헌비고』에 창덕궁, 경희궁 풍기대 관련 기록도 남아 있어 궁궐마다 풍기대가 설치되었던 것으로 보인다.

　조선시대 대표적인 천문 관측 시설은 세종이 건립한 간의대이다. 우리의 천문대 역사는 신라 선덕여왕 시기로 거슬러 올라간다. 『삼국유사』는 첨성대의 축조사실만 기록하고 있으나 고려시대 이후 기록은 첨성대를 천문 관측대로 평가하고 있다. 이런 기록의 차이로 인해 첨성대는 천문 관측대가 아니라 우물(井) 제단이라는 주장도 지속적으로 제기되고 있다. 세종은 세종 14년(1432) 경연에서 천문 장비가 없음을 지적하면서 정인지, 정초에게 간의(簡儀) 제작을

① **첨성대** 　　　　국보. 경북 경주시 인왕동. 선덕여왕 재위기(632~647) 건립.
② **소간의대** 　　　　보물. 서울 종로구 원서동 현대사옥.
③ **창경궁 관천대** 　　보물.

지시하였다. 이에 따라 만들어진 간의를 설치하기 위한 시설물로 축조된 것이 경회루 북쪽의 간의대이며 북부 광화방(廣化坊)에는 소간의대(小簡儀臺)가 축조되었다. 경복궁 간의대는 몇 차례 개수과정을 거쳐 조선 중앙천문대의 역할을 하였으나 임진왜란 당시 파괴된 이후 복구되지 않았고 광화방의 소간의대 일부만 남아 있다. 창경궁 관천대는 영의정 남구만이 숙종 14년(1688) 창덕궁 금호문(金虎門) 밖에 축조하였다가 시간이 흐른 뒤 창경궁으로 옮겨 왔다. 현재 간의는 없어졌지만 간의를 고정하였던 5곳의 구멍을 관천대 석조물에서 확인할 수 있다.

민생구휼

　세종의 비를 내리기 위한 모든 방법 동원과 풍년을 위한 헌신적 노력도 헛되이 자연재해와 흉년으로 많은 백성들이 굶어 죽고 다수의 유랑민이 발생하였다. 세종은 종로에 있는 흥복사(興福寺)에 구료소를 설치하여 굶주린 백성들에게 죽을 배급하였다. 흥복사는 세조 때에 효령대군의 요청으로 중건되어 원각사(圓覺寺)로 이름을 변경하였다. 연산군 10년(1504)에는 연산군이 이 절을 연방원(聯芳院)이라는 기방으로 만들어 승려들이 머물 수 없게 되었고 중종 7년(1512)에는 원각사를 헐어서 그 재목을 사람들에게 나누어 줌으로써 원각사 자체가 아예 없어지게 되었다. 후일 원각사 터에 탑골공원이 들어섰고 일제 강점기에는 3.1 만세운동의 상징적인 장소가 되었다. 이는 민생구휼의 장소가 민폐의 현장으로 다시 민족부활의 심장으로 변하는 역사의 아이러니인 셈이다. 원각사가 소유했던 원각사지 10층 석탑, 원각사지 대원각사비는 그 자리에 그대로 남았다. 세종은 흉작으로 백성들의 고봉이 심해지게 되면 대궐과 왕실의 살림에 쓰는 물자를 관리하는 풍저창의 곡식도 백성에게 나누어 주었으며 군사용 쌀과 밀을 보관하던 군자감의 문도 과감히 열었다. 지방에 있는 백성들을 위해서는 경차관(敬差官)을 파견하여 정부에서 내놓은 구휼정책이 제대로 시행되고 있는지 철저히 확인하였다. 또한 백성들이 환곡을 통해 빌려간 곡식을 제때 갚지 못해도 절대로 강제 징수를 하지 못하도록 지시하였다. 세종 6

년(1424)은 태종의 3년 국상기간이었다. 국상이 나면 국가적으로 연회와 잔치가 모두 금지되어 이를 직업으로 하는 광대, 악공들의 생계가 막연해지는 어려움이 발생하였다. 그들의 어려움을 접한 세종은 특히, 맹인 악공들에게 쌀 한 섬씩을 주도록 명하였다. 잡곡이 아닌 백미 한 섬은 당시로선 큰 가치였으며 장애 연예인의 아픔을 보듬은 시대 초월적 조치였다.

① **원각사 10층 석탑**　　국보. 서울 종로구 종로 2가. 탑골공원 유리 보호각에 보관.
② **원각사지 대원각사비**　　보물.
③ **원각사지 우물**

토정 이지함은 세종보다 약 150년 뒤의 사람이지만 민생구휼에
있어 선구자적인 역할을 수행한 관료였다. 이지함은 목은 이색의 6
대손으로 성리학을 공부하였지만 성리학만을 고집하지 않는 사상
적 개방성을 보였다. 그는 역학, 의학, 수학, 천문, 지리에 박식하였
으며 명리학이 적용된 『토정비결(土亭秘訣)』의 저자로 잘 알려져 있
다. 하지만 그가 실제 『토정비결』의 저자인지는 불분명하며 그렇지
않다는 의견이 우세하다. 이지함은 평생 벼슬에 뜻이 없다가 선조
6년(1573) 포천 현감이 되어 백성의 경제적 활성화 방안을 상소하고
임진강 범람을 예견하여 수많은 인명을 구하였다. 아산 현감이 되
어서는 선조 11년(1578) 빈민을 구제하는 걸인청을 설치하였다. 걸
인청은 굶주리는 백성들에게 음식만을 제공하는 것이 아니라 맞춤
형으로 노약자는 짚신 만들기, 건장한 이는 고기잡이, 부녀자는 베
짜기 등의 자립교육을 병행함으로써 시대를 앞서간 복지행정을 구
현하였다. 이지함은 마포 한강 변에 토굴을 짓고 살았는데 그의 집
터에 표석이 남아 있으며 마포 먹자거리에는 이지함의 동상과 조
형물이 설치되어 있다.

◀ **걸인청 조형물**
서울 마포구 용강동.

한글창제

　우리 실정에 맞는 농사법을 수록한 『농사직설』(세종 11년)이 나왔지만 백성들이 이를 적용하기에는 또 다른 난관이 있었다. 『농사직설』은 한문으로 작성된 까닭에 수령이 먼저 책을 읽고 책에 적힌 방법을 아전들을 통하여 농민들에게 알려준 다음 감독 및 지도하는 복잡한 절차가 필요했다. 세종이 훈민정음을 창제하게 된 이유 중 하나도 이러한 백성들의 현실적 영농문제를 해결할 필요가 있었기 때문이다. 세종은 세종 25년(1443) 음력 12월에 한글을 창제하여 세종 28년(1446) 음력 9월 상순에 백성들에게 반포한다. 한편 한글은 세계 언어상 유례없이 창제자와 창제시기가 명시된 문자이지만 언제부터 어떻게 연구되었는지를 명확히 알 수 없는 문자이기도 하다. 『세종실록』에 "이달에 임금이 친히 언문 28자를 지었는데 … 이것을 훈민정음이라 일렀다."란 기록에 의거하여 세종이 직접 만든 것으로 알고 있다.

　반면에 세자시절 세종의 다양한 연구를 지원한 문종과 절대 음감을 가진 것으로 알려진 딸 정의공주 등이 한글창제에 일조했을 것이라는 의견도 있다. 또 다른 입장은 새로운 언어의 창제라는 것이 전문 연구 집단의 도움 없이는 어렵다는 판단 아래 일부 집현전 학사들이 협찬했을 것이라는 것이다. 최근 한글날이 되면 경복궁 수정전(修政殿) 앞에서 많은 행사들이 진행되고 있는데 그 이유는 과거 집현전이 수정전 자리 근처에 있었기 때문이다. 일각에서는 한글창제 후 실질적으로 만든 책들이 불서(佛書)인 점과 문종이 세종께서 승하한 1450년 신미대사에게 26자에 이르는 법호를 내린 점 등을 종합하여 세종과 친분이 깊었던 신미대사와 학승들이 한글창제에 일조했다는 의견도 제시되고 있다. 1940년 『훈민정음 해례본』이 발견되면서 한글이 어떤 원리를 바탕으로 해서 어떤 과정을 통해 만들어졌는가에 대해 알 수 있게 되었다. 『훈민정음 해례본』은 국보로 유네스코 세계 기록유산으로 등재되었으며 간송미술관에 보관되어 있다. 또한 『월인석보』 등 많은 한글 관련 유물과 자료는 국립한글박물관에서도 확인할 수 있다.

① **세종대왕 동상**　서울 종로구 세종로. 동상 지하에 박물관 세종이야기가 위치하며 이를 중심으로 한글학회, 주시경 집터 등을 경유하는 한글 가온 길이 조성.

② **국립한글박물관**　서울 용산구 서빙고로.

③ **수정전**　보물. 1867년 건립. 1894년 갑오개혁 당시 군국기무처로 사용.

지우 : 일국의 왕이 백성을 위한 언어연구를 하는 데 집현전의 도움을 받지 못한다는 것은 어떤 상황으로 해석해야 할까요?

아빠 : 한글창제에 대한 정확한 자료를 확인할 수 없어 많은 해석의 여지가 있다는 것을 우선 전제하는 것이 좋겠지. 조선개국 후 태종께서 사대교린이라는 안정적 외교 정책의 틀을 마련해 놓으셨으니 세종은 최고의 국내정치로 태평성대를 이루어야겠다고 생각하셨을 것 같아. 한글창제를 민생 해결과제로 추진하고 싶은데 한글창제가 자칫 중국에게 사대를 소홀히 하는 것으로 비춰져 국제정치의 분란으로 이어질 수 있다고 생각하셨겠지. 따라서 한글창제를 공개적으로 진행하는 것은 피하셨을 것으로 봐. 또한 집현전 부제학까지 오르는 최만리 등이 골수 사대 성리학자라 혹시 도움을 청했다가는 국내 정치적 상황이 더 꼬일 수 있었겠지. 세종대왕의 훌륭하신 점은 국익을 위해서 또한 국내정치의 성공을 위해서 이러한 문제점들을 현명하게 해결하셨다는 거야. 중국에 최대의 예를 갖추면서 국내의 불필요한 잡음을 없애고 자신의 육체적 고통을 감내하면서 한글창제의 위업을 달성했다는 것이지. 단순히 자주적인 입장이었다고 말하는 것보다 우리가 강해지는데 국제질서가 우릴 방해하지 못하도록 했다는 설명이 나을 것 같네.

· 3장 ·

성종의 민생정책

선농제향과 적전친경

　선농은 처음으로 농사짓는 법을 가르쳤다는 전설의 선농씨(先農氏)를 말하며 염제(炎帝) 혹은 선색(先嗇)이라고도 한다. 농경사회 국가에서는 선농제향(先農祭享)을 지냄으로써 한 해 풍년과 국가의 안성이 도모된다고 믿었다. 조선시대에도 선농에 대한 제향과 왕이 적전(籍田)에서 직접 경작하는 친경 의식은 각각 중요성이 강조되었으며 모두 국왕의 행사로 정착되었다. 선농제향에 대한 규정은 태종 때부터 세종 때까지 기간에 정해졌으며 정상적으로 적용되기 시작한 것은 성종 대에 이르러서이다. 선농단은 태조 때부터 있었다. 다만 동대문 밖에 위치한 선농단 남쪽에 관경대(觀耕臺)를 쌓고 제사를 지낸 뒤 왕이 친히 적전을 갈아 농사의 소중함을 백성에게 알리는 적전친경 의식을 행한 것은 성종 7년(1476)이 처음이었다. 이때 나이가 많고 후덕한 농부를 뽑아 임금을 도와 의식을 치르게 했다고 한다. 선농제향과 적전친경 후에는 별시 과거를 실시하였으며 경우에 따라 가뭄이 심하면 왕이 선농단 주변에 위치한 우사단, 풍운뢰우단에 직접 기우제도 드렸을 것으로 추정된다. 선농제향에 참석했던 모든 사람들에게는 끓인 우골(牛骨) 국물을 나누어 주고 밥을 말아 먹게 했다. 이것을 선농탕이라 불렀으며 현재는 음운이 변화되어 설렁탕이라 불리고 있다.

◀ 선농단
사적. 서울 동대문 제기동.
융희 3년(1909)까지 친경 의식 거행.

◀ 선농단 향나무
성종 7년(1476) 선농단 축조 당시
중국에서 선물 받은 묘목 식수.

선잠례와 친잠례

선잠제는 중국의 『예기』, 사마천의 『사기』, 『고려사』 등에서 그 기원과 변천과정을 알 수 있으며 조선의 선잠제는 태종 때부터 시작되었다. 선잠제는 백성들에게 양잠을 권장하고 누에치기의 풍년을 기원하는 국가의 제사인 선잠례와 왕비가 직접 누에치기를 하는 친잠례로 구성된다. 친잠례의 경우 태종 11년과 18년에 의복은 민생에 있어 중요하므로 궁중에서 후비친잠례(后妃親蠶禮)를 시행하라는 태종의 명에 따라 궁중의 내부행사로 진행되기 시작했다. 이후 성종 4년(1473)에는 선잠단을 선농단 옆에 마련하면서 국가적인 의례로 정착되었고 왕비를 대신하여 정1품의 신하가 의례를 실시하였다. 왕비의 선농단에서 친잠은 왕비가 궁궐 밖에서 제사를 지낼 수 없다는 신료들의 의견에 따라 궁궐에서 친잠례를 지낼 수밖에 없었다. 왕비의 친잠례는 성종 8년부터 영조 43년(1767)까지 총 8차례 실시되었다. 국왕의 선농단 적전친경을 하는 같은 해에 친잠례도 동시에 실시되었는데 국왕인 남성과 왕비인 여성이 맡은 역할과 책임을 다하여 백성들에게 모범을 보이고 노동을 장려한다는 의미가 있었다. 채상단(採桑壇)은 왕비가 뽕잎을 따는 친잠 의식의 장소로 성종, 연산군, 선조, 광해군 시기에는 창경궁 후원, 중종과 영조 때에는 경복궁에 장소가 마련되었다. 친잠 의식의 절차는 영조 43년(1767)에 제정된 『친잠의궤(親蠶儀軌)』로 전해지며 유네스코 기록문화유산으로 지정되었다.

우물로 본 조선역사

한편 백성들에게 실제 양잠을 권장하기 위해 세종은 잠실도회처 (蠶室都會處)를 만들었으며 뽕과 누에가 잘 자라는지 직접 살펴보았다. 현재 잠실 종합운동장 자리가 조선시대에 누에를 키우던 잠실 지역이다. 잠실은 전국 8도에 양잠을 장려하기 위해 모두 설치되었고 한양지역에는 세조 대 이후 연희동(延禧宮) 서잠실(西蠶室)과 잠원동(시흥군 잠실리) 신잠실(新蠶室)이 추가적으로 생겼다. 현 서초동 서리풀공원과 몽마르뜨공원 사이에 누에다리가 설치되어 이곳에 과거 신잠실이 있었음을 기념하고 있다.

◀ 선잠단
사적. 서울 성북구 성북동.

◀ 누에다리
서울 서초구 서초동.

· 4장 ·

조선의 민생정책

화재예방

조선시대 가뭄과 폭우 외에도 화재가 민생의 위협이 되었다. 세종 8년(1426) 2월 15일 한양이 화마에 휩싸여 전체 면적의 1/5이 잿더미로 변하는 피해를 입었다. 한양 밖에 있던 세종은 즉시 돌아와 한양의 행랑에 빙화장(放火牆) 설치, 궁성이나 전곡을 보관하는 관청에 인접한 가옥은 적정한 수준에서 철거, 행랑은 10칸마다 개인 가옥은 5칸마다 우물 1개소, 각 관청 안에는 우물 2개소를 파서 방화수로 사용할 것을 명하였다. 세종은 화재사건 이후 보다 조직적인 대응이 필요하다고 판단하여 비(非)상설조직인 금화군(禁火軍)을 조직하였다. 금화군은 세조 13년(1467) 멸화군(滅火軍)으로 개편된다. 50명의 군인들로 편성된 멸화군은 도끼와 쇠갈고리, 밧줄 등을 장비하고 화재 현장에 출동해서 불을 진압했다. 바람이 심하게 부는 날에는 순찰을 돌면서 화재를 예방했고 야간에는 종루 위에 올라가서 화재를 감시했다. 성종 12년(1481)에는 수성금화사(修城禁火司)로 승격하였고 『경국대전』에 법제화되었다. 하지만 시간이 흘러 인조 15년(1637)에는 폐지와 부활을 거듭하던 멸화군 제도가 영구히 폐지되었다.

조세제도

조선 전기 조세수입은 조용조(租庸調) 체제에 의해 토지세금의 전세, 국가가 백성들의 노동력을 무상으로 징발하는 요역(徭役), 각 지역 토산물을 현물로 수취하여 국가의 수요품을 조달하는 공납(貢納)이 주를 이루었고 잡세(雜稅)는 가장 비중이 낮았다. 전세는 잡물도 있었지만 기본적으로 쌀과 콩을 수취하였고 세금 중에 가장 큰 비중을 차지하였다. 전세가 조세법률주의에 가장 충실하면서도 백성을 고려한 높은 수준의 세목이었지만 토지의 등급을 정하는 전품(田品), 농작의 풍흉에 따라 토지의 수세 단위를 편성하는 연분등제(年分等第), 재해를 따져 세금을 감면하는 급재(給災) 등은 객관적으로 법규에 반영하기 어려웠다. 또한 전세는 양전에 의해 작성된 양안 및 공안(貢案)에 의거 약 10개월간 세액을 결정하고 현물을 수취하여 조창(漕倉 : 포구의 국영창고)에 보관한 뒤 배에 실어 경창(京倉)에 입고

하는 과정을 거쳐야 했다. 따라서 조선 초기부터 원활한 조운이 중요하다는 것을 인식하고 고려시대 조운제도를 재정비하면서 굴포 운하 공사에도 착수한다. 운하 공사를 추진한 직접적인 이유는 삼남지방의 세곡을 한양으로 운송할 때에는 반드시 태안반도의 안흥량을 통과해야만 했는데, 안흥량은 수로가 매우 험난하고 암초가 많아서 사고가 자주 발생했기 때문이다. 특히, 태종 3년(1403)에는 34척, 태종 14년(1414)에는 66척의 조운선이 안흥량에서 대파되었다. 이런 사고를 예방하기 위해 하륜의 발의로 태종 12년(1412) 굴포운하 개착 공사가 시작되었고 세조, 중종, 헌종 대에 걸쳐 지속적 공사를 진행하였지만 결국 지형적 문제로 실패하게 된다. 현재 뚜렷이 남아 있는 운하지는 서산시 팔봉면 진장리와 태안군 인평리 경계 사이에 남아 있는 약 1km 정도의 옛 저수지식 운하인데 수에즈 운하 및 파나마 운하보다 시기적으로 500년이나 앞선다.

① **굴포운하지**　　북쪽 서해안과 연결하기 위해 육지 3km 구간을 공사하던 현장.
② **저수지식 운하지**　남쪽 바다로부터 육지로 연결되는 구간.

운하 건설과 함께 16세기 전반까지 새로운 최적의 조창들을 설립하기 위한 노력도 병행된다. 경국대전에는 아산 공세곶창(貢稅串倉, 후일 공진창) 등 9개 지역을 운영한다고 밝히고 있다. 공진창이 있던 그곳에는 삼도해운판관비와 함께 천주교 공세리 성당 등이 위치하고 있다.

◀ **삼도해운판관비**
충남 문화재자료.
충남 아산시 인주면 공세리.
9기의 비석 중 6기가 해운판관
선정비로 조운의 중요성 강조.

◀ **공세리성당**
충남 지정기념물. 1890년 건립.
관광공사 선정 가장 아름다운 성당(2005).

한양의 대표적인 경창으로는 호조 소속의 군자감(軍資監)과 광흥창, 풍저창 등이 건국 초기부터 설립되었다. 조운을 통해 전국에서 운반된 세곡은 용산강과 서강에서 하역하여 군자감과 광흥창, 풍저창 등의 창고로 옮겨 보관하였다. 군자감과 광흥창은 조선 후기에도 존속하였으며 군자감 터는 용산과 만리재 언덕에서 표지석을 각각 확인할 수 있으며 광흥창 터는 공민왕 사당과 함께 보존되어 시민들의 문화공간으로 활용되고 있다.

지우 : 광흥창 터에 공민왕 사당이 함께 있는 이유가 정말 광흥창 우두머리 꿈에 공민왕이 나타나 사당을 짓고 제사를 지내라고 해서인가요?

아빠 : 설화를 검증할 방법은 없겠지. 이유를 추론해 본다면 종묘의 공민왕 사당 건립에서도 설명한 바 있지만 건국 초기 공민왕 존숭을 통한 백성들의 민심을 얻을 필요가 있었다고 봐. 반면 개성에 살았던 공민왕의 사당을 한양에 세운다고 했을 때 공민왕과 접점이나 논리적 근거가 필요했을 텐데… 광흥창은 고려시대부터 존재했었고 호조에 속하는 정식 관아이니 공민왕과 관련성이 있는 동시에 제향 및 관리에 필요한 경비를 비교적 쉽게 지원할 수 있는 곳이 아니겠느냐는 생각이 들어.

군자감 및 광흥창 외에도 호조 관할하에서 창고 기능을 수행하는 기관으로, 빈객에 대한 접대 등을 관장하는 예빈시(禮賓寺), 성균관 유생에 대한 지원을 담당하는 양현고(養賢庫) 등이 건국 초기부터 운영되었다. 군자감과 광흥창은 조선 후기에도 그대로 존속하였으나 일부 기관들은 축소되거나 운영의 어려움을 겪기도 했다. 조선 전

우물로 본 조선역사

① **군자감 강감(江監) 터** 서울 용산구 원효로 41길 33.
② **공민왕사당과 광흥창 터 입구** 사당 입구에는 광흥창 표지석 위치.

기의 수취제도는 전세 판단의 모호성과 현물 수취에 따른 운송·저
장·감독비용과 각종 부패와 납세지연으로 농촌경제 피폐와 국가재
정 약화로 이어져 후반기 개혁이 필요하게 되었다.

지우 : 만약 수취단계가 복잡하면 화폐발행이나 시장체계 등을 정립해서
징세비용 절감과 부패 방지를 할 수 있지 않았을까요?

아빠 : 우리가 역사의 결과만을 바라보면서 특정 정책과 그 운영자 모두
를 단순히 평가하는 것은 위험성이 있어. 국가운영이 좋은 생각만
으로 되는 것은 아니지. 태종 때부터 화폐를 통한 유통체계와 현물
을 유통하는 시장체계 등을 고려하였지만 지역시장 인프라를 구축
하기 어려웠고 화폐를 만들어도 백성들이 사용하지 않는데 어떻게
긍정적 변화를 만들어 낼 수 있었을까. 어떤 시대에서나 사전 여건
조성과 국민의 눈높이 충족이 안 된 국가정책은 성공할 수 없다는
것을 잘 말해주고 있지.

소금생산과 유통

　조선시대 소금을 얻는 방법은 바닷물을 이용하는 것이었다.『신동국여지승람』에 전라도 무장현 검당의 한 지역에 정염(井鹽 : 소금우물)이 있다고 기록되어 있지만 정확한 위치를 현재 확인할 수 없다.『영조실록』에는 함경도 일부 지역에 목염(木鹽)이 있었다고 기록되어 있는데 아마도 붉나무를 의미하는 것으로 추정된다. 붉나무는 한자로 염부목(鹽膚木) 또는 목염이라 하는데 붉나무를 긁으면 소금 성분이 나와 소금 대용품으로 사용할 수 있었다. 조선시대 해수에서 소금을 얻는 방법은 해수직자법(海水直煮法)과 염전식(鹽田式)이 있었다. 해수직자법은 해수를 가마솥에 넣고 직접 끓이는 방식으로 연료비가 많이 들고 소금의 순도가 낮아 함경도와 강원도 일부 지방에서만 사용되었다. 대부분의 해안 지방에서는 염전식을 선호하였다. 염전식의 소금생산 절차는 서남 해안에서는 갯벌에, 동해안에서는 해안사구 위에 흙산을 쌓아 염전을 먼저 만든다. 그런 뒤 염전에 개흙을 깔고 염분이 스미도록 계속 해수를 뿌린 다음 개흙을 섯등에 넣어 염수를 뽑아낸다. 최종적으로 쇠가마나 흙가마에 염수를 끓여 고운 소금을 생산하였는데 이를 자염(煮鹽)이라고 한다. 조선 초기에는 자염의 생산지로 울산의 염전이 유명하였다.『세종실록지리지』「울산군 편」에는 염소가 셋이며 모두 군 남쪽에 있고 염창은 읍성 안에 있다고 적고 있다. 울산에는 고려시대부터 염전이 있었는데 그것은 세종 8년(1426) 대마도주 소 사다모리의 요구로

▲ **명지염전 경상 관찰사 송덕비**
　부산 강서구 명지동.
　영강마을 행정복지센터.

기존에 개방하였던 웅천(진해), 부산포 이외에도 염포를 추가 개항해 준 사실로도 염포의 역사를 가늠할 수 있다. 지금 울산에 염전 지역은 사라졌지만 염포개항지 표석은 옛날에 이곳이 염전 지역이었음을 알려주고 있다. 조선 후기와 일제 강점기에는 부산의 명지염전이 전국 최고의 염전으로 주목받았다. 정약용은 『경세유표』에서 명지염전의 소금 이득이 전국에서 제일이라고 칭찬하였고 어사 박문수는 명지염전을 방문한 뒤 낙동강을 통한 소금의 조운을 영조에게 건의하였다고 한다. 기존에는 염전 지역에 세워진 관찰사 송덕비와 김정호의 「대동여지도(1861)」를 통해 과거의 모습과 위치를 상상했으나 2019년 명지염전 터가 실제 발굴되어 구체적인 염전 운영 규모와 방식 등을 확인할 수 있게 되었다.

◀ **염포 3포 개항지 표석**
　울산시 북구 염포동 염포삼거리.

제주도에서는 지형적인 요인 때문에 주로 사빈 해안지역에 염전을 만들고 모래를 이용하여 염수를 추출하였다. 반면 애월읍 구엄 염전은 해안가 파식대 암반을 이용하여 돌소금을 생산하였다. 이곳은 모래를 구할 수 없는 환경이라 넓은 암반층이 가마솥 역할을 하고 강렬한 제주 태양이 해수를 증발시켜 소금을 만드는 방식을 채택할 수밖에 없었다. 구엄마을은 오랫동안 소금만 만들며 살아와 엄쟁이 마을이라고도 불렀다.

◀ **구엄염전**
제주 애월읍 구엄리.
현지에서는 소금빌레
(돌염전)로 명칭.

우리가 지금 사용하고 있는 천일염(天日鹽)은 전통적인 제염방식으로 생산된 것이 아니었다. 조선 총독부는 대만에서 사용하던 천일염 방식을 도입하여 융희 원년(1907)부터 황해도, 경기도, 전남 지역에 천일염전을 조성하였다. 가장 천일염전이 먼저 조성된 곳은 인천 미추홀구 주안동과 부평구 십정동 일대였으며 1960년대까지 운영되다가 폐쇄되었다. 이후 간척사업으로 염전의 과거 모습은 완전히 사라졌고 주택지와 산업단지로 변화하였다. 국가 산단 공사장 뒤편에 숨듯이 위치한 표지석만 이곳이 천일염의 출발지임을 알려주고 있다. 이곳에서 조금 떨어진 십정동 고래우물은 바닷물이 유입되는 천일염전 주변 지역에서도 주민들이 어떻게 식수를 해결하고 농사를 지을 수 있었는지를 알려주는 장소이다. 현재 염전 일부가 남아 있는 인천 소래염전은 일제 강점기인 1930년에 만들어졌다. 또한 지금 운영되고 있는 전국의 천일염전은 주로 1980년대 조성된 것으로 초기 천일염전과 달리 염전바닥에 타일이나 장판을 깔아 소금을 생산하고 있다.

① **천일염전지 표지석**　인천 부평구 십정동.
② **고래우물**　　　　　인천시 부평구 십정동 열우물 경기장 뒤편 작은 공원 내.

조선은 건국 초기부터 고려 후기의 소금 전매제를 그대로 시행하면서 전국적으로 많은 제염장을 추가로 설치하였고, 미곡 또는 포, 저화와 교역하여 백성들이 소금을 쉽게 얻을 수 있도록 조치하였다. 세종 때는 의염색(義鹽色)이라는 관청을 설립하여 소금생산과 소비를 통제함으로써 재정 건전성 확보와 흉년에 백성들이 혜택을 받을 수 있도록 대비하였다. 또한 사제염과 사매매를 인정하였기 때문에 판매와 유통분야 상인들의 활동은 비교적 활발하였다.

그러나 조선정부는 염업제도를 정비해 가는 과정에서 소금의 유통과 판매권을 국가가 관장하는 방향으로 전매제를 강화해 나갔다. 전국에는 지역별로 염창이 있었으며 한양으로 운반된 소금은 현재 염창동(鹽倉洞)에 있는 염창에 보관하였다가 마포로 운송하였다. 마포의 염리동(鹽里洞)은 소금장수들이 많이 살았다고 해서 붙여진 이름이다.

◀ 염창터 표석
서울 강서구 염창동 한강우성
1차 아파트 입구.

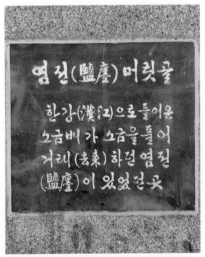

◀ 염리마을 표석
서울 마포구 염리동 KT 마포 솔루션 빌딩 옆.

우물로 본 조선역사

행행(관광)

조선시대 왕의 능행을 행행(行幸)이라고 한 것은 임금의 행차가 백성들의 민생에 도움을 주는 행복한 행차이었기 때문이다. 조선시대 능행은 임금을 포함한 왕실에게는 명승을 탐방하고 사냥을 즐기는 관광(觀光)의 즐거움도 있었다. 상대적으로 백성들에게는 왕의 행차 즉, 국가적 이벤트를 즐기는 기회가 되었다. 영·정조 대에 이러한 현상이 두드러졌으며 영조 44년(1768) 『승정원일기』에는 영조의 헌릉 능행에 수만 명의 인파가 운집하였다고 하며, 영조 55년 (1779) 영릉 능행에는 "산에 가득 찬 것은 백성이고 들에 두루 찬 것은 익은 곡식이다."라고 할 정도로 백성들이 능행로 주변에 가득 찼다고 한다. 관광적인 측면 이외에도 국왕의 능행은 민생에 도움이 되거나 민생을 해결할 수 있는 기회가 되었다. 국왕은 능행 중에 해당 지역 농사 형편 및 세금 부담 상황을 확인하고 감면 내지 금전적 혜택을 주었다. 또한 해당 지역에 과거를 시행하거나 구휼조치도 해주었다. 능행지 및 이동지역에 속한 백성들은 왕의 행차 시 격쟁(擊錚) 즉, 징이나 꽹과리를 쳐 직접 왕에게 자신의 억울함을 호소하였다. 단 격쟁을 하려면 일단 관아에 먼저 고한 뒤에 자신이 임금의 행차를 가로막을 죄인이므로 형식적 곤장 몇 대는 맞아야 했다. 격쟁은 정조 대에 가장 성행하였지만 시간이 흐르면서 격쟁의 남발로 금지되기도 하였다.

5장

백성의 우물

유교의 우물

　백성들에게 우물은 삶의 근거지였으며 정신적 위안처였다. 바다
는 그 우물이 최종적으로 도착하는 곳으로 백성들의 험난한 삶의
현장이었다. '백성의 우물' 장에서는 먼저 조선은 우물과 바다에 대
해 유교와 전통무속신앙 측면에서 어떻게 접근하였는지를 살펴보
게 된다. 먼저 유교적 가치에서 접근한 백성들의 우물이야기이다.
조선의 건국이념은 백성을 삼강오륜(三綱五倫)으로 교화하고 국가질
서를 예치(禮治)로 바르게 하고자 하였다. 이를 수용하는 백성들의
입장에서 처음 많은 어려움이 있었지만 점차 당연한 것으로 받아
들이고 삶의 일부가 되어갔다. 남아선호사상은 유교국가에서만 나
타나는 현상은 아니지만 조선의 유교적 질서를 규율하는 강한 인
식이었다. 조선 직계가족제도의 핵심은 장자가 가계를 전승하는

것이다. 장자는 결혼 후에도 부모와 함께 거주하며 재산을 상속받고 제주로서 제사를 모신다. 많은 남아선호사상의 설화가 이런 인식을 방증하고 있다.

① **석정 보름우물**　서울 종로구 계동. 천주교 성지 우물이기도 함.
② **종암바위**　경남 함양군 지곡면 개평길.

▲ **종암우물**

서울 가회동에 위치한 석정 보름우물은 1달에 15일은 물이 맑고 15일은 흐려져서 붙여진 이름이다. 우물 맛이 좋고 우물물을 먹으면 아들을 낳는다는 소문이 있어 궁녀들도 자주 길어갔다고 전해진다. 지리산 태고재 종암바위와 종암우물은 부녀자들이 우물물을 마시고 종암바위 주변을 돌며 소원을 빌면 아들을 낳는다는 전설이 전해져 조선시대 많은 사람들이 찾았다고 한다. 태고재 종암바위와 우물은 전통신앙적인 측면도 함께 있다고 판단된다.

▲ 절의천
경북 문화재자료. 김천시 봉산면 신리.

아들을 중히 여기다 보니 상대적으로 여자에 대한 존중과 배려는 다소 부족하였다. 여필종부(女必從夫) 남녀칠세부동석(男女七歲不同席) 등 남녀가 유별함을 강조하고 여자에게만 정절을 요구하는 불평등한 사회적 가치가 자리 잡았다. 이를 강제하기 위해 모친이 재가하는 경우 자식의 과거에 제한을 둠으로써 정절은 어쩔 수 없는 사회적 규율이 되었다. 통정대부를 지낸 영일 정씨 정유한 선생의 부인 영천 이씨가 정유재란 때 시부모를 모시고 마을 뒤 난함산으로 피신을 가던 중 왜적에게 붙잡혀 욕을 보일 위기에 처했다. 그러자 부인은 은장도로 자결했고 왜군들은 부인의 시신을 능멸하였다. 인조 12년(1634) 국가에서 부인에게 정려비가 내려졌고 그 앞에 우물을 파고 절의천(節義泉)이라 하였다. 정려비가 내려지고 우물까지 조성한 것은 국가가 최고의 예를 표함으로써 조선의 여성들에게 모범으로 삼고자 한 것이다.

용천송 우물의 설화도 부녀자의 도리를 강조하는 측면이 강하다. 함양 도천리에는 하륜의 후손인 하맹보가 우물 뒤에 터를 잡고 살았다. 하맹보의 부인은 매일 새벽 우물의 맑은 물을 떠놓고 남편과 아들을 위해 치성을 드렸다. 그 덕분인지 남편은 선조로부터 공신 녹권을 받았고 아들은 군자감 주부가 되었다. 아들 하제가 어머니

우물로 본 조선역사

의 정성을 기리기 위해 우물 뒤에 소나무 한 그루를 심었는데 용이 승천하는 형상을 띠어 용천송이라 부른다.

◀ **용천송 우물**
경남 함양군 병곡면 도천리.

조선의 왕실과 집권층은 충효를 동일시하는 정치이데올로기를 자연스럽게 백성들에게 주입하고 확산시켰다. 이런 조치를 통해 왕권을 강화함과 동시에 백성들의 생활가치를 한 방향으로 규율하고자 하였다. 유교 핵심 덕목인 효행, 공손, 충실함, 신뢰를 뜻하는 효제충신(孝悌忠信)이 국가와 가정의 질서를 일체화하는 충효로 변모하였다. 왕실과 지배층은 충효의 모범을 발굴하여 장려하고 포상함으로써 백성들의 생활윤리로 정착되기를 기대하였다. 따라서 효행과 관련된 우물설화가 전국 각지에 다수 존재한다.

대표적인 효행의 주인공은 오준으로 모친의 병환이 위독하자 손을 베어 어머니 입에 피를 넣어 3~4일 연명하게 하였고 곧이어 부친이 등창으로 위급해지자 입으로 농혈을 빨아 증세를 완화시켰다고 한다. 하지만 부친이 합병증으로 다시 위독해지자 자신의 허벅

① **효감천과 무덤** 전북 고창군 신림면 외화리.
② **창효사** 효감천 뒤편. 2008년 재건.

지살을 도려내 공양하는 등 정성을 다했으나 운명했다고 한다. 오
준은 취령산 아래 부모님을 장사지내고 시묘살이를 했는데 조석으
로 제수를 올리는데 깨끗한 물이 없어 산 너머 5리 길을 마다치 않
고 물을 길어와 제수를 준비했다고 한다. 오준의 효성에 감동한 호
랑이가 매월 보름마다 사슴을 물어와 제사를 도왔으며 하늘도 감
동해 천둥과 벼락을 내려쳐 무덤 아래 샘을 만들고 물을 솟게 했다
고 한다. 고창현감이 이를 보고 하늘이 감동해서 만들어 준 샘이라
해서 석축을 쌓고 효성천(孝誠泉)이라 했는데 오준이 죽고 나서는 효
감천(孝感泉)이라 고쳐 불렀다. 나라에서는 오준의 효행을 기려 정려
각을 내렸으며 현감과 유생들은 오준을 기리기 위한 사당으로 창
효사(彰孝祠)를 세웠다.

　다음은 남한산성의 효자우물 관련 설화이다. 경기도 산골 마을에
정남이라는 효자가 살고 있었다. 정남이 12살 때부터 아버지가 병
석에 누워 있어 백방으로 고치려 노력하였으나 차도가 없었다. 하

▲ **남한산성 효자우물** 경기도 광주시 남한산성면 산성리.

루는 어떤 사람이 찾아와 아버지 병을 고치려면 잉어를 드셔야 한다고 해서 그날부터 잉어를 구하기 위하여 강을 돌아다녔으나 잉어를 찾아볼 수 없었다. 낙심한 채 집으로 돌아가던 중 정남은 산기슭에서 한 우물을 발견하고 혹시나 해서 우물을 들여다보았지만 잉어가 있을 리 만무했다. 기진맥진한 정남은 신에게 잉어를 구하게 해달라고 간절히 빌었다. 그 후 무심코 우물 속을 들여다보니 큰 잉어 한 마리가 펄떡이고 있었다. 정남은 잉어를 건져 한달음에 집으로 가서 아버지께 고아드렸다. 그 뒤 아버지의 병이 완전히 나았고 그때부터 마을 사람들은 그 우물을 효자우물이라 부르게 되었다.

『조선왕조실록』에 의하면 조선의 조정은 고려시대 효심의 사례까지도 발굴하고 기록하여 백성들에게 전파하고자 하였다. 그 중 유명한 것이 안샘 관련 설화이다. 고려 개국공신인 복지겸 장군의 건강이 나빠지자 딸 영랑이 아미산에 올라 기도를 올렸다. 그러자 100일째 되는 날 꿈에 나타난 신선은 "아미산의 진달래꽃과 찹쌀, 안샘의 물로 술을 빚어 아버지에게 마시게 한 후 뜰에 2그루의 은행나무를 심으라."고 말했다고 한다. 신선 말대로 영랑이 안샘의 물로 빚은 술을 복지겸 장군에게 드리자 곧장 건강을 회복하였다는 것이다. 안샘은 1994년에 복원되었고 2그루의 은행나무는 1,100년의 시간을 견뎌오고 있다. 영랑이 빚었던 술의 이름이 바로 두견주다. 지금도 이곳 주민들은 면천에서 딴 진달래와 면천의 물, 쌀로 두견주를 빚고 있다.

◀ 안샘
충남 당진시 면천면 성상리.

◀ 은행나무
천연기념물.
안샘과 지근거리 언덕에 위치.

우물로 본 조선역사

무속의 우물(국가와 백성)

① **참성단 천재궁터**　인천 기념물. 인천 강화군 화도면 문산리.
② **천재궁터 우물**
③ **천재궁 금표**　　인천 기념물.

　조선왕조는 건국 초기 유교적 질서를 확립하기 위해 무속과 불교의 억압에 나섰다. 하지만 사대부 계층을 제외한 대부분의 백성들은 고통의 삶에서 위안을 받고 가난을 물리치고 복을 받을 수 있는 실질적인 종교를 필요로 했다. 그러다 보니 국가가 일방적으로 백성들의 종교를 강요할 수 없었고 유교와 무속도 일정 부분 공존하는 방식을 취했다. 물론 조선 후기에 들어서는 성리학적 질서가 확립되어 무속이 쇠퇴하지만 전반적으로 상보적인 관계에 있었다고 판단이 가능하다. 또한 조선왕실조차 무속에 대해 양가적인 태도를 취한 부분이 있었다. 무속에서 최고의 신은 천신(天神)이며 단군을 샤먼(무당)으로 규정한다면 단군이 강화도 마니산에서 하늘에 제사를 지냈다는 전설은 무속행위로 이해할 수 있다. 또한 조선시대 참성단에서 시조 단군에 대한 제사가 고종 때까지 이어진 것은 삼국시대 한반도로 전래된 도교와 무속이 융합되어 지속된 현상으로 볼 수 있다. 강화도 참성단 천재궁(天齋宮)은 마니산 참성단에서 제사를 지낼 때 사용하는 제기를 보관하고 제물을 준비하던 재궁(齋宮)이다. 만들어진 연대는 정확히 알 수 없으나 고려 말 유학자 이색의 시를 목판에 새긴 시판(詩板)이 있었고 조선 태종이 즉위 전 이곳에 들러 하늘에 제사를 지냈다는 기록을 고려하면 고려시대부터 있었던 것임을 알 수 있다. 현재는 3단의 축대(築臺)가 있고 축대 앞에 4개의 돌기둥이 서 있으며 오른편에 우물이 남아 있다. 천재궁 터에서 조금 아래로 산길을 내려가면 일반인들의 접근을 금지하는 '금표(禁標)'라는 글지가 바위에 각자되어 있다.

세종은 11년(1429) 4월 무당을 동서활인원(東西活人院)에 소속시켜 병자의 치료를 명하였는데 이것은 무당의 치병기능을 인정한 것으로 보인다. 또한 세종 26년(1444) 9월 굿을 금하는 왕명에도 불구하고 국무(國巫)가 존재하여 백성들이 따르지 않는다고 판단한 신하들이 이들을 멀리 내쫓아야 한다고 고하였다. 그러자 세종은 아무리 금지해도 없어지지 않으니 어찌 급히 없애겠는가라고 반문하였다고 한다. 이렇듯 무속은 왕실의 이중적 태도를 발판삼아 관념이 아닌 현세 문제해결의 방식으로 민간에 자리 잡을 수 있었다.

◀ 충의각
향토문화재.
평택 이충동 충의공원.

◀ 동령우물
평택 이충동 동령마을.

백성들은 우물을 통해 중층신(中層神) 용신(龍神)이나 용왕신(龍王神)의 도움을 받고자 하였고 마을의 당신(堂神)으로 우물의 지위를 부여하였다.[12] 평택시 이충동 동령마을에서는 400년 전부터 음력 정

◀ 서정
서정리역 앞 50m 지점.

◀ 석정
평택 이충동.

월 첫 용날(辰日)에 마을 공동 우물의 용왕신에게 제사를 지내고 줄
다리기를 하였다. 이충동은 조선시대 진위현 송장면 지역이었다.
1914년부터 이충동·신리·대동령리·석정동을 통합해 송탄면 이충
리라 하였고 지금은 평택으로 통합되었다. 이충(二忠)이라는 지명은
정암 조광조, 병자호란 삼학사 가운데 한 명인 추담 오달제 2명의
충신을 기리는 뜻에서 유래됐다. 이충동에는 두 분을 기리는 유허

비가 위치한 충의각이 있다. 동령마을은 제사에 앞서 생기복덕(生氣福德)의 정결한 집을 골라 당주로 뽑았으며 우물 주위에 오방기를 꽂고 제물로는 소머리, 곶감, 대추, 밤, 백설기, 포, 담근 술(식혜) 등을 준비하였다고 한다. 평택지역에서 충신의 마을인 이충동은 동령마을이 중심이었으며 서정리는 동령마을보다는 서쪽에 위치한다. 사람들이 동령마을 서쪽에 위치한 우물 맛이 좋다 하여 서우물, 섯우물 등으로 부르다 서두물이 되었으며 서정(西井)으로 표기한 것이다. 이충동에는 동령우물 이외에도 돌 틈에서 샘솟는 좋은 물이 있어 이를 돌우물(石井)이라고 불렀으며 과거 마을 이름도 석정동이었다.

◀ 봉산우물
충남 서산시 고북면
봉생리 봉산마을.

봉산 정제는 음력 정월 대보름날 서산 봉생리 우물에서 봉산마을의 평안과 풍요를 위하여 마을 공동으로 지내는 제사이다. 정제(井祭)를 지내기 위해서 마을에서는 며칠 전부터 우물을 청소한다. 우물을 바닥까지 깨끗이 청소한 후에는 부정한 사람의 출입을 금하기 위해 왼새끼로 금줄을 꼬아 사방을 두른다. 그리고 황토를 네

귀퉁이에 놓는다. 봉생리 우물은 마을 연혁비에 의하면 명종 원년
(1546)에 처음 굴착되었다고 전해진다. 정제는 일제 강점기와 6·25
전쟁으로 중단되었다가 1975년부터 음력 정월 대보름에 다시 지
내게 되었다. 예전에는 우물의 수원이 많고 적음에 따라서 풍년과
흉년을 가늠하기도 하였다. 제의를 지낼 때는 고종 5년(1868)에 제
작된 용포를 국기와 함께 게양하는데 이 용포에는 한문으로 동치
(청나라 목종 연호) 7년 정월 초사흘 신농유업(神農遺業)이라고 묵서되어
있고 중앙에는 용 한 마리가 그려져 있다. 제의는 남자들이 풍물을
치면 주부들이 백지를 말아서 소지(부정을 없애고 소원을 빔)를 올리는 방
식으로 진행된다.

▲ 부천 먼마루 도당우물
부천시 원종동(遠宗洞 : 먼마루).

먼마루 도당우물의 역사는 270
여 년 전으로 거슬러 올라간다.
당시 먼마루 지역은 100여 가구
가 사는 큰 마을이었다. 집집마다
자신들의 필요에 의해 우물을 팠
다. 하지만 부천지역까지 서해 바
닷물이 한강을 거슬러 오다 보니
서해조수가 민물과 섞여 우물마
다 짠물이 나오기 일쑤였다. 짠물
이 나오는 우물물을 며칠씩 가라
앉혀 사용하기도 했지만 먹기에
는 항상 불편이 뒤따르자 마을 사람들이 공동으로 우물을 팠다. 마
을 중앙에 공동으로 판 우물이 사시사철 맑고 풍부한 물을 뿜어내자

우물로 본 조선역사

마을은 평안해지고 번창하기 시작했다. 도당우물은 자연스럽게 마을 수호신 역할을 하게 되었다. 매년 음력 3월 초하루 농사철에 앞서 풍년을 기원하는 의식으로 제를 올리고 7월 초하루에는 가을걷이에 앞서 마을의 번영과 풍요를 기원하는 의식 및 잔치의 의미로 도당우물제가 정착되었다.

▲ **동부리 쌍샘**　김천 개령면 동부리. 개령면 파출소 옆.

김천 쌍샘은 영험한 능력으로 조선시대 전국적으로 유명해졌다. 오랫동안 날이 가물어서 비가 오지 않으면 마을 뒷산 계림사에서 후불탱화를 가져다가 쌍샘에 걸어놓고 개령현감이 직접 기우제를 지냈다고 한다. 기우제를 지나면 백발백중 비가 내렸다고 하며 이 우물은 마을의 명당인 감문산을 보호하는 역할도 했다고 전한다. 가끔 쌍샘이 흐려지는 경우가 있는데 그 경우에는 물을 먹을 수가 없었다. 우물이 흐려지는 경우는 반드시 누가 몰래 감문산에 묘를 쓴 것이어서 마을 사람들은 온 산을 뒤져 새로 조성된 묘를 찾아 파묘를 했다고 한다. 그러고 나면 물이 다시 맑아져 마실 수가 있었다고 한다.

▲ 우룡신 석비
전북 남원시 화정동.

남원의 우룡신 전설을 가진 대정(大井)은 남원 한우물 마을 광장 느티나무 뒤에 위치하고 있다. 전설에 의하면 마을에는 세 아들과 후처와 살고 있던 노인이 도사에게서 후손이 잘되는 비법을 전해 듣고 죽기 전 유언을 아들들에게 남기게 된다. 유언인즉슨 자신의 머리를 대정에 수장하고 3년간 비밀을 유지하라는 것이었다. 계모는 이 유언을 엿듣게 되었고 아들들은 묵묵히 아버지의 유언을 사후에 따른다. 그러던 어느 날 계모는 아들들에게 전 재산을 자신에게 줄 것을 요구하고 불응하는 경우 비밀을 폭로하겠다고 협박하였다. 아들들은 주저주저하면서 결심을 못 하자 계모는 화가 나 동네 사람들에게 해당 사실을 알리게 된다. 그러자 갑자기 천둥 번개가 치더니 한순간 계모가 벼락을 맞고 죽고 만다. 마을 사람들은 우물을 퍼내 그 사실을 확인하기로 한다. 며칠간 물을 퍼내자 우물에서 앞발을 쳐들고 막 승천하려던 검은 암소가 울부짖으며 연기 속으로 사라졌다. 형제들은 마을을 떠났고 우물에서는 귀곡성(鬼哭聲)이 들리기 시작했다. 사람들은 무당을 불러 안신제(安神祭)를 지내고 대정을 메운 뒤 다른 우물을 파 대정으로 유지하고 있다는 것이다. 이 우물은 젖이 부족한 산모들이 젖이 많은 산모로부터 젖을 받아가는 장소가 되었으며 아기가 없는 부녀자들은 정월 대보름 한밤중에 기름을 먹인 종이를 우물에 띄우고 임신을 비는 풍습이 생기기도 했다. 남원 문화원은 한우물에 내려오는 전설을 전승하여 용이 되지 못한 우룡신(牛龍神) 모습을 석비 형태로 세우고 쌈지공원으로 조성하였다.

▲ **수성당**　　전북 유형문화재. 전북 부안군 변산면 격포리 죽막마을.

　조선시대 해안 주변이나 섬에서 어업에 종사하던 백성들에게 선박의 안전과 풍어는 매우 중요한 일이었다. 백성들은 안전과 풍어를 기원하기 위해 해신을 위한 사당을 차리고 고사를 지냈다. 전라도 및 제주도 사람들은 해신 중에서도 거구(巨軀)의 할미 해신을 섬겼다. 전북 부안의 수성당 할미, 제주도의 선문대 할망, 내륙해안의 마고 할미 등이 해당 해신들이다. 특히, 수성당 할미는 변산반도에 위치한 수성당에서 섬기는 신으로 개양할미라고도 한다. 수성당은 고종 원년(1864) 처음 세워졌고 당집 안에는 개양할미의 막내딸과 산신, 장군신도 함께 모시고 있는데 이는 후대 여러 무속의 융합과 정에서 발생한 현상으로 보인다.

역사적인 인물이 해신으로 자리 잡은 사례도 다수 있다. 서해안 지역을 중심으로 임경업 장군은 조기(黃魚)잡이 안전을 기원하는 신으로 섬기어진다. 남해안 지역에선 최영 장군과 일부 지역에서는 이순신 장군을 모시는데 이 두 분은 모두 왜구를 물리치거나 임진왜란을 승리로 이끌어준 강력한 장군으로 고기잡이 안전을 담보하는 존재로 인식되기 때문이다.

▲ **해신당**　삼척시 원덕읍 신당리. 해신당 지근거리에 남근(男根) 조각공원 위치.

풍어를 가져다주는 신격은 미혼의 여성이다. 어선에서는 이들을 배서낭(배 안에 모시는 서낭신)으로 숭배하며, 강원도 고성, 삼척, 강릉 등

동해안에서는 바닷가 구릉 위에 당을 지어 여성 해신에게 제사를 지낸다. 배서낭에 대해서는 어선에 여성들이 좋아하는 물품을 두고 고사를 지내는 것이 통상적이다. 반면 강원도 지역에서는 여성 해신에게 남근을 깎아 바치는 것이 특징이다. 강원도 지역에서 해신당을 짓고 남근을 바치는 것은 모의적인 성행위를 통해 풍어를 기원하는 주술적 행위에서 출발한 것으로 볼 수 있다.

◀ 서귀동 돈짓당
선왕당사(船王堂祠) 현판.
신목으로 팽나무 식재.

제주도의 대표적인 신당인 돈짓당은 해신인 할망과 용왕신을 통해 어민들과 해녀들의 안전과 풍어를 복합적으로 기원했던 것으로 볼 수 있다. 돈지는 물가의 언덕이라는 뜻이며 돈짓당 할망은 언덕의 해신으로 풀이할 수 있다. 제주도 창조설화인 선문대 할망이 워낙 유명하다 보니 돈짓당 할망과 동일하게 인식할 수 있지만 개념적 접근에서 차이가 있다. 선문대할망은 제주를 창조한 해신이지만 신당을 통해 존숭하는 형태로까지 발전하지 못했다. 반면 돈짓당할망은 남부 지역을 중심으로 신앙의 대상으로 정착하였다. 제주도 서귀포 서귀동의 돈짓당을 할망당 혹은 용왕당이라 부르는 데는 선문대할망과 달리 할망이 용왕의 딸이라는 관점에서 출발하기 때문이다. 일반적인 사람들의 인식에서 바다에서 일어나는 일은 용왕의 통제권 아래 있을 것이라는 믿음이 강하기 때문이다. 제주사람들은 할망을 해신(海神)으로 인식하지만 할망의 용왕신과 관계가 보다 중요한 것이다. 서귀동 돈짓당이 대표적인 신당으로 과거 신목(神木)으로 아름드리 소나무가 있었지만 1939년 벼락을 맞아 사라졌고 이런 이유로 이곳을 '베락마진디'라고도 부른다.

◀ 생개납 돈짓당
제주 향토유산.
제주 구좌읍 종달리.

생개납 돈짓당은 제주 종달리의 어부와 해녀들의 안전을 기원하는 해신당으로 용왕신과 선왕신을 모시고 있다. 갯가에 자연적으로 형성된 바위와 나무를 신목과 신석으로 모시고 있다. 외형적인 면에서 제주 돌 문화의 원형을 그대로 보존하고 있으며 당의 위치 또한 어로와 관련된 기복을 하는 장소로서는 가장 적절한 위치에 자리하고 있다. 지금도 기복행위와 굿이 수시로 행해지고 있는 장소이기도 하다.

우물로 본 조선역사

◀ **제주 해신사**
제주 기념물.
제주시 화북 1동.

조선시대에는 해신들에 대한 제사를 이해 당사자들에게만 맡기지 않고 국가 차원의 제사로 진행하기도 했다. 『여지도서(與地圖書)』에 의하면 국가 차원의 제사를 집행한 3대 해신사가 황해도 풍천에 서해단(西海壇), 강원도 양양에 동해묘(東海廟), 전라도 나주에 남해신사(南海神祠)가 있었다. 해신당의 이름을 단, 묘, 사로 표기한 것은 해신당의 위상을 높여준 점도 있지만 유교적 제사 형태로 유도하려는 의도가 있었던 것으로 판단된다. 제주도 해신사는 순조 20년(1820) 제주목사 한상묵이 세웠으며 헌종 7년(1841) 방어사였던 이원조가 건물을 보수하였고 헌종 15년(1849) 장인식이 돌에 '해신지위(海神之位)'라는 글자를 새겨 보존하도록 하였다. 애초 해신인 용왕에게 제사를 지낼 목적으로 지어진 제당이었으나 유교식으로 제사를 지내면서 해신당이 아닌 해신사로 이름을 바꾸었다. 해신제는 1820년경부터 '해신지위'를 모셔놓고 해상의 안전과 수복을 기원하는 형식으로 지내 왔지만 1989년부터 축문을 마을의 안녕과 수복을 비는 내용으로 바꾸어 마을제 성격으로 탈바꿈되었다.

풍수의 우물

▲ **정해우물** 전북 정읍시 용산동.

　정해우물은 백제가요 정읍사(井邑詞)의 발원지 정촌현에 소속된 마을에 위치하며 큰 새암이라 불린다. 시인 김지하는 모악산을 한반도의 배꼽이요 정읍지역을 그 산의 배라고 평가했다. 같은 맥락에서 정해마을 사람들은 예로부터 마을이 배의 형국이라 우물을 파면 안 된다는 믿음이 있어 정해우물에만 전적으로 의존했다. 2010년 정해마을 주민들은 정해마을이 민족의 기운을 좌우하는 터이므로 정해우물을 통해 기맥이 헛되이 빠져나가는 것을 막기 위해 우물 덮개를 설치하고 기념표석을 세웠다.

생활의 우물

▲ 복정　　서울 종로구 삼청동.

　조선시대 종교적 차원이 아닌 백성들의 실제 음용과 생활을 위해 사용된 우물에 대해 다음에서 살펴보도록 하겠다. 삼청동 복정 (福井) 우물은 물이 맑고 맛이 좋아서 조선시대 궁중에서 독점적으로 사용하던 우물이다. 평상시에는 우물 뚜껑에 자물쇠를 채우고 병졸들이 지켰으며 일반인들의 사용이 금지되었다. 단 대보름에는 일반인들도 이 물을 제한적으로 사용할 수 있었다. 왕조시대 신분제 생활의 단면을 잘 보여주고 있다.

① **행랑채 앞 우물**　　국가민속문화재. 강원 강릉시 운정동. 우측은 방문객들의 숙소로 활용된 행랑채.
② **홍예헌(虹蜺軒) 앞 우물**
③ **활래정과 연지**　　삶의 물이 계속적으로 흘러온다는 의미의 정자. 왼쪽 흙섬은 신선계를 표현.

　　조선 왕의 생활이 부럽지 않은 양반들도 많았다. 다만 왕과의 차별을 위해 99칸이 넘지 않는 대저택을 짓고 우물을 파서 풍요로운 삶을 살았다. 그중에 가장 대표적인 양반 가옥이 강릉의 선교장(船橋莊)이다. 선교장이란 명칭은 집 앞이 경포호수였던 관계로 배로 다리를 만들어 호수를 건너다녀 붙여졌다. 선교장은 가선대부 이내번이 충주에 대대로 살다가 강릉으로 이주하여 족제비 무리의 안내로 현재 집터를 잡았다고 전해진다. 과거 선교장은 금강산과 관동팔경을 유람하는 조선의 풍류 시인과 여행객이 몰려들어 건물이 증축되기 시작했으며 1816년에는 활래정과 연못을 만들어 현재의 아름다운 모습이 완성되었다. 과거 선교장의 주인장들은 조선 신분제 사회의 양반 부호였지만 소작인과 주변인들과 상생의 삶을 살아 선교장의 온전한 모습이 지금까지 유지될 수 있었다.

◀ 백호정
문화재자료.
서울시 종로구 누상동.

백호정(白虎亭)은 조선시대 인왕산에 있었던 다섯 활터 가운데 하나로 유서 깊은 곳이다. 과거에 우물 위에 정자가 있었다고 하나 지금은 바위에 백호정이라 새긴 글자만 남아 있다. 그 밑에는 인왕산에 살던 병든 흰 호랑이가 활터 옆 작은 샘에서 물을 마시고 병이 나았다는 전설의 우물이 있다. 백호정은 양반이나 무인들의 호연지기를 기르는 체련과 휴식의 공간이었다.

백동우물은 조선 초기부터 백동(栢洞)에 있는 큰 우물이라 하여 백동우물이라 주로 불렸다. 우물 옆에 연당이 있어 연당우물로 불

◀ **백동우물**
서울 종로구 동숭동.

리기도 했다고 한다. 백동이란 지명은 조선 태종 때에 공신이었던
박은이 자신의 집에 백림정(栢林亭)이라는 정자를 지어 풍류를 즐겼
다 하여 주변 지역을 잣나무골 혹은 백동이라 부른 것에서 유래되
었다. 수량이 풍부하고 맛이 좋아 조선시대 도성 내 잘 알려진 대표
적 우물이었지만 일제 강점기와 6.25 전후 시기에 건물 속에 묻히
는 바람에 과거의 실제 모습과 규모를 정확히 알기는 어렵다.

태종 12년(1412) 종로거리에 시전행랑이 만들어져 궁궐과 조정에
필요한 물품을 공급하고 물건 매매가 이루어지는 상설시장이 조성
되었다. 이렇게 되자 사람들이 구름처럼 모여들어 이곳을 운종가
(雲從街)라고 불렀다. 한편 이곳이 궁궐과 관청에 가까이 있어 말을
탄 고관대작들의 행차가 잦은 지역이었다. 그러다 보니 신분이 낮
은 사람들은 그들의 행차가 끝날 때까지 엎드려 있어 불편이 이만
저만이 아니었다. 자연스럽게 사람들은 뒤편의 좁은 골목을 이용
하게 되었는데 말을 탄 양반을 피하는 길, 피맛길로 불리게 된 것
이다. 따라서 피맛길을 이용하는 평민들의 고단함을 달래고 운종

◀ 피맛길 우물
서울 종로구 청진동.

◀ 원서동 빨래터
서울 종로구 원서동.

가의 상인들을 위해 피맛길에 우물도 자연스럽게 조성되었다. 시
전행랑의 건물들이 밀집하다 보니 피맛길 우물은 방화수의 용도도
있었을 것으로 추정된다.

　조선시대 궁궐 주변으로 원서동, 삼청동, 청계천 빨래터가 유명
하였다. 그 가운데 창덕궁 외삼문 신선원전 담장을 통해 바깥으로
흐르는 물을 이용하여 조성된 원서동 빨래터는 궁녀와 일반 백성
들이 함께 사용한 빨래터로 유명하였다.

치유의 우물

▲ **당몰샘**　전남 구례군 마산면 사도리. 표지석에는 명천(名泉), 현판에는 지존지미
(至尊至味), 담장에는 천년고리 감로영천(千年古里 甘露靈泉).

　쌍산재 우물은 전국 최장수 마을로 꼽히는 구례군 마산면 사도리
상사 마을 중심에 위치하고 있다. 쌍산재 우물은 한국관광공사가
선정한(2004) 전국 10대 약수 중 하나로 선정된 당몰샘이다. 마을
사람들은 1,000년이 넘는 역사를 가진 이 우물물로 인해 이곳이 장
수마을의 명맥을 유지해 오고 있다고 믿는다. 쌍산재 주인은 이 우
물을 마을 사람들과 공유하기 위해 집의 담장을 고쳐 지었다. 주인
장의 이웃과 나눔 철학이 돋보이는 곳이다.

쌍산재 우물 소개와 함께 조선시대부터 개발하여 백성들이 애용하였던 유명 약수터를 살펴보겠다. 흔히 얘기하는 전국 7대 약수, 10대 약수라는 평가가 평가 주체별, 시기별로 상이하므로 다음에서 소개하는 약수는 조선시대 발견된 약수들 중 시기별로 꾸준히 좋은 평가를 받고 있는 약수들을 소개한다.

▲ **삼봉약수**   천연기념물. 강원 홍천군 내면 광원리.

삼봉약수는 문종의 왕비 현덕왕후의 부친인 권근이 단종 폐위 후 세상을 등지고 홍천군 내면으로 오면서 발견되었다. 날개 다친 학 한 마리가 안개가 피어오르는 계곡물에 날개를 씻고 금방 나아서 날아가는 것을 권근이 보게 된 것이다. 그곳에 가보니 바위틈에서 샘물이 솟아났고 이 물을 마시면 병이 금방 낫는다는 소문이 퍼지면서 유명해졌다. 삼봉약수는 가칠봉, 사삼봉, 응복산 세 봉우리 사이에 위치해서 지어진 이름이다.

▲ **개인약수**　천연기념물. 강원 인제군 상남면 미산리.

　개인약수는 개인산 다섯 봉우리 중 주억봉 중턱 해발 1,080m 남
한 최고의 고지대에 위치하고 있다. 1891년 함경북도의 포수 출신
인 지덕삼이란 사람이 발견했다고 전하며 이 산에서 나오는 약수
가 사람의 어진 마음을 열어 몸과 마음의 병을 치유한다는 데에서
개인(開仁)이라는 이름이 붙여졌다고 한다. 이 산에 들어올 때는 업
혀서 들어와도 나갈 때는 스스로 걸어나갈 수 있다는 효능에 대한
이야기와 함께 부정한 마음과 자세를 가진 사람들에게는 재앙이
내린다는 이야기도 함께 전한다. 약수물에 철분과 탄산을 모두 포
함하는 철분탄산수로 분류되며 위장병, 당뇨병 등 치료에 특효가
있다고 전해져 많은 관광객과 요양환자들이 찾고 있다.

▲ **오색약수** 천연기념물. 강원 양양군 서면 오색리. 원형 지점에 오색약수 위치.

오색약수는 16세기 무렵 성국사(城國寺)의 한 스님이 발견했다고 전한다. 오색약수라는 이름은 당시 성국사 뒤뜰에서 자라던 특이한 오색화(五色花)로 인해 붙여진 것이라고 한다. 이 약수는 나트륨과 철분이 섞여 있어 특이한 맛과 색을 지니고 있을 뿐만 아니라 위장병과 신경쇠약, 피부병, 신경통 등에 효험이 있다고 한다. 몇 해 전에는 약수량이 부족해져 애호가들의 걱정을 불러일으켰으며 제2 오색약수터도 개발되어 있다.

달기약수는 철종 때 금부도사(禁府都事)를 지낸 권성하가 낙향하여 이곳 부곡리에 살면서 동네 사람들을 모아 수리공사를 하다가 바위틈에서 솟아오르는 약수를 우연히 발견하게 되었다고 한다. 그가 물맛을 보았더니 트림이 나오면서 뱃속이 편안해졌다고 한다. 이후 위장이 불편한 사람들이 애용하기 시작하면서 약수터로

▲ **달기약수** 경북 청송군 청송읍 부곡리.

발전하였고 지금은 약 700m 거리에 하탕·중탕·상탕·신탕을 비롯
해 10여 개의 약수터가 개발되어 있다. 최초에 발견된 곳은 하탕으
로 당시 마을 이름이 달기동이어서 달기약수로 불리게 되었다. 과
거에는 매년 4·5월이면 약수의 약효가 더하기를 바라는 용천제를
지냈으나 지금은 중단되었다.

 오전약수는 쑥밭약수로도 불리운다. 쑥밭이라 불리는 데는 두 가
지 설이 있는데 하나는 이 지역이 물이 합수되는 지역이라 하천의
범람으로 항상 늪지대였기에 수전(水田)이라 불렀다고 한다. 수전을
쑤뱅이라고도 했으며 이것이 쑥밭으로 변경되었다는 것이다. 다른
하나는 나병 환자들이 이 약수를 마시고 몸을 씻고 지역에서 나는
쑥으로 뜸을 뜨고 달여 먹자 병을 고치게 되어 쑥밭이라 불린다는
것이다. 공식적으로는 성종 재위기에 보부상(褓負商) 곽개천이 산신

령 꿈을 꾸고 발견하였다고 한다. 이후 조선시대 전국 약수대회에서 최고로 선정되었다고 전해지며 위장병, 피부병에 효험이 있다고 정평이 나 있다. 중종 때 풍기군수를 지낸 주세붕이 이 약수를 마음의 병을 고치는 좋은 스승에 비길만하다고 칭송한 기록이 남아 있다.

◀ **오전약수**
경북 봉화군 물야면 오전리.

◀ **방아다리약수**
강원 평창군 진부면 척천리.

방아다리약수는 옛날 한 노인이 병으로 고생하다가 이곳에 이르러 기거하던 중 꿈속에 네가 누워있는 곳을 파보라는 산신령의 계시를 받고 땅을 파헤치니 맑은 물이 솟아올랐고, 노인이 물을 마시자 정신이 맑아지고 원기가 되살아나 병이 다 나았다고 한다. 방아다리약수라고 불리는 데는 약수터 주변이 디딜방아 형상을 하고 있기 때문이라고 한다. 숙종 때부터 방아다리약수의 병을 치유하는 약효가 알려지게 되었으며 다른 약수터와 특징적 차이점은 용당(龍堂)과 산신각(山神閣)이 세워져 있다는 것이다.

▲ **화암약수** 강원 정선군 화암면 화암리.

화암약수는 화암리 지역 사람인 문명무가 1910년경 발견하였다. 화암(華巖)이란 말 그대로 주변 지역이 바위들로 절경을 이루고 있는 곳이다. 그는 어느 날 구슬봉 바위 아래에서 청룡과 황룡이 서로 엉키어 하늘로 올라가는 꿈을 꾸었다고 한다. 이에 그 자리를 찾아가 땅을 파보니 바위에서 물이 거품을 뿜으며 솟아올랐다고 한다. 한편 마음이 부정한 사람은 물 밑에 똬리를 튼 구렁이가 보여 이 약수를 마시지 못한다는 전설도 있다. 화암약수는 철분과 탄산을 모두 포함한 철분탄산수이다. 탄산수가 바위틈을 통과해서 솟아나는 경우는 흔하지 않아 보존가치가 높다.

▲ **방동약수** 강원 인제군 기린면 방동리.

방동약수는 약 300년 전 한 심마니가 60년생 씨가 달린 산삼 육구만달을 발견하면서 유래가 시작되었다. 육구만달은 신비의 명약으로 알려진 귀한 산삼으로 육구만달을 캐낸 자리에서 갑자기 물이 치솟았고 금세 약수터로 변했다고 한다. 그 이후로 이곳은 사람들의 발길이 끊이지 않는 명소로 자리 잡았다. 탄산의 맛이 일품으로 위장병 치료와 소화증진에 효과가 있다고 한다. 자연보호중앙협의회에서 한국의 명수로 지정했다.

▲ 동래온천 백학설화 조형물　　　부산시 동래구 온천동.

　조선시대 백성들이 온천을 사용하기는 쉽지 않았다. 다만 왕이 사용하지 않는 남쪽의 동래온천은 관리와 백성들이 치료목적으로 제한적이나마 사용할 수 있었던 것으로 보인다. 동래에 다리를 쓰지 못하는 절름발이 노파가 한 명 살고 있었다고 한다. 어느 날 집 근처에 있는 논에 학이 한 마리 날아와서 있는데 그 학도 노파와 마찬가지로 다리를 절룩거리면서 돌아다녀 노파가 같은 처지에 놓인 이 학을 동정하면서 함께 지냈다. 그런데 신기하게도 사흘째 되던 날에 학이 다리가 완쾌되어 근처를 몇 바퀴 돌다가 힘차게 날아서 떠나가 버렸다. 노파가 이상하게 여겨 학이 있던 자리에 가보니 뜨거운 물이 솟아나고 있었고 노파도 그 샘물에 다리를 담그자 며칠 뒤에 다리가 완쾌되어 마음대로 움직일 수 있게 되었다고 한다. 이후 사람들은 그곳을 온천이라고 불렀다고 한다.

▲ **온정개건비와 용각** 부산기념물. 부산시 동래구 온천동. 좌측 개건비 우측 용각.

동래온천 지역에는 동래부사 강필리의 업적을 기리기 위한 온정
개건비(溫井改建碑)가 세워져 있다. 개건비는 영조 42년(1766)에 세워
졌고 몸돌과 받침돌로 구성되었는데 특이한 것은 그 앞에 돌로 만
든 욕조가 붙어있다는 점이다. 동래온천은 신라의 왕들도 찾은 기
록이 있으며 숙종 17년(1691) 석재로 2개의 탕을 새롭게 지었다. 강
필리가 부임하여 남녀 탕으로 9칸짜리 건물을 지었으며, 1960년까
지 비석이 있는 자리에서 온천수를 계속 뽑아 썼다고 한다. 온정개
건비 옆에 위치한 용각에서는 매년 음력 9월 9일 용왕신(龍王神)을
모시는 제사를 현재도 지내고 있다.

제주의 우물

◀ 유수암천
제주 애월읍 유수암리.
식수조와 저수조를 통과한 물은 수로를 따라
빨래터에 이르고 이후 물은 담장 밖
연못으로 흘러가는 구조.

　제주도는 육지와 달리 물의 확보가 쉽지 않았으며 여러 지역에
서 다양한 방식으로 필요한 물을 확보히였다. 유수암천(流水巖泉)은
제주 애월읍 유수암리에 위치하며 고려 원종 12년(1271) 항몽삼별
초군(抗蒙三別抄軍)이 항파두성에 웅거할 때 따라온 고승이 발견하
여 태암감당(泰岩龕堂)이라는 암자를 지어 불사를 시작한 데서부터
알려졌다. 이후 사찰은 중건을 거듭하였으나 숙종 28년(1702) 제주
목사 이형상이 절을 훼철함으로써 빈터와 우물만 남게 되었다. 유
수암천이 있는 곳에서 해안으로 조금 이동하면 용천수 해안우물
인 새물을 볼 수 있다. 전하는 바에 의하면 1560년경 고씨와 양씨

▲ 새물　　　제주 애월읍 중엄리.

가 이곳에 자리를 잡고 해안 석벽의 바위틈에서 솟아나는 물을 발견하면서 설촌의 식수인 새물이 조성되었다고 한다. 새물은 과거부터 용천수의 수량이 많을 뿐만 아니라 바닷물에도 크게 영향을 받지 않아 많은 사람들이 즐겨 찾는 장소가 되었다. 일제 강점기인 1930년에는 주민들이 보다 편리한 이용을 위해 일부 암석을 발파하고 방파제를 쌓았다. 이곳은 물의 저수지가 3곳으로 분리되는데 암벽에서 가까운 곳부터 식수, 다음 음식물 세척, 마지막은 목욕이나 빨래에 사용되었다고 한다.

조천 두말치물은 바닥에서 솟구치는 물이 한 번에 두말을 뜰 정도로 풍부해서 붙여진 이름이다. 조천성이 바라보이는 곳에 위치하고 있으며 과거 제주여인들이 허벅으로 물을 길어가는 모습을 재현한 석상이 있다. 과거 두말치물은 말 그대로 물이 풍부하게 솟구쳐서 식수는 물론 생활용수, 목욕까지 가능했던 곳이지만 주변의 지하수와 농업용수 사용으로 현저히 수량이 줄어들어 지역민들이 우려하고 있다.

◀ 두말치물
제주 조천읍 조천리.

◀ 족박물
제주 조천읍 조천리.
양신사 대웅진 뒤.

조천의 족박물은 모양이 정말 족박(작은 바가지)처럼 생겼다. 하지만 족발물이라는 명칭은 물이 지하 1m 정도 지점에서 족박만큼 조금 나온다 해서 붙여진 이름이다. 양진사(養眞寺) 절 북쪽 마당 한가운데에 우물 형태로 있으며 밀물 때만 물이 솟는다. 양진사 절에는 빌레물이라는 우물이 따로 있어 식수로 사용하고 때로는 목욕물로 사용하기도 했다고 한다.

우물로 본 조선역사

제주도에서는 빗물이 땅속으로 스며들었다가 해안가에서 솟아 나는 물을 용천수 혹은 물통이라 불렀다. 물통 주변으로 사각의 돌로 담을 쌓아 물을 보관하는 곳을 도구리통이라고 한다. 도구리통은 2개의 물통으로 생활용수로 이용하는 여자물통은 길가 쪽에 남자물통은 바다 쪽에 위치한다. 물론 도구리물, 돈물통, 도래갯물 등 다양한 이름으로 불리며 세화리 도구리통은 모랫바닥에 물통을 만든 것이 특징이다.

◀ 도구리통

제주 구좌읍 세화리.

◀ 엉물 여탕

제주 조천읍 조천리.

조천리에는 매스컴에서도 자주 보도된 바 있는 대표적 노천탕인

엉물 남탕과 여탕이 있다. 엉물은 해안이나 하천의 바위에서 솟아나는 물이라는 의미이다. 해당 장소는 가림막 시설이 되어 있으며 남탕은 경치가 좋은 반면 여탕을 아늑하며 외부로부터 시야가 차단되어 있다.

◀ 제주자리물
제주 조천읍 조천리.

제주자리물은 주변 마을 사람들이 제사를 지내고 제문을 태웠던 바위섬에서 솟아나는 물이다. 자리는 제주 해역에서 잡히는 작은 물고기로 제사를 지낼 때 음식으로 올려서 붙여진 것으로 추정된다. 과거 비가 오고 나면 자리물 주변에서 물이 분수처럼 솟아나 장관을 이루었다고 하나 지금이 수량이 적어져 그런 광경을 볼 수 없다. 제주자리물이 솟아나는 원리는 한라산에서 시작해서 아래로 흘러 내려오는 물의 압력으로 발생하는 일종의 '사이펀 작용'이다. 즉, 바다 한가운데서 산에서 흘러온 물이 솟구치는 것이다.

제주도에 담수지나 저수지가 전혀 없는 것은 아니다. 제주 대정현성은 태종 18년(1418) 왜적의 침입을 막고 백성을 보호하기 위해

우물로 본 조선역사

축성작업이 시작되었다. 축성작업이 시작될 무렵 지나가던 노승이 사방을 살펴본 뒤 축성감독에게 작업을 그대로 진행하면 백성들의 피해가 많을 수 있겠다고 조언을 하고 떠났다. 감독이 현감에게 이를 보고하자 현감은 노승을 즉시 모셔 오라고 하였다. 돌아온 노승은 서남쪽 모슬봉이 화기를 비치니 남문 앞에 연못을 조성하여 화기를 눌러야 한다고 강조하였다. 이에 현감이 연못을 파고 축성을 하니 아무런 문제가 없었고 후일 대정현에도 큰일은 발생하지 않았다고 한다. 이 연못의 이름이 남문앞물, 남문지(南門池)이다.

① **남문앞물**　제주 서귀포시 대정읍 인정리.
② **수월이못**　제주 서귀포시 대정읍 안성리.

　대정현의 수월이못 주변은 대대로 군위 오씨, 원주 원씨 등 삼백여 호가 취락을 이루어 살았다고 한다. 대정현이 설치되면서 수월이라는 관기(官妓)가 살았는데 성질이 온순하지 못하여 마을에 일이 생기면 관가에 고자질하고 인근 주민들을 수시로 괴롭혔다고 한다. 평소 불만이 누적된 주민들은 그녀가 죽자 살던 집으로 달려가 집을 허물고 연못을 만들었는데 그곳이 수월이못이다.

미리 본 사림의 우물

　사림의 우물은 시기적으로 세조에서 숙종에 이르는 사림의 출현과 갈등의
과정을 담고 있다. 4대 사화와 2차례 예송논쟁, 2차례 환국을 통한 왕권과 신
권의 정치적 역정을 살펴보며 한국 정당(政黨)의 원형을 조명하는 의미가 있
다. 또한 사림의 소격서 철폐 주장과 관련하여 조선사회에서 도교의 변천을
살펴보기도 한다. 마지막 부분에 유네스코가 세계문화유산으로 지정한 사림
의 학문 및 정치적 근거지인 9개 서원을 물에 관련된 성리학적, 풍수적 가치
로 소개하였다.

4부

사림의 우물

사림공공지론
士林公共之論

일국공공지론
一國公共之論

1장

사림의 출현

훈구파와 사림파

사림은 문·무 양반 관료와 그 일족과 벼슬하지 않은 유생까지를 포함하는 개념이다. 조선은 세조의 왕위 찬탈 이후 성종 대에 이르기까지 18년간 250명의 공신이 양산되어 이들을 중심으로 한 정권이 형성되었고 이들을 훈구파라 불렀다. 훈구파에 속하지 못하거나 거리를 둔 부류를 사림파라 부르기 시작했다. 세조는 자신을 지지하지 않고 더 나아가 왕권을 복위하려는 집현전 학사들을 대신해 김종직 등 젊고 야심 있는 신진 사류를 정계에 불러들였다. 예종이나 성종도 훈구파를 누르기 위해 신진 사류를 등용했다. 하지만 왕권 강화를 추구하던 조선 초기 국왕들로서는 훈구세력 견제에 활용한 사림의 외골수적인 태도에 피로감이 더하게 되었다. 국왕과 사림은 애증의 관계가 되었고 사림이 화를 입는 사화(士禍)가 발

① **연북정**   제주 유형문화재. 제주시 조천읍 조천리. 조천진성의 누각.
② **조천진성**   제주 기념물. 조선 중기 왜구를 방어하기 위한 축성한 군사시설.

생하기도 하였다. 이후 사림은 선조 대에 이르러 훈구 및 권신세력
이 사라지자 스스로 분열하여 정당정치의 원형이 되는 붕당정치를
세도정치기 말까지 이어간다. 붕당정치는 도학적 왕도정치의 이상
을 표명하였고 정책결정은 공론에 따르며 권력행사는 상호 견제
와 균형을 유지하는 데 중점을 두었다. 붕당의 장점은 조선 관료조
직의 정책수립과 운영을 공론을 통해 비판적이면서도 발전적으로
조언할 수 있었다. 반면 명분에 집착한 비생산적 논쟁과 주도세력
에 의한 정치적 탄핵으로 인명손실과 잦은 유배가 발생하였다. 유
배는 사형 다음의 중형으로서 절해고도, 원지 등으로 보내어 고독
함과 불편함을 치르도록 하는 형벌이었다. 유배 온 많은 사림파들
은 자신을 돌아보고 지역주민의 교육과 복지에 힘을 쓰는 등 선비
로서 의연함을 보여주었다. 반면 제주도 조천포구에 북쪽에 있는
임금님을 그리워한다는 의미의 연북정(戀北亭)을 통해 의연했던 선
비들도 인간적으로 고뇌하고 복권되기를 갈망했다는 사실을 잘 알
수 있다.

2장

사화정국

무오사화

　연산군이 즉위한 뒤 세조의 명복을 비는 불교식 수륙재에 대해
대간과 성균관 유생들의 비난이 쏟아졌다. 홍문관에서는 조부인
세조 때 취한 불교사찰에 대한 시혜는 과실이라 규정하고 부왕인
성종의 길을 성헌(成憲)이라 규정하면서 연산군이 좇을 것을 요구하
였다. 이는 연산군 자신에 대한 비난과도 같은 것이었다. 이 와중에
김종직의 「조의제문(弔義帝文)」이 문제가 되었다. 「조의제문」은 김종
직이 세조 3년(1457) 여행 중 지은 글로 항우에게 죽임을 당한 초나
라 희왕 의제를 조문하는 내용을 담고 있었다. 이것은 세조가 단종
을 죽이고 왕위를 찬탈한 것을 은근히 비난하는 내용이었다. 또한
이를 사초에 수록한 김일손 역시 불충 혐의를 피하기 어려웠다. 연
산군은 왕권에 대한 도전을 응징하고자 김일손이 과거 단종의 모

① 추원재   경남 문화재자료. 경남 밀양시 부북면 제대리.
② 점필재 사랑채   경북 민속문화재. 경북 고령군 쌍림면 합가리. 문충세가(文忠世家) 현판.
③ 점필재 담장 밖 우물 종택은 사랑채, 안채, 고방(창고)이 트인 ㅁ자 형태 유지. 그 안에 우물을
                   파면 집이 가라앉는다고 금기시하여 담장 밖에 우물 조성.

후인 현덕왕후의 소릉을 복구하자고 올린 상소를 문제 삼았다. 결
국 김종직은 부관참시 되었고 사초를 기록한 김일손은 능지처참되
었다. 또한 권오복·권경유 등은 파당을 만들어 선왕을 무고했다는
죄목으로 참형에 처해졌다. 이 사건이 연산군 4년(1498) 무오년 7월
에 일어난 무오사화다. 사화의 단초를 제공한 영남학파 거두 김종
직의 생가는 밀양 추원재(追遠齋)이며 말년을 보낸 고택은 점필재(佔
畢齋)로 고령에 위치하고 있다.

갑자사화

① **김굉필 종택** 사당은 대구 문화재자료. 대구 달성군 현풍면 지리. 정면이 안채, 우측이 사랑채, 왼쪽이 김굉필의 불천위(不遷位 : 신주를 땅에 묻지 않고 사당에서 영구히 제사가 허락된 신위) 제사를 지내던 광제헌, 안채 뒤쪽이 사당과 가묘.

② **지동못** 종택 지세가 나비 형국으로 수기가 보충되어야 후손이 번창할 수 있다는 풍수적 관점에서 조성된 연못.

연산군은 모친인 폐비 윤씨 묘의 이장과 복위를 추진하였는데 삼시의 대간들은 지금의 왕(今上)이 아닌 부왕인 성종을 내 임금(吾君)이라 칭하고 내 임금의 뜻을 따르기 위해 연산군의 뜻을 따를 수 없다고 주장하였다. 연산군은 자신을 군주로 인정하지 않는 신하들에 분개하였다. 또한 부왕인 성종에 대한 반감도 깊어졌다. 연산군은 묘의 이장과 복위에 반대한 권달수·이행 등을 참형하였다. 또한 윤씨의 폐출과 사사에 연관된 김굉필 등을 극형에 처하였고 이미 죽은 한명회 등의 명신거유 등을 부관참시하였다. 이 사건이 연산군 10년(1504) 갑자년에 발생한 갑자사화다. 퇴계 이황은 김굉필을

'근세 도학의 조종(祖宗)'이라 추앙했으며, 고봉 기대승은 조선 성리학의 연원을 정몽주로부터 길재, 김숙자, 김종직, 김굉필, 조광조로 이어진다고 하였다. 김굉필은 광해군 2년(1610) 문묘에 18현으로 배향되었다. 연산군은 왕권 강화를 위해 세조를 전승(傳承)하려 했지만 성종 대 이래 삼사와 유생의 간언을 통한 공론정치가 확산 및 강화되고 있어 세조 대의 왕위 찬탈을 모범으로 강요하기 어렵게 되었고 자신도 모르게 하극상의 위기를 맞고 있었다.

▲ **이노정(二老亭)** 대구 문화재자료. 대구 달성군 구지면 내리. 김굉필과 정여창이 풍류를 즐기고 후학을 교육한 정자.

한명회와 함께 부관참시를 당한 신료 중에는 김종직의 문인이자 김굉필과 친한 관계였던 정여창이 있었다. 정여창은 김굉필, 조광조, 이언적, 이황과 함께 조선의 뛰어난 유학자 다섯 분을 일컫는 동방오현으로 성균관 문묘에 모셔져 있다. 정여창은 앞서 있었던

① **일두 정여창 고택 정려**　중요민속문화재. 경남 함양군 지곡면 개평리. 5명의 효자와 충신에 대한 5개의 정려를 게시한 편액. 고택은 다수 드라마의 촬영지로 등장.

② **일두고택 안채와 우물**　주로 여성들이 거주하던 공간.

무오사화에서 연산군의 스승이었음에도 불구하고 김종직의 문인 이라는 이유로 파직되어 종성에 유배되었었다. 정여창은 유배지에 서도 지역 청년들의 교육에 힘썼지만 지병으로 연산군 10년(1504) 사망한다. 그의 시신은 유림에서 수습하여 함양 남계서원 뒤 승안 산 기슭에 안장하였다. 하지만 갑자사화가 발생하여 김굉필이 사 사될 때 또다시 부관참시 되는 불운을 겪은 것이다.

기묘사화

연산군을 폐하고 왕위에 오른 중종은 연산군의 악정을 개혁함과 동시에 쫓겨난 신진 사류를 등용해 파괴된 유교적 정치 질서의 회복과 교학, 즉 대의명분과 오륜을 존중하는 성리학의 장려에 힘썼다. 이러한 새 기운 속에서 점차 정계에 두각을 나타내기 시작한 것이 조광조 등 신진 사류였다. 조광조는 김종직과 김굉필의 정통성을 이어받은 신예 성리학 학자였다. 조광조는 중종 10년(1515) 성균관 유생 200인의 추천으로 관직에 올라 왕의 신임을 받았다. 중종의 신임을 받은 조광조는 성리학으로 정치와 교화의 근본으로 삼고 고대 중국의 왕도정치를 이상으로 하는 이른바 지치주의(至治主義) 정치를 구현하고자 했다. 먼저 과거제 폐단을 혁신하기 위해 현량과(賢良科)를 설치하고 많은 신진 사류를 등용해 유교정치구현의 터전을 마련하였다.

그다음의 개혁조치로 하늘과 별자리, 산천에 복을 빌고 병을 고치며 비를 내리게 하는 도교의식의 제사를 담당하는 소격서(昭格署)를 폐지해 성리학적 가치를 사회의 기본가치로 정착시키고자 하였다. 그러나 조선 초기부터 왕들은 도교의식에 대해 호의적이었다. 태종 15년(1415) 전국적으로 가뭄이 들자 예조판서 이원이 승려를 모셔 기우제를 지내자고 건의를 했다. 하지만 태종은 이 건의를 받아들이지 않고 문신인 황자후로 하여금 도교의 제사인 태을초(太

◀ 소격서 터 표석
서울 종로구 삼청동 파출소 옆.

◀ 소격서 우물
서울 종로구 삼청동.
명칭은 성제정으로 정조 수라상
우물로도 알려져 있음

乙醮)를 추진하도록 하였고 결국 비가 오게 되었다. 태종은 이를 매우 기뻐하면서 태을(太乙 혹은 太一 : 도교의 천제가 있다고 믿는 북극성) 경전을 학습하고 태을을 천존으로 높이도록 예조에 명하였다. 세종도 즉위 후 가뭄이 들면 태을초를 자주 지냈고 세조는 도교경전을 신하들에게 나누어 주고 연구하게 하였다. 그 과정에서 조선이 건국되면서 고려에서 설치했던 수많은 도교 관련 시설들이 폐지되었지만 소격전과 삼청전(大淸殿)만은 유지되었고, 소격서는 세조 12년(1466)에는 소격전에서 소격서로 개칭되어 『경국대전』에 정식기관으로 기록되었다. 중종 13년(1518) 조광조를 비롯한 신진세력들의 강력한 건의로 소격서가 결국 폐지되었지만 조광조가 죽자 1년 만에 소격서는 부활하였다. 현재 삼청동에는 조선 전기에 운영되었던 소격서 터 표석과 제사에 사용된 우물이 남아 있다.

▲ 태안 마애삼존불상
국보. 6세기 말~7세기 초 제작 추정.

『중종실록』은 조광조가 소격서 폐지를 주장하는 시기에 태일전 철거 주장도 사림에 의거 제기된 것으로 기록하고 있다. 『신동국여지승람』에 의하면 태일전은 세종에 의해 경상도 의성현(義城縣)에 최초 설치되었고 북극성의 45년 주기 위치 변동으로 성종 9년(1478) 태일전을 태안 백화산성 지역으로 이동시켰다고 한다. 백화산에 태일전을 다시 만들고 30년 정도 시간이 흐른 중종 13년(1518)에 사림이 태일전 철거를 주장한 것이다. 소격서 폐지 주장과 같은 시기로 중종은 소격서는 폐지하였지만 태일전 폐지요구는 어물쩍 넘겨버렸다고 한다. 태일전은 현 태안의 태을암에서 동북쪽으로 400m 떨어진 백화산성 정상 쪽에 그 터만 남아 있다. 태을암에서 약 50m 떨어진 곳에는 태안 마애삼존불상 비각이 위치하고 있으며 삼존불상 맞은편에는 태을동천(太乙洞天)이라고 각자된 큰 바위가 있다. 태을동천은 도교에서 말하는 신선이 사는 신천지로 김계항이라는 사람이 1923년 이를 꿈꾸면서 각자하고 주변을 꾸민 것으로 보인다. 삼존불상과 태을동천의 조성 시기가 크게 차이가 나지만 현장은 마치 불교와 도교가 공존을 약속한 것과 같은 느낌을 주고 있다.

◀ 태을암과 우물

대한불교 조계종
7교구 수덕사 말사.
충남 태안군 태안읍
동문리.
좌측 태을암 대웅전.

◀ 태을동천

좌측 일소계(一笑溪)
각자 바위.
우측 태을동천 각자 바위.

우물로 본 조선역사

◀ 운주사 와불
전남 유형문화재.
전남 화순군 도암면 대조리.
불상이 머리를 남쪽으로
하여 북쪽 하늘을
바라보는 형태.

　도교는 중종 대 이후 더 발전하지 못하였고 임진왜란 이후 소격
서는 완전히 폐지되었고 태일암도 사라졌다. 비록 도교가 조선 후
기 공식적인 장에서는 사라졌지만 불교와 융합되어 칠성신앙의 형
태로 정착되어 갔다. 우리가 사찰에서 흔히 찾아볼 수 있는 칠성각
(七星閣)은 다른 나라 불교에서는 없는 특별한 경우이다. 특히, 화순
운주사는 도교와 불교의 융합이 공간적으로 잘 표현된 곳이다. 운
주사의 칠성바위는 북두칠성의 방위각과 유사하게 가공한 바위들
이 배치되어 있다. 이 바위 옆에 누워 있는 와불(臥佛)은 북극성을
나타내고 7개의 바위는 북두칠성을 재현하고 있는 것이다. 또한 운
주사에 위치한 탑들은 주요 별자리들을 상징하고 있어 이곳에 하
나의 소우주가 형성되어 있음을 알 수 있다.

　조광조는 소격서 철폐와 함께 향약을 실시해 지방의 상호부조와
미풍양속을 배양하는 데 힘쓰는 한편 교화에 필요한『이륜행실(二
倫行實)』과『언해여씨향약(諺解呂氏鄕約)』등의 서적을 편찬하고 배포

하였다. 하지만 그의 저돌적이고 급진적인 성향은 많은 사람들의 증오와 질시를 사게 되었다. 설상가상으로 철인군주(哲人君主)의 이상과 이론을 왕에게 역설한 것이 마치 강압하는 듯한 인상을 주어 왕마저도 그의 도학적 언동에 대해 점차 불편함을 가지게 되었다. 가장 갈등적인 국면이 조성된 것은 고려왕조 이래 장려된 사장(詞章 : 문장과 시를 통칭하는 용어)을 배척함으로써 남곤·이행 등의 사장파와 대립하면서부터이다. 또한 보수적인 기성세력을 소인배로 치부하여 훈구 재상들의 미움을 사게 되었다. 당시 반정공신 중에서 조광조 세력의 탄핵을 받지 않은 자가 없을 정도였다. 조광조 일파에 대한 기성 훈구세력의 불만은 중종 14년(1519) 반정공신 위훈삭제사건(反正功臣僞勳削除事件)을 계기로 폭발하였다. 조광조는 중종반정공신 가운데 그 자격이 없는 사람이 많으므로 공신호(功臣號)를 박탈해야 한다고 주장하여 공신의 3/4에 해당하는 76인의 공신호가 삭제되고 토지와 노비마저 환수되었다.

상황이 이렇게 되자 소인배로 지목된 남곤과 훈적에서 삭제당한 심정 등이 조광조의 탄핵을 받은 바 있는 희빈 홍씨(熙嬪 洪氏)의 아버지인 남양군 홍경주와 손을 잡고 조광조 일파를 몰아낼 계략을 꾸몄다. 이들은 희빈 홍씨를 이용해 "온 나라의 인심이 모두 조광조에게 돌아갔다."고 왕에게 밤낮으로 말함으로써 일단 왕의 마음을 동요시켰다. 또한 나뭇잎에다가 꿀로 "주초위왕(走肖爲王)"이라고 써서 벌레가 갉아먹게 한 뒤 그 문자의 흔적을 왕에게 보여 왕이 홍씨의 말을 확신하게 했다. 이런 상황을 틈타 홍경주·심정 등은 조광조 일파가 붕당을 만들어 중요한 자리를 독차지하고 임금을 속

| ① 능주 적려 유허비 | 전남 기념물. 전남 화순군 능주면 남정리. 능주에서 1개월의 유배생활을 기념. |
| ② 심곡서원 | 사적. 경기 용인시 수지구 상현동. 조광조를 주향하는 사당의 현판은 사우(祠宇). 선조 38년(1605) 건립되었고 효종 원년(1650) 사액. 조광조의 묘는 서원에서 550m 이격된 지점에 위치. |

이며 국정을 어지럽혔으니 그 죄를 밝혀 바로잡아 달라는 상소를 올렸다. 중종은 조광조 일파의 도학적 언동에 염증을 느끼고 있던 터이라 홍경주 등의 상소를 받아들여 조광조 일파를 치죄하게 하였다. 중종은 조광조를 능주로 유배를 보냈으며 곧바로 사사하였다. 조광조는 죽는 순간까지도 중종이 자신의 무고함을 알고 다시 불러줄 것으로 기대하고 있었다.

많은 사람들이 사화로 피해를 입었지만 조광조가 추구했던 개혁 정치를 인정하고, 계승해야 한다고 생각하는 이들은 계속 나타났다. 조광조는 사망한 지 26년 만인 인종 원년(1545)에 인종의 유언으로 복권됐다. 한편 조광조의 개혁 핵심 동조세력이었던 김정(金淨)은 금산으로 유배되었다가 진도를 거쳐 제주도로 이배되었다. 김정은 제주도에서 1년간 유배생활을 통해 제주도 우도를 방문하여 「우도가」를 짓고 가뭄이 들자 한라산 「기우제문」을 짓기도 하였

◀ 제주 오현단
제주 기념물.
제주 제주시 이도일동. 김정을
모시는 충암묘가 시초.

다. 김정은 제주도 사람들이 빗물을 식수로 사용하는 것을 보고 내
팔골에 우물을 파 깨끗한 물을 마시게 했다. 제주 사람들은 그가 형
조판서를 지냈기 때문에 우물 이름을 판서정(判書井)이라 했다. 제주
사람들은 김정이 제주도의 학문과 생활 발전에 기여한 것에 대한
존경을 표시하기 위해 충암묘를 조성하였으며 후일 오현단으로 발
전하였다.

양산보는 정암 조광조 문하생으로 기묘년 현량과에 급제하였으
나 숫자를 줄여 뽑는 바람에 낙방하였다. 중종은 양산보에게 직접
낙방의 아쉬움을 표하고 격려한 것으로 알려져 있다. 그해 겨울 기
묘사화로 스승이 능주로 유배되어 사약을 받고 죽자 그는 원통함
과 울분을 참을 수가 없어 세상 모든 것을 잊고 산에 들어가겠다는
결심을 하였다. 이후 그는 무등산 아래에 소쇄원(瀟灑園)이라는 별서
정원을 짓고 두문불출하며 스스로를 소쇄옹(瀟灑翁)이라 하였다. 그
렇지만 소쇄원이 워낙 아름다워 당대의 학자들인 김인후, 이황, 기
대승 등이 소쇄원을 방문함으로써 자신과의 약속을 지킬 수 없었

우물로 본 조선역사

다. 소쇄원은 외부와의 경계담장인 애양단(愛陽壇)의 내부에 광풍각, 제월당, 초당, 화계, 오곡문 등이 있으며 화계담장에는 소쇄처사양 공지려(瀟灑處士梁公之慮)라는 송시열의 친필이 새겨져 있다. 소쇄원 은 전체가 국가 명승으로 지정되어 있다.

① **광풍각**　　명승. 전남 담양군 가사문학면 지곡리. 비 온 뒤 해가 뜨며 부는 청량한 바람이 란 뜻의 사랑방. (출처 : 문화재청, www.heritage.go.kr)

② **화계담장**　　소쇄원의 명패 역할.

③ **초당 옆 연지**　　초당 내 현판 대봉대(待鳳臺)는 이상향에 대한 염원. 연지를 통해 새로운 물길 조성하는 자연친화적 조경을 추구.

④ **오곡문 옆 우물**　　오곡문은 주변 암반을 5번 굽이쳐 내린다는 의미로 주자가 학문을 닦던 무이구 곡(武夷九曲)을 염두에 둔 작명이며 물의 친환경적 통로를 구축.

을사사화

을사사화는 왕위 계승을 둘러싼 외척들의 개입과 갈등에서 출발하였다. 명종의 즉위(1545) 직후 시작된 을사(乙巳)사화는 2년 뒤 정미(丁未)사화까지 지속된 장기적인 정치 투쟁이었다. 윤임(大尹)은 장경왕후의 동생으로 인종의 외숙이었다. 윤원형(小尹)은 문정왕후의 동생으로 명종의 외숙이었다. 29세의 인종이 즉위(1544)하였지만 9개월도 안 되어 승하하였다. 험난한 권력 투쟁 끝에 인종의 즉위로 기선을 잡았던 대윤은 순식간에 그 기반을 잃어버렸다. 왕위는 11세의 명종에게 승계되었지만(1545) 국왕의 어린 나이 때문에 문정왕후의 수렴청정이 시행되었다. 남다른 정치적 야심과 능력으로 난관을 극복해 온 문정왕후와 소윤은 즉각 보복을 전개했다. 윤임이 인종의 환후가 위중하자 명종 대신 다른 인물을 옹립하려는 음모를 꾸몄다는 혐의로 탄핵이 제기되었다. 윤임은 절도에 안치되자마자 사사되었다. 하지만 환난은 이것으로 끝나지 않았다. 명종 2년(1547) 양재역(良才驛) 벽서(壁書) 사건이 발생하였는데 문정왕후와 간신 이기기 권세를 농단하여 나라가 멸망할 것이라는 내용이었다. 문정왕후와 주요 대신들은 과거 역적을 엄벌하지 않았기 때문에 이런 일이 일어났다고 판단하고 윤임의 인척들을 사사하고 을사사화에 반대 의견을 냈던 노수신, 이언적 등을 유배시켰다. 노수신은 진도로 유배되어 19년의 유배 시간을 보냈다. 진도 유배 기간 동안 퇴계 이황·김인후 등과 서신으로 학문을 토론했고 진도의 풍속에 예속을 심어 '진도개화지

우물로 본 조선역사

조(珍島開化之祖)'로 불린다. 명종 20년(1565)에는 괴산으로 이배되어 2년간 유배생활을 더 하였다. 선조 대에 복권되어 영의정을 지냈고 시호는 문의이며 사당인 옥연사(玉淵祠)가 상주에 있다.

▲ **노수신 수월정(水月亭)** 충북 기념물. 충남 괴산군 칠성면 산막이옛길. 괴산 유배지.

▲ **노수신 옥연사 우물** 경북 문화재자료. 경북 상주시 화서면.

사림의 분화

① **서하당과 부용정** 명승. 전남 담양군 가사문학면 지곡리. 우측 서하당, 좌측 부용정.
② **식영정** 명승.

  선조 대에 이르러 훈구파는 사라지고 사림파가 정권을 잡게 되었다. 사림파는 공론을 통한 조선의 정치를 추구하였지만 생각의 방향이 다른 두 세력이 다시 형성되기 시작했다. 이들은 동인과 서인 세력인데 초기에 경복궁을 중심으로 동쪽 건천동에 사는 김효원 세력과 서쪽 정릉동에 사는 심의겸 세력의 대립이 그 출발점이다. 이것이 조선 말까지 이어지는 붕당정치의 서막인 셈이다. 동인과 서인의 실제 충돌은 이조전랑(吏曹銓郎) 추천문제로 시작된다.[13] 선조 재임 기간 중 동인과 서인은 한 번씩 정권을 주고받다가 동인이 최종 정권을 차지하지만, 동인은 다시 남인과 북인으로 분리된다. 서인의 영수인 송강(松江) 정철은 명종 16년(1561) 과거를 통해 출사하기 전까지 10년간 담양에서 생활하였다. 정철은 한양에서 태어났지만 부친의 유배를 따라다니다 보니 조부의 고향인 담양에 정착하여 유년시절을 보냈기 때문이다. 이때 서하당(棲霞堂)과 식영정(息影亭)에 올라가 임천(林泉)을 조망하면서 「성산별곡(星山別曲)」을 지었다. 정철은 선조 11년(1578) 직제학을 거쳐 승지에 올랐으나 동인의 탄핵을 받아 다시 낙향하였다.

① **청간정**　　　강원 유형문화재. 강원 고성군 토성면.
② **낙산사 의상대**　강원 유형문화재. 강원 양양군 강현면 전진리.
③ **경포대**　　　보물. 강원 강릉시 경포로. 정철은 관동팔경 중 최고라 칭찬.
④ **죽서루**　　　보물. 강원 삼척시 성내동. 오십천 방향에서 바라본 죽서루.

정철은 선조 13년(1580)에는 다시 강원도 관찰사로 부임하게 되었으며 이때 「관동별곡(關東別曲)」, 「훈민가(訓民歌)」를 지어 시조와 가사문학의 대가로서 모습을 보여주었다. 정철이 「관동별곡」에서 경탄한 8곳의 명승지는 북한의 통천 총석정(叢石亭), 고성 삼일포(三日浦)와 남한의 강원도 간성 청간정(淸澗亭), 양양 낙산사(洛山寺), 강릉 경포대(鏡浦臺), 삼척 죽서루(竹西樓), 경북 울진 망양정(望洋亭), 평해 월송정(越松亭)을 말한다.

① **망양정**　경북 울진군 근남면 산포리. 철종 11년(1860) 이건.
② **월송정**　경북 울진군 평해읍 월송리. 1980년 복원.

선조 16년(1583) 대사헌이 되었으나 동인의 탄핵을 다시 받자 귀향하여 죽록정(竹綠亭)이라는 초막에 머물며 「사미인곡(思美人曲)」, 「속미인곡(續美人曲)」, 한시 등 불후의 작품을 저술하였다. 선조 26년(1591) 다시 좌의정에 제수되었으나 광해군 세자책봉 건의 문제로 명천, 진주, 강계로 유배를 떠나게 된다. 임진왜란이 발발하여 해배되었으나 동인의 모함으로 곧장 사직을 하고 스스로 몸을 낮추어 강화도 송강촌에서 외롭게 살다가 아사한다. 정철의 사후 72년 현종 6년(1665) 우암 송시열이 정철의 후손인 정양과 상의를 하여 진천 어은골로 묘를 이장한다. 어은(漁隱)은 물고기가 숨어 있는 지형이라 송시열이 이름을 붙였으며 사당을 지어 그의 업적, 강직한 기개, 예술혼을 기리고자 하였다. 이곳에 정철의 묘 이외에도 정송강사 사당 및 유물전시관, 신도비가 위치하고 있다. 현재 담양의 송강정(松江亭)은 후손들이 1770년에 세웠으며 정면에 송강정, 측면에 죽록정이라는 현판이 걸려 있다.

① **정철신도비**　　　 충북 유형문화재. 충북 진천군 문백면.
② **송강사**　　　　　 충북 기념물. 송강사 남쪽 100m 지점에 묘소 위치.
③ **송강정(죽록정)**　 전남 기념물. 전남 담양군 고서면.

계축옥사

　선조 말 동인이 최종 정권을 장악하였지만 동인은 다시 북인(이산해, 이이첨, 정인홍 등)과 남인(유성룡, 김성일, 이덕형 등)으로 나뉘게 된다. 동인의 분파는 우성전과 이발의 탄핵갈등에서 시작된다. 남인과 북인의 명칭은 우성전의 집이 남산 아래에 있어 남인, 이발의 집이 북악산 아래에 있어 북인으로 불렀다. 남인은 퇴계 이황을 종주로 하고 북인은 남명 조식의 제자들이었다. 이순신 장군의 경우 순수 무관이고 정치적으로도 중립을 지켰으나 유성룡과의 깊은 친분 때문에 당대에는 남인으로 취급받았다. 후일 북인은 대북과 소북으로 또 나뉘는데 대북은 광해군을 지지하였고 소북은 영창대군을 지지하였다. 선조에게 광해군 세자책봉을 지지하는 상소를 올렸다가 귀양길에 오른 정인홍과 이이첨 등은 광해군이 즉위하자 일순간 일등공신이 되었다. 정인홍은 광해군에게 있어 최고의 공신이었을 뿐만 아니라 의병장 '산림(山林)[14]'으로서 광해군의 정치적 기반을 넓혀줄 소중한 존재였다. 이런 광해군과 정인홍 사이를 매개한 인물이 이이첨이었다. 정인홍을 중심으로 한 대북파가 강력한 권력을 차지하였지만 광해군으로서는 공신보다 왕권 강화와 정국안정이 보다 중요하였다. 이에 당파를 불문하고 인재를 등용하고자 했다. 그 결과 남인 이원익이 영의정에 오르고 서인에 가까운 이항복과 남인에 가까운 이덕형이 비변사에서 국방 업무를 총괄하게 되었다.

광해군 5년(1613) 칠서지옥(七庶之獄) 사건이 발생한다. 7명의 서얼이 은상(銀商)을 살해하여 얻은 재화로 병량(兵糧)을 준비하고 조정 문무관을 매수하여 역모를 꾸몄다는 것이 사건의 전말이다.『홍길동전』의 저자로 유명한 허균도 관련되었다는 고변이 있었으나 글방 동문이었던 대북의 이이첨이 구명하여 목숨을 구하게 된다. 허균은 이 사건이 있기 전 광해군 2년(1610) 천추사(千秋使)로 명나라에 가서 천주교의 기도문을 얻어 온 바 있으며 전시(殿試)의 대독관으로서 친척을 부정으로 합격시켰다는 대간의 탄핵을 받아 12월에 함열(익산)에 유배되었다. 허균은 유배지 함열에서 광해군 3년(1611) 64권에 이르는 시문집『성소부부고(惺所覆瓿藁)』를 집필하였고 광해군 4년(1612) 한글소설『홍길동전』집필을 끝낸 뒤 바로 석방되었다. 이이첨은 칠서지옥을 활용하여 인목대비의 아버지 김재남을 숙청하였고 그 기세를 이어 영창대군을 강화도에 연금하였다가 살해하는 계축옥사를 주도한다. 그 이후 이이첨은 인목대비 폐모를 허균 등에 사주하게 된다. 광해군 9년(1617) 폐모론 정국에서 폐모를 주장한 허균과 폐모를 반대하던 영의정 기자헌 사이가 벌어졌고 기자헌은 결국 길주로 유배를 가게 되었다. 허균은 폐모론을 성사시킨 공을 인정받아 좌참찬에 임명되었다. 기자헌의 아들 기준격은 아버지를 구명하기 위해 역적은 오히려 허균이라고 하면서 허균의 혁명계획을 폭로하는 상소를 올렸다. 이에 허균이 다시 반박하는 상소를 올리면서 고발과 탄핵 정국으로 돌변하였다. 그러나 대질심문이 시작되자 허균과 손을 잡았던 이이첨이 갑자기 등을 돌리면서 허균은 역모를 꾸민 죄인으로 몰리게 된다. 광해군 10년(1618) 광해군이 직접 허균을 국문하려 했으나 이이첨 세력의 저지로 말 한마디 못 하고 허균은 사형을 당했다. 허균과 여류시인 누이 허난설헌이 태어난 곳은 강원도 사천면 사천리 교산 자락에 있다. 허균은 고향을 사랑하여 호를 교산(蛟山)이라 하였다. 계축옥사를 계기로 광해군은 직접 폐모살제(廢母殺弟)를 지시하지 않았음에도 불구하고 동생을 죽이고 왕실의 어머니인 인목대비를 쫓아낸 유교적 책임을 모두 지게 되었고 후일 이것이 반정의 명분이 되었다.

◀ **허균 · 허난설헌 기념관**
강원 강릉시 초당동.
허난설헌은
허균의 5살 위 누이.

◀ **허난설헌 생가와 우물**
생가에 허균의 사랑방이
있지만 허균이 실제 태어난
곳은 조금 떨어진 외갓집의
애일당(허균의 시비 위치).

인조반정

① **낙서재와 거북바위(龜巖)**

② **곡수당**

명승. 전남 완도군 보길면 부황리. 초가였으나 후손이 기와로 개조. 윤선도는 처음부터 귀암과 낙서재와 낙서재 뒤편 병풍바위 소은암을 한 축선으로 주거지를 설계.

정면 원 부분이 동천석실 지역. 우측 곡수당은 윤선도 5남 학관이 거주하였으며 하루 3번 낙서재에 문안을 위해 건너던 다리가 일삼교(日三橋). 곡수당 옆에 연지를 조성하여 앞 물길과 만나도록 설계.

　광해군의 폐모살제 등 일련의 조치는 대북파에게 눌려 지내던 서인 일파에게 반정의 호재가 되었다. 광해군 15년(1623) 3월 13일 밤에 인조반정이 발생하였고 광해군은 강화로 귀양을 갔다가 제주도로 이배되어 인조 19년(1641) 66세로 여생을 마쳤다. 인조반정은 집권파 북인에 대한 서인과 남인의 연합작품이었다. 고산 윤선도는 남인으로 광해군 8년(1616) 성균관 유생으로 북인 이이첨 등을 규탄하는 병진소(丙辰疏)를 올려 함경도 경원으로 유배되었다가 인조반정으로 해배되었다. 인조 6년(1628) 별시 문과 초시에 장원 급제 하여 봉림대군·인평대군의 스승이 되었다. 사헌부 지평 등을 지냈으나 인조 12년(1634) 강석기의 모함으로 좌천된 뒤 파직되어 해남에서 지냈다. 병자호란이 발생하여 인조가 항복했다는 소식에 제주도에 은거하기 위해 이동 중 보길도의 경치에 반하여 이곳에 머물게 된다. 병자호란이 평정되고 한양에 잠시 들렀지만 왕에게 인사를 드리지 않았다는 이유로 인조 16년(1638) 영덕으로 귀양을 갔다가 이듬해 해배되었다. 그 뒤로 1671년 85세에 사망할 때까지 약 10년을 보길도에서 생활했다. 윤선도는 보길도에 삶과 학습의 공간인 낙서재(樂書齋)와 곡수당(曲水堂)을 마련하였고 산에 동천석실(洞天石室)을 만들고 연못가에 세연정(洗然亭)을 건립하여 신선과 같은 삶을 살았다. 이때 자연과 혼연일치된 삶을 「산중신곡(山中新曲)」, 「산중속신곡(山中續新曲)」, 「어부사시사(漁父四時詞)」 등의 가사로 표현하였다.

① **동천석실**   신선이 사는 집을 의미하며 온돌 설치. 낙서재에서 용두암에 도르래를 연결하여 동천석실로 음식을 전달하였고 석담(石潭)과 차(茶)바위 조성.

② **세연정**   1994년 복원. 세연정 보(洑)다리를 건너면 주민들과 춤을 추며 풍류를 즐기던 동대(東臺)와 나선형의 서대(西臺) 위치.

1차 예송논쟁

1659년 5월 효종이 승하하자 인조의 계비인 장렬왕후가 효종을 위해 입어야 할 상복결정 문제가 발생하였다. 효종이 적자이긴 했지만 형이었던 소현세자에 대해 이미 어머니가 장례를 마쳤었다. 효종이 정식 국왕이었으므로 종법상 모후인 장렬왕후가 1년짜리 상복인 기년복(朞年服)을 입어야 하는지 아니면 3년짜리 참최복(斬衰服)을 입어야 하는지가 문제 된 것이다. 영의정 정태화는 장자이든 차자이든 1년이라는 경국대전의 예를 따르려 했다. 윤휴는 의례를 인용해 효종이 장남은 아니지만 인조의 적통 후계자이니 참최복(삼년상)이 맞다고 이의를 제기했다. 영의정 정태화가 송시열에게 자문하자 송시열은 '4종지설(四種之說)'을 꺼내든다.[15] 효종이 맏아들이 아니므로 장렬왕후는 기년복(1년 상)을 입어야 한다는 뜻으로 해석될 수 있었다. 송시열의 발언이 효종에게 문제가 될 순 있었지만 일단 넘어갔다. 하지만 현종 1년 3월 21일, 허목이 참최복을 주장하면서 논쟁이 다시 시작되었다. 그러자 송시열이 상소로 효종이 장자가 아니므로 1년만 상복을 입어도 된다고 다시 주장하였다. 송시열의 입장에 대해 윤선도가 반박 상소를 올리면서 조정이 술렁이게 된다. 현종은 윤선도를 귀양 보내고 정태화를 비롯한 서인 다수의 견해를 받아들여 1년 설을 채택한다. 논쟁이 비록 서인의 승리로 끝났지만 지속적으로 남인 유생들의 반발 상소가 올라오고 몇 년이 지나도록 논쟁이 지속되어 왕이 직접 예송 금지령을 내렸다.

이로 인해 윤선도는 자신 인생에 있어 마지막 유배생활을 현종 6년
(1665)부터 현종 8년(1668)까지 광양 추동마을에서 보냈다.

2차 예송논쟁

현종 14년(1674) 효종의 부인이자 현종의 어머니인 인선왕후가
사망했다. 이때도 장렬왕후가 살아 있었기 때문에 장렬왕후가 상
복을 입어야 하는 기간으로 논란이 벌어지게 되었다. 효종 때는 경
국대전에 장자와 차자를 동일하게 취급하여 기년복을 입어도 문제
가 되지 않았으나 며느리의 경우 맏며느리는 기년복인데 다른 며
느리는 9개월짜리인 대공복(大功服)을 입도록 규정해 문제의 소지
가 있었다. 애초 서인은 왕후니까 기년복으로 판단하고 왕의 승인
을 받았는데 송시열이 9개월을 주장하자 현종에게 대공복으로 재
차 보고한다. 현종은 몹시 화가 나 예조의 담당자들을 모두 파직
해 버렸다. 1차 예송논쟁에서 송시열과 논쟁을 펼쳤던 윤휴나 허목
은 이 문제를 거론하지 않았지만 대구의 유생 도신징이 상소를 올
려 기년설(朞年說)을 주장하여 2차 예송논쟁이 발생하게 된다. 송시
열은 이번에도 효종이 장자가 아니니 인선왕후도 맏며느리가 아니
라는 명분으로 9개월 상복을 주장한다. 그러자 현종은 전에는 지금

의 법(아들에 대해서 기년복이라는 국조오례)을 적용하고 지금은 옛날 법(맏며느리에 대해서 대공복이라는 주례·의례)을 적용하는 것은 일관성이 없다고 서인의 주장을 반대하였다. 1차 예송 때는 현종이 막 왕에 즉위해서 집권당인 서인의 눈치를 보아야 했지만 계속 자신과 아버지의 정통성을 약화시키는 송시열을 중심으로 한 서인의 주장을 받아들일 수 없었다. 현종은 송시열을 질책했고 송시열과 서인들은 최대의 정치적 위기에 몰렸다. 하지만 그로 인해 남인이 득세하는 것도 바라지 않았던 현종은 송시열의 제자이자 서인 출신인 김수흥을 영의정에서 파직하고 남인인 허적을 영의정으로 삼는 대신 김수흥의 동생 김수항을 좌의정으로 삼아 조정의 균형을 맞추었다. 하지만 이 일이 있고 2달도 채 지나지 않아 현종이 숨을 거둔다. 2차 예송은 조용히 종결되는 것처럼 보였다.

지우 :   서인과 남인들에게 상복문제가 수십 년간 다툴만한 의미가 있었던 것인지 궁금해요.

아빠 :   현재의 시각으로 보면 민생과 상관없는 탁상공론으로 비춰질 수 있겠지. 하지만 예치를 근간으로 하는 왕조국가라는 측면에서 보면 이야기는 달라져. 신하들의 입장에서는 왕실의 예치 모범을 요구하는 측면이 강했던 것뿐만 아니라 조정에서 권력의 우위를 점하기 위해서는 왕의 입장을 자신들에게 유리한 쪽으로 끌어오고 싶은 마음이 있었겠지. 다만 왕의 입장에서는 왕권을 심하게 견제하는 신강군약의 구도를 점진적으로 변화시키고자 상황별 정치적 대응을 한 것으로 볼 수 있어.

경신환국

남인은 현종 15년(1674) 2차 예송논쟁에서 승리하여 정권을 잡았으나 현종 승하로 즉위한 숙종의 모후 명성왕후 사촌인 서인 김석주가 요직에 기용되면서 견제상황을 맞이하였다. 그러던 중 숙종 6년(1680) 3월 숙종은 남인의 영수인 영의정 허적의 조부 허잠에게 시호를 내렸고 이에 허적은 감사 및 축하의 잔치를 벌였다. 마침 이날 비가 내려 숙종은 허적을 배려하기 위해 유악(油幄 : 왕실 사용의 기름칠한 천막)을 보내려고 하였으나 허적이 이미 가져간 것을 알고 분노하였다. 숙종은 패초(牌招 : 나라에 급한 일이 있을 때 국왕이 신하를 불러들이는 데 사용하던 패)로 군권 책임자들을 불러들여 서인에게 군권을 넘기는 전격적인 인사 조치를 단행하였다. 당시 북방위협에 대비하는 군비강화 역할의 도체찰사부가 강력한 권력을 형성하였으며 이로 인해 서인들이 이곳의 중심에 서게 되었다. 이와 같이 남인을 멀리하는 숙종의 태도가 드러나자 정원로의 고변에 의한 이른바 삼복의 변(三福之變)이 발생하게 되었다. 고변 내용은 허적의 서자 허견이 인조의 손자인 인평대군(麟坪大君)의 세 아들 복창군(福昌君)·복선군(福善君)·복평군(福平君) 즉, 삼복(三福)과 함께 역모를 도모하였다는 것이다. 역모혐의 주된 내용이 도체찰사부 군사의 동원문제로 귀착되어 허견과 삼복(三福)뿐 아니라 도체찰사부 강화에 관련되었던 허적·윤휴·유혁연·이원정·오정위 등 남인계의 중진들이 죽음을 당하거나 유배되었다. 이 시기 이후로 붕당정치는 서인 일당전제의

▲ 명제고택과 우물
충남 논산시 노성면 교촌리.

성향을 보이지만 서인은 다시 노론과 소론으로 분리된다. 경신환국 이후 남인에 대한 처벌을 놓고 강경한 입장을 취한 사람들은 주로 노장층으로 노론(老論), 온건한 입장을 취한 사람들은 소장층으로 소론(小論)이라고 한다. 또한 노론과 소론의 대립은 한때 송시열의 제자였던 윤증이 부친의 묘비명 문제로 송시열과 절교하고 난 이후 개인적 감정과 정치적·학문적 갈등도 하나의 원인이 되었다. 명제 윤증은 평생 관직을 거부하고 학자들과 담론과 강학에 임해 백의정승(白衣政丞)이라 부른다. 논산 명제고택(明齊故宅)은 1709년 아들과 제자들이 지은 곳으로 윤증은 여기서 10리 떨어진 유봉의 초가집에서 살았고 그곳에서 돌아가셨다. 그래서 명제고택은 연고가 있는 집이라는 의미로 옛 고(古)가 아닌 연고 고(故)를 쓴다.

◀ 명제 모친 열녀 공주이씨 정려각
숙종 7년(1681) 건립.
병자호란으로 남편 윤선거와 강화도에 피신하였다가 강화가 함락되자 욕보임을 피하기 위해 순절.

지우 :   명제 윤증은 우암 송시열의 제자인데 둘 사이가 원수가 될 만큼 감
        정이 악화된 특별한 이유가 있는 건가요?

아빠 :   먼저 윤휴가 주자의 서(書)에 대해 자신만의 독특한 해석을 달아
        발간한 것을 송시열은 사문난적(斯文亂賊 : 교리에 어긋나는 언행
        으로 유교의 질서와 학문을 어지럽히는 사람)이라 비난한 데 반해
        윤증의 아버지 윤선거는 이를 높이 평가한 것에서 발단되었다고
        볼 수 있지. 윤선거가 죽고 나서 윤증이 선친의 묘갈명(묘석비문)
        을 부탁하였는데 송시열이 선친을 강화도에서 혼자 살아 돌아온
        비겁한 이로 폄하하는 비문을 적어준 것이야. 윤증이 수정을 요구
        했지만 송시열이 거부하자 둘은 돌아올 수 없는 감정의 강을 건너
        버린 것이지.

지우 :   많은 한국인들은 사색당파, 붕당정치 등의 용어에 부정적 인식을
        가지고 있다고 알고 있어요. 붕당정치라는 것이 정말 나쁜 것인지
        현재 정당정치와는 어떤 연관성을 가진 것이지 좀 궁금하네요.

아빠 :   붕당정치라는 것을 무조건 나쁜 것으로 바라보는 것은 바람직하지
        않아. 붕당정치의 특성은 정치이상을 같이하는 사람들이 모여 올
        바른 의견을 제시하고 뜻을 달리하는 집단과 공론을 거쳐 최적의
        정치적 결단을 내리는 것이지. 물론 조선시대 붕당의 의견은 철저
        히 왕에게 공개되어야 하는 원칙이 있었던 것이지. 왕은 삼사의 조
        언을 받아 공론을 판단하고 승인을 해야 하니까. 반면 현대의 정당
        정치도 기본적인 틀은 붕당과 크게 다를 바가 없지. 왕이 아닌 국

민에게 의견을 철저히 공개하고 국민과 협의를 통해 공론을 만드는 부분이 더해졌을 뿐이지.

지우 : 현재의 정당정치가 과거 붕당정치를 보고 배울 수 있는 점도 있을까요?

아빠 : 현재에 과거를 접목하는 것은 어렵겠지만 교훈적인 측면은 충분히 있다고 봐.

먼저 조선에서 공론정치가 사라진 과정은 탕평정치를 통해 왕권이 강화됨으로써 공론이 위축되었고 이후 세도정치를 하면서는 공론이 아예 형성될 수 없었다는 것이지. 따라서 현재도 대통령의 권한과 국회의 권한이 균형을 이룰 수 있어야 올바르게 형성된 공론을 입법과 정책시행에 연결시킬 수 있지. 그럴 때만이 국민을 위한 정치가 가능하다고 생각해. 다음으로 붕당의 기반이 중앙이 아니라 지방의 사림이었지만 국가 전체의 공론을 위해 노력했다는 점에 주목할 필요가 있지. 현재 한국의 정당의 경우 서울과 특정 지방세력의 정치적 결합이 강하고 정당 소속 국회의원이 헌법기관이라는 생각보다는 지역 이익의 대변에 더 집중하는 것은 아쉬운 점이지.

기사환국

① 김만중 적거지 우물   경남 남해군 상주면 양아리.
② 적거지에서 내려본 남해 바다   김만중은 노도를 떠나지 못하고 사망.

    숙종은 숙종 6년(1680) 10월에 첫 왕비인 인경왕후(仁敬王后)가 서거하자 민유중의 딸을 계비(繼妃)로 맞았다. 그런데 계비인 인현왕후(仁顯王后)가 원자를 낳지 못하는 가운데 숙종 14년(1688) 총애하던 소의 장씨(張氏)가 아들을 낳자 숙종은 이듬해 숙종 15년(1689) 그 아들을 원자로 삼을 것을 명하였다. 그러자 영의정 김수흥을 비롯한 노론은 중전의 나이가 아직 젊은데 2달 만에 후궁 소생을 원자로 정함은 부당하다고 반대하였다. 숙종은 종사(宗社)의 대계를 늦출 수 없다는 이유를 들어 말을 꺼낸 지 5일 만에 왕자의 정호(定號 : 호칭을 정함)를 종묘사직에 고하고 그의 생모인 장씨를 희빈으로 높였다. 이에 대하여 노론의 영수 송시열이 송나라의 고사를 들어 반대론을 다시 제기하였다. 숙종의 입장에서 종묘에 고한 것은 뒤집을 수 없는 사안이며 송시열이 자신에게 반기를 든 것으로 판단했다. 영의정 김수흥은 파직되었으며 송시열은 제주도로 유배되었다. 노론의 이이명·김만중·김수흥·김수항 등이 죽거나 유배당하였다. 그 중에서도 『구운몽』, 『사씨남정기』 등으로 유명한 서포 김만중은 남해의 노도로 유배되어 초막을 짓고 우물을 파고 살았는데 지금도 노도에서 김만중의 유적을 확인할 수 있다.

　그해 4월에 이르러 숙종이 중전인 인현왕후를 폐비할 뜻을 나타내자 노론 측은 오두인 등 86인의 이름으로 반대 상소를 올렸다. 주동자인 박태보·이세화·오두인 등이 국문을 당하고 주거를 제한하는 위리안치나 귀양을 갔다. 숙종은 5월에 인현왕후를 폐비하고 희빈 장씨를 왕비로 책봉하였다. 7월 인현왕후 폐비 반대 상소와 관련하여 숙종의 명을 받고 제주도에서 한양으로 올라오던 송시열은 국문을 받는 대신 금부도사가 정읍으로 가져온 사약을 받게 된다. 기사환국으로 경신환국(1683)이래 집권해 온 서인은 대거 축출되고 다시 남인이 조정에 진출하였다.

◀ **김만중 문학 기념관**
김만중 적거지 옆에 위치.
김만중 문학상이 제정되어
기념관에서 매년 시상식 개최.

갑술환국

① **청암사 보광전**   경북 문화재자료. 경북 김천시 증산면 평촌리. 숙종 15년(1689) 원당(元
堂)으로 건립. 광무 9년(1905) 재건. 청암사는 대한불교 조계종 8교구 직
지사 말사.

② **청암사 극락전**   인현왕후를 예우하고 보호하기 위해 사대부가 양식으로 극락전과 백화당
을 건립.

　인현왕후는 폐위가 되자 외가가 있는 김천 지역으로 내려왔다. 인현왕후는 그 후 3년간 청암사에 기거하면서 보광전에서 자신의 복위를 위한 기도를 드리고 극락전과 백화당 지역에서 주로 생활하였다.

　숙종 20년(1694) 노론의 김춘택과 소론의 한중혁 등은 인현왕후의 복위 운동을 전개하였다. 그러자 실권을 쥐고 있던 남인계 민암·이의징 등이 인현왕후 복위 운동의 주동자들을 심문하여 그 결과를 숙종에게 보고하려 하였다. 그러나 인현왕후의 폐비를 후회하고 있던 숙종은 오히려 기사환국 당시 국문을 주관한 민암과 판

▲ 화양서원　사적. 충북 괴산군 청천면 화양리. 송시열의 제향을 위해 숙종 22년(1696) 사액서원으로 건립. 숙종 42년(1716) 어필로 편액. 화양묵패(華陽墨牌 : 서원 제사에 필요한 물건을 봉납하라는 고지서)의 폐해가 컸으며 후일 대원군 서원철폐령의 중요한 이유 중 하나.

의금부사 유명현 등을 귀양 보내게 된다. 또한 훈련대장과 어영대장에 신여철·윤지완 등 소론계 인사를 등용함으로써 정국변화의 가능성이 보이기 시작했다. 이런 배경에는 소론과 노론의 사전 여건조성을 위한 노력이 있었기 때문이다. 먼저 소론 쪽이 집권 남인 측의 막후실력자인 왕비 장씨의 친오빠 장희재와 동평군(東平君) 이항에게 뇌물을 써서 활로가 막힌 소론과 노론의 정계 진출에 대한 돌파구를 마련하고자 하였다. 이들은 남인계와 정면충돌은 피하고 가능하면 인현왕후를 복위는 시키되 별궁에 거처하게 한다는 정도의 복안을 가지고 있었다. 다음으로 남인과 왕비 장씨에 대한 숙종의 마음을 돌리게 함으로써 남인에 대한 부정적 인식을 확산시키고자 하였다. 그들은 왕비 장씨의 병환 이후 새롭게 왕의 총애를 받게 된 숙빈 최씨

① **암서재** 일제 강점기와 1970년 대규모 보수. 암서재는 금사담(金沙潭 : 금싸라기 모래가 있는 계곡 물가)에 위치.

② **읍궁대** 화양서원과 암서재 사이 물가에 위치.

(淑嬪崔氏 : 영조의 어머니)와 긴밀한 관계를 통해 숙종에게 남인계의 잘 못된 점을 상세히 알릴 수가 있었다. 이런 연유로 숙종이 민암 등 남 인의 보고를 받기 전에 태도가 돌변한 것이었다. 이 사건을 계기로 숙 종은 남구만을 영의정, 박세채를 좌의정, 윤지완을 우의정에 각각 기 용하여 소론 정권을 탄생시켰다. 노론 측도 인현왕후가 왕비로 복귀 하면서 송시열·민정중·김익훈·김수흥·조사석·김수항 등이 복권되어 어느 정도 상황이 나아졌다. 송시열이 복권되자 유림은 송시열을 배 향하기 위해 충북 괴산에 화양서원을 건립하였다. 서원 맞은편은 화양구곡(華陽九曲) 중 4곡인 금사담(金沙潭)으로 송시열이 머물렀던 암서재(巖棲齋)가 있다. 송시열은 1666년부터 1686년까지 약 20년 간 학문에 정진하고 문인교류를 위해 이곳에 암재를 세웠고 송시 열 사후 암재가 허물어지자 제자들이 재정비를 한 다음 암서재 현 판을 다시 올렸다고 한다. 화양 3곡에는 효종이 승하하자 송시열이 매일 한양을 향해 엎드려 통곡하였다는 읍궁대(泣弓臺)가 있다.

▲ 장희빈 우물
서울 서대문구 연희동.

인현왕후는 왕비에 복귀하였지만 지병으로 인해 갑술환국 7년만인 35세에 자식 없이 일생을 마쳤다. 반면, 남인 측은 민암·이의징이 사사되고, 권대운·목내선·김덕원·민종도·이현일·장희재 등 다수가 유배되었다. 그리고 왕비 장씨는 희빈으로 강등되었으며 후일 무고의옥(巫蠱之獄) 즉, 인현왕후 사후 장희빈의 인현왕후 저주사건이 알려져 창경궁 취선당

(就善堂)에서 자진한다. 이때 친오빠인 장희재도 처형되며 소론들도 조정에서 제거된다. 장희빈의 묘소는 서오릉에 있으며 사당은 대빈궁(大嬪宮)으로 칠궁(七宮) 내에 위치하고 있다. 장희빈의 사가는 연희궁(延禧宮) 지역에 있었다고 한다. 장희빈이 왕후에서 희빈으로 강등되어 사가에 머무를 때 연희궁 지역의 우물을 마셨다고 전해진다. 그 우물은 현재 연희동 주민들에 의해 장희빈 우물로 복원되어 있다.

◀ 대빈궁
사적. 경종 2년(1722) 경행방 교동에 건립. 융희 2년(1908) 최종적으로 육상궁 안으로 이전.

3장

사림의 원천

서원의 발전과 유네스코 서원

서원이 16세기 중엽인 중종 말기에 설립될 수 있었던 것은 사림의 정계 재진출이며 정계에 진출한 사림은 문묘종사(文廟從祀)와 교학체제의 혁신을 주장하였다. 문묘종사운동은 사람들이 도학의 중요성을 깨우치고 이를 숭상하기 위해서는 도학에 뛰어난 학자를 우선 문묘에 제향해야 한다는 것이었다. 사림은 유학자인 김굉필·정여창 등의 종사를 추진하였는데 이를 통해 사림계의 학문적 우월성과 정치 입장을 강화해 주는 동시에 향촌민에 대한 교화라는 명분을 갖는다고 판단하였다. 반면 훈구세력은 성균관 향교 등의 관학을 존속시키는 방향에서 그 개선책을 모색하였지만 점차 세력이 약화됨에 따라 관학 강화가 추진되기 어려웠다. 사림계는 도학 정치를 담당할 인재의 양성과 사문의 진흥을 도모하기 위해 위기지학(爲己之學) 위주의 새로운 교학체제의 필요성을 지속적으로 역설하였다. 이러한 과정의 결과로 사림이 학문을 닦고 정신을 수양하기 위한 장소로서 서원이 출현하게 되었다.

① 소수서원   경북 영주시 순흥면 내죽리. 강학당(보물)의 백운동 현판은 창건 시 주자의 백록동(白鹿洞) 서원을 본 따 편액을 작성. 소수서원 현판은 명종의 친필.

② 소수서원 당간지주   보물. 신라시대 창건된 숙수사지 깃발을 걸던 기둥. 옛 절터에 서원을 건립하여 유교와 불교의 시대적 변화를 느끼게 함.

주세붕은 중종 36년(1541) 풍기군수로 부임하여 이곳 출신의 유학자 안향을 모시는 문성공묘(文成公廟)를 세워 배향해 오다가 중종 38년(1543)에는 유생교육을 겸비한 백운동서원을 최초로 건립하였다. 그러나 백운동서원은 어디까지나 사묘가 위주였고 서원은 유생이 공부하는 건물만을 지칭하여 사묘에 부속된 존재에 그쳤다. 서원이 독자성을 가지고 정착 및 활약하게 된 것은 퇴계 이황에 의해서이다. 이황은 백성들의 교화가 실효를 거두기 위해서 이를 담당할 주체인 사림의 습관과 풍속을 바로잡고 학문의 방향을 올바르게 정하는 작업이 선행되어야 한다고 하였다. 따라서 이를 위한 구체적인 실천도장으로 서원의 필요성을 역설하였고 풍기군수에 임명되자 서원 국가적 공인을 위해 백운동서원에 대한 사액(현판을 국가에서 내림)과 지원을 요구하였다. 명종 5년(1550) 명종이 '백운동서원'에 대하여 소수서원(紹修書院)이라는 어필(御筆) 현판과 서적을 하사하고 노비를 지원함으로써 사액서원의 효시가 되었다. 그 후 전국에 서원이 우후죽순처럼 세워지고 사액이 요구되었으며 숙종 때에는 사액서원이 무려 131개소에 이르렀다. 영조 때에는 서원폐단의 격화로 인해 사액이 일체 중단되기도 했다가 고종 8년(1871)에 이르러 흥선대원군은 학문과 충절이 뛰어난 인물을 배향한 1인 1원(一人一院) 이외 모든 서원을 동시에 훼철함으로써 47개소의 서원만 남게 되었다.

　서원은 사림의 정치세력이 성장할 수 있는 기반이자 사림의 이상을 구현힐 수 있는 공간이기도 하였다. 서원의 구조는 크게 강학 공간과 제향 공간으로 구분된다. 강학 공간은 유생들의 공동 강학처 및 회의 장소 등으로 활용되는 강당(講堂)과 유생들의 숙소인 재사(齋舍)로 구성된다. 재사는 관학인 성균관과 마찬가지로 동·서재로 구분된다. 전성기 서원의 구조는 제향과 강학의 기능을 모두 갖추었지만 보다 강학을 중시하는 방향으로 정형화되었다. 이에 따라 앞쪽에 강학 공간을 뒤쪽에 사묘 공간을 배치한 전학후묘(前學後廟)의 구조를 이루었다. 그러나 조선 후기로 갈수록 서원이 정치세력

① **소수서원 경렴정** 주세붕이 건립한 정자로 북송의 철학자 염계 주돈이를 추모하는 뜻으로 작명.
② **소수서원 탁청지** 물에 씻어 스스로 깨끗해진다는 의미의 연지. 광해군 6년(1614) 조성.

과 지방세력의 기반 확대 거점으로 변질되어 각 당파의 특정 인물이나 지역의 문중 인물 제향에 초점이 맞춰졌다. 이와 함께 서원 구조 역시 후대로 갈수록 강학 공간이 없어지고 제향 기능 중심으로 변화되어 사당화(祠堂化)되었다. 서원은 풍수적으로 배산임수의 구조를 가지고 있으며 서원의 정문 근접한 곳에 누(樓)를 세워 외부의 전경을 감상할 수 있는 유식(遊息) 공간을 확보하기도 했다.

현재 유네스코 세계문화유산으로 지정된 한국의 서원은 9곳으로 전국에 걸쳐 분포되어 있다. 경북 영주의 소수서원(紹修書院)은 지역 유학자 안향의 배향을 위한 사당으로 시작된 사액서원이다. 강학의 중심인 명륜당이 동향, 배향의 중심 공간인 사당이 남향이며 기타 전각들은 어떤 중심축을 설정하지 않고 자유롭게 배치된 특이한 형태를 취하고 있다. 다른 서원의 유생들 숙소는 동재와 서재로 강당 좌우에 대칭으로 배치하는 것이 일반적이지만 소수서원의 경우 ㄱ자 형태로 하나의 숙소에 일신재(日新齋)와 직방재(直方齋)라는 편액을 달고 그 우측 숙소에 학구재(學求齋)와 지락재(至樂齋) 편액을 달았다. 지락재의 담장 뒤로는 연지인 탁청지(濯清池)가 있어 유생들이 휴식 공간으로 활용하였다. 유생들은 서원 앞에 있는 경렴정(景濂亭)에 올라 죽계천의 백운동 경(敬)자 바위 등을 조망하면서 호연지기를 키웠다.

▲ 몽천
역경(易經)의 몽괘(蒙卦)에서 따온 말로 몽매한 제자를 바른길로 이끌어 가는 스승의 도리를 의미.

경북 안동의 도산서당(陶山書堂)은 이황이 몸소 거처하면서 제자들을 가르치던 곳으로 거처하던 방은 완락재(玩樂齋), 마루는 암서헌(巖栖軒)이라 한다. 서당 앞에 몽천(蒙泉)이라는 작은 샘이 있는데 이황은 이 샘이 서당 터를 잡은 이유 중 하나라고 설명하였다. 도산서원(陶山書院)은 이황 사후에 건립된 서원이다. 선조로부터 도산서원이라는 편액을 하사 빋았으며 영남유학의 총 본산이 되었다. 서원의 배치 형태는 교육시설인 전교당(典校堂)이 앞에 있고 제사 시설인 상덕사(尙德祠)가 뒤에 있는 전형적인 진학후묘(前學後廟)로서 후대의 많은 서원들의 표본이 되었다. 전교당 좌·우측에는 동재인 박약재(博約齋), 서재인 홍의재(弘毅齋)가 있다. 도산서원 앞에는 열정(冽井 : 石井甘冽, 돌우물은 차고 맛이 좋다)이라는 네모 돌우물이 있는데 도산서당 시절부터 사람들이 식수로 사용하였다고 전한다.

우물로 본 조선역사

① **도산서당과 연지**　보물. 경북 안동시 도산면 토계리.

② **도산서원**　강학당인 전교당은 선조 7년(1574)에 건립하였으며 보물. 선조 8년(1575)
　　　　　　　현판을 하사받아 사액서원. 도산서원 현판은 한석봉 친필.

③ **상덕사**　보물. 이황과 제자 조목의 위패를 모시며 춘추 제례 시행.

④ **열정**

　　경북 안동의 병산서원(屛山書院)은 고려 중기부터 안동 풍산에 있
던 풍악서당(風岳書堂)에서 시작되었다. 유림들은 서애 유성룡의 조
언에 따라 선조 8년(1575) 서당을 병산으로 옮기고 병산서원이라고
고쳐 부르게 되었다. 광해군 6년(1614)에 문인들이 유성룡의 학문과
덕행을 추모하기 위하여 존덕사(尊德祠)를 창건하여 선생의 위판을
봉안하였다. 서원 중심의 강당은 입교당(立敎堂)이며 좌우로 동재는
동직재(動直齋), 서재는 정허재(靜虛齋)이다. 서원 중심 공간으로 들

① **병산서원**   경북 안동시 풍천면 병산리. 강학당인 입교당은 가르침을 바로 세운다는
                 의미. 철종 14년(1863) 병산 편액을 하사받아 사액서원.

② **만대루**   보물. 두보의 시에서 "푸른 절벽은 오후 늦게 대할 만하다(翠屛宜晩對)."를
                 인용한 이름.

③ **광영지**   천원지방(天元地方)을 의미하며 만대루 앞에 위치.

④ **낙동강과 병산 원경** 서원의 정문인 복례문(復禮門)은 통상적인 서원의 삼문과 달리 가운데 칸
                 만 판문(板門)이고 좌·우문은 담장은 아니지만 문의 위치에 벽채를 1칸씩
                 두고 있다. 이는 병산의 강한 기운이 선현의 사당에 부정적으로 미치는 것
                 을 막기 위한 풍수적 조치.

어서기 전에 만대루(晩對樓)가 있다. 만대루는 가깝게 광영지(光影池)
를 바라보며 멀리는 병산 앞에 흐르는 낙동강을 조망하는 호연지
기와 풍류의 공간이다. 방문객의 주목을 끄는 것은 지붕이 없는 달
팽이 뒷간으로 유생들의 뒷바라지를 하던 일꾼들이 사용하던 것이
다. 400여 년 전 서원 건물과 함께 지어졌으며 옛 기록에는 대나무
로 벽을 둘렀다고도 전해진다.

① **옥산서원**   경북 경주시 안강읍 옥산리. 강학당인 구인당에는 2개의 옥산서원 현판이 있는데 구인
당 밖에 걸린 것은 사액 당시 현판이며 구인당 안에 걸린 것은 추사 김정희가 쓴 현판.

② **역락문**   서원의 정문으로 논어 학이(學而)의 "배우고 익히니 이 또한 즐겁지 아니한가." 불
역낙호(不亦樂呼)를 인용.

③ **무변루**   보물. 송 유학자 주돈이의 풍월무변(風月無邊)을 인용한 것으로 자연경관을 무변루
가 그대로 담아내고 있다는 의미. 현판은 한석봉의 친필.

④ **세심대**   이언적은 서원 옆 너럭바위를 '마음을 씻고 자연을 벗삼아 학문을 구하는 곳'이라는
의미의 세심대라 하였고 이황의 친필로 각자.

경북 경주의 옥산서원(玉山書院)은 선조 5년(1572) 이언적의 덕행과
학문을 추모하기 위해 서원 자리를 정하고 묘우를 건립하였다. 다
음 해에 서악(西岳)의 향현사(響絃詞)에 있던 위패를 모셔와 체인묘(體
仁廟)에 봉안하였다. 통상 배향하는 사당을 세우는 데 반해 묘라고
한 것은 그만큼 이언적을 존중하는 의미가 있었다. 선조 7년(1574)
옥산서원의 편액이 하사되었고 사액서원이 되었다. 정문인 역락문

을 통과해 들어서면 무변루(無邊樓)가 있는데 조선서원 최초로 채택
된 누마루 형식의 건물이다. 서원의 교류 및 유생들의 유식(遊息)을
위해 건립했다. 무변루의 현판은 정면에서 보이지 않고 뒤편에서
볼 수 있다. 있다. 서원의 중심인 강당은 구인당(求仁堂)이며 구인당
좌·우측에는 동재인 민구재(敏求齋), 서재인 암수재(闇修齋)가 있다.
이언적은 자계천 변에 독락당(獨樂堂)을 짓고 살았으며 산과 계곡의
이름을 지정하였는데 그중 한 곳이 서원 문밖 세심대(洗心臺)이다.
이곳을 옥산구곡(玉山九曲) 중 3곡(三曲)이라고도 한다.

◀ 도동서원
대구 달성군 구지면 도동리.
강학당인 중정당은 보물.
도동서원 외부의 현판은 이황의
글씨를 모아 새긴 것이며
내부 현판은 선조의 친필.

대구 달성의 도동서원(道東書院)은 김굉필을 배향한 서원으로 선
조 1년(1568) 지방 유림에서 비슬산 동쪽 기슭에 세워 쌍계서원(雙溪
書院)이라고 하였고 선조 5년(1573)에 사액되었다. 임진왜란으로 소
실되어 선조 37년(1604)에 사당을 먼저 지어 위패를 봉안하고 이듬
해 강당 등 서원 일곽을 완공하였다. 선조 40년(1607) 도동서원이라
는 편액을 하사받아 지금 도동서원의 모습을 완전히 갖추게 되었
다. 서원의 중심인 강당은 중정당(中正堂)으로 낙동강을 바라보며 북

우물로 본 조선역사

① **중정당 기단 용머리 장식**

② **수월루**   철종 6년(1855) 중수. 찬 강물을 비추는 밝은 달(寒水照月)이라는 주자의 시구를 인용.

향으로 지어졌다. 중정당 정면 기단에는 여의주와 물고기를 문 용머리가 장식되어 있는데 낙동강 물이 넘쳐 오르는 것을 막기 위한 비보책이라고 한다. 동재는 거인재(居仁齋), 서재는 거의재(居義齋)이다. 서원 정문 2층에는 수월루(水月樓)가 있는데 이곳에서 달이 낙동강에 비치는 풍광을 유생들이 즐길 수 있었다.

경남 함양의 남계서원(南溪書院)은 명종 7년(1552) 지방 유림이 문묘에도 배향된 정여창의 학덕을 기리고 그를 추모하기 위해 건립된 서원이다. 남계천이 서원 앞으로 흐르고 있어 남계라는 이름을 따왔다. 명종 21년(1566) 남계(藍溪)라는 사액을 받아 사액서원이 되었으나 정유재란으로 소실되었다. 이후 선조 36년(1603) 나촌으로 옮겨 복원하였다가 광해군 4년(1612) 현재의 위치에 중건하였다. 서원의 중심인 강당은 명성당(明誠堂)이고 좌우로 동재인 양정재(養正

◀ **남계서원**

경남 함양군 수동면 원평리.
강학당인 명성당은 1559년에 완성.
중용의 "참된 것을 밝히는 것을 가르침이라 하니 참되면 밝아지고 밝아지면 참되게 된다 (自誠明 謂之性 自明誠 謂之敎 性則明矣 明則誠矣)." 인용.

◀ **풍영루, 연당, 묘정비**

중앙에 풍영루는 헌종 15년(1849) 중건. 풍영루는 "무운에서 바람 쐰 후 노래하며 돌아오고 싶다(風乎舞雩 咏而歸)."는 말에서 인용.
좌측의 연지는 우측에도 동일하게 위치.
우측은 정조 3년(1779) 세운 배향 3위에 대한 송덕비.

齋) 서재인 보인재(輔仁齋)가 있다. 특이사항으로 동재에는 누마루인 애련헌(愛蓮軒), 서재에는 영매헌(詠梅軒)을 만들어 앞마당에 있는 연당을 조망할 수 있도록 배려했다는 것이다. 서원의 정문 2층에는 유식의 공간인 풍영루(風咏樓)가 있다.

전남 장성의 필암서원(筆巖書院)은 문묘에 배향된 18명 중 한 명인 김인후를 기리기 위해 선조 23년(1590)에 세워졌다. 정유재란으로 서원이 소실되자 인조 2년(1624)에 중건하였으며 현종 3년(1662) 필암서원으로 사액되었다. 현종 13년(1672)에는 황룡강의 수해를 피

① **필암서원**　전남 장성군 황룡면 필암리. '필암'이라고 서원의 이름 붙인 것은 김인후의 고향인 맥동에 붓처럼 생긴 바위가 있었던 것에서 연유. 강학당인 청절당의 명칭은 김인후의 인종에 대한 충절을 의미.

② **경장각**　인종이 김인후에게 그려준 묵죽(墨竹)을 소장.

③ **확연루**　영조 28년(1752) 화재로 중수. 편액은 송시열의 친필.

해 현재 위치로 이전했는데 이때 서원의 이름을 따 마을 이름이 필암리가 되었다. 서원 중심인 강당은 청절당(淸節堂)이며 그 뒤쪽에 동재는 진덕재(進德齋), 서재는 숭의재(崇義齋)가 위치하며 북쪽의 사당인 우동사(佑東祠)를 바라보는 구조를 이루고 있다. 동재와 서재의 왼쪽 위에는 '왕과 조상의 유물을 공경해 소장하라.'라는 뜻을 담은 경장각(敬藏閣)이 있으며 현판은 정조가 친히 썼다고 한다. 서원의 정문 2층은 확연루(廓然樓)이며 마음이 맑고 깨끗하여 넓게 탁 트이고 공평무사하다는 의미를 담고 있다. 현판은 우암 송시열이 썼다. 김인후는 문묘에 배향된 유일한 호남 출신으로 호남에 있어서는 중요한 의미를 지니고 있는 서원이다.

① **무성서원**　전북 정읍시 칠보면 무성리. 강학당인 명륜당은 순조 28년(1828) 재건. (출처 : 문화재청, www.heritage.go.kr)

② **태산사**

③ **현가루**　고종 28년(1891) 건립. 악기를 연주하고 노래를 부르며 즐긴다는 의미.

④ **불망비(不忘碑)와 우물**　서원 좌측 담장 안에 관리들의 불망비와 함께 우물 위치.

　전북 정읍의 무성서원(武城書院)은 우리나라 유학자의 효시이며 통일신라 태산현 군수로 치적을 남긴 최치원을 기리기 위해 세운 태산사(泰山祠)가 출발점이다. 성종 15년(1484)에 퇴락한 태산사를 지금의 위치로 옮겨왔고 중종 39년(1544)에는 태인 현감을 지낸 신잠을 합사(合祠)하여 태산서원을 세웠다. 숙종 22년(1696)에 무성(武城)이라는 사액을 받아 무성서원이 되었다. 서원의 중심인 명륜당은 앞뒤가 트인 독특한 구조로 순조 25년(1825)에 불에 타 없어진 것을 순조 28년(1828)에 중건하였다. 무성서원은 유생들이 기거하는 강수재(講修齋)가 사당, 명륜당 등 서원의 핵심 부분으로부터 분리되어서 담장 밖에 나와 있다. 이것은 무성서원이 다른 서원에 비해 강학보다는 제향 공간으로서의 상징성이 더 크기 때문이라 판단된다. 서원의 정문 2층에는 현가루(絃歌樓)가 있으며 현판의 의미는 역경 속에서도 계속 학문에 정진하라는 것이다. 무성서원은 정극인이 성종 14년(1483) 세운 향학당이 있던 자리이며 현재 서원 뒤편으로 정극인과 그의 가사문학을 기념하는 상춘공원이 조성되어 있다.

◀ **돈암서원**
충남 논산시 연산면 임리.
강학당인 양성당은 전면에 서원설립
배경과 배향자의 업적을 기록한
비석이 세워진 특이한 형태.

충남 논산의 돈암서원(遯巖書院)은 명종 12년(1557) 김계휘가 경회당(慶會堂)을 건립하여 강학활동을 하였고 아들인 사계 김장생이 양성당(養性堂)을 세워 후학을 양성하였다. 인조 12년(1634) 김장생의 학문과 공덕을 기리기 위해 양성당이 있던 자리에 서원이 건립되었다. 현종 1년(1660)에는 돈암으로 사액을 받았다. 고종 18년(1881) 침수피해로 인해 서원을 현재 연산면 임리 자리로 옮겼다. 서원의 중심인 강당은 양성당이며 좌우로 동재인 거경재(居敬齋), 서재인 정

① **응도당** 　보물. 조선의 서원 강당 중에 가장 대규모.
② **숭례사 화담** 　숭례사에는 궁궐 등지에서 사용되는 고품격 화담을 만들어 김장생의 예학(禮學) 정
신을 존숭.

의재(情義齋)가 있다. 양성당 뒤에 김장생의 위패를 봉안한 사당인
숭례사(崇禮祠)가 있다. 1954년 양성당 서쪽에 김계휘가 강학하던
정회당(靜會堂)을 이전해 왔다. 1971년에는 과거 숲말(林里) 서원 자
리에 남아 있던 강학 응도당(凝道堂)을 옮겨왔으나 강당이 있는 관계
로 서원 서쪽에 동향으로 추가 배치하였다. 서원의 정문은 입덕문
(入德門)으로 다른 서원과 달리 돈암서원 편액이 정문에 걸려 있다.
한편 유생들의 휴식과 풍류공간인 산앙루(山仰樓)가 정문 앞에 단독
으로 위치하여 사방의 산을 편하게 조망할 수 있도록 되어 있다.

◀ **산앙루**
최근에 건립되었으며 산앙(山仰)은
『시경』「거항편」 "높은 산을
우르러 보며 큰길을 간다"는
고산앙지(高山仰止)를 인용.

미리 본 국난의 우물

국난의 우물은 시기적으로 선조에서 인조에 이르는 전쟁과 반란의 이야기를 담고 있다. 임진왜란 및 정유재란과 인조반정, 이괄의 난과 정묘호란 및 병자호란의 국면별 주요사건의 조명과 함께 그 연계성을 분석적으로 기술하였다. 한편 임진왜란과 병자호란 기간을 통해 한국의 불교가 호국불교라는 정체성을 가지게 된 배경을 설명하며 유네스코가 세계문화유산으로 지정한 팔만대장경 및 팔만대장경판전과 6곳의 산지승원을 함께 소개하였다.

5부

국난의 우물

필사즉생 필생즉사
必死則生 必生則死

『난중일기(亂中日記)』

1장

임진왜란

한 · 중 · 일 전쟁의 암운

조선은 태종 때부터 사대교린의 원칙을 수립하고 안정적인 대외 관계를 유지하였으나 중종 5년(1510) 삼포왜란, 중종 39년(1544) 사량진(통영) 왜변, 명종 10년(1555) 을묘왜변(해남)으로 왜국에 대한 교린정책은 점차 파탄이 났으며 가까운 대마도 왜인들과 사적 무역만이 이루어졌다. 대외 안보상황이 불안정한 가운데 선조 대에 이르러 형성된 붕당은 그 폐해가 드러나고 과도한 세금 징수로 백성들의 삶이 어려워졌다. 선조 22년(1589) 10월 2일 정여립의 역모사건이 보고되었고 이로 인해 기축옥사가 발생하였다. 이 사건으로 임진왜란이 발생하기 전 3년 동안 동인 1천여 명이 죽고 귀양을 가는 조선 최악의 정치상황이 전개되었고 국내정치 불안정은 극에 달하였다. 반면 일본은 16세기 무로마치 막부가 쇠퇴하면서 봉건 영주인 다이묘들이 대립하여 전쟁을 펼치는 전국시대가 막을 연다. 봉건 영주들은 독자적인 군사력과 경제력을 확보하기 위해 외국과 교역을 하였고 포르투갈로부터 조총을 받아들여 기병에서 보병 위주로 전쟁 양상을 변모시켰다. 1549년에는 예수회를 통한 천주교의 전래가 이루어졌다. 왜국 상업자본가들의 등장은 서양과 동일한 양상으로 봉건제도의 붕괴를 견인했다. 봉건 영주들이 전쟁을 위해 수탈을 일삼자 왜국 백성들은 안정된 통일정부를 열망하기 시작했다. 이런 열망에 편승하여 도요토미 히데요시는 전국 제패의 길을 나섰고 선조 20년(1587)에는 규수 지역을 점령한 뒤 대마도 도주에게 조선침략의 의사를 밝힌다. 대마도 도주는 조선과 왜의 외교적 해결이 필요하다고 판단하여 1587~1589년 사이 매년 조선의 통신사 파견을 왜국과 조선에 각각 건의한다. 조선은 마지못해 기축옥사 다음 해인 선조 23년(1590) 3월 서인 정사 황윤길, 동인 부사 김성일을 파견하였고 선조 24년(1591) 3월 황윤길은 왜가 침략할 것이라는 의견을, 김성일은 반대 입장을 보고한다. 조정은 더욱 심각한 혼란에 빠졌고 일본의 침략에 대비한 신속한 전시체제로 전환에 실패한다. 도요토미는 선조 23년(1590) 왜국 통일에 성공하며 나고야 성을 쌓아 전초기지로 삼고 선조 24년(1591) 조선침략을 위한 총동원령을 내린다. 이때 나고야성은 현재 도쿄와 오사카 사이에 위치한 나고야성이 아니라 후쿠오카 히젠에 성터만 남아 있는 나고야성을 의미한다.

지우 : 조선이 적어도 이웃 국가의 정세를 모르고 있었다는 것은 이해하기 어렵고 미래 안보 대비책을 마련하지 못한 것은 특별한 사정이 있었을까요?

아빠 : 단순하게 설명하자면 국내정치에 우선순위를 둔 것이고 현대적 개념과는 차이가 있는 정치·사상적 배경이 존재하고 있음을 이해할 필요가 있어. 임진왜란 10년 전 병조판서로 있던 율곡 이이가 10만 양병(養兵)을 건의했다는 걸 잘 알고 있을 거야. 하지만 유교정치에 있어 식량, 군대, 백성의 신뢰 중 하나를 포기해야 한다면 군대를 포기하라는 공자의 가르침이 있었고 전쟁준비에 필요한 백성들의 세금 혹은 노동력 부담을 줄이는 것을 선정이라고 왕과 신료들이 믿고 있었지. 또한 이이의 건의 당시 양병소이양화(養兵所以養禍)라는 반론이 있었음을 볼 때 강성해진 군대가 반란에 동원될 가능성을 염려했던 걸로 보여. 결과적으로 대비할 방법이 마땅치 않다 보니 스스로 국가를 지킨다는 것은 어려웠고 선조가 항상 목메어 기다렸던 명나라 원군이 가장 중요한 국방의 수단이 될 수밖에 없었던 안타까운 상황이 된 것이지.

지우 : 동인 부사 김성일은 서인 황윤길과 같이 왜국을 방문했는데 왜가 조선을 침략할 일이 없을 것이라는 황윤길과 정반대의 의견을 내놓은 것은 동인과 서인의 정파적 입장 때문에 그런 건가요?

아빠 : 정파적 입장으로 단정하기에 앞서 당시 우리의 인식을 살펴보는 것이 더 의미가 있을 것 같아. 동인이나 서인 공히 조선은 왜국의 문화적 상국이고 왜국은 오랑캐로 예의가 없다는 인식이 있었어. 다만 차이점은 동인의 김성일은 왜국 방문을 통해서 왜국에게 예의를 가르치려 들었고 사회의 변화상이나 경제적 번영에 대해서는 애써 인정하지 않으려는 태도를 보인 것이야. 동시에 함께 간 다른 통신사들이 왜국의 조선침략 가능성을 언급하는 것을 왜국의 겁박에 비굴하게 처신한 자신들의 과오를 덮으려는 의도라고 주장하지. 반면, 서인 황윤길과 동행한 동인 허성은 대의는 선악이나 명분이 아니라 백성의 보호와 국가의 이익이라는 판단하에 왜국의 경제력·군사력을 인정하고 대등한 차원에서 회유해야 한다고 주장한 것이야. 결과적으로 붕당의 중요성은 가치가 상충하더라도 공론을 이끌어 내는 것인데 양측의 보고를 들은 후 조정이 더 심각한 혼란에 빠졌다는 것은 국가적 불행의 서막인 셈이지.

◀ 율곡 가족묘원 연지
경기 파주시 법원읍 동문리.

◀ 구인당(具仁堂)
자운서원(紫雲書院)은 율곡 이이를
배향하는 서원으로 구인당은 핵심 강당.
이이의 가족묘원 옆에 설립.

　한편 명나라는 16세기 무종 대에 왕실의 사치와 라마교의 폐단, 환관의 정치 개입으로 국가기강이 흔들리기 시작한다. 선조와 비슷한 시기에 왕위에 오른 신종은 초기에 '만력의 치'라는 개혁정책을 펼치지만 개혁의 핵심인 장거정이 죽고 나서 정국은 혼란에 빠진다. 신종과 부패한 지도층이 과도한 세금을 징수하면서 백성들의 삶은 더욱 힘들어지고 농민의 난이 자주 발생한다. 일본 오랑캐의 급부상과 방자함이 중화의 입장에서 불편하지만 주변국의 전쟁에 적극 개입하기도 어려운 상황이었다.

풍전등화의 조선

① **경주 재매정** 사적. 경북 경주시 교동.
② **사곡리 말세우물** 충북 기념물. 충북 증평군 증평읍 사곡리.

예로부터 한반도에는 국난을 감지하는 영험한 우물이나 비석이 있었다. 신라의 명장 김유신은 집에 있던 재매정의 물맛 변화를 통해 변고의 여부를 판단했던 것으로 전해진다. 『삼국사기』에 김유신 장군이 백제와 전투에서 대승하여 귀가하던 중 백제군이 다시 침범하여 온다는 급보를 받았다. 장군은 쉴 사이 없이 출전하는 길에 본가 앞을 지나게 되자 병사를 시켜 물을 떠 오게 하여 마신 다음 "우리 집 물맛은 옛날 그대로구나!" 하면서 안심하고 떠났다고 한다. 재매정은 월성(月城)에서 서쪽으로 약 400m 이격되고 남천(南川)을 바로 앞둔 위치에 있다. 재매정 옆에는 고종 9년(1872)에 세운 유허비가 있다. 조선시대에는 말세우물이 국난을 예고하는 우물로 가장 유명하였다. 세조 2년(1456) 5월 전국적으로 큰 가뭄이 들었다.

◀ 울진 몽천마을 연못
경북 울진군 매화면 금매리.

충북 사곡리 마을을 지나던 한 스님이 목이 말라 우물을 찾았으나 찾을 수가 없었다고 한다. 어쩔 수 없이 한 집에 들어가 여주인에게 물을 청했고 여주인은 흔쾌히 허락했다. 하지만 여주인은 한 식경이 지나서 물을 가지고 나타났다. 스님이 지체된 이유를 묻자 여주인은 동네에 우물이 없어 동구 밖 냇가에서 물을 길어 왔다고 대답했다. 이에 감동한 스님은 동네사람들에게 마을 한가운데 있는 고목나무 밑을 파게 하였고 물이 용솟음쳤다고 한다. 스님은 이 우물이 가뭄에 마르지 않고 장마에도 넘치지 않겠지만 나라에 큰 우환이 있으면 넘치고 3번 넘치면 말세니 마을을 떠나라고 일러주었다. 우물이 처음 넘친 때는 1592년 임진왜란, 두 번째는 1910년 경술국치, 세 번째는 1950년 6월 25일이었다고 한다. 사곡리 마을사람들은 말세우물이 다시 넘치지 않도록 연 2회씩 우물을 퍼내 청소를 하는 등 관리에 각별한 신경을 쓰고 있다고 한다. 울진군 금매리 남수산 밑자락 몽천 마을에는 국난을 예고하는 작은 연못이 있다. 몽천(夢泉)은 어리석음을 깨운다는 의미이며 주역의 몽괘(蒙卦)에서 유래된 작은 연못이다. 마을사람들은 우리나라에 큰일이 생겼을 때

흐린 물이 솟는다고 믿고 있다. 경술국치·6·25 전쟁· 박 대통령 시 해사건·아웅산 테러사건 때도 흙탕물이 솟아 나왔다고 한다.

① **표충비각**　경남 유형문화재. 경남 밀양시 무안면 무안리.
② **무안리 향나무**　경남 기념물.

　우물은 아니지만 밀양 표충사의 표충비각은 나라의 우환이 있을 때 땀을 흘리는 것으로 유명하다. 표충비각은 밀양 홍제사(弘濟寺) 내에 위치하며 사명대사가 전쟁이 끝난 후 일본으로 건너가 끌려 간 3천 명의 조선 포로를 귀환시킨 업적을 기리기 위해 영조 18년 (1742)에 사명대사의 5대 제자 남봉선사(禪師)에 의해 건립되었다. 비 석의 옆면과 뒷면에는 표충사의 내력과 함께 사명대사, 서산대사, 기허대사(영규대사) 업적이 기록되어 있다. 비석은 국가의 환란이 있 을 때마다 땀을 흘려 그 조짐을 미리 알려주며 비석 옆에는 실제 국 가의 환란이 있을 때마다 관련 현상이 발생한 기록을 보여주고 있 다. 표충비각과 함께 남봉선사가 표충비각을 세우면서 식수한 향 나무가 수백 년이 지난 지금도 변함없이 사명대사 비각의 참배객 을 맞이한다.

전쟁의 서막

① **정공단**　　　부산 기념물. 부산 동구 좌천동. 중앙에 정발 장군, 서쪽에 막료였던 이정헌, 동
　　　　　　　　쪽에 애첩 애향. 남쪽에 군민들의 비석 위치.

② **충장공 전망비**　부산 기념물. 최초 영조 37년(1761) 경상좌수사 박제하가 영가대에 세운 것을
　　　　　　　　일제 강점기에 현 위치로 이설.

　　선조 25년(1592) 4월 13일 고니시 휘하 1만 8천 700여 명의 왜군
이 400여 척의 전선을 타고 부산포에 침입하였다. 부산진첨사 정
발은 전선 3척을 이끌고 절영도에서 훈련을 겸한 사냥을 하다가 왜
군이 몰려온다는 보고를 받게 된다. 성발은 전선 3척을 자침(自沈)
시키고 모든 군민들을 동문루 앞으로 소집하여 만약의 전투에 대
비한다. 당일 왜군 일부가 상륙하여 성의 동정을 살폈으나 부산진
의 경계가 삼엄하다고 판단하여 공격을 실시하지 않았다. 4월 14
일 아침 왜군 전체가 상륙하여 길을 열어줄 것을 요구하였지만 정
발은 이를 단호히 거절하였다. 왜군은 세 방면에서 성을 공격하였
는데 일본 조총수들이 서문 밖 높은 곳에서 성안으로 일제히 발포

하자 조선군민들은 처음으로 조총의 위력을 실감하게 되었다. 왜군은 예상외로 부산진성의 저항이 강하고 왜군의 피해가 증가하자 상대적으로 방어가 취약한 성의 북쪽을 집중 공격하였다. 부산진성의 성문은 결국 돌파되었고 정발과 부산진성 군민들은 모두 장렬히 전사하게 되었다. 왜군들은 정발의 결사항전에 감명을 받았으며 흑의 (黑衣) 장군으로 찬양하였다고 한다. 왜의 전국시대에 전쟁은 다이묘들 간의 세력다툼으로 하급병사들이나 민간인들은 전쟁에 목숨을 걸 필요가 없었다. 따라서 왜군들은 부산진성의 정발 장군 휘하 600명의 군졸들과 성의 주민 모두가 끝까지 싸우는 모습에 존경과 동시에 충격을 받았다고 한다. 세월이 흘러 영조 42년(1766) 부산진 첨사 이광국은 충장공 정발 장군과 함께 순국한 측근들을 기리기 위해 부산진성의 바깥쪽에 정공단(鄭公壇)을 설치하였다.

◀ 부산진성 서문 금루문(金壘門)
부산 동구 범일동.
우주석(隅柱石)에 남요인후(南徼咽喉)
서문쇄약(西門鎖鑰)이 적혀 있으며
이곳은 나라의 목구멍에 해당하는
남쪽의 국경이요 서문은 나라의
자물쇠와 같다는 의미.

하지만 임진왜란 당시 부산진성의 모습을 정확히 그려보기는 어렵다. 단지 확인되는 부분은 『동국여지승람』에 길이 1,689척에 높이 13척의 석성이라는 기록이 전부이다. 임진왜란 당시 왜군이 주

◀ 영가대
부산 동구 범일동.
인조 2년(1624) 순찰사
권반의 본향(本鄕)인 안동의
옛 지명 '영가(永嘉)'를 따서 작명.

둔하면서 기존 성곽의 석재를 이용하여 증산(甑山)에 모성(母城)을 쌓았고 바닷가에 자성(子城)을 쌓았다. 임진왜란이 끝난 후 조선군은 자성 일대의 성곽을 고쳐 부산진성으로 사용하게 되었다. 현재는 서문 일부가 복원되어 있어 조금이나마 옛 모습을 그려볼 수 있다. 부산진성 서문에서 조금 떨어진 곳에는 원래의 위치는 아니지만 영가대(永嘉臺)가 있다. 영가대는 광해군 6년(1614) 순찰사 권반이 전선을 감추기 위해 선착장을 만들었을 때 파낸 흙이 언덕을 이루자 그곳에 망루를 겸해 세운 8칸 누각이다. 이 누각이 조선 후기에는 양국 교류 협력을 위한 통신사 및 대일 사신들의 무사 항해를 위해 해신에게 제를 올리던 해신당으로 쓰였다. 또한 전쟁 포로나 표류인들의 귀환 지점으로 사용되어 양국 선린의 대표적 상징물이기도 하다.

부산진성을 함락한 왜군은 곧장 동래성으로 향했다. 고니시는 동래부사 송상현의 항복을 유도하기 위해 "전즉전의(戰則戰矣) 부전즉가도(不戰則假道)"라고 쓴 나무판을 보였다. '그대가 싸우겠다면 할 수 없지만 싸울 의사가 없으면 길을 빌려주라.'는 의미였다. 송

① **충렬사**　　　충북 기념물. 충북 청주시 흥덕구 수의동. 묘소와 차랑으로 5분 거리.
② **송상현 신도비**　　충북 기념물. 우측 계단이 끝나는 지점에 묘소 위치.

상현은 "전사이(戰死易) 가도난(假道難)"이라고 써서 내걸었다. '싸우
다 죽기는 쉬워도 길을 빌려주기는 어렵다.'는 결전의지였다. 송상
현은 조금이라도 더 동래성 방어를 강화하기 위해 성벽 위에 목책
을 쌓았다고 전한다. 하지만 왜군은 동래성 동문 쪽이 비교적 성
곽의 높이가 낮다는 점을 알고 망월산 쪽으로 우회하여 집중 공
격을 시작했다. 동래성의 조선군과 주민들은 필사적으로 저항했
으나 압도적인 왜군의 군세를 당해내지 못했다. 동래성의 함락
이 확실해지자 송상현은 조복으로 갈아입은 뒤 북쪽을 향해 절을
하고 나서 고향의 부모님에게 "고성월휘(孤城月暉), 열진고침(列陣高
枕), 군신의중(君臣義重) 부자은경(父子恩輕)"이라는 시를 지어 올렸다.
'국가를 위해 죽으니 부모님보다 먼저 죽는 불효를 용서해 달라.'는
의미이다. 송상현은 이후 끝까지 항전하다가 순절하였다. 왜장도
송상현의 기개를 존중하여 동문밖에 무덤을 만들고 나무로 묘비를
세워주었다. 송상현의 묘소는 광해군 2년(1610) 이곳에서 청주 강촌
묵방산으로 이장하였다. 송상현의 청주 이장묘지는 명나라 원군이

었던 두사충이 선정한 명당자리에 자리 잡았다. 두사충은 임진왜란 당시 이여송의 수륙지획주사(水陸持劃主事 : 풍수지리에 따라 군영을 배치) 및 수군제독 진린의 비장(裨將)으로 조선에 2차례 원정을 왔다. 두사충은 이순신의 목숨을 구한 우의정 정탁과 그 인연이 깊다. 임진강 벽제관전투에서 명나라 군대가 왜군에 대패를 하였고 이여송은 패전의 책임을 진지 위치를 잡은 두사충에서 물어 참수형을 명령했다. 그러자 정탁이 나서 "죽일 것 같으면 차라리 나에게 달라."고 요청해 두사충을 살렸다. 두사충은 임진왜란 이후 조선에 귀화해 당대 최고의 풍수가로 명성을 떨쳤으며 대구지역에 자리를 잡고 두릉 두씨의 시조가 됐다.

영조 18년(1742) 동래부사 김석일은 송상현이 순절한 정원루가 있던 곳에 송상현을 비롯한 동래성 전투에서 순절한 모든 분들에게 제를 올리기 위해 송공단(宋公壇)을 만들었다. 지금도 송공단에서는 동래성 전투가 있었던 음력 4월 15일에 제사를 지내고 있다.

① **송공단 정문** 부산 기념물. 부산 동래구 복천동.
② **송공단** 부산 기념물.

① **동래읍성임진왜란 역사관**　지하철 반송선 수안역에 위치.
② **해자 조형물**　　　　　　　수안역 역사관 내.
③ **동래성 북문**　　　　　　　부산 동래구 복천동.

　왜군은 동래성 군민들이 항복하지 않았다는 이유로 전투 중에 무차별 학살을 하였으며 전투가 끝난 후에도 백성들을 성 밖으로 끌고 나와 처형한 뒤 해자(垓子)에 파묻었다. 과거 『조선왕조실록』 등에는 동래성에 해자를 설치했다는 기록이 없어 해자에 백성들을 파묻었다는 이야기는 전설로 치부되었다. 하지만 부산 지하철 4호선 수안역사 건설에 앞서 2005~2008년 문화재 조사과정에서 15세기 중엽부터 동래성에 해자가 존재했음이 입증되었고 다수의 유골도 발견되었다. 현재 수안역 역사에 동래성 전투기념관이 있으며 그날의 참상을 간접적으로 체험할 수 있다. 또한 동래성의 북문과 동래부 관아도 복원되어 있어 당시 동래성의 상황을 그려볼 수 있다.

① **월성해자**   경북 경주시 인왕동. 1984~1989년 월성지구 발굴과정에서 발견.
② **공산성과 금강**   유네스코 세계문화유산. 충남 공주시 금성동.

조선시대 읍성 주변에는 방어적 목적으로 해자가 많이 설치되어 있었다. 해자는 삼국시대부터 성 주변에 설치, 운영되었으며 인공 해자와 자연 해자로 분류할 수 있다. 신라의 월성해자는 인공 해자로 현재 7개 지역이 확인 가능하다. 해자는 단순히 땅을 파서 조성하는 수혈해자와 석축으로 조성되는 석축해자가 있는데 월성해자는 양호하게 남아 있는 석축들을 활용하여 석축해자로 복구되어 있다. 백제의 공산성은 금강이 북쪽을 굽이치면서 천혜의 자연 해자 역할을 하고 있다. 백제의 초기 수도지역의 몽촌토성은 북쪽과 서쪽에 성내천이 위치하며 1983년에는 해자가 발견되어 몽천토성 인공호수에 통합되었다. 이러한 사실은 당시 자연 해자와 인공 해자가 동시에 존재했음을 의미한다.

◀ 웅천읍성 견룡문과 옹성
경남 기념물.
창원시 진해구 성내동.
2011년 복원.

조선은 한양도성 및 읍성과 주요 거점들을 방호하기 위해 평지성, 산성, 평지와 산성의 복합 형태로 성벽을 쌓았다. 성종 당시 330여 개 행정구역에 190여 개 읍성이 조성된 것으로 기록이 남아 읍성이 폐지되는 고종 때까지 그 수는 더 증가했을 것으로 보인다. 평지에 조성된 읍성들의 경우 성벽의 높이를 보완하는 방법으로 대부분 해자를 설치하였다. 김해읍성, 웅천읍성, 나주읍성, 고창읍성, 해남읍성, 해미읍성 등지에서 해자들이 확인되어 발굴 및 복구작업이 이루어졌다. 그중 창원 웅천읍성은 세종 16년(1434) 초축이 이루어진 이후 3번의 수개축이 이루어졌으며 해자 상태가 양호한 편이다. 성의 남쪽, 동쪽, 북쪽에 해자가 위치하며 성벽에서 해자의 이격거리는 7~12m, 폭은 4~7.6m, 깊이는 2.5~3.5m로 구역별로 차이가 있다. 웅천읍성 옹성 밖 해자에서는 조교(釣橋)의 하부 구조로 추정되는 나무 기둥 4개가 발견되었다. 조교는 해자를 건너 성 안으로 출입하기 위해 만든 나무다리로 필요한 경우에는 줄을 매달아 들어 올림으로써 외부로부터 진입을 차단하였다.

◀ 웅천읍성과 해자

◀ 조교

▲ **하동읍성과 해자**　사적. 경남 하동군 고전면 고하리.

　하동읍성은 읍성으로는 드물게 산 위에 쌓은 산성이며 양경산을
감싸 안고 마름모꼴의 형태를 유지하는 석축성이기도 하다. 또한
산성에 해자가 위치하는 독특한 형태이다. 현재 하동읍성 주변의
모습만을 보고서 산성과 해자의 의미를 선뜻 이해하기는 쉽지 않
다. 하지만 예전에는 읍성 앞 주교천까지 배가 들어왔다고 하는데
큰 물길로 다수의 인원이 쉽게 접근할 수 있었다는 것을 의미하며
1986년에는 임진왜란 당시 사용했던 사전총통(四箭銃筒) 등의 다수
무기류가 발견되어 격전장이었음을 알 수 있다. 또한 석성과 해자
사이에 설치한 낮은 울타리 양마장(羊馬墻)이 최초로 발견되어 학계
에 큰 관심을 끌었고 최근에는 남원읍성에도 양마장의 유적이 발
견된 바 있다. 한편 하동읍성은 백의종군을 하던 이순신 장군이 이
틀간 머물렀던 역사적인 장소이기도 하다.

왜군의 기세에 놀란 조정에서는 4월 20일 신립을 도순변사로 임명하여 북상을 저지하게 하였다. 신립은 북방 6진을 지켜낸 용맹한 장수로 조선의 3대 명장으로 추앙받고 있었다. 종사관 김여물과 함께 급조된 병력을 이끌고 충주지역에 4월 26일 도착했고 4월 27일 충주성 서남쪽 단월역 지역에 진을 쳤다. 이때 군졸 4천여 명을 이끌고 남하했다가 상주에서 왜군에게 패하여 쫓겨 온 순변사 이일과 합류하게 된다. 이일은 왜군의 정세가 대적할 수 없을 정도의 대군이라고 보고하였고 신립은 당일 조령에 직접 정찰을 나서게 된다. 신립은 정찰 후 조정에 본진이 충주성으로 후퇴하여 방어하도록 건의했으나 받아들여지지 않은 것으로 판단된다. 신립의 종사관인 김여물 등은 아군의 수가 열세임을 들어 조령의 지형적 장점을 활용하여 왜군의 북상을 저지해야 함을 주장하였다. 당시 신립에게 반나절 정도 조령으로 이동할 기회는 남아 있었지만 신립의 생각은 달랐다. 그는 조선군의 우수한 기병 활용 없이는 승리가 불가능하며 급조된 군사들이 조령에서 단일대오를 유지할 수 없다고 판단하였다. 장기적인 방어를 위해 충주성 서북 4km 지점에 위치한 탄금대에 본진을 설치하였다. 그러는 사이 고니시 유키나가가 거느린 왜군은 27일 이미 조령을 넘어 충주 단월역에 이르렀다. 충주목사 이종장과 순변사 이일이 척후로 나갔지만 갑자기 적군과 조우하게 되어 적의 상황을 정확히 파악하기 어려웠다. 28일 새벽 왜군은 부대를 3곳으로 나누어 이동하였으며 본진은 먼저 충주성을 공격하였다. 좌군은 달천강 변으로 은밀히 침투하였으며 우군은 산악을 통해 동쪽으로 진출한 다음 도하하였다. 왜군의 공격 소식에 당황한 신립은 충주성으로 급히 향하였으나 왜군이 병력의 수적 우위를 통해 이미 성을 거의 접수한 상태였다. 어쩔 수 없이 신립은 탄금대로 돌아와 배수진을 치고 왜군과 치열한 전투를 벌였다. 개전 초기에 아군에게 유리한 전장상황이 전개되기도 했으나 결국은 압도적인 병력과 조총이라는 신무기에 패하게 된다. 신립뿐만 아니라 충주목사 이종장과 김여물, 군사들 모두가 전사하게 된다. 신립의 패보가 조정에 전해지자 민심이 극도로 혼란해졌으며 선조는 역사에 두고두고 회자되는 북쪽으로 몽진(蒙塵)을 결정하게 된다.

◀ **탄금대 십이대**
명승. 충북 충주시 칠금동.
신립 장군이 12번을 오르내리며
전투를 지휘하였고 순국한 장소.

지우 : 신립 장군은 명장이라고 알려져 있는데 왜 조령의 이점을 포기하는 우(愚)를 범했을까요? 더군다나 왜군의 북진에 대해 이미 조정에서 순변사 이일은 경상도에서 1차 방어, 도순변사 신립은 조령에서 2차 방어라는 계획을 세우고 있었는데도 말이죠.

아빠 : 『징비록』에서 유성룡은 신립의 판단을 비판했으며 후일 정약용도 동의한 바 있지. 현대적인 관점에서 보더라도 조령의 지역 방어는 왜군의 공격에 비해 3 : 1 이상의 장점이 있지. 모르긴 해도 조령 방어를 했다면 몇 일간의 전투에서 조선군에게 상황이 유리하게 전개되었을 것으로 판단돼. 하지만 당시 전장상황을 신립의 관점으로 한번 볼 필요가 있어. 후세 많은 사람들이 비교하는 조령과 탄금대의 방어거점의 유불리는 신립의 전술적 판단은 배제되고 왕조시대 왕에 대한 신뢰를 복구하는 큰 틀에서 전투패배에 대한 책임을 묻는 부분이 강하게 반영되었다는 것을 간과해서는 안 되겠지. 맞아! 조령은 지형적 방어와 소수의 병력으로 다수를 대응하는데 유리한 점이 있어. 하지만 탄금대는 기병 활용과 다수 병력집중에 상대적으로 유리하지. 조령은 고립될 가능성이 높으며 보급을 통한 전쟁지속능력이 떨어져. 물론 탄금대도 고립될 가능성은 있지만 전쟁지속능력은 상대적으로 조령에 비해 낮다고 보여. 따라서 방어거점의 환경적인 측면에서는 큰 차이가 없다고 판단돼. 그다음은 전술운용이 문제가 되지. 직접 전쟁을 수행하는 장수의 입장에서 우리가 수적으로 불리해, 그러면 병력집중을 해서 결정적인 전투에 승리하여서 적의 예봉을 꺾거나 유리한 차후 국면을 조성하려고 하겠지. 또한 장수는 자신의 장점을 활용하는 방법을 제일 잘

알고 있어. 그렇다면 장점을 잘 활용해야 하고 또 그렇게 하는 것이 합리적이야. 탄금대 지역은 개활지고 습지라 기병과 보병이 공히 유리할 것은 없지만 서로 노출되었을 때 기병의 기동성이 훨씬 우수하다고 보는 것이 객관적이고, 왜군의 조총이 우수하지만 통상 서북풍이 부는 한반도 여건상 조선군의 활이 조총에 비해 사거리나 정확도에서 낮다는 판단을 할 수 있어. 여기에다 전국시대의 전장에서 산전수전을 다 겪은 왜군에 비해 급조된 조선군을 어떻게 독려할 수 있을까, 장군의 입장에서 고민이 컸을 것으로 보여.

◀ 조령 1관문 주흘문(主屹門)과 성벽
숙종 34년(1708) 축성.

◀ 조령 1관문 자연 해자
성안에서 흐르는 물이 성벽
수구를 통해 천과 만나 해자 역할.

지우 : 그렇다면 탄금대의 패전이 제승방략(制勝方略 : 지방군이 국가명령에 의거 집결·통합하여 중앙에서 파견된 관리의 지휘통솔을 받는 방어체제) 문제점에 기인하다고 이해해도 되는 건가요?

아빠 : 전쟁 초기 패전의 원인을 제승방략에서 찾을 수 있다고는 봐. 하지만 본질적인 것은 사전대비와 운영의 문제가 큰 것이지 그 자체에 문제가 있다고 단정하기는 어려워. 즉, 위협이 임박했을 때는 보다 신속하고 강력한 조치를 해야 하는 것이 당연한데 조정은 그렇게 하지 않았던 것이고 평소 훈련과 연습이 되지 않은 군대가 전시에 제 기능을 발휘한다고 믿는 것 자체가 난센스인 것이지. 조정은 왜가 다시 정유재란을 일으키기 전인 선조 27년(1594) 조령에 긴급히 성벽을 쌓는 조치 등으로 진관체제(鎭管體制 : 요충지에 설치된 진관을 통해 독자적 방어를 수행하는 체제)를 부분적으로 수용하고 강화하지만 어떤 효과를 가져왔는지는 평가하기 어려워.

지우 : 제가 경기도 광주 곤지암(昆池岩) 유적지를 가보니 곤지암의 역사적 배경을 이렇게 적어놓았어요. "신립 장군의 묘에서 얼마 떨어지지 않은 곳에 고양이(猫) 바위가 있었는데 사람들이 말을 타고 이 앞을 지나면 말의 발이 잘 떨어지지 않아 사람들이 걸어가야 하는 불편을 겪었다. 그래서 하루는 지나가던 한 선비가 신립 장군이 전투에 실패해 국가를 위태롭게 하더니 죽어서도 사람들을 불편하게 하느냐고 하자 하늘에서 천둥과 벼락이 내리쳐 바위가 갈라지고 연못이 생겼다."는 전설이었어요. 아빠는 당시 사람들의 신립에 대한 평가에 문제가 있다고 보시나요?

아빠 : 그렇지는 않아. 다만 현시점에서 신립 장군에 대해 얘기할 때 당시가 왕조라는 시대적 상황과 왕을 보호하려는 기득권층의 일방적 평가를 감안할 필요가 있다는 것이지. 평산 신씨 문중에서 전하는 설화는 그 진위에 상관없이 존왕(尊王)을 하면서도 자신들의 조상에 대한 예의를 지키려는 모습을 잘 보여주고 있다고 봐. 장군의 시신을 못 찾은 후손들이 그의 옥관자(망건의 고리)를 어부를 통해 겨우 찾아서 지금의 묘가 있는 신대리에 산소를 쓰려고 한 모양이야. 한데 묏자리가 풍수지리상 쥐혈(鼠穴)이고 건너다보이는 곳에 고양이 바위가 턱 버티고 있어 고민하다가 상여는 대쌍령리에서 하룻밤을 지체하였다고 해. 그날 밤 갑자기 광풍이 불고 벼락이 고양이 바위를 내리쳐서 두 동강이 나고 그 앞에 연못이 생겨 지금의 묏자리에 산소를 쓸 수 있었다는 것이지. 역사적 팩트(fact)를 모르는 상태에서 균형적 이해를 한다는 것 자체가 모순일 수도 있지만 서로의 입장을 잘 판단해 주는 것이 어느 정도 균형감을 갖는 역사의 접근이라고 생각해.

▲ **곤지암** 경기 광주시 곤지암읍 곤지암리. 2개의 바위틈에 300년 수령의 향나무 위치. 향나무는 경기 문화재자료.

선조는 4월 29일 신립의 패배 소식을 접하자 곧장 광해군을 세자로 책봉하였으며(정식 교서는 평양에서 5월 20일 하교) 신하들의 반대에도 불구하고 4월 30일 의주로 몽진(蒙塵 : 왕이 먼지를 뒤집어쓴다는 뜻으로 난을 피하여 안전한 곳으로 이동한다는 의미)의 길을 나선다. 선조가 야간 임진강에 이르러 적의 추적에 대한 걱정과 야간 도하(渡河)라는 이중고를 겪고 있을 때 갑자기 뒤편 언덕의 화석정(花石亭)에서 솟아오른 불길이 왕의 길을 밝혔다. 화석정은 세종 25년(1443) 이이의 5대 조부가 세웠고 증조부가 화석정이라 이름을 지었다. 이이는 은퇴하여 이곳에 제자들과 머물며 시를 읊고 자연을 즐겼다고 한다. 이이는 평소 화석정 지주에 기름을 칠해두었고 사후 몽진하는 왕의 길을 밝혀 준 것이다.

▲ **화석정**　경기 파주시 파평면 율곡리. 파주 유림들이 1966년 복원하였으며 1973년 정부 차원에서 유적정화사업을 실시. 현판은 박정희 대통령의 친필.

지우 : 많은 사람들이 선조의 의주 몽진을 줄행랑 등으로 표현하는데 근
왕병을 전투에 유리한 지역에 집결시키고 명의 지원을 유도하는
전략적 선택은 아닌가요?

아빠 : 전략적 선택의 성격이 있다고 봐야지. 하지만 예나 지금이나 전쟁
에서 제일 중요한 것은 침략을 당한 나라의 항전의지야. 특히 왕조
시대에 왕이 싸우길 거부하고 도망친다면 백성들이 피를 흘려 싸
울 마음이 들까? 현재같이 정보통신이 발달된 상황에서도 전쟁이
발생하면 전쟁 지도부의 뜻을 잘 알기가 어려운데 조선 초유의 국
난에서 도망가는 왕을 보며 지도층이나 백성들이 그것이 전략적
선택이라고 생각했을지 궁금하네.

임진왜란 3대첩

① **아산 현충사**   충남 아산시 염치읍 백암리. 1967년 건립. 박정희 대통령 친필의 현판.
② **구 현충사**   숙종 32년(1706) 사당 건립. 아산 현충사 경내 서편에 위치.

    임진왜란의 3대첩은 한산대첩, 행주대첩, 진주대첩이며 이를 중심으로 임진왜란의 전개과정을 알아보고자 한다. 이순신 장군의 한산대첩은 명량해전과 노량해전을 이어서 살펴봄으로써 임진왜란의 전환점과 결말에 이르는 과정을 보다 잘 이해할 수 있다고 판단된다. 이순신의 본관은 덕수이며 서울 건천동 부근에서 태어났다. 이곳은 지금의 서울특별시 중구 인현동 일대이며 그 중심거리는 장군의 시호를 딴 충무로(忠武路)이다. 유년시절에 아산으로 이사하였으며 이순신이 무과급제 전까지 거주하던 고택과 우물(忠武井)이 아산 현충사 경내에 있다. 선조 9년(1576) 식년 무과에 급제하여 권지훈련원봉사로 관직생활을 시작하였다. 선조 13년(1580) 36살에 전라도 고흥 발포진의 수군만호로 부임해서 수군에서 최초로 근무

▲ 충무정

를 시작한다. 선조 22년(1589)에는 류성룡의 천거로 전라도 정읍 현감(종6품)이 되었고 선조 24년(1591) 47세로 정3품인 전라좌도 수군절도사에 임명되었다. 결과적으로 2년 만에 종6품에서 정3품이 된 것인데 조선왕조에서 가장 빠른 승진으로 이름난 조광조의 경우와 비슷하였다. 이러한 사실을 통해 남인 유성룡과 선조가 그래도 왜국의 잠재적 위협에 대해 엄중하게 인식하고 있었다는 것을 알 수 있다. 그러나 선조가 성벽의 신축과 정비에 돌입하면서 백성들의 불만이 급증하여 대비에 박차를 가할 수 없었으며 실제 전쟁까지 그 준비시간이 너무 없었다.

▲ **경상 좌수영성 남문** 부산 유형문화재. 부산 수영구 수영동. 숙종 18년
(1692) 중수 당시 축성된 것으로 추정.

이순신이 전라좌수사로 부임할 당시 조선수군의 진영배치를 살
펴보는 것은 임진왜란의 해전을 전반적으로 이해하는 데 도움이
된다. 경상좌수영이 있던 곳은 부산시 수영구 수영동과 망미동 일
대로 수영이라는 지명이 지금도 남아 있는 셈이다. 경상좌수영은
석성으로 보호되며 수영강이 바다로 연결되는 좋은 입지조건을 보
유하고 있었다. 좌수영성에는 동서남북에 4대문이 있었고 우물이
3곳 있었다. 현재는 좌수영성 남문만 수영사적공원에 남아 있다.
임진왜란 발발 당시 이곳 지휘관은 경상좌수사 박홍이었다. 박홍
은 왜군이 온다는 소식을 듣고는 성안의 사람들을 대피시키고 군
량과 병기를 제외한 모두 물품을 불태운 뒤 영주 죽령(竹嶺)까지 도
망을 쳤다고 한다.

◀ 가배량성 터
경남 기념물. 경남 거제시
동부면 가배리.
성종 21년(1490) 축성.
세종 7년(1425)부터
경상우수영 본영이 위치.

경상우수영은 거제도 오아포에 있었으며 원균 장군이 지휘하고 있었다. 원균은 적이 부산포에 상륙했다는 소식에 놀라서 전선 100여 척과 화포, 병기 등을 버리고 곤양해변으로 도주했다고 『징비록』은 적고 있으며 『선조실록』은 내지로 피하며 우수영의 창고를 불태우게 했다고 기술하고 있다. 선조 37년(1604) 경상우수영이 통영의 두룡포로 옮기면서 오아포는 가배량으로 지명을 변경했다. 지금도 거제도 포구 뒤쪽 언덕에 가배량성 터가 남아 있다.

전라좌수영의 본영이 있던 곳에는 진남관(鎭南館)이 위치하고 있다. 진남관은 선조 31년(1598) 전라좌수영 객사로 건립한 건물이다. 진남관 건립 이전에는 진남루가 있었다고 전한다. 진남관에서 남쪽 정면을 기준으로 오른편 돌산도와 여수를 연결하는 돌산대교 밑에는 장군도(將軍島)라는 작은 섬이 있다. 이곳은 연산군 때 이량 장군이 수중석성을 쌓아 왜구의 침입에 대비했다고 전한다. 왼쪽 거북선 대교 밑은 이순신 장군이 철쇄(鐵鎖)를 설치했다고 전해지

▲ **진남관**　국보. 전남 여수시 군자동. 선조 31년(1598) 건립. 숙종 44년(1718) 중수. 2015년
부터 현재까지 보수공사 중. (출처 : 문화재청, www.heritage.go.kr)

◀ **장군도**

연산군 3년(1497)
왜구 방어를 위해
해저 석성과 목책을 축조.

는 해상 병목구간으로 소포라고 부른다. 현재 거북선 광장은 매립
지로 임진왜란 당시는 바다여서 조선수군의 배가 이곳에 정박했을
것으로 추정된다. 이순신 장군은 임란 발발 1년 2개월 전 전라좌수
사로 부임하여 전선 24척과 거북선 3척을 건조하고 좌수영성을 보
수하며 전란에 대비했다. 여수의 선소 유적은 이순신 장군과 나대
용 장군이 거북선을 직접 제작한 곳이다. 이곳은 여수 가막만 최북
단 후미진 곳에 위치하여 전방에는 가덕도와 장도가 방패 역할을

① **소포**　　　철쇄는 야간에 급습하는 왜선의 대비용으로 추정.
② **거북선 광장**　전남 여수시 중앙동.
③ **선소**　　　사적. 전남 여수시 시전동.
④ **큰 샘(大井)**　전남 여수시 중앙동.

하고 후방에는 병사들의 훈련장과 망마산이 있어 적의 동태를 감
지하는 동시에 즉각 출동할 수 있는 천혜의 요새이기도 하다. 거북
선은 이곳 선소와 중앙동 본영 선소, 돌산읍 방답진 선소 등 세 군
데서 건조되었다고 알려져 있다. 선소 주변에는 배를 매어두던 계
선주(繫船柱)와 수군 지휘소였던 세검정이 남아 있다. 좌수영 큰 샘은
진남관에서 조금 떨어져 있지만 전라좌수영이 설치되고 난 이후 판
우물로 이순신 장군과 병사들이 식수로 사용했다고 전해진다.

① **울돌목과 이순신 동상** 전남 해남군 문내면 학동리. 우수영 국민관광지 내.
② **전라우수영 우물** 사적. 전남 해남군 문내면 서상리. 통상 방죽샘으로 명칭.

　전라우수영은 전남 해남군 문내면 선두리 해안에 위치해 있었는데 임진왜란 당시 경상·전라수영 중에 규모가 가장 컸다. 전라좌수영과 지리적 특성이 유사하며 전라우수영에서 남해로 나가는 출구가 진도대교 아래에 위치한 울돌목(명량)이다. 현재 명량대첩 해전사 기념관과 이순신 장군 동상이 위치하고 있다. 임진왜란 발발 당시 전라우수사는 이억기였으며 당항포 해전부터 이순신과 합동작전으로 적을 물리쳤다. 우수영과 관련된 시설물들이 대부분 사라졌지만 서상마을 방죽샘은 전라우수영 우물로 불리며 지금도 남아 있다. 방죽샘 주변에 위치한 중수비 가운데 경종 4년(1724)이라 기록된 비석이 있어 축조 시기는 임진왜란 시기와 겹칠 것으로 판단된다. 한편 명량해전 즈음 이곳에 주둔한 이순신 장군이 조선군의 수적인 열세를 극복하기 위해 허장성세(虛張聲勢) 전술을 사용하였다는 전설이 우수영 지역에 전해진다. 한밤에 부녀자들로 하여금 횃불을 들고 해안가를 돌며 강강수월래를 외치게 하였는데 이는 '강한 오랑캐가 물을 넘어 온다(强羌水越來).'는 뜻의 경계구호라는 것이다. 한편 유네스코는 강강수월래의 가치를 높게 인정하여 세계 인류 무형문화유산으로 지정하면서 강강수월래의 기원이 삼국시대 이전 마한에서부터 시작되었다고 밝힌 바 있다.

① **수영성문**　사적. 충남 보령시 오천면 소성리. 중종 4년(1509) 축성.
② **영보정**　고종 15년(1878) 화재로 소실되어 2015년 복원.

　충청수영은 현재 충남 오천항 지역에 위치하였으며 관찰사가 관할하면서 통제영과 긴밀한 협조관계를 유지하는 구조였다. 오천항 지역은 고려 말 왜구의 침입이 잦은 지역이었지만 간단한 형태의 방어진만 존재하였다. 세종 29년(1447) 대마도 정벌과 함께 수영으로서 본격적인 체계를 갖추었으며 세조 12년(1466) 충청수군절도사로 승격하였다. 왜구의 침탈을 막고 한양으로 가는 조운선을 보호하는 임무를 주로 수행하였다. 임진왜란 기간에는 물자지원을 통해 권율 장군의 행주대첩 승리에 크게 기여하였으며 이순신 장군이 총애하던 최호가 충청수영 절도사를 맡기도 하였다. 정유재란 당시에는 명나라 수군이 충청수영을 통해 조선에 상륙하였다. 충청수영에는 부산수영성과 비슷한 형태의 수영성문이 남아 있으며 관찰사가 집무를 보며 수영성 전체를 지휘하던 영보정(永保亭)이 옛 충청수영의 위상을 가늠하게 한다.

▲ **몰운대와 정운순의비** 부산 기념물. 부산 사하구 다대동.정조 28년(1798) 순의비 건립. 좌측이 부산 앞바다.

한산대첩은 왜군의 공세를 저지하며 해상에서 전세를 조선군에게 가져오는 결정적인 해전이 된다. 왜국 수군은 옥포해전, 당포해전에서 조선수군에 연패를 당하자 지상군으로 북상했던 와키자카를 수군으로 복귀시킴과 동시에 서쪽으로 진출하기 위해 수군을 총결집하여 견내량에 포진하고 있었다. 이순신의 판단으로는 견내량의 해역이 좁고 암초가 많아서 조선수군 판옥선의 활동이 자유롭지 못하다고 보고 이들을 한산섬 앞바다로 유인하여 격멸하기로한다. 조선 판옥선 5~6척이 왜군의 척후선을 공격하는 척하다가 뒤를 보이자 적선들이 추격하게 된다. 이때 삼칭이 마을 포구와 죽도섬 뒤에 숨어 있던 50여 척의 조선함대가 나타나 학익진으로 왜군의 선단을 포위한다. 조선수군은 지자총통, 현자총통, 승자총통의 함포를 사용하여 왜선 47척을 격파하고 12척을 나포하였으며 약 9천명의 왜군 전사자가 발생하였다. 왜국 수군장수 와키자카는 패잔선 14척을 이끌고 김해 쪽으로 도주한다. 조선수군의 사상자는 미미했고 전선의 손실은 전혀 없었다. 이 전투를 통해 왜군의 호남 진출이 좌절되었고 병참선이 차단되면서 북진이 사실상 어렵게 되었다. 반면 조선군은 후방의 군량 및 보급로를 확보하여 전국을 수복하는 결정적 전환점을 마련하였다. 한산대첩 약 2개월 뒤 조선수군은 왜군의 근거지인 부산과 본국과의 보급선을 차단할 계획을 세웠다. 이순신은 먼저 부산포 내의 왜군의 상황을 정찰하였고, 왜군 전선 470여 척이 숨어 있는 것을 알게 되었다. 이순신은 거북선을 선두로 전 함대를 동원하여 왜군을 공격하였고 왜군은 배를 버리고 육지에 상륙하여 대항하였다. 이순신은 전선 100여 척을 격파한 뒤 왜군과의 전투를 중지하고 전라좌수영으로 돌아갔다. 하지만 이 전투에서 이순신이 총애하던 녹도만호 정운 등 전사자 6명과 부상자 25명을 냈다. 부산 다대동 경승지인 몰운대(沒雲臺)에 정운을 기리는 정운순의비(鄭運殉義碑)가 있다. 정운이 생전에 부산지역을 정찰하던 중 부하들에게 해안의 지명을 물었고 몰운대라는 답을 듣자 자신의 이름과 음(音)이 같은 점을 들어 "내가 여기서 죽을 것이다(我沒此臺)."라 했다고 전해진다.

① **해갑도**   이순신 장군이 한산대첩에서 승리 후 갑옷을 벗고 잠시 쉬었다는 장소.

② **제승당**   영조 16년(1740) 충무공 유허비 건립. 현 건물은 1930년 중수, 1976년 성역화 작업으로 재단장.

③ **수루**   1976년 신축.

④ **우물**

    선조 26년(1593) 8월 평양과 한양도성 수복 이후 조정에서는 조선 수군에 왜군의 해상 퇴로를 차단하라는 명령을 내리면서 수군통제사라는 새로운 직제를 만들어 초대 수군통제사에 전라좌도 수군절도사였던 이순신을 임명하였다. 수군통제영은 한산도에 만들어졌고 지휘본부는 운주당(運籌堂)이라 명명하였다. 운주당은 그 후 10대 통제사 조경이 제승당(制勝堂)으로 명칭을 변경하여 현재에 이르고 있다. 제승당 우측에는 이순신 장군의 우국충절 시[16]로 유명한 수루가 있고 좌측에는 영정을 모신 사당인 충무사(忠武祠)가 있다. 한산정(閑山亭)은 장군과 수군들이 궁술을 연마하던 곳이며 이순신 장군은 내기 활 시합을 통해 수군들을 격려하는 장소로 한산정을 활용한 것으로 보인다. 제승당으로 올라가는 길목에는 수군들이 사용한 것으로 전하는 우물이 있다. 한산도 통제영은 원균이 칠천량 해전에서 패전하면서 완전히 파괴되었고 명량해전 이후 이순신은 수군을 재건하면서 통제영을 고금도(완도군)로 이동해 설치했다.

① **약포 사당**   경북 문화재자료. 경북 예천군 호명면 황지리. 인조 18년(1640)에 세운 사당 상현사(尙賢祠).

② **도정서원과 우물**   경북 문화재자료. 약포 사당 전면에 숙종 23년(1697) 서원의 강당, 좌우 숙소와 유식을 위한 팔덕루(八德樓)를 건립, 동재인 자성재(自省齋) 앞에 원형으로 표시된 작은 우물이 위치.

정유재란이 발생한 선조 30년(1597) 2월 26일 한산도에서 삼도수군통제사로 근무하던 이순신은 네 가지 죄목으로 한양으로 압송된다. 죄목은 첫째, 조정을 속이고 임금을 업신여긴 죄, 둘째, 적을 쫓지 않아 나라를 등진 죄, 셋째, 남의 공을 가로채고 모함한 죄, 넷째, 임금이 불러도 오지 않은 방자한 죄로 전옥서에 구금되어 혹독한 고문을 받고 죽을 상황을 맞이하였다. 이때 판중추부사 정탁이 목

▲ **읍호정과 내성천**　　　경북 문화재자료. 읍호정(挹湖亭)은 정탁 은퇴 생활의 상징.

숨을 걸고 상소문 신구차(伸救箚)를 올리는데 결과적으로 선조의 마음을 움직여 4월 1일 백의종군(白衣從軍 : 벼슬이 없는 말단군인으로 참전) 처분이 내려진다.[17] 이순신을 천거한 유성룡도 회피한 이순신의 구명을 정탁이 이루어 냄으로써 임진왜란의 판도가 바뀌는 어마어마한 결과를 가져온다. 정탁은 우의정을 끝으로 예천 고향으로 내려와 후학을 양성하고 내성천에서 낚시를 하면서 여생을 보냈다. 정탁의 인품과 유머는 초립동을 업어 내성천을 건너 준 일화에서 잘 나타난다. 초립동의 눈에는 정탁이 한낱 촌노(村老)였을 것이다. 초립동이 업힌 채 "요새 정탁 선생은 무슨 일로 소일하던가?"라고 물었고, 정탁은 "낚시를 즐기다가 초립동을 업어 물을 건너 준답니다." 라고 대답하였다고 한다.

▲ 이순신 장군의 백의종군길 조형물　구례구간.

　선조의 출정 명령을 어겼다는 이유로 삼도수군통제사에서 파직되고 백의종군하라는 명을 받은 이순신 장군이 선조 30년(1597) 4월 1일 한양을 떠나 6월 4일 경남 합천 초계에 있던 도원수 권율 진영까지 걸어간 670km 안팎의 백의종군길이 현재 지역별로 잘 개발되어 후손들에게 그 의미를 전승하고 있다. 특히 아산구간은 장군에게 가장 가슴 아픈 곳으로 4월 15일 모친의 사망 소식을 이곳에서 접한다. 시신을 모셔 빈소를 차렸지만 도원수 권율과 만남을 서두르기 위해 장례도 제대로 치르지 못하고 떠난다.

▲ **최호 장군 사당**　전북 기념물. 전북 군산시 개정면 발산리. 영조 5년(1729) 건
립. 1906년 보수.

　반면 원균이 지휘하던 조선수군은 7월 17일 칠천량 해전에서 패
배로 완전히 붕괴된다. 더욱 안타까운 것은 칠천량 해전에서는 이
순신의 구명을 위해 정탁과 함께 유일하게 나섰던 이억기 장군과
이순신이 정운과 함께 가장 친애하던 최호 장군이 순국하였다. 이
억기 장군은 후일 통영 충렬사에 이순신 장군과 함께 배향된다. 선
조는 8월 3일 아쉬움과 후회를 담은 교지를 통해 이순신을 삼도수
군통제사로 다시 임명한다.

　이순신은 삼도수군통제사로 제수되자 전라도 좌수영으로 이동
하게 된다. 먼저 흩어진 장수와 군량미를 모으고 왜군의 정보를 수
집하면서 전투준비를 시작한다. 이때 경상 우수사 배설이 도망가
면서 숨겨두었던 12척 전선의 소재가 파악되어 이순신은 수군재건

이 가능하다는 판단을 하게 된다. 하지만 선조는 갑자기 수군을 철폐하고 권율과 합세하여 육상에서 싸우라는 명을 내린다. 이에 이순신은 보성읍성 열선루(列仙樓)에서 비장한 각오를 담아 장계를 올리는데 그 유명한 "금신전선 상유십이(今臣戰船 尙有十二), 신에게는 아직도 12척의 전선이 있습니다."라는 문장이 담겨 있다.

▲ **열선루 석조유물**　전남 보성군 보성읍 보성리.

▲ **장계를 작성하는 이순신 장군 조형물**

지우 :   삼도수군통제사를 제수한 뒤 바로 수군을 육군에 통합한다는 것이
        정상적인 조치인가요?

아빠 :   정상적인 것은 아니지만 당시 조정의 판단을 완전 잘못이라고 보
        기도 어려워. 수군에 전선이 몇 척이나 남아 있는지도 불명확하고
        지리멸렬한 수군을 그래도 지휘체계가 유지되고 있는 육군에 편제
        시키는 것이 단기적인 전투력 복원에 도움이 된다고 판단할 수 있
        어. 또한 이순신에 대한 신뢰가 완전히 회복된 것으로 보기도 어렵
        지. 하지만 이순신이 장계를 올려 12척이 있어 죽을 각오로 싸우
        겠다는 충의를 보이는 데 선조의 사고체계에서 거부할 명분이 없
        었을 것으로 보여. 여기서 시대를 관통하는 하나의 생각은 통합이
        무조건 옳은 건 아니라는 것이지. 적에게 가장 위협이 되는 우리의
        조직과 자산을 단지 효율성이라는 가시적 성과에 얽매여 큰 것에
        통합하는 것은 전략적 이점을 포기할 수 있다는 것이야.

  이순신은 장흥 회령포에서 배설로부터 12척의 전선을 인수하여
이동하던 중 해남 이진(梨津)에 들러 해안 창고에서 3일간 머물렀
다. 이유는 건강상의 문제였다. 이순신은 토사곽란으로 거의 인사
불성의 지경에 이르렀는데 이진성 주민들의 간호와 우물물을 마시
고 겨우 나았다고 전한다. 현재에도 이진에서는 허물어진 이진성
성벽과 이순신 간호에 사용된 장군샘을 찾을 수 있다. 이순신은 진
도 벽파진에서 명량해전에 대비한 전력을 재정비했고 머무는 동
안 몇 차례 소규모 해전을 치르기도 했다. 이순신은 명량해전 이틀
전 왜군 함대 200여 척 중 55척이 어란포(於蘭浦)에 도착했다는 첩

▲ **이진성과 장군샘**
전남 기념물.
전남 해남군 북평면 이진리.
우물 뒤로 이진성 성터가 보임.

보를 접하고 명량 협수로를 등지고 전투할 수 없다는 판단하에 벽파진에서 전라우수영으로 본진을 이전하였다. 이순신은 우선 우수영 주변 주민들에게 피난을 명하고 전투준비에 돌입한다. 해전 당일 아침 명량 협수로에 왜군 중형 군선인 세키부네 133척이 진입하였고 11시경부터 전투가 시작되었다. 초기 1시간 동안 이순신 대장선 1척만이 현재 진도대교 서쪽 300~400m 지점에서 적과 대치하고 있었고 판옥선 12척은 후방에서 관망하고 있었다. 오후 1시 조금 전에 이순신 대장선 지시로 거제 현령 안위와 미조항 첨사 중군장 김응함이 대장선과 합세하였고 1시경 목포 방향으로 흐르던 조류가 역류하자 적진으로 돌격하였다. 짧은 시간의 돌격으로 적장 마다시가 사망함과 동시에 적선 31척이 파괴되어 적은 전투의지를 잃고 도주하기 시작했다.

명량해전 당시 울돌목에 철쇄를 걸어 전투에 활용했는지에 대해서는 의견이 엇갈리고 있다. 『이충무공전서』 중 「택리지(擇里志)」와 「해남현지(海南縣志)」에는 철쇄의 설치 및 증거를 설명하고 있는 데 반해 이순신 장군이 직접 남긴 기록에는 관련 내용이 없기 때문이다. 중요한 것은 철쇄의 사용 여부가 아니라 전라좌수영과 우수영에 철쇄가 준비되어 수영방어나 작전적 목적으로 사용할 수 있는 만반의 준비가 되어 있었다는 점이다.

◀ 명량대첩비

보물. 전남 해남군 문내면 동외리.
숙종 18년(1688) 건립.
일제 강점기 경복궁에 방치된 것을
해방 후 전남 해남군
문내면 동외리로 이전.

① **청해진의 목책**　서울 용산구 용산동 1가. 용산 전쟁기념관.
② **청해진 장군샘**　전남 완도군 완도읍 장좌리.

　선조 30년(1597) 9월 16일(음력) 명량에서 대승을 거둔 이순신은 잠시 군산 선유도, 목포 고하도에 머물다가 선조 31년(1598) 2월 17일 8천여 수군을 이끌고 완도군 고금면 덕동리에 3도 수군통제사영을 설치한다. 고금도는 남해에서 서해로 진입하는 실목으로 군사적 요충지이면서 섬 안이 군량미를 확보하기가 쉬운 곳이었다. 뿐만 아니라 순천 왜성에 주둔하고 있는 왜군을 방어하기에도 적절했다. 고금도는 지리적으로 완도와 근접해 있었으며 현재는 행정상으로도 완도군에 속해 있다. 완도는 과거 삼국시대 동북아의 해상로를 통제하며 해상교역의 핵심지역인 청해진이 위치했던 곳이다. 이순신 장군도 청해진의 전략적 가치를 잘 이해하고 있었다고 판단된다.

◀ **어란정**
전남 완도군 고금면 덕동리.

① **월송대** 사적. 땅의 흰 부분이 장군의 시신을 안장했던 곳.
② **충무사** 사적.

　고금도 수군통제사영에는 어란정(於蘭井)이 있어 이순신 장군과 병사들이 사용하였으며 어란정 명칭은 어란진 만호가 우물을 팠다고 해서 붙여졌다고 한다. 조선수군이 고금면 덕동리에 본영을 설치하자 한강에 머무르고 있던 명나라 수군 진린 제독 휘하 5천 수군이 7월 16일 고금도로 이동하여 묘당도에 진을 쳤다. 고금도에 명나라 수군이 도착하면서 조선수군과 연합전선을 형성할 수 있었고 11월 19일 노량해전을 통해 임진·정유재란을 마무리 지을 수 있었다. 고금도에는 이순신 장군이 노량전투에서 순국한 후 시신이 80여 일간 안장된 월송대(月松臺)와 충무공 사당인 충무사(忠武祠)가 있으며 명나라 수군이 주둔하면서 세운 관왕묘의 내력을 기록한 관왕묘비도 남아 있다.

① 동묘 정전과 관우상　보물. 선조 34년(1601) 완공. 서울 종로구 숭인동.
② 정전 옆 제정
③ 내삼문 담벽 우물
④ 동무 뒤편 연지

　조선에는 임진왜란 직후 관우를 모시는 많은 관왕묘가 전국각지
에 세워졌다. 그중에서도 조선의 왕들이 직접 제를 지낸 곳이 서울
종로구 동묘역 앞에 위치한 동관왕묘이다. 공자를 모시는 문선왕
묘(文宣王廟)를 줄여 부르는 문묘(文廟)에 대응해 무묘(武廟)라고도 불
린다. 임진왜란 때 조선 땅에서 싸운 명나라 장수들은 조선에 주둔
하면서 조선 땅에 관왕묘를 세우고자 하였다. 이에 조선 조정이 명
에게 협력을 요청하고 명나라 조정도 적극 지원을 하면서 조선에
관왕묘가 여러 곳에 세워졌다. 그중 동관왕묘는 명 장수 만세덕이

권유하여 만든 것이다. 임진왜란이 끝난 다음 해인 선조 32년(1599) 공사를 시작하여 선조 34년(1601) 동관왕묘를 완공하였다. 명 신종이 친필 현판과 함께 건축자금을 지원하기도 했다. 동묘는 외삼문과 내삼문이 있으며 정전을 기준으로 서무와 동무가 위치한다. 정전에는 관왕의 동상이 있는데 조선시대 제작된 금동 관우상 중에 가장 크다. 정전 서쪽 지역과 내삼문 담장 밖 지역에 제향에 사용된 우물이 있고 동무 뒤에는 연지가 있다.

◀ **관음포 이충무공 전몰유적지**
경남 남해군 고현면 차면리.
첨망대(瞻望臺 : 1991년 세운
2층 누각)에서 바라본 노량 앞바다.

왜 수군이 명량해전에서 패배한 이후 육군도 고전을 면치 못하고 있었다. 선조 31년(1598) 8월 도요토미가 병사하자 왜군은 순천 등지로 집결하면서 철수작전을 서둘렀다. 철수를 눈치챈 이순신은 진린 제독과 함께 9월 고금도 수군 진영을 떠나 노량 근해에 이르렀다. 이순신 부대가 이동한 이유는 명나라 육군장군 유정과 수륙합동작전을 펴서 왜교(倭橋)에 주둔하고 있는 왜군 고니시의 부대를 섬멸하기 위함이었다. 고니시는 수륙 양면으로 위협을 받게 되자 진린에게 뇌물을 바치고 퇴로를 열어줄 것을 호소하였다. 이에

① 관음포 이충무공 전몰유적지 유언비
② 전라좌수영 타루비   보물. 타루비(墮淚碑)는 1603년(선조 36년)에 이순신 장군 부하들이 세운
    공덕비. '타루'는 눈물을 흘린다는 뜻으로 서진의 명장 양호의 비석을 보며
    중국인들이 눈물을 흘렸다는 고사에서 유래.

진린은 고니시가 요청한 통신선 1척을 빠져나가게 한 뒤 이순신에
게 그 사실을 알렸다. 이순신은 고니시가 사천, 남해, 부산 등지의
왜군 수군과 합동으로 조·명 연합수군을 공격하면서 퇴각을 시도
한다는 계획을 알아차렸다. 이순신은 진린의 어리석고 잘못된 행
동을 강하게 질책하여 왜군을 함께 격멸하기로 최종 약속을 받아
내었다. 조·명 연합수군은 11월 18일 밤 순천왜성의 봉쇄망을 뚫
고 노량해협으로 진출하였다. 자정이 되자 이순신은 "이 원수만 무
찌른다면 죽어도 한이 없습니다(此讎若除死則無憾)."는 제문을 올리고
전투태세에 돌입하였다. 19일 새벽 2시 경부터 전투가 시작되었고
전투의 막바지에 이를 즈음에는 왜군 선박 200여 척이 불에 타 침

몰되거나 파손되었으며 100여 척은 나포되었다. 선체를 보존한 일부 패잔선들은 관음포 쪽으로 달아나기 시작하였다. 이순신은 관음포로 도주하는 왜군을 마지막까지 추격하던 중 유탄을 맞고 쓰러지면서 "싸움이 급하니 내가 죽었다는 말을 하지 말라(戰方急愼勿言我死)."는 유언을 남기고 전사하였다. 성웅 이순신의 전사와 함께 정유재란의 막도 내리게 된다.

◀ 세병관
국보. 경남 통영시 문화동.
선조 38년(1605) 완공.
경회루, 진남관과 더불어
조선 3대 단층 목조건물.

임진왜란이 끝난 후 잠시 여수의 전라 좌수영이 통제영을 겸하다가 선조 34년(1601) 경상 우수사 이시언이 통제사를 겸직하면서 두룡포(통영시)로 옮겨 고종 때까지 통제영이 유지되었다. 통영에는 통제영본부 건물인 세병관이 남아 있으며 다른 관아 건물은 일제 강점기에 훼철되었다. 일제에 의해 훼손이 되었으나 이순신 장군의 유적은 통영의 곳곳에 남아 있다. 충렬사는 선조 39년(1606)에 왕의 명령에 따라 제7대 이운용 통제사가 창건하였으며 현종 4년(1663)에는 남해 충렬사와 함께 임금이 내린 충렬사 사액을 받은 사당이다. 이순신 장군과 함께 이억기 장군의 위패도 모셔져 있다. 충렬사

에는 명나라 신종황제가 내린 여덟 가지의 선물인 명조팔사품(보물)
과 정조가 『충무공전서』를 발간하고 1질을 통영 충렬사에 내리면
서 직접 지어 내린 제문 등이 유물전시관에 전시되어 있다. 충렬사
가 창건된 이후 통제사들은 봄, 가을로 명정(明井)의 우물만을 사용
하여 제사를 올려왔다.

◀ 충렬사 강한루(江漢樓)
사적. 경남 통영시 명정동.
강한루는 통제사 이승관
(충무공 8대손)이
헌종 6년(1840) 건립.

◀ 명정
충렬사 맞은편.

우물로 본 조선역사

① **권율 장군 집터 표석과 은행나무** 서울 종로구 행촌동.
② **이치전적지** 전북 완주군 운주면 산북리. 좌측 황진 장군 대첩비, 중앙 황박 장군 추모비, 우측은 무명용사추모비.

임진왜란 3대첩 중 하나인 행주대첩은 권율 장군을 중심으로 모든 성안의 군민과 승려 들이 이루어 낸 쾌거였다. 권율의 본관은 안동이며 강화도 연동에서 태어났다. 권율 장군은 관직에 뜻이 없다가 선조 15년(1582) 46세 늦은 나이에 식년시(3년 주기 정식 과거) 문과에 급제하여 정9품 승문원 정자로 출사하였다. 선조 24년(1591) 이순신과 동일하게 류성룡의 추천을 받아 호조 정랑에서 의주 목사로 전격 발탁되었다. 권율은 인왕산 등선에 위치한 은행나무골에 살았다. 권율 장군의 집터에는 장군이 직접 심었다는 470년 수령의 은행나무만 남아있고 동네명은 행촌동(杏村洞 : 은행나무골)이다. 행주대첩이 있기 전 권율 장군은 2번의 역사적인 전투를 치른다. 당시 왜군은 한양을 점거하고 나서 한반도 전체를 단시간 내 석권하려 했으나 이순신이 지휘하는 조선수군의 반격으로 인해 후방 보급에 차질이 생겼다. 왜군 수뇌부는 곡창 지대인 전라도를 점거하여 병참기지로 삼을 계획을 세우고 공격부대 총사령관에 코바야카와를 임명한다. 왜군의 전라도 진군 소식을 들은 호남 지역의 조선군은 이를 저지하기 위해 금산의 이치 고개와 진안 웅치 고개에 진을 치고 적을 기다렸다. 권율은 동복 현 감 황진과 함께 이치에서 왜군을 상대로 전투를 벌였다. 전투에서 황 진이 총에 맞아 부상을 당하고 의병장 황박이 사망하는 등 힘든 전 투상황이 전개되었으나 일치단결된 힘을 발휘하여 왜군을 격퇴함으 로써 전라도를 안전하게 보호할 수 있게 되었다.

권율은 이치전투 승리를 발판으로 도성탈환을 위해 1만 명 규 모의 부대로 신속히 북진하다가 독산성에 잠시 주둔하며 숨을 고 르게 되었다. 권율은 무리하게 북진하는 것보다 한양에 주둔한 왜 군의 배후를 압박하고 관북·관서 지방으로 향하는 왜군의 보급로 를 차단하는 것이 우선이라는 판단을 한 것이었다. 권율이 진군을 멈추자 경기도에 주둔하던 왜군 수장 우키타히데이는 2만의 병력 을 동원해 독산성을 에워싸고 공격을 감행해 왔다. 전해지는 이야 기로 왜군은 권율의 독산성 방어가 워낙 견고하여 쉽게 공략이 되 지 않자 조선군에 심리전을 수행하기로 했다고 한다. 독산성 안에 는 6~7개의 우물이 있었으나 갈수기(渴水期)인 관계로 충분한 식수 를 확보하기가 어려웠다. 왜장은 사람을 시켜 물이 가득 찬 물동이 를 성에 들여보냄으로써 심리적인 압박을 가하였다. 그러자 권율 은 독산성 제일 높은 곳에 말을 세우고 말 등에 쌀을 쏟아붓도록 지 시했다. 적이 볼 때 말을 물로 씻는 것처럼 보였고 왜장은 물동이를 통한 압박이 통할 수 없다고 판단하였다. 이러는 사이 최철견 의병 부대가 후방을 습격하고 조선의 맹추위로 주둔이 어렵게 되자 왜

우물로 본 조선역사

군 본진이 철수하게 된다. 권율 장군은 퇴각하는 왜군을 좁은 계곡으로 몰아 3천 명을 도륙하였는데 이후 골짜기 이름이 3천 병마골이 되었다고 한다. 현재 독산성에서는 성곽과 쌀로 말의 등을 씻었다는 세마대(洗馬臺) 등을 확인할 수 있다.

① **세마대**   사적. 이승만 대통령의 친필 현판.
② **독산성 정문 남문지**   경기 오산시 양산동. 성문을 고정하는 문확석(門確石)이 남아 있음.
③ **독산성 유구**   성내 급수와 배수가 이루어진 흔적.

독산성 전투에서 승리한 권율은 명의 원군과 연합으로 한양을 탈환하기 위해 행주산성으로 이동하여 주둔하였다. 이여송이 이끄는 명나라 군대는 호기롭게 남진하였지만 2월 27일 벽제관에서 왜군에게 대패해 개성으로 물러났다. 권율 장군과 의병장 김천일, 승병장 처영이 지휘하는 행주산성의 조선군은 약 3천 명 정도였다. 적장들은 이치와 독산성에서 치욕적인 대패를 경험한지라 단번에 집중공격을 통해 권율의 군대를 격멸할 계획을 세웠다. 왜군의 규모는 3만 명으로 총대장 우키타를 필두로 7개 부대로 나눠 행주산성으로 진군하였다. 행주산성 안에 조선군이 소지한 무기는 궁시·도창 외에도 변이중이 만든 화차 및 권율의 지시로 만든 수차석포(水車石砲)라는 특수한 무기가 있었다. 왜군이 몰려올 것에 대비해 방어용 목책을 이중으로 만들었다. 흙 방호벽을 쌓아 조총 탄환으로부터 병사들을 보호했고 병사들은 각자 재를 담은 주머니를 허리에 착용하여 백병전에 대비하였다. 여기에다 이순신 장군이 권율에게 한번 사용해 보라고 보낸 여러 화포총통도 준비되어 있었다. 2월 12일 오전 6시경부터 시작된 격렬한 전투에서 일본군 1~6부대는 큰 피해를 입고 물러갔으나 마지막 7부대장 고바야카와는 노장으로 선두에 서서 서북쪽 자성을 지키던 승의군 담당 지역을 뚫고 성안에까지 돌입하려 하였다. 그러자 승의병이 동요하기 시작했고 전쟁상황이 위급한 지경에 이르렀다. 그러자 권율은 대검을 빼 들고 승의군의 총공격을 지휘하면서 왜군과 치열한 백병전에 돌입하였다. 인근 지역을 담당하는 관군도 화살이 다하자 투석전을 펼쳤고 병력이 부족하자 부녀자들까지 동원되어 전투에 임했다. 부녀자들은 긴 치마를 살라 짧게 만들어 입고 돌을 치마에 담아 날라다 투석전을 도왔다. 이후로 행주치마라는 명칭이 생겨났다고 한다. 성안에 병력과 무기가 부족한 상황을 눈치챈 적군이 기세를 올리려 할 때 마침 경기수사 이빈이 화살 수만 개를 실은 배 2척을 몰고 한강을 거슬러 올라와 적의 후방을 공격할 움직임을 보였다. 그러자 당황한 적은 성에서 조금씩 물러나기 시작하였다. 성안의 병력

우물로 본 조선역사

은 왜군의 철수 움직임을 알아차리자 즉각 적을 몰아붙여 행주산성의 대승을 거두게 된 것이다.

◀ **행주산성 대첩비**

사적. 경기 고양시 덕양구 행주내동.
좌측은 행주대첩 비각으로
선조 35년(1602) 건립,
우측은 행주대첩비로 1970년 건립.

◀ **행주산성 기씨 우물과 토성**

기씨들의 본관은 행주이며
승군이 담당한 토성 입구에
기씨들이 사용한 우물이 위치.

◀ **충장사**

행주산성 권율 장군 사당으로
1970년 건립.
현판은 박정희 대통령 친필.

▲ 과하천　　경북 문화재자료. 경북 김천시 남산동. 명나라 이여송은 "물맛이 주천(간쑤성에 위
　　　　　　　치하며 금천(金泉)이라고도 함)의 것과 같다. (김천의)지형도 금릉(金陵 : 장쑤성
　　　　　　　난징)과 흡사하다."고 평가했다고 함.

　　임진왜란 당시 조선 원군으로 온 명나라 장수 이여송에 대해서는
말이 많았다. 이여송은 전쟁 초기 조선의 보급 등을 문제 삼아 왜군
과 제대로 싸우려 하지 않았다. 그러다가 류성룡·이항복·이덕형 등
의 독촉에 못 이겨 겨우 몇 번의 전투에 참여하였다. 그러면서도 조
선에서 유능한 장수가 탄생할 것에 대해서 염려하는 어이없는 모
습을 보였다. 전해지는 말에 의하면 이여송은 대구 달성군 가창면
대일리와 단산리 사이에 있는 부엉덤산 산세와 지형을 보고 명을
위협할 장수가 탄생할 것이라 판단하였다. 그래서 이곳의 지형을
그린 다음 혈맥을 끊어서 장차에 대비했다고 전한다. 이 설화는 얼
마나 이여송이 조선인들에게 성가신 존재였는지를 말해주고 있다.
한편 이여송이 김천지방을 지나다가 주천(과하천) 물맛을 보고서 칭
찬함으로써 주천이 조선의 전국에 알려지게 되었다.

임진왜란 기간 동안 진주에서 2차례 대규모 전투가 발생하였으며 그중 1차 전투는 김시민 장군의 지휘 아래 대승을 거두어 임진왜란 3대첩 중의 하나인 진주대첩이라 한다. 한편 왜군이 1차 전투의 복수를 다짐하고 총력을 집중한 2차 전투는 진주성의 군민이 모두 장렬하게 전사한 슬픈 역사의 기억으로 남아 있다. 김시민은 고려 삼별초의 난과 대마도 왜군을 정벌한 김방경 장군의 12대손이다. 왜군이 경상도 남부를 장악하자 진주 목사 이경과 함께 부하들을 데리고 지리산으로 몸을 피했다. 이후 이경이 병사하고 초유사 김성일이 진주로 내려오자 그를 맞이하여 진주성 전열을 재정비하였다. 반면 신속히 서진하던 일본군은 7월 하순 진해, 고성을 점령하고 사천을 거점으로 진주성 공격을 준비하고 있었다. 김시민은 심기일전하여 일천의 병력으로 먼저 사천성을 급습하여 왜군을 격파하고 고성과 진해까지 탈환하였다. 조정에서는 그의 공을 치하하고 목사로 승진시켰다. 김시민에게 연패를 당한 왜군은 김해에서 작전회의를 열어 대부대를 동원해 먼저 진주성을 함락시키는 것이 전쟁에서 최우선 과제라는 결론을 내렸다. 도요토미 또한 진주성이 경상우도를 장악할 수 있는 중심지이며 전라도 침입에 교두보 역할을 해낼 수 있는 요충지라 판단하였다. 김시민이 지휘하는 3천 800여 명의 병사는 10월 5일부터 11일까지 10배에 가까운 3만 대군에 맞서 치열한 전투를 벌였고 성안의 백성들도 혼신의 노력으로 군사들을 지원하였다. 진주성 전투가 개시되기 이전 김시민은 전라 의병장 최경회, 경상 의병장 곽재우 등에게 협력을 요청하였고 이들은 진주대첩 기간 동안 후방습격과 심리전으로 진주성 전투를 효율적으로 지원하였다. 안타깝게도 김시민은 전투 마지막

▲ **진주성 우물** 삼국시대부터 진주성에 존재했던 3개 우물 중 하나로 2013년 복원.

날 왜군의 탄환을 이마에 맞고 쓰러져 며칠 뒤 사망했으며 그의 부
장인 곤양군수 이광악이 김시민을 대신해 지휘하여 남은 전투를
대승으로 이끌었다.

진주대첩은 한산대첩과 마찬가지로 임진왜란 전체를 통틀어 전
쟁의 판도에 가장 크게 영향을 미친 전투 중 하나이다. 진주성 전투
이후 김시민은 왜군의 공포 대상이 되었다. 김시민을 지칭하는 모
쿠소(목사의 일본식 발음)가 왜군에게 회자되었고 2차 진주성 전투 목적
이 단순 진주대첩의 복수 즉, 김시민 척결을 위한 것으로 평가될 만
큼 왜군 전체에게 준 충격은 매우 컸다. 한편 매년 진주에서 진행되
는 남강유등축제는 진주대첩 당시 왜군에게 진주성으로 지원군 집
결 가능성을 보여주기 위한 의도와 실제 의병들에게 지원을 요청
하고 성안 가족들의 안부를 전하기 위해 진주성 군민들이 남강에
종이 등을 띄워 보낸 것에서 유래했다고 전해진다.

◀ 촉석루

경남 문화재자료.
경남 진주시 본성동.
공민왕 14년(1365) 건립.
1960년 재건. 남장대(南將臺)라고도
불리는데 유사시 지휘소로 활용.

① **창렬사(彰烈祠)** 김시민 장군은 처음 충민사(忠愍祠)에 모셨으나 서원철폐로 충민사가 없어져
진주성 내 창렬사에 다른 38위와 함께 배향.

② **남강과 유등** 매년 10월 남강에서 유등축제 진행.

　진주대첩 이후 벌어진 평양성 전투와 행주대첩으로 조선에서 전
장 주도권은 완전히 조·명 연합군으로 넘어갔으며, 심각한 손실을
견디지 못한 왜군은 결국 3월에 부산포로 총퇴각한다. 임진왜란 발
발 1년 만이었다. 도요토미는 부산포로 퇴각한 이후 4월부터 경상
우도 및 전라도 공략을 명령함과 동시에 화전 양면책으로 6월 초부
터 명나라에 화친 협상을 시도한다. 도요토미는 왜군 장수들에게
전라도와 경상도에서 전공을 세우지 못하면 영지를 몰수하고 멸문
지화 당할 것이라고 압박하였다. 명군은 전투의지가 없었을 뿐만
아니라 협상을 통해 왜군이 어떤 입장에 있는지 알았기 때문에 왜

◀ **의암**

경남 기념물.
인조 7년(1629) 의암 각자.

① **의기사**   경남 문화재자료. 영조 16년(1740) 건립. 1956년 재건. 촉석루 서편 근거리에 위치.
② **삼충각**   전남 기념물. 전남 화순군 능주면 잠정리. 숙종 11년(1685) 건립.

군과 교전하지 말 것을 조선군에 요청하였다. 하지만 진주성에서는
의병장이었다가 관군이 된 경상우병사 최경회, 충청병사 황진, 행주
대첩의 의병장 김천일 등 6~7천 장병들은 결사항전을 다짐한다. 왜
군은 7월 19일 10만의 대군으로 진주성을 재침공하였는데 진주성
군민들은 일주일 동안 왜국 10만 대군을 상대로 선전을 펼쳤으나
결국 함락되었고 장병들과 진주성으로 모여들었던 약 6만 명의 백
성들이 함께 학살당했다. 왜군들은 진주성을 지키던 진주 목사 서예
원을 죽이고 김시민으로 착각하여 "목사를 죽였다."라고 보고한 뒤
서예원의 목을 본국에 보냈다고 한다. 한편 왜국의 2차 진주성 침공

으로 인한 혼란 중에 의기 논개가 적장을 안고 남강에 투신하였는데 그곳이 의암(義庵)이며 후손들은 논개의 충정을 기려 의기사(義妓詞) 사당을 세웠다. 또한 경상우병사 최경회와 문홍헌 등은 전세가 위급해지자 남강에 투신하여 자결하였는데 이들의 충절을 기리는 삼충각(三忠閣)은 능주(화순)에 있으며 숙종 때 정려되었다.

지우 : 진주성 지휘부가 조선의 관군 및 명군으로부터 왜군과 전투하지 말라는 지시를 받은 상태에서 군민의 희생이 확실한 전투 결정을 내린 것이 과연 옳은 일인지 의문이 들어요.

아빠 : 무고한 백성들이 6만 명 이상 학살당한 것은 매우 슬프고 유감스러운 일이지. 정상적인 군대를 보유하고 민본주의 정치를 수행하는 국가의 경우 있을 수 없는 이야기야. 하지만 임진왜란 당시 조선은 정상적인 상태가 아니었다는 점에서 옳고 그름을 판단하기 어려울 것 같아. 과연 진주성 지휘부가 백성들과 함께 도망가거나 항복을 해야 했을까? 국가가 백성의 진주성 진입을 금하고 전투를 회피하도록 했다고 해서 국가의 신뢰가 땅에 떨어졌고 전쟁상황 정보도 모르는 백성들이 어떤 조치를 취할 수 있었을까? 그래도 빨리 자신들과 마주친 왜군들의 영향력을 벗어나 이미 싸워 이겼던 진주성으로 가야 하지 않았을까? 그곳에는 백성들의 이웃이자 그래도 그들의 마음을 잘 이해하고 있는 의병 출신들이 지키고 있으니 말이야. 조선의 조정은 진주성이 함락되고 10일 뒤에 진주성 전투를 지원하라고 명을 내렸다는 사실에서 슬프다 못해 허무하기까지 해.

지우 : 논개의 충정을 기리는 사당에 꼭 기생이라는 의미를 명시해야 했을까요?

아빠 : 너의 입장에서는 다소 불편해 보일 수 있겠지. 하지만 조선시대에 의기라고 표현한 것은 당시 기생의 신분으로 인식되었기 때문이라고 봐. 논개가 최경회의 후실로 지아비의 복수를 위해 기생으로 위장하였다는 이야기도 있기는 하지. 남원에 있는 또 다른 논개의 사당인 의암사(義岩祠)처럼 표현되었으면 시공간을 초월하여 공감을 얻을 수 있었을 텐데. 하지만 과거에 대해 현재의 가치로 조명하는 것은 조선을 가슴으로 이해하는 데 크게 도움이 되지 않는 것 같아.

① **의암사**   전북 기념물. 전북 장수읍 장수리. 1956년 건립. 현판은 부통령 함영필의 친필.
② **논개생향비**   논개의 고향인 장수에 현종 12년(1846) 장수현감 건립.

의병 · 승병의 위국헌신

선조 25년(1592) 음력 4월 13일 임진왜란이 발발하였고 일본군은 부대를 3개로 나누어 3방향으로 진격하였는데 그 중 구로다 나가마사가 이끄는 제3군이 4월 14일 다대포를 경유해 죽도(가락면)에 도착했다. 제3군은 내륙의 관문이자 경상도와 호남으로 이어지는 교통의 요충지 김해성을 공격하려고 하였다. 김해부사 서예원은 경상감사 김수와 경상우도 병마절도사 조대곤에게 이 상황을 알렸고 의령, 함안, 합천 등지의 지방관에게 원병을 요청하였다. 이때 의병으로 송빈, 김득기, 이대형이 김해성에 입성하여 결전을 준비하였다. 왜군은 1만 1천 명의 규모로 김해성 전투력의 약 20배가량 되었다. 4월 17일부터 공방이 시작되었지만 김해성의 예상 밖 분전으로 공략이 어렵게 되자 왜군은 성의 북쪽에서 남쪽으로 흐르던 호계천(現 호계로)의 상류를 흙 가마니로 막았다. 물길이 막히자 성안의 개천과 우물이 말라가기 시작하였고 김해성의 병력과 백성들은 혼란에 빠졌다. 4월 19일 3번에 걸친 전투가 벌어지자 조선군의 전력은 급속히 약화되었고 원군이 올 기미가 없자 김해부사 서예원은 배를 타고 도주하였고 의병장 송빈이 총대장직을 맡게 되었다. 이때 류식이 장정과 노비 100명을 이끌고 김해성으로 들어왔으며 성안이 물 부족을 겪고 있다는 사실을 알게 되었다. 유식은 직접 망루에 올라 성안의 우물자리를 살펴보았고 관아 앞을 파게 하자 물이 솟아나 조선군과 백성들의 사기가 되살아났다. 후일 후손들은 류식이 판 우물 위에 유공정(柳公井)이라는 비석을 세워 그를 기념하였다. 이들의 결사항전도 헛되이 중과부적으로 4일째 되는 4월 20일 성은 함락당하고 사실상 최초 의병장들은 전원 순국한다. 송빈이 마지막까지 바위에 올라 전투를 지휘하던 곳이 순절암(殉節巖)이며 네 분의 위패는 김해 사충단(四忠檀)에 모셔져 있다.

① **사충단**　경남 기념물. 경남 김해시 동상동. 고종 8년(1871) 건립.
② **유공정**　김해 동상동 시장 내.

▲ **순절암**　경남 기념물. 경남 김해시 서상동.

① **김해성 북문** 경남 김해시 동상동. 세종 16년(1434) 축성. 2008년 복원.
② **25 의용단** 부산 기념물. 부산 수영구 수영동.

한편 김해성에 앞서 수영성에서는 경상좌수사를 비롯한 지휘관이 모두 도주한 상황에서도 성 밖에서 왜군과 끝까지 항전하다가 순국한 25분의 수병과 성 주민들이 있었다. 이들의 순국사실은 광해군 원년(1609)에 처음 알려졌으며 순조 대에는 그 공을 인정하여 후손들의 부역을 면제해 주고 공적을 칭송하는 글을 짓게 하였다. 철종 4년(1853)에는 경상좌수사 장인식이 현재 수영공원 자리에 비를 세워 의용단(義勇壇)이라 명하고 매년 2차례 제향을 봉행하기 시작했다. 현재는 연 1회만 제향을 봉행하고 있다.

조선에서 의병의 본격적인 활동은 곽재우에 의해 시작되었다. 곽재우는 본관이 현풍이며 호는 망우당이다. 곽재우는 왕명이 없었는데도 자발적으로 거병하여 대규모 왜국의 정규군에 대항한 최초 군사지도자로 높게 평가받는다. 초기에는 의령의 정암진과 세간리를 거점으로 활동을 시작했으며 점차 이웃 고을인 현풍·창녕·영산·진주까지를 작전 지역으로 삼고 활동범위를 넓혀갔다. 스스

① **정암**　　　경남 의령군 의령읍 정암리. 솥(鼎) 형상의 바위로 백성들의 소원성취와 발복의
　　　　　　　　대상.
② **정암진 전적지**　정암진 공원이 조성되어 있으며 왼쪽 모래밭 지역이 전적지.

로 천강 홍의장군(天降紅衣將軍)이라 칭하여 적군과 아군에 경외심을
갖게 하고 홀로 적진에 돌진하거나 의병(疑兵: 적의 혼란을 유도하는 위장 병
사)을 활용하여 적을 교란시켰다. 이로 인해 그는 신출귀몰하는 명
장으로 인식되었다. 5월 하순경에는 왜군이 함안군을 점령하고 정
암진을 도하하는 과정에 공격하여 대승을 거둔다. 50명의 의병이
왜군이 도하작전을 위해 미리 설치한 푯말을 몰래 늪지대로 옮겨
놓은 다음 매복하였다가 2천 명에 달하는 왜군을 패퇴시키는 전과
를 거두있다. 이후 곽재우 의병은 오운, 박사제 의병과 합쳐 2천 명
의 규모로 성장하였다. 이런 과정을 통해 곽재우의 의병활동은 전
쟁으로 인한 백성들의 동요를 잠재우는 동시에 다른 지역의 의병
을 촉발하였다. 또한 경상우도를 보존하여 관군이 정비할 시간을
보장하고 왜군의 호남 진출을 저지할 수 있었다. 김시민의 1차 진
주성 전투가 벌어진 10월에는 심리전과 후방습격으로 진주대첩에
크게 기여하였다. 정유재란 때는 경상좌도 방어사로 밀양·영산·창
녕·현풍 등 네 고을의 군사를 이끌고 화왕산성을 방어해 왜장 가토

의 진출을 막기도 했다. 의령에는 곽재우가 어린 시절 성장한 외가가 있으며 곽재우가 사용했을 것으로 추정되는 우물도 볼 수 있다.

◀ **곽재우 생가와 우물**
경남 의령군 유곡면 세간리.

◀ **충익사**
경남 의령군 의령읍 중동리.
1978년 사당 건립.
곽재우와 휘하 장수
17위패를 봉안.

정유재란 1년 전 선조 29년(1596) 이몽학의 난이 발생한다. 조정은 일본의 재침에 대비하기 위해 전국각지에 산성을 수축함으로써 민중의 부담과 불평이 커지게 되었다. 이몽학은 이런 불평불만에 가득 찬 백성들을 선동하여 반란을 획책하였다. 이몽학은 7월 6일 거사하여 홍산현을 시작으로 정산현, 청양현, 대흥군 등을 장악하여 그 무리가 1만여 명에 이르렀으나 관군의 진압이 시작되자 곧

와해되어 같은 반란군 김경창에 의해 이몽학은 참수되었다. 이 일로 많은 사람들이 처벌을 받거나 처형되게 되는데 문제는 반란군의 입에서 의병장 김덕령·최담령·홍계남·곽재우·고언백 등이 반란에 연루되었다는 고변이 나온 것이다. 이로 인해 김덕령과 최담령은 혹독한 심문을 받았으며 김덕령은 결국 장살(杖殺)당하였다. 곽재우도 잠시 동안 어려운 입장에 처해졌으나 혐의에서 벗어날 수 있었다. 김덕령은 후일 복권되었고 정조는 충장공(忠壯公) 시호까지 내렸으나 백성들은 영웅적인 활동을 보였던 김덕령 의병장의 죽음을 이해하지 못하였다. 재야에서는 더 이상 국가를 위한 의병 궐기를 하지 말아야 한다는 회의론이 발생하였으며 의병의 활동이 위축되는 상황이 발생하였다.

▲ 충장사   광주 북구 금곡동. 1975년 건립하였으며 사당 뒤편에 김덕령 묘소 위치.

지우 : 영조는 김덕령 의병장이 무고로 죽었다고 해서 복권을 시켰어요. 그렇다면 임진왜란 당시 관군들이 의병장들을 싫어해서 김덕령이 죽음에까지 이른 것인가요?

아빠 : 김덕령의 죽음을 단순히 관군과 의병 간의 갈등으로 단정 짓기는 어렵다고 봐. 전국적으로 관찰사, 관군 지휘관과 의병장들의 관계가 좋지 못하였고 의병장 김덕령과 관군 김응서, 신경행 등 사이에 작전을 둘러싼 갈등이 있었던 것은 사실로 보여. 하지만 관군이 직접 의병장을 음해했을 가능성은 낮은 반면 선조가 남긴 기록에서 좀 더 높은 가능성을 추론해 낼 수 있다고 봐. 선조는 고변된 의병장 중에 김덕령만을 잡아 올 것을 지시하였고 직접 추국하면서 윤두수의 노비를 장살한 것을 언급하면서 죄를 물었어. 『선조실록』에는 광해군이 김덕령에게 하사한 익호장군(翼虎將軍)이라는 호칭에 불편한 심기를 보였다는 내용도 적혀 있지. 선조와 윤두수는 역모고변이 나오자 둘 다 김덕령을 엮어 죽일 생각을 했지 않나 싶어. 김덕령의 처벌은 임진왜란을 통해 존경을 받던 광해군과 의병장 어쩌면 관군 전체에 대한 경고성격으로도 볼 수 있어. 임진왜란 내내 왕의 능력을 발휘한 적이 없는 선조의 입장에서 영웅들이 활약하는 것이 보기 좋은 것만은 아닌 것이지. 이순신의 백의종군도 따지고 보면 이런 선조의 이러한 사고의 연장선으로 볼 수 있어.

◀ 영규대사비
충남 문화재자료.
충남 공주시 계룡면 중장리.

　임진왜란의 최초의 승병장은 영규대사이다. 세속의 성은 박씨이고 이름은 영규, 본관은 밀양이다. 전쟁이 발발하던 해 7월 영규대사는 왜군이 점령하고 있던 청주성을 탈환하고자 승도들 수백 명을 이끌고 청주로 이동하여 적정을 정탐하였다. 이후 방어사 이옥과 함께 청주성을 각기 다른 방향에서 공격하기로 계획을 수립하고 잠복 대기 하였다. 하지만 새벽이 되자 이옥은 도주하였고 대사와 승도들만 무심천을 넘어 왜적들을 공격하게 되었다. 며칠간 전투에서 수적으로 열세한 승도들의 사상자가 늘어나 악전고투하던 차에 조헌의 의병들이 도착하여 합동작전을 펼쳤고 8월 1일 청주읍성을 탈환하는 데 성공하였다. 조헌은 본관이 백천이고 호는 중봉이다. 선조 원년(1568) 처음으로 관직에 올라 정주목·파주목·홍주목의 교수를 역임하였고 공주목 제독을 지냈다. 그는 선조 7년(1574) 때부터 국력을 결집하여 전쟁에 대비해야 한다고 수차례 상소를 올렸으며 선조 24년(1591) 도요토미가 겐소를 사신으로 보내어 정명가도(征明假道 : 明 정벌을 위한 길을 빌림)를 요구하자 상경하여 대궐문 밖에서 사신의 목을 벨 것을 3일간 지부상소(持斧上疏 : 도끼를 들

① **칠백의총**　　　사적. 충남 금산군 금성면 의총리.
② **종용사**　　　　사적. 일제 강점기 훼손되어 1952년 복원.

고 가 상소)하였다. 조헌은 유생 이우·김경백·전승업 등과 의병 1천
600여 명을 규합하여 7월 초부터 활동을 시작하였다. 『선조수정실
록』은 공주목사 허욱이 승병장 영규에게 승군을 거느리고 조헌을
돕게 했다고만 짧게 기술하고 있다. 결과적으로 조헌과 승병장 영
규의 청주성 탈환은 조선군의 사기를 진작시켰고 기호지방의 안전
확보에 크게 기여하였다. 이후 조헌은 700명의 의병들과 영규대사
의 승병들과 함께 전라도로 진군하는 1만 5천 명의 왜군을 저지하
기 위한 금산전투를 치른다. 안타깝게도 권율로부터 관군과 협공
을 늦추자는 전갈을 받지 못한 상태에서 단독으로 전투를 벌여 조
헌과 영규대사의 병력은 전원 순국하였다. 영규대사는 전투에서
옆구리에 조총을 맞고 갑사로 향하던 중 현 계룡면 사무소 앞에서
절명하였고 후일 영규대사비가 이곳에 세워졌다. 전투가 끝나고
사흘이 지난 시점에 조헌의 제자인 전승업과 박정량이 순국한 700
명 의병과 승병들의 유골을 모아 한곳에 합장하였는데 칠백의총이
라 부른다. 인조 12년(1634)에는 이곳에 순의단(殉義壇)을 설치하여

제향을 올렸다. 조정은 인조 25년(1647)에 종용사(從容祠)를 세워 700 의사의 위패를 모시고 현종 4년(1663)에 '종용사'라는 사액과 4결의 토지를 내려 춘추제향에 쓰게 하였다. 칠백의총에는 승병 800분의 유골도 함께 모셔졌을 것으로 추정되지만 종용사에는 영규대사와 12 승병 위패만 의병들과 함께 모셔져 있다.

영규대사 이후 큰 업적을 남긴 조선의 승병장은 서산대사와 사명 대사이다. 서산대사의 법명은 휴정이고 법호는 청허이며 서산(西山) 이라 잘 알려져 있다. 서산대사는 명종 6년(1551) 승과에 급제하고 30살인 명종 8년(1553) 1월 19일 나라에서 내린 도첩(度牒 : 출가한 승려 를 공인하는 신분증)을 받았다. 선조 22년(1589) 10월 정여립의 역모로 인 한 문초과정에서 무업이라는 자가 서산대사와 제자 사명당 유정이 모반에 관련이 된 것처럼 고변하여 옥살이를 하게 된다. 선조는 서 산대사와 사명대사가 무고함을 알고 바로 방면하였으며 휴정의 시 집을 읽어본 뒤 그의 충정에 감탄하여 손수 그린 묵죽 한 폭에 시 한 수를 지어 하사했다. 그로부터 3년이 지난 시점에 선조는 한양 을 버리고 몽진하여 의주에 이르렀다. 선주는 갑자기 휴정이 생각 나 그를 찾았고 휴정은 의주로 가서 선조를 알현했다. 휴정의 충성 에 감동한 선조는 즉석에서 팔도십육종도총섭(八道十六宗都摠攝)이란 직책을 내렸다. 이후 휴정은 직접 신도 1천 500여 명을 거느리고 명나라 원병과 함께 평양성을 탈환하는 데 큰 공을 세웠다. 평양성 탈환에 이어 선조 26년(1593) 10월에는 승병들이 어가를 호위하고 환도하여 폐허가 된 한양의 복구작업에 나섰다. 이후 조선에서 승 병들의 전공을 시기한 유신들의 비난 소리가 높아가는 것과는 대조적으로 원병을 보낸 명나라 조정과 명군진중 및 적진에까지 휴정의 명성은 높아만 갔다. 후일 정조는 서산대사의 유품이 보관되어 있는 대흥사(大興寺)의 사당에 '표충(表忠)'이라는 편액을 하사하고 사명대사와 처영대사를 좌우에 함께 배향토록 지시했다.

◀ **대흥사 표충사와 우물**
전남 기념물.
전남 해남군 삼산면 구림리.

사명대사의 법명은 유정, 당호는 사명이고 송운이라 불리우기도 한다. 중종 39년(1544) 태어났으며 속가에서의 성은 임씨이며 이름은 응규이다. 18세 되는 해인 명종 16년(1561) 승과에 응시하여 합격하였다. 46세 되던 해 정여립 역모사건에 연루되었다는 모함으로 강릉부의 옥에 갇혔으나 유림의 탄원으로 석방되었다. 선조 25년(1592) 금강산 유점사에 머물다가 임진왜란을 맞았고 왜장과의 필담으로 왜적들에게 붙잡혀 목숨을 잃을 상황에 처한 산중 백성들을 구하였다. 그 뒤 고성에 위치한 적진에 들어가 왜장 3명에게 필담을 통해 사람을 함부로 죽이지 말라고 타이르기까지 했다. 사명의 언행에 감명을 받은 왜장 2명은 사명에게 계(戒)를 받고 3일 동안 공양을 하였다고 전한다. 사명은 의병을 모집하여 당시 총섭

◀ 표충사(表忠寺)

경남 기념물.
경남 밀양시 단장면 구천리.
대한불교 조계종 제15교구 통도사 말사.

을 맡고 있던 스승 휴정에게 갔는데 휴정은 사명이 자기 대신 승병
을 통솔하도록 했다. 이듬해 2월 사명은 명군과 함께 평양성을 탈
환하였고 3월 하순에는 관군을 도와 노원평과 우관동 일대에서 적
과 싸워 크게 이겼다. 선조는 4월 12일 절충장군(折衝將軍) 호분위 상
호군(虎賁衛上護軍)의 교지를 내려 당상직(堂上職)에 오르도록 했다. 선
조 27년(1594) 사명은 울산 서생포에 있던 가토의 진중을 3차례 방
문하여 명나라와 일본 사이에 논의되던 강화조건을 확인 후 조정
에 보고한다. 정유재란이 끝나고 왜가 화친을 희망하자 선조 37년
(1604) 7월 대마도로 건너가 도주를 만나 협의 후 본토 도성으로 들
어갔다. 도쿠가와 이에야스를 만나 화친을 맺은 뒤 일본에 잡혀갔
던 동포 3천여 명을 데리고 이듬해 5월 귀국하였다. 사명대사 입적
후 8년 되던 해인 광해군 10년(1618) 무안에 사명대사 사당이 세워
지고 현종 10년(1669) 표충(表忠)이란 편액이 하사된다. 여기에는 그
의 스승인 서산대사도 배향되면서 표충서원으로 모습을 갖추게 되
고 후일 무안 표충서원은 밀양 표충사로 이전하게 된다. 밀양 표충
사는 신라 창건 당시 이름이 죽림사였는데 흥덕왕의 셋째 왕자 병

환을 이곳 물을 마시고 낳았다고 해서 중건되고 이름도 영정사(靈井寺)로 바뀌었다. 조선시대 영정사는 폐사될 정도로 방치되어 있었는데 유정의 8대 법손인 월파선사가 무안에 있던 표충서원을 이곳으로 옮겨오는 조건으로 사찰을 중창하면서 이름을 표충사(表忠寺)로 바꾸었다. 표충사가 여느 사찰과는 달리 독특하게 유교문화인 서원과 함께하게 된 사연이다.

① 표충사(表忠祠)와 서원 　　경남 유형문화재. 좌측 표충서원, 우측 표충사.
② 표충사 우물

사명대사가 말년에 수도하다가 입적한 곳은 해인사 홍제암이다. 홍제암이란 이름은 사명대사 입적 후 광해군이 내린 '자통홍제존자'라는 시호에서 따온 것이다. 홍제암에 있는 사명대사 석장비는 대사의 일대기를 기록한 비석으로 광해군 4년(1612)에 세웠으며 『홍길동전』을 지은 허균이 비문을 지었다. 1943년 일본인 합천 경찰서장이 비문의 내용이 민족혼을 불러일으킬 우려가 있다 하여 네 조각으로 깨뜨린 것을 1958년에 다시 접합하여 세웠다. 이 석장비는 현존하는 사명대사비 가운데 가장 먼저 건립되었으며 문장이 매우 빼어날 뿐 아니라 비문에 대사의 행적이 비교적 소상하게 적혀 있어 역사 및 학문적 가치가 높다.

① **해인사 홍제암**　　　보물. 경남 합천군 가야면 치인리. 광해군 6년(1614) 건립되었으며 이후 여러 차례 개수 및 중수.

② **사명대사탑 및 석장비**　국보. 우측 석장비, 중앙 사명대사부도탑, 좌측 홍제암 출입문.

지우 :　　조선은 불교를 억압했다고 알려져 있는데 승병들이 임진왜란에서 큰 역할을 하게 된 것과 어떤 연관성이 있다고 보시는지요?

아빠 :　　조선의 역사에서 불교를 억압하는 징책을 펼쳤다는 단순한 서술로 불교에 대한 전부를 설명하기는 어려울 것 같아. 조선 초기 개혁을 위한 방편으로 종단 통폐합, 사원전 환수 등이 추진되었고 15세기 국가가 불교를 직접 통제하는 정책을 추진한 것은 사실이야. 유교적 질서를 추구하는 집권층 입장에서 백성들과 승도(僧徒)가 유교로 교화되기를 바랐지만 달성되기 어려웠고 불교에 대한 통제정책은 시간이 흐를수록 그 성격이 변화되었다고 봐. 도첩제는 승도의 숫자를 제한하여 불교를 억압하는 측면도 있었지만 국역을 담당하

지 않는 계층을 줄이려는 목적도 있었지. 따라서 임진왜란 초기에 참전의 대가로 도첩이 발급되었으나 임진왜란 말기 국가가 재정확 보나 공사를 진행하기 위해 승도의 공명첩(空名帖 : 국가가 개인에 게 재화를 확보할 목적으로 명목상 직책을 주는 증서)이자 면역(免 役) 증서인 승통정첩(僧統証帖)·승가선첩(僧嘉善帖) 등을 발급하 는 걸 보면 국가가 승도를 제한한다는 의미는 거의 없어졌다고 보 여. 17세기 전반 남한산성 축성 때 승군 수효가 17만 명에 이른다 는『승정원일기』를 보면 조선에 얼마나 많은 승도들이 실제 있었 는지를 가늠할 수 있겠지. 18세기 균역법 시행에 따라 일반인의 역 부담은 감소한 반면 승도의 역 부담이 증가하자 차차 승도의 숫 자가 줄고 사찰이 폐사되는 경우가 속출했다고 해. 이것은 불교 억 압으로 승도와 사찰의 규모가 줄었다는 우리의 기존 인식과는 다 소 차이가 있는 셈이지. 왕의 입장에서 왕권에 도전하지 않는 충성 스러운 군사력 보유와 사용을 마다할 이유가 없었겠지 다만 유교 적 신념이 강한 신료들과의 마찰을 피하기 위해 불교우호적인 언 행은 삼갔을 것으로 보여. 임진왜란의 승병활동은 조선의 불교가 호국불교로서 역할과 위상을 드높였지만 불교가 대중적으로 성장 하는 데는 큰 영향을 주지 못했다고 생각해.

정유재란이 끝날 즈음 서인들이 조정을 장악하였고 국난의 책임이 있는 많은 사람들이 자리에서 물러났다. 이순신 장군이 전사하는 11월 19일 임진왜란 국정 최고의 책임자이며 이순신을 추천한 유성룡도 파직된다. 유성룡은 고향인 안동으로 내려와 부용대 기슭 옥연정사에 머물면서 『징비록(懲毖錄)』을 작성하게 된다. 징비는 『시경』「소비편(小毖編)」에 나오는 "여기징이비후환(予其懲而毖後患), 나를 미리 징계해 후환을 조심한다." 구절에서 따온 것이다. 『징비록』은 조선과 왜국, 명나라 사이의 외교전과 백성들의 생활상, 임진왜란에서 활약한 인물들의 공적과 평가 등을 상세히 기술하고 있다. 『징비록』의 가치는 원인과 결과를 상술함으로써 미래를 대비하고 전쟁을 예방하는 데 있다. 『징비록』의 가치는 왜국에도 잘 알려져 1695년 도쿄에서 초판이 발매되자 전국적으로 퍼져나갔다고 한다. 유성룡이 일생의 처음과 마지막을 같이한 하회마을은 마을 중심이 언덕을 이루고 있다. 따라서 이 언덕을 뒤로하고 낙동강을 바라보는 배산임수를 택하였기 때문에 집의 방향이 동서남북 각 방향으로 원형을 이루고 있다. 무조건 남향을 선호하는 요즈음 집들과는 대조적인 배치이다. 어느 집이든 집 뒤로부터 이어지는 지맥을 받아 집을 지었다는 이야기가 된다. 옥연정사가 위치한 부용대에서 하회마을을 바라보면 물 위에 얕게 떠 있는 연꽃과 같아 연화부수형(蓮花浮水形)이라고도 하고 거대한 배가 물을 가르며 항해하는 모습과 같다 하여 행주형(行舟形)이라고도 한다. 행주형 마을에는 우물을 파면 배 밑바닥에 구멍을 뚫는 것과 같은 효과가 있어 마을이 망하게 된다는 믿음이 있다. 그래서 하회에서는 함부로 우물을 파지 않았고 지금도 그 원칙을 지키고 있다.

◀ 옥연정사
중요민속자료.
경북 안동시 풍천면 광덕리.
하회마을 옥소(玉沼)
남쪽에 위치하여 옥연정사로 명칭.

◀ 하회마을
유네스코 세계문화유산.
경북 안동시 풍천면 하회리.

지우 :   서애 유성룡에 대한 평가가 조선시대에 그리 높지 않았던 이유가
        있을까요?

아빠 :   남의 잘못은 원래 크게 보이는 법이야. 『선조실록』은 북인의 관점
        에서 『선조수정실록』은 서인의 관점에서 기술되었으니 남인인 유
        성룡이 훌륭하게 묘사될 가능성은 낮겠지. 정파적 관점이 아니더
        라도 전쟁의 책임을 왕에게 돌리는 것보다 국정을 책임졌던 유성
        룡에게서 찾는 것이 조선왕정 체제에 사는 모두에게 편했을 것이
        라 생각이 드네.

▲ 만송정(萬松亭)   천연기념물. 류성룡의 형 류운용이 하회마을 서편에 조성한 방풍림. 만송정은
                맞은편 부용대의 기운 완화를 위한 비보(裨補) 용도. 현재 소나무는 1906년에
                다시 심은 것.

· 2장 ·

국제정세 변환기

광해군의 전후 복구정책

광해군은 분조로 임란을 지휘하였을 뿐 아니라 백성들의 고통을 직접 살핀 왕이었다. 전란으로 인한 피해 복구를 위해 과단성 있는 정책을 폈다. 조선시대 공물상납제도는 국가재정에서 차지하는 비중이 가장 컸을 뿐만 아니라 국왕에 대한 존중의 성격으로 좀처럼 개혁되지 못하였고 방납인(防納人)들의 각자 이권이 걸려 있어 개선하려는 노력도 부족하였다. 광해군은 즉위하던 해(1608) 선혜청을 설치하고 경기도에서 시범적으로 대동법(大同法)을 실시했다. 수세전결(收稅田結)에서 1결당 쌀 16말씩을 부과·징수한 뒤 그중 14말은 선혜청에서 공납물의 구입비용으로 공인(貢人 : 주로 종래의 방납인)에게 주어 물건을 납품하게 하고 나머지 2말은 수령에게 주어 공적 및 사적 경비로 쓰게 하였다. 대동법 실시 지역은 이후 조금씩 확대되어 숙종 3년(1677) 경상도, 숙종 34년(1708) 황해도로 확대 시행됨에 따라 전국의 공납제도가 대동법으로 바뀌었다. 대동법은 고종 31년(1894) 갑오개혁 때까지 200여 년간 유지되었다. 광해군 3년(1611)에는 전쟁으로 황폐해진 국토의 양전을 실시해 경작지를 넓힘으로써 농민들의 삶의 터전을 복구하고 국가의 재원을 정상적으로 확보하였다.

◀ 대동법시행기념비
경기 유형문화재.
경기도 평택시 소사동.
효종 10년(1659) 영의정 김육이 건립.

광해군은 임진왜란을 통해 파괴되었던 창덕궁을 광해군 원년에 중건 완료하고 광해군 8년(1616) 창경궁을 중건하였다. 창경궁 중건과정에도 재정문제로 신하들의 반대가 많았다. 허지민 광해군이 창경궁을 중건한 이유는 재위 초반 여전히 왕권이 불안정한 상태이어서 단종과 연산군 폐위가 있었던 창덕궁을 꺼려 하는 마음이 크게 작용하였다.

지우 : 광해군 4년(1614)에 파주 교하(交河)로 도읍을 옮기려고 하였는데 실패하고 한양에 대신 추가적인 궁궐을 지었다는 것은 어떤 배경이 있었는지 궁금해요.

아빠 : 광해군이 파주로 천도하려 했던 것은 자신과 국가를 모두 방어해야겠다는 생각이 있었던 것 같아. 먼저 자신의 약한 왕권을 보호하기 위해 왕기가 다한 한양을 떠나려던 것이고 한양도성 방어의 취약점을 보완하고 성장하는 여진족의 위협에 대비하기 위한 생각도 있었지. 한편 신하들의 입장에서 우선 자신들의 정치적 근거지를 옮기는 교하천도는 목숨을 걸고 반대했겠지만 창경궁 중건과 이어지는 다른 궁궐 영건까지 반대하기에는 명분이 부족했을 것으로 봐.

광해군은 광해군 9년(1617)부터 정궁인 경복궁의 중건은 서두르지 않고 현재 신문로 경희궁(慶熙宮) 자리에는 경덕궁(慶德宮)을 인왕산 아래 사직단 동북편 지역에는 인경궁(仁慶宮) 창건을 추진한다. 광해군이 경복궁 중건보다 인경궁 영건을 먼저 시작한 것은 현재 필운동이 풍수적으로 길지였기 때문에 자신이 거주하겠다는 마음이 강했기 때문이다. 동시에 광해군은 정원군(定遠君)의 사저에 왕기가 서려 있다는 소문을 선제적으로 대응하기 위해 경덕궁까지 영건하였다. 인경궁은 인조반정 당시 거의 완성되었으나 인조 원년(1623)에 일시 철폐하였다가 인조 26년(1648) 홍제원의 역참(驛站)을 지을 때 태평관과 함께 철거하여 그 기와와 재목을 자재로 사용하였다. 반면 경덕궁은 광해군 12년(1620) 1,500칸 규모로 완성되었다. 경덕궁은 피우(避寓)를 위한 별궁으로 경복궁 서쪽에 있어 서궐

▲ 서암
보물. 국립고궁박물관 소장.
(출처 : 국립고궁박물관,
www.gogung.go.kr)

로 불렀다. 일제 강점기에 경희궁(경덕궁)은 훼철되어 과거 모습은 거의 찾아볼 수 없다. 정문은 흥화문(興化門)으로 현 구세군 자리에 동향으로 있었으나 신라호텔 정문으로 쓰이다 현재 자리에 남향으로 재배치되어 있다. 정전은 숭정전(崇政殿)으로 현재 전각은 1994년 새롭게 지었으며 원래 숭정전은 동국대학교 법당인 정각원(正覺院)으로 사용되고 있다. 숭정전 서북쪽에 편전인 자정전(資政殿), 서쪽에는 왕실의 사당으로 알려진 태령전(泰寧殿)이 2000년 복원되어 있다. 궁궐지에는 "태령전 서쪽 선당(善堂)에 온천 셋이 있으며 영렬천이 그것이다(溫泉三井曰靈洌)."라고 적혀 있다. 또한 이 온천을 인조의 어머니와 효종도 즐겼다는 기록이 있어 왕실 전용 목욕 공간의 시설이 있었음은 분명해 보인다. 동시에 바위틈에서 흘러나오는 샘의 물이 매우 맑고 차서 초정(椒井)으로 불렀다는 기록도 남아 있다. 현재 영렬천(靈洌泉)이라 암각된 바위는 초정 샘으로 보이며 온천은 주변에 있었던 것으로 추정된다. 태령전 뒤 형태가 신령스럽다고 해서 왕바위(王巖)라 불리는 곳이 있으며 이곳에는 암천(巖泉)이 있다. 바위 안에서 흘러나온 물이 둥근 구멍에 모이고 길을 따라서 2곳에서 멈추었다가 아래 도랑으로 흘러내린다. 숙종은 숙종 49년(1708) 바위 이름을 '상서로운 바위'라는 뜻의 서암(瑞巖)으로 부르고 네모 돌에 새기라고 명하였다. 현재 서암 사방석(四方石)은 국립고궁박물관 수장고에 보관되어 있다.

① **흥화문** 　 서울 유형문화재. 서울 종로구 사직동.

② **숭정전** 　 사적.

③ **자정전** 　 사적.

④ **태령전** 　 사적.

⑤ **영렬천** 　 사적.

⑥ **왕암** 　 정원군 사저 왕기설의 진원지.

인조반정

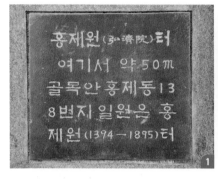

① **홍제원 표석**   서울 서대문구 홍제동. 고려 성종 4년(985) 최초 건립. 중국사신 관련 시설.
② **세검정**   서울 기념물. 서울 종로구 신영동. 1976년 복원.

광해군 15년(1623) 3월 13일 밤에 서인 김류와 이귀·심기원·최명
길·김자점 등이 병력 600~700명을 대동하고 홍제원에 집결하였다.
후일 인조가 되는 능양군은 자신의 병력을 거느리고 고양 연서역에
이동하여 장단부사 이서의 병력 700여 명과 합류하였다. 이들은 제
일 먼저 창의문을 돌파하여 창덕궁으로 진입하였는데 광해군은 연
회를 열고 있어 제대로 대응할 수가 없었다. 이때 반군의 횃불이 창
덕궁의 전각에 옮겨붙어 대부분 전각이 불에 탔다. 능양군은 보새
(寶璽)를 거두어 경운궁에 유폐 중인 대비 김씨에게 바쳤으며 대비
는 광해군을 폐하고 인조를 즉위시켰다. 조선에 있어 창의문은 사
실상 한양의 북문으로 사용되었고 도성 문 가운데 가장 잘 보존되
어 있다. 창의문에는 인조반정의 공신들 명단이 편액되어 있다. 창

의문 가까운 곳에 위치한 세검정(洗劍亭)은 『궁궐지』에 김류와 이귀 등이 광해군 폐위를 모의하고 칼을 씻은 곳으로 기술되어 있다.

◀ 영모당

전북 정읍 칠보면 무성리.
인목대비 폐위에 항의하며 낙향한
7광(七狂), 10현(十賢)을 모시는 사당.
송정영당(松亭影堂)이라는 별칭.

◀ 송정

7광 10현이 자연과 어울려
시를 읊던 성황산
동쪽 등성이에 위치한 정자.

◀ 후송정

후송정은 고종 35년(1895)에
세워졌으며 과거에는
전면에 근접하여 물길이 위치.

지우 : 광해군이 연산군처럼 폭정을 한 것도 아닌데 반정이 발생한 이유가 무엇인지 궁금해요.

아빠 : 광해군만큼 역사의 평가가 상반되는 군주도 없을 거야. 이런 평가는 반정의 이유에서부터 그 논란의 단초를 제공하고 있다고 봐. 반군은 반정교서에서 다섯 가지 이유를 들고 있는데 첫째, 폐모살제(廢母殺弟), 둘째, 과도한 궁궐 영건, 셋째, 구신을 축출하고 후궁 및 환관들과 영합, 넷째, 매관매직과 가렴주구, 다섯째, 오랑캐와 내통이야. 하지만 교서 내용의 70% 이상이 폐모살제와 오랑캐와 내통을 언급하고 있어서 이것이 주된 이유라고 봐야지. 반면 광해군 입장에서 생각해 본다면 명이 자신을 왕으로 인정하지 않는 상황에서 계모와 영창대군을 지지하는 불순한 세력의 움직임이 있다면 폐모살제는 어쩔 수 없는 선택 아닐까? 또한 광해군 반정세력들은 자신들이 군왕인 광해군과 의리를 깨는 또 하나의 이유로 후금과 내통을 들었지만 후일 그들이 후금이었던 청과 주화론을 주장하다가 항복한 것을 보면 결국 반정의 명분이라는 것이 왕권을 찬탈하기 위한 구실로 밖에는 안 보여. 후일 이괄의 난으로 반란군이 한양으로 들어왔을 때 백성들이 길을 닦아가면서 반란군을 환영했다는 이야기도 전해져. 이는 인조의 피난이 임진왜란 당시 선조의 몽진을 상기시켰을 수도 있지만 광해군의 폐위 명분을 백성들이 공감하지 못했다는 방증일 수도 있지. 하지만 성리학의 가치를 금과옥조와 같이 여기던 순수한 유학자들의 입장에서는 폐모살제가 충격적이고 받아들이기 어려운 사안이었던 것은 분명해 보여.

이괄의 난

　이괄은 인조반정 과정에서 군사동원의 공이 컸지만 김유와 이귀, 김자점 등보다 한 등급 아래인 정사공신(靖社功臣)에 봉해지는 데 그쳤다. 이괄의 아들과 동생은 논공행상에서 아예 제외되자 불만을 품게 되었다. 이괄은 반정 2개월 뒤 후금의 침입을 대비하기 위한 평안병사 겸 부원수로 임명되어 관서 지방으로 파견되었다. 이괄은 평안도 영변에 주둔하면서 묵묵히 후금의 침략에 대비하였다. 그러던 중 인조 원년(1624) 음력 1월 문회·허통·이우 등은 이괄과 이괄의 아들 이전, 한명련, 정충신, 기자헌, 현집, 이시언 등이 역모를 꾸몄다고 무고하였다. 하지만 조정에서는 역모의 단서를 찾지 못하였고 하는 수 없이 이괄의 아들 이전만 한양 압송을 결정하였다. 이괄은 아들이 한양으로 가는 순간 모두가 함께 역적으로 몰려 죽는다고 판단하여 1만 2천 명의 군사를 이끌고 반란을 일으켰다. 인조는 이괄과 반란군이 개성을 지나 3월 26일 임진강을 건넜다는 소식이 전해지자 그날 밤 한양을 버리고 수원으로 피난하였다. 한편 천안에서 반란군의 평정 소식을 접하였으나 패주하는 반란군이 이천 쪽으로 내려갔다는 소식이 들리자 다시 공주로 피란을 이어갔다. 공주 공산성에서 노심초사하던 인조는 이괄이 내부 반란으로 인해 죽고 난이 평정되었다는 소식을 듣자 자신이 기대어 시름을 달랬던 2그루 나무에 정3품의 벼슬을 내렸다. 그 나무는 영조 때 말라 죽었고 충청도 관찰사 이수황이 영조 10년(1734) 그 자리에 쌍수정을 세웠다. 공산성은 백제가 웅진시대에 세운 성으로 유서 깊은 장소들이 많이 있으며 유네스코 세계문화유산으로 선정되었다. 성안에는 임진왜란 당시 승병들이 합숙소로 쓰던 영은사, 백제 동성왕의 연회 장소에 복원된 2층 누각 임류각, 영조 30년(1754) 군사용 망루로 세웠다는 만하루 그리고 만하루 뒤의 연지 등이 있다.

◀ 쌍수정
충남 문화재자료.
충남 공주시 금성동.

◀ 만하루와 연지
충남 기념물.

공산성의 성문은 북문인 공북루와 남문인 진남루는 비교적 옛 모습을 그대로 보존하고 있으며 서문이자 주 출입구인 금서루와 동문인 영동루는 1993년 복원되었다. 이괄의 반란군 중 살아남은 일부는 후금으로 도주하여 광해군을 몰아낸 인조를 비난하였으며 후일 후금이 조선을 침략하는 구실로 활용된다. 이괄의 난에 놀란 조정은 이후 조선의 군사지휘관에게 반란을 감시하는 역할을 부여함으로써 부대 훈련이 소홀해지고 군대의 전투역량이 약화되는 결과를 낳게 된다.

◀ 공산성 금서루
금서루 전면의 비석은
송덕비와 제민천(濟民川)
교영세비 등 47기.

인조의 피난길에는 여러 가지 흥미로운 에피소드가 있다. 이괄의 난을 피해 공주로 피란을 가던 인조는 겨우 배를 구하여 제부도에 이르렀다. 갈증을 느낀 인조는 마실 물을 구해오라고 명을 내렸고 신하가 구해온 물을 단숨에 마신 뒤 샘물 맛에 감탄하였다. 환궁후에도 인조는 그 샘물 맛을 잊을 수 없어 '왕지정(王指井)'이라는 이름과 함께 쇠로 만든 종을 하사했다. 이때부터 사람들은 이곳을 '종현(鍾懸)마을'이라고 불렀으며 지금도 왕진물이라는 이름으로 그 우물을 보존하고 있다. 인조는 제부도를 지나 공주의 쌍수산성(공산성) 방향으로 피난길을 재촉하였다. 인조가 '소우물' 마을 앞을 지나게 되었는데 궁궐을 나선 이후 쉼 없이 움직인 터라 인조가 타고 가던 말이 매우 지쳐 있었고 피난 물품을 실은 우마차를 끄는 소도 갈증이 심해 헉헉거리기만 할 뿐 앞으로 나아가지 못하였다. 때마침 마을에 우물이 있다 하여 인조일행은 말과 소들에게 그 물을 마시게 하였다. 그 뒤 인조일행은 큰 문제 없이 쌍수산성으로 이동할 수 있었다. 이후로 마을사람들은 그 우물을 '소우물(牛井)'이라 불렀고 우성면(牛城面) 면이라는 지명도 여기서 유래되었다고 한다.

▲ **왕진물**　　　경기 안산시 단원구 대부북동.

▲ **소우물**　　　충남 공주시 우성면 목천리.

3장

정묘호란

형제의 관계

인조 5년(1627) 2월 23일 아민이 이끄는 후금군 3만 명은 광해군의 복수를 갚는다는 명분을 내세워 조선을 침공한다. 이들은 압록강을 건너 의주성, 정주성, 안주성을 차례로 점령하고 10일 만에 평양성에 도착했으며 보름 만에 황해도와 평안도 지역 대부분을 장악했다. 조선에서는 장만을 도원수로 삼아 평양 등지에서 최선을 다해 싸웠으나 후금군에게 연패하면서 본진이 개성까지 후퇴하였다. 인조를 포함한 신하들은 강화도로 대피하고 소현세자는 전주로 내려가서 분조 활동을 했다. 임진왜란 때는 남쪽에서 의병이 봉기했지만 정묘호란에서는 평안도에서 의병들이 궐기했다. 정봉수는 의병을 모아 평안북도 철산군의 용골산성에서 후금군과 맹렬한 전투를 벌였고 평안북도 용천군의 이립은 후금군의 배후를 차단했다. 이렇게 평안도의 산악지대에서 유격전이 벌어지고 인조는 강화도로 꼭꼭 숨었으며 분조가 삼남에서 물량을 지원하는 상황이 펼쳐지자 조기종전은 요원해 보였다. 후금은 3월 25일 부장 유해를 강화도에 보내 명나라의 연호 '천계(天啓)'를 쓰지 말 것, 왕자를 인질로 보낼 것 등을 조건으로 화의를 요구하였다. 이에 양측은 후금군은 즉시 철병할 것, 후금군은 철병 후 다시 압록강을 넘지 말 것, 양국은 형제국의 관계를 맺을 것, 조선은 후금과 화약을 맺되 명나라와 적대하지 않을 것 등을 조건으로 하는 정묘맹약을 맺고 4월 18일 맹약의식을 거행하였다. 조선은 종친인 원창군을 왕의 동생으로 속여 인질로 보냈으며 후금군은 철수하였다. 이후 인조는 강화도의 중요성을 인식하고 현재 국장급인 종3품 도호부사를 차관급인 종2품 유수로 격상하여 부임시켰다. 또한 강화의 방어 체계를 전반적으로 강화하여 고종시대까지 해당 체계를 유지하게 된다.

① 강화도 연미정(燕尾亭)   인천 유형문화재. 인천 강화군 강화읍 월곳리. 고려시대부터 사용한 기록이 남아 있으며 영조 20년(1744) 중수, 1976년 복원. 한강과 임진강이 합류하여 한 줄기는 서해로 다른 한 줄기는 강화해협으로 흐르는데 모양이 마치 제비 꼬리 같다 하여 연미정이라 명칭. 정묘맹약을 맺은 역사적인 장소.

② 강화유수부 청사와 우물   인천 유형문화재. 인천 강화군 강화읍 관청리. 인조 16년(1638) 개수, 1977년 복원.

· 4장 ·

병자호란

군신의 관계

　인조 정권은 후금의 압도적인 군사력에 밀려 정묘화약을 체결할 수밖에 없었으나, 주전론자들은 화약을 주도한 신료들을 참수하라는 상소를 이어갔다. 따라서 주화론자들의 입지는 매우 좁아졌으며 후금과 애매한 외교관계는 병자호란 시기까지 이어졌다. 특히, 병자호란을 앞둔 시기 조선의 신료와 사대부들은 명의 사대를 위해서는 나라가 망해도 상관없다는 말까지 서슴지 않았다. 정묘화약 10년 뒤인 인조 36년(1636) 2월 후금은 국호를 청(淸)이라 고치고 사절단을 보내 홍타이지의 칭제건원에 동참할 것을 요구했다. 그러나 조선은 국서의 접수를 거부하였고 삼사와 성균관에서는 사신의 참소를 요구하였다. 상황이 이렇게 전개되자 사절단은 3월 초 도망치듯 돌아가다가 우연히 인조의 선전교서(宣戰敎書)를 탈취하게 된다. 이 일로 인해 1637년 1월 병자호란이 발발하게 된다. 청 태종은 명군의 침공에 대비하여 심양에 정친왕을 남겨두고 용골대, 마복대 등을 선두 지휘관으로 삼아 한족, 몽골인, 만주족 혼성 부대 4만 5천 명을 거느리고 직접 조선을 침공하였다. 이때 의주부 백마산성에서 임경업 휘하 정병 4천 명이 배치되어 있었지만 청나라는 이를 우회하여 신속히 남하했다. 이후 다른 산성들도 연속으로 우회하여 단 4일 만에 개성에 도착했다. 이때 청군은 조선군이 만약 후방차단 작전을 실시한다면 포위되어 전 부대가 궤멸될 수 있는 위험한 상황이었다. 그런데 조선군이 청군의 이러한 약점에도 불구하고 적절한 대응작전을 수행하지 못한 것에는 몇 가지 이유가 있었기 때문이다. 조선군이 임진왜란의 충격을 겨우 추스르던 참에 이괄의 난이 터져 평안도 북방에서 훈련하고 주둔하던 정예병 1만 2천 명이 와해됨으로써 갑작스러운 청군의 남하를 효과적으로 저지하는 데 큰 어려움이 있었다. 또한 조선군이 급히 한양으로 집결해 청군을 저지하려 했으나 청군의 이동속도를 따라가지 못하였고 저지에 나선 조선의 단위부대들은 전력통합이 되지 않아 중과부적으로 패하거나 부대가 고립되는 상황이 연출되었다. 인조는 두 왕자(봉림대군·인평대군)를 비롯한 신료들과 종묘사직의 위패들을 먼저 강화도로 피난 가게 하고 소현세자와 함께 뒤따라가려 했다. 하지만 이미 청군 선발대가 서대문 근처 홍제원까지 도착해서 강화도로 갈 수 없자 하는 수 없이 남한산성으로 피신하게 되었다.

지우 : 몇 년 전 광해군의 중립외교가 세간의 주목을 받았고 현재 외교정 책에 잘 반영해야 한다는 의견들이 많았었는데 인조의 외교정책에 어떤 문제가 있었던 건가요?

아빠 : 중립외교를 강조한 분들의 뜻은 이해하지만 역사가 언어의 모호성에 갇혀서는 안 된다고 생각해. 광해군은 중립외교, 인조는 반청외교로 분리해서 이해하는 것은 편의적인 접근일 수 있다는 것이지. 인조반정 후 인조의 외교기조가 광해군과 크게 차이가 없었음에도 불구하고 청이 급격히 성장하는 바람에 중립외교 입장이 한계상황을 맞았다고 이해할 수 있어. 다시 말해 인조가 청과 관계를 재정립하는 방향으로 조정의 기류를 유도했지만 명과의 의리를 주장하는 젊은 신하들에게 휘둘려 우물쭈물하다가 전쟁을 맞이한 것이지.

지우 : 인조의 외교 원칙이 국제환경적 변화로 인해 위기를 맞았다면 현재 한반도 외교정책에서 중립외교의 필요성을 강조하는 것은 어떤 이유에서 그럴까요?

아빠 : 한반도의 평화정착과 남북협력이라는 정책적 지향에 중점을 두다 보니 나온 말이라고 생각해. 국제환경에 있어 중국이 청나라처럼 세계강대국으로 성장했으며 우리의 중요한 경제파트너라는 사실은 틀림없는 사실이지. 하지만 북한이 핵 위협을 가시화하여 한국을 물론 주변국의 안전까지 위협하고 있는 상황을 함께 생각할 필요가 있어. 북한 핵 위협을 해소하기 위해서는 굳건한 한미동맹을 근간으로 유엔회원국 및 주변국과 협조하는 것이 매우 중요하다고

봐. 한편 북한 비핵화에 소극적인 중국과의 관계를 위해서 미국 및 유엔회원국들과 등거리를 두는 중립외교를 강조하는 것이 시기적으로 효용성 있는 외교해법인지 의문이 들어.

① **남한산성**   사적. 총 12.4km 성곽. 최초 축성은 백제 온조의 성싹 및 신라 문무왕 12년(672)에 한산주에 쌓은 주장성이라는 기록 동시 존재.

② **청량사**   경기 유형문화재. 산성축성 관련된 모함으로 죽은 이회 장군의 원혼을 위로하는 사당.

③ **행궁 정문**   남풍문.

④ **행궁 내행전**   상궐에 있는 왕의 생활공간, 인조 2년(1624)에 준공.

남한산성은 전략적 요충지로 후금의 침입에 대비해 삼국시대 토성을 석성으로 개축하였다. 남한산성은 삼국시대, 고려시대, 조선시대 축성양식을 모두 확인할 수 있는 점이 유네스코 세계문화유산 지정의 중요한 요건이 되었다. 남한산성 행궁은 인조 2년(1624)

① **수어장대**   경기 유형문화재. 고종 33년(1896) 유수 박기수가 개수. 현존 유일의 영조 대 지휘소.

② **무망루**   영조 27년(1751) 수어장대를 증축하면서 2층 누각 안에 건 현판. 병자호란 때 인조가
          겪은 시련과 아들 효종이 청나라에 대한 복수에 실패하고 죽은 비통함을 잊지 말자는
          뜻에서 붙인 이름.

③ **어정(禦井)**   어정(御井)이 아니라 수어장대의 우물이라는 뜻.

7월에 착공하여 인조 4년(1626) 11월에 완공되었다. 병자호란 이후
에도 숙종·영조·정조가 영릉(寧陵)을 참배할 때 이곳에 머물렀으며
후대에는 지방관인 유수의 집무실로 사용된 것으로 판단된다.

　당시 남한산성의 단기적 방어태세는 양호한 편이었다. 수어장대
등 전쟁지휘소와 성벽 등이 잘 정비되어 있었고 산성 내에 우물 30
여 개와 연못 40개가 위치하여 급수에 문제가 없었다. 하지만 서둘
러 산성으로 피난을 하다 보니 산성 밖 식량저장소의 식량을 성안

으로 운반하지 못하였다. 산성 내 군량 비축분은 쌀 14,000여 섬, 간장 100여 독에 불과하였다. 군사 1만 2천여 명의 약 50일분 식량에 피난 온 왕실과 신료들까지 가세하자 사정은 더욱 나빠졌다. 설상가상으로 병자년 겨울은 혹한이 몰려와 방한에 필요한 피복과 연료가 심각하게 부족하였다. 전쟁 초반 청군과 공방전에선 조선군은 선전하였다. 12월 18일에는 원두표가 지휘하는 군사들이 출전해 6명의 청군을 죽였고, 이틀 뒤 20일에는 신경진의 군사가 출전해서 30명의 청군을 죽이며 적의 진입을 저지했다. 19일에 청군이 공성을 위해 서양 대포인 홍이포를 성 남쪽에서 발사하자 천자총통으로 홍이포를 저격하여 청나라 포병에게 큰 타격을 입혔다. 또한 산성 내 승려들도 화약과 무기를 지원함과 동시 전투에도 참가하여 한층 전투력을 강화하였다.

◀ **망월사 항전유적**
경기기념물.
경기 광주시 남한산성면 산성리.
망월사는 태조 때 창건.
승병들이 화약을 제조한 유적.

당시 조선의 속오군의 숫자는 약 8만으로 남한산성이 항전하는 동안 전력과 지휘권이 원만히 통합되었다면 청군이 쉽게 이길 수 있는 상황이 아니었다. 그러나 도원수 김자점과 새로이 도원수로

우물로 본 조선역사

임명된 심기원의 지휘권 문제로 전력의 통합운영은 어려웠고 심지어 김자점이 지휘하는 부대는 인조가 청나라에 항복할 때까지도 북쪽 양평에 머물며 움직이지 않았다. 그 사이 청나라군은 강화도를 공격하였고 방어를 맡았던 장신과 김경징은 제대로 싸우지 않아 왕자들이 붙잡히고 강화도가 함락되었다. 동시에 근왕을 위해 남쪽에서 북상하던 경상도 속오군이 쌍령전투(경기도 광주)에서 청군에게 큰 피해를 입혔지만 전반적인 전투력이 약화되자 조정은 남한산성의 항전이 무의미하다는 결론을 내린다. 인조는 음력 1월 30일 성문을 열고 왕세자와 함께 삼전도에 설치된 수항단에서 청 태종에게 삼궤구고두례의 항복 의식을 치른다. 후일 이것을 삼전도의 굴욕이라고 부른다.

① **쌍령정충묘**　광주 유형문화재. 경기 광주시 초월읍 대쌍령리.
② **삼전도비**　사적. 서울 송파구 잠실동

　그러나 주전론을 주장하는 신하들은 끝까지 뜻을 굽히지 않았고 청나라로 끌려갔다. 그중 삼학사는 끝까지 굴복하지 않아 참형을 당하였다. 숙조 14년(1688) 유수 이세백은 홍익한·윤집·오달제 삼학사의 충절을 기리기 위해 사당을 남한산성에 세웠고 숙종은 19년 (1693) 현절사라는 편액을 하사하였다. 이후 숙종 25년(1699)에는 삼학사와 함께 항복을 거부한 김상헌·정온의 위패도 함께 모셔졌다.

◀ 현절사
경기 유형문화재.
경기 광주시 중부면 산성리.

후일 정조는 영릉참배를 위한 남한산성 행궁방문을 군사적 목적으로도 활용하였다. 남한산성의 치욕을 잊지 않고 군사력을 강화하기 위한 조치로 연무관에서 특별 과거시험을 치르고 무기 시연과 군사훈련을 실시하였다. 연무관은 인조 3년(1625)에 세워졌으며 숙종 28년(1702) 중수하였다. 숙종은 연병관이라는 현판을 하사하였고 정조는 수어영이라고 개칭하였다. 통상 연병관 또는 연무관으로 부른다. 또한 행궁 동쪽에는 침괘정이 있는데 무기제작소 및 무기창고를 관리하던 사무실로 추정된다. 연무관 맞은편에 위치한 지수당은 병자호란이 지난 지 얼마 되지 않아 현종 13년(1672) 부윤 이세화가 세운 연지이다. 유사시 군마와 병사들에게 물을 공급하기 위한 시설이자 남한산성 수령들의 위락의 공간이었다. 남한산성의 물이 서에서 동으로 흐르는 것을 이용하여 3곳의 연지를 만들었는데 현재는 2곳만이 남아 있다. 연무관, 침괘정, 지수당은 비록 조선이 병자호란에서 아픈 상처를 입었지만 다시는 과오를 반복하지 않겠다는 다짐을 보여주는 호국의 유적이다.

◀ 연무관
보물.
경기 광주시 남한산성면 산성리.
조선 수어청의 유일한 현존 건물

◀ 침괘정
경기 유형문화재.
경기 광주시 남한산성면 산성리.
영조 27년(1751) 중수.

◀ 지수당
경기 문화재자료.
경기 광주시 중부면 산성리

5장

호국불교의 유적

팔만대장경과 장경판전

◀ **해인사 어수정과 장경판전 입구**
경남 합천군 가야면 치인리.
좌측 위쪽이 장경판전 입구,
어수정은 대적광전 옆에 위치.

임진왜란과 병자호란을 통해 불교는 호국불교라는 확실한 정체성을 가지게 되었다. 이러한 정체성 형성에 사명대사가 크게 기여하였으며 입적하시기 전 머물렀던 해인사는 호국불교의 상징적 사찰이라고 평가할 수 있다. 해인사는 법보사찰이라 불리운다. 한국불교의 삼보사

① 장경판전 건물 중앙부

② 장경판전 배치 및 구조

수다라전 내부로 실내 통풍을 위한 원형의 전후 개방문과 창살구조의 좌·우측 판전 출입문 설치. 바닥에는 숯, 횟가루, 찰흙을 넣어 장마기에는 습기를 흡수하고 건조기에는 습기를 방출.

좌측은 수다라전 뒤편으로 모습으로 윗창이 아래창의 3배 크기, 우측은 법보전으로 아래창이 윗창의 3배 크기, 각각의 건물 전후는 반대 형태로 원활한 공기 흐름으로 습기제거와 공기순환을 도모. 좌·우측 판전을 충분히 이격함과 동시에 우측이 높아 일조와 공기 흐름에 제한이 없도록 배치.

찰은 송광사, 통도사, 해인사이며 해인사가 법보사찰이라 불리는 것은 대장경판전에 법보인 고려대장경판이 보관되어 있기 때문이다. 유네스코 세계기록유산인 팔만대장경은 외적의 침입을 불력으로 막겠다는 호국정신의 상징이며 조선 태조도 그 가치를 인정하여 해인사로 옮겨 놓은 것이다. 한편 팔만대장경 장경판전은 세조 대에 공사를 시작하여 성종 대에 완성된 것으로 추정된다. 장경판전은 대장경 목판 보관을 목적으로 지어진 세계에서 유일한 건축물이다. 효과적인 건물 위치 선정 및 창호 배치를 설계에 반영하였으며 경험을 통해 얻은 다양한 재료를 활용함으로써 대장경판을 오랜 기간 효과적으로 보존하였다. 환언하면 대장경을 보관하는 데 필요한 자연통풍과 적절한 온도 및 습도 조절이 가능하였다는 것이다. 이러한 과학적 건축 및 보관 방법은 600년이 넘도록 목판이 변형되지 않고 온전하게 보관하였고 유네스코는 이런 점을 높게 평가하여 장경판전을 세계문화유산으로 지정하였다.

① **김영환 장군 송덕비** 한국불교 조계종에서 2002년 건립.
② **김영환 장군** 빨간 마후라의 원조.

해인사의 팔만대장경과 장경판전이 우리의 자랑이자 유네스코 문화유산으로 보존될 수 있는 데는 한 사람의 고뇌에 찬 결단과 노력이 있었음을 알아야 한다. 그 사람은 빨간 마후라의 실제 주인공인 김영환 장군이다. 6.25 전쟁 당시 대령이었던 김영환은 지리산 일대의 빨치산 잔당 토벌명령을 받아 F-51D 전투기를 몰고 편대원들과 출격하여 미군기가 표적 확인을 위해 떨어뜨린 연막탄을 확인하였다. 김영환은 표적지역이 해인사임을 확인하고 편대원들에게 폭탄과 로켓사격을 금지하고 기총으로만 적에 대한 공격을 지시하였디. 그 덕분에 합천 해인사 장경판선과 팔만대장경이 온전히 보존될 수 있었다. 반면 전시의 명령불복은 즉결처분에 해당하는 항명으로 결국 대통령을 비롯한 상부의 문책을 받게 되었다. 김영환은 자신의 조치에 대한 정당성을 설명하였고 주변인들의 도움과 미군 측이 김영환의 의도를 인정하여 처벌을 면할 수 있었다. 김영환은 1954년 3월 5일 강릉 공군 행사 참석차 대관령 부근을 비행하던 중 실종되었다. 해인사 입구에는 김영환 장군의 송덕비가 해인사를 찾는 이들에게 그날의 이야기를 전하고 있다.

우물로 본 조선역사

유네스코 세계문화유산 산지승원

　해인사의 팔만대장경과 장경판전이 세계기록문화유산과 세계문화유산으로 지정된 것 이외에도 한국의 불교사찰 7곳이 산사 유네스코 세계문화유산으로 등재되었다. 유네스코가 7개 사찰을 세계문화유산으로 등록한 이유는 이들 사찰이 종합적인 불교 승원으로서의 특징을 잘 보존하고 있으며 산기슭에 계류를 끼고 입지하여 주변 자연을 경계로 삼는 자연친화적 건축물의 양식을 나타내기 때문이다.

◀ 부석

경북 영주시 부석면 북지리.
바위의 좌측에 부석이라 암각.
부석사는 한국 불교 화엄종의 근본도량.

　영주 부석사(浮石寺)는 신라 문무왕 16년(676)에 의상대사가 왕명으로 세운 화엄종 사찰이며 현재 대한불교 조계종 제16교구 본사 고운사의 말사이다. 부석사 명칭은 의상이 부석사를 창건할 때 설화와 관련이 있다. 의상이 당나라에 유학을 갔을 때, 그를 사모하던

① **안양루** 보물. 선조 9년(1576) 신축.
② **무량수전** 전각 앞 석등은 국보로 9세기 후반 제작, 무량수전은 국보로 우왕 2년(1376) 개축·
광해군 3년(1611) 중수. 무량수전 현판은 공민왕 친필.

선묘라는 여인이 있었다. 하지만 의상은 승려 신분으로 선묘의 애정을 거절했고 의상이 신라로 귀국하자 선묘는 바다에 몸을 던져 용이 되었으며 의상의 귀국 뱃길을 안전하게 지켰다고 한다. 이후 의상이 부석사를 창건할 때 지역의 도적 떼들이 불사를 방해하자 선묘가 큰 바윗돌이 되어서 하늘을 떠다니며 도적들을 물리쳤다고 전한다. 이후 절 이름을 뜰 부(浮), 돌 석(石)을 써서 부석사라고 했으며 부석사에는 선묘에게 제례를 지내는 선묘각이 있다. 부석사의 가장 특징적인 부분은 '누하진입(樓下進入)'이다. 누각 아래로 들어간다는 뜻으로 안양루 밑 계단을 올라가다 보면 친징(안양루 바닥)에 시야가 가려지고 고개를 숙이거나 몸을 낮추며 들어가게 된다. 부처님의 진신이 모셔져 있는 탑이나 서방 극락세계를 뜻하는 무량수전에 몸을 낮춰 겸손함을 저절로 보이게 되는 구조다. 이어서 마주치는 무량수전은 고려시대 중기 건축물로 1376년에 중수된 것으로 알려져 있는데 건립 시기는 이보다 100~150년 이전으로 추정된다. 고려시대 최고의 목조건물이다.

① **봉정사 만세루**   경북 유형문화재. 경북 안동시 서후면 태장리. 엘리자베스 여왕의 명복을 비는
현수막.

② **극락전**   국보. 건립연대를 1200년대 초로 추정하며 통일신라시대 건축양식. (출처 : 문
화재청, www.heritage.go.kr)

③ **대웅전**   국보. 정면에 툇마루와 난간을 설치한 특징. (출처 : 문화재청, www.heritage.
go.kr)

봉정사(鳳停寺)는 안동시 서후면 천등산에 있는 신라시대 고찰이
며 대한불교 조계종 제16교구 본사 고운사의 말사이다. 신라 문무
왕 12년(672)에 의상대사의 제자 능인스님이 창건했다고 한다. 봉
정사도 만세루 누하진입구조를 갖추고 있다. 봉정사 극락전은 고

려시대에 지어졌으며 고려 공민왕 12년(1363) 옥개(屋蓋)를 크게 수리하였으며 조선 인조 3년(1625)에 중수하였다. 봉정사 대웅전은 건립연대가 불확실하나 극락전과 비슷한 시기로 추정한다. 건물 내부에는 석가모니 본존불을 중심으로 문수보살, 보현보살이 모셔져 있다. 특히 대웅전에는 건설 당시의 단청이 아직도 남아 있고 보존 상태도 양호하여 당시 불교 건축물 장식 연구에 중요한 자료가 된다. 봉정사는 작고한 영국 엘리자베스 여왕이 방문한 장소로도 유명하다.

통도사(通度寺)는 양산시 하북면 지산리에 위치한 사찰로 대한불교 조계종 제15교구 본사이다. 한국의 삼보사찰 중 하나이자 팔대총림 중 하나이다. 석가모니의 진신사리가 안치된 적멸보궁(寂滅寶宮)이 있어 불보(佛寶)사찰로도 불린다. 지금의 통도사 자리에는 과거 큰 연못이 있었는데 그곳에 9마리의 독룡이 살면서 백성들에게 해를 끼쳤다고 한다. 646년(신라 선덕여왕 15년)에 자장율사가 연못에 있는 독룡들을 교화하여 날아가게 했고 연못을 메운 후 그 위에 통도사를 창건했다고 전해진다. 그중 5마리는 오룡동으로 3마리는 삼곡동으로 날아갔는데 한 마리는 남아서 터를 지키겠다고 청하여 자장율사가 수락하였다고 한다. 독룡 9마리가 실던 연못을 메워 금상계단을 세웠고 중국에서 모셔온 석가모니의 진신사리를 안치하였다. 지금 남겨진 구룡지는 마지막 한 마리 남은 용이 있던 곳이라 한다. 조그마한 타원형의 연못이지만 아무리 심한 가뭄이 들어도 수량의 변화가 없었다고 한다. 통도사는 임진왜란 때 불에 탄 것을 조선 인조 23년(1645)에 다시 지은 것이다. 통도사는 대웅전에 불상이 없는데 금강계단에 석가모니의 진신사리를 안치하였기 때문이다.

① **통도사 대웅전**   국보. 경남 양산시 하북면 지산리. 인조 22년(1645) 재건. 대웅전, 금강계단, 대방광
전의 현판이 함께 걸려 있음.

② **구룡지**

③ **영산전과 연못**   보물. 숙종 40년(1714) 재건.

④ **용화전(龍華殿)과 봉발탑(奉鉢塔)**   경남 유형문화재. 영조 원년(1725) 개수 및 고종 3년(1899) 대
규모 수리, 6.25 전쟁 당시 육군 31병원 분원으로 사용하였으며
현재 국가 현충시설로 지정, 좌측 봉발탑(공양그릇을 들고 미륵
불을 기다린다는 상징)은 보물.

    선암사(仙巖寺)는 순천시 승주읍 조계산 동쪽 기슭에 있는 사찰로
한국불교 태고종의 유일한 수행 총림이다. 승보사찰인 송광사와
는 등산로로 이어져 있다. 사찰의 일주문과 절 앞쪽의 석재 무지개
다리인 승선교가 유명하다. 백제 성왕 5년(527) 현재의 비로암지에
초창주 아도화상이 처음 사찰을 창건하였고 청량산 해천사라 하
였다. 신라 말 도선국사가 현 가람 위치에 절을 중창하면서 선암사

◀ 선암사 대웅전
보물. 전남 순천시 승주읍 죽학리.
순조 24년(1824) 중건.

① **일주문** 보물. 현종 원년(1660) 중창.
② **승선교** 보물. 임진왜란 이후 설치한 것으로 추정. 숙종 24년(1698) 호암대사가 관음보살을
보려고 백일기도를 하였지만 뜻을 이룰 수 없어 목숨을 끊으려 하자 한 여인이 대사를
구했다고 함. 대사가 이 여인이 관음보살임을 깨닫고 원통전을 세우고 절 입구에 승선
교를 세웠다는 전설.

로 이름을 바꾸었다. 정조 13년(1789)에 임금이 후사가 없자 눌암스
님이 선암사 원통전에서 해붕스님이 대각암에서 백일기도를 하여
1790년 순조 임금이 태어났다고 한다. 이후 왕위에 오른 순조 임금
은 인천대복전(人天大福田)이라고 쓴 편액과 은향로, 쌍용문가사, 금
병풍, 가마 등을 선암사에 하사하였다.

대흥사(大興寺)는 해남군 삼산면 구림리의 두륜산 도립공원 내에

◀ **대흥사 대웅보전**
전남 유형문화재.
전남 해남군 삼산면 구림리.
광무 4년(1900) 육봉법한 대사 중건.

① **무염지(無染池)**   초의선사가 향로봉의 화기를 막기 위해 조성.
② **초의선사 동상**   초의선사(1786~1886)는 다선일미(茶禪一味) 사상을 정립하였고 김정희, 정
약용과 친분으로 유명.

있는 절이며 대둔사라고도 한다. 대한불교 조계종 제22교구 본사
이다. 대흥사는 역사적·학술적인 가치를 인정받아 2009년 사적으
로 지정됐다. 임진왜란 당시 서산대사가 거느린 승군의 총본영이
있던 곳으로 유명하다. 서산대사는 "전쟁을 비롯한 삼재가 미치지
못할 곳(三災不入之處)으로 만 년 동안 훼손되지 않는 땅(萬年不毁之地)"
이라 하였고 선조 37년(1604) 대사의 의발(衣鉢 : 의복과 식기)을 이곳에
보관하며 크게 중창하였다고 한다. 조선의 조정은 서산대사를 기
리는 표충사를 선암사에 별원으로 세웠다. 대흥사 뒤편을 따라 올

라가면 다승 초의선사가 기거하던 일지암이 있으며 현재도 매년 초의선사 문화제가 대흥사에서 개최되고 있다. 또한 대웅보전의 원교 이광사의 글과 무량수전의 김정희의 글에 관계된 에피소드가 여러 사람들에게 회자되고 있다.

법주사(法住寺)는 충청북도 보은군 속리산 내에 있는 사찰로 대한 불교 조계종 제5교구 본사이다. 신라 진흥왕 14년(553)에 당나라에서 공부하고 돌아온 의신대사가 창건한 사찰로 의신이 돌아오면서 백나귀에 불경을 싣고 와서 법주사라 이름 지었다고 전한다. 근세 이전에 만들어진 목탑 중 유일하게 남은 팔상전과 대형 금동미륵불상, 각종 국보 유적들을 보유하고 있는 중요한 절로 신앙유적으로서 학술적 가치가 크다고 인정받아 2009년 사적으로 지정되었

▲ **팔상전**   국보. 선조 38년(1605) 착공~인조 4년(1626) 완성.

다. 법주사 팔상전은 석가모니의 일생을 여덟 장면으로 구분하여 그린 팔상도를 모시고 있는 5층 목조탑이다. 법주사를 처음 만들 때 세워진 것으로 전해지며 임진왜란 때 불에 타 사라진 것을 선조 38년부터 인조 4년에 걸쳐 벽암대사가 주관하여 다시 세웠다. 대웅보전은 흔치 않은 중층 구조이며 원통보전은 정사각형에 사모지붕을 올린 구조로 보물로 지

▲ 금동미륵입상
고종 9년(1872) 당백전 주조를 위해 불상 국가 몰수. 2002년 복원.

정되어 있다. 팔상전과 함께 국보로 지정된 쌍사자 석등과 석련지는 역사 교과서에도 자주 등장한다. 금동미륵입상은 신라 혜공왕 12년(서기 776)에 진표율사가 7년간의 노력 끝에 금동미륵대불을 조성해 모셨지만 대원군의 경복궁 조성으로 인해 국가에 헌납되었다. 이후 시멘트, 청동불상을 거쳐 2000년 개금불사를 통해 세계 최대 청동불상으로 위치를 확보하였다.

◀ 석련지
국보.
8세기 통일신라시대 작품으로 추정.

마곡사(麻谷寺)는 공주 태화산 동쪽 산등성이에 있는 사찰로 대한불교 조계종 제6교구 본사이다. 삼국시대인 640년(백제 무왕 41년/신라 선덕여왕 9년)에 자장율사가 창건하였다. 후삼국시대에는 폐사가 되었다가 고려 명종 때인 1172년 보조국사 지눌이 제자 수우와 함께 왕명을 받고 중창하였다. 불심이 깊었던 세조는 이 절을 자주 방문하였고 '영산전'이라는 친필 판액을 내렸다. 한편 생육신 김시습이 마곡사에 은신하고 있다는 소식을 듣고 급히 왔지만 김시습은 부여 무량사로 거처를 옮겨버려 김시습을 만나지 못하였다. 그러자 세조는 절을 떠날 때 "매월당이 나를 버리고 떠났으니 연을 타고 갈 수 없다."고 하여 온 연(輦)을 징표로 남겨두고 소를 타고 갔다는 이야기가 전해온다. 세조가 남겨둔 연이 아직까지도 마곡사 박물관에 보관되어 있다. 창건 당시에는 30여 칸 대사찰이었지만 현재는 대웅보전, 대광보전, 영산전, 사천왕문, 해탈문 등이 있을 뿐이다. 백범 김구 선생이 젊은 시절 한동안 머문 적이 있다. 치하포 사건으로 수감 도중 인천에서 탈옥해 도피생활을 하던 중 이곳에서 하은당이라는 승려를 은사 삼아 원종이라는 법명으로 출가하였다.

① 대웅보전	보물. 공주시 사곡면 운암리. 효종 2년(1651) 각순대사가 개축. 2층 건물로 조 선 건축사의 중요한 자료.
② 대광보전	보물. 정조 9년(1785) 재건.
③ 영산전	보물. 효종 2년(1651) 각순대사가 개축. 마곡사의 가장 오래된 건물.

미리 본 변화의 우물

변화의 우물은 시기적으로 영조와 정조의 새로운 정치구현을 위한 노력과 사도세자로 인한 부자의 인간적 고뇌와 효행의 이야기를 담고 있다. 정치적으로 왕이 주도한 탕평(蕩平)이라는 정치개혁과 신도시 건설 및 실증적 사상의 강화라는 패러다임 전환 노력에 주목하고 있다. 한편 유네스코가 세계의 인물로 선정한 정약용의 발자취를 조명함으로써 비록 정조의 죽음으로 멈추었지만 치열했던 변화의 시대에 경의를 표하고자 한다.

6부

변화의 우물

탕탕평평
蕩蕩平平

치우침 없이 공정하다

『상서(尚書)』

1장

영조의 변화

정미환국

영조는 재임 기간 동안 노론과 소론의 극심한 당쟁의 폐해를 막고 왕권을 강화하기 위해 온전한 탕평책(蕩平策)을 시행하고자 노력하였다. 노론과 소론을 막론하고 당파성이 강한 사람은 정치 일선에서 배제시켰다. 영조는 노론의 이의연이 상소를 통해 당쟁을 재점화하자 유배시켰고 소론 김일경·목호룡 등의 상소를 국문한 결과 허위 날조한 사실이 밝혀지자 처벌하고 같은 파의 이광좌 등도 유배시켰다. 영조는 탕평의 정치개편을 추진하면서도 노론의 정호·민진원 등을 기용하고 신임(辛壬)의 옥(獄)에 희생된 김창집 등의 관작을 추복하고 원혼을 위로함으로써 노론에 의해 왕이 된 자신의 노론에 대한 의리도 지켰다. 이로 인해 노론이 조정의 중요한 직책을 차지하게 되었지만 영조는 탕평의 취지를 살리기 위해 소론의 이광좌·조태억, 노론에서는 비교적 온건파인 홍치중을 중용하였다. 그러나 노론의 영수 정호와 민진원은 영조의 기대와 달리 소론에 대한 압박을 다시 강화했고 자신들의 입장 강화를 위해 홍치중까지 사직하도록 만들었다. 이로 인해 정국이 다시 혼란스러워지자 영조는 더 이상은 노론을 배려하지 않겠다고 마음을 먹고 과감하게 정호와 민진원 등을 삭탈관직시킴과 동시에 소론을 대거 기용하였다. 이런 조치를 계기로 과거 유배형을 받은 소론들이 해배되어 정계에 복귀하였고 을사처분으로 신원이 회복되어 사충신으로 불렸던 노론의 사대신 김창집, 이건명, 조태채, 이이명이 다시 사역적으로 번복되는 정치적 반전이 발생하였다. 영조가 영조 3년 (1727) 노론을 실각시키고 소론이 집권하도록 한 사건을 정미환국이라 한다.

지우 : 영조가 이루고자 했던 탕평책이 본질적으로 노론과 의리라는 부분이 들어가면 탕평의 본질이 흐려지는 것 아닌가요?

아빠 : 영조 탕평책의 태생적, 구조적 한계라고 볼 수 있지. 영조가 자신을 왕으로 지지한 노론과 의리를 생각하지 않으면 자신을 왕으로 만든 노론의 정당성이 확보되지 않고 노론의 정당성이 확보되지 않으면 왕위의 정당성도 확보되지 않아. 탕평이라는 것은 통치 방법론의 하나로 방법이 핵심가치를 우선할 수는 없지. 영조의 탕평은 노론의 의리를 전제로 하며 노론과 소론의 절대적 공평보다는 상황별로 무난한 세력균형을 통해 왕권을 강화해 가는 과정으로 이해하는 것이 좋을 것 같아.

이인좌의 난

정미환국이 있고 난 다음 해 영조 4년(1728) 청주에서 이인좌의 난이 일어났다. 소론이었던 이인좌와 정희량이 과거 신임사화를 일으켰던 김일경 등과 모의하여 밀풍군 탄을 임금으로 추대하려고 일으킨 난으로 무신란(戊申亂)이라고도 한다. 소론은 영조가 즉위하자 목숨의 위협을 느꼈으며 탕평을 크게 신뢰하지 않았다. 이에 박필현 등 소론의 과격파는 영조가 숙종의 아들이 아니며 경종의 죽음에 분명히 관계되었다고 주장하였다. 따라서 밀풍군 탄을 새로운 왕으로 추대할 필요성을 강조하였는데 남인 일부도 이에 동조하였다. 소론의 정치적 명분과 함께 조선사회의 불안정도 이런 움직임에 한몫했다. 18세기 초 백성들의 생활은 궁핍해지고 점차 유민들이 증가했으며 도적들은 자꾸 늘어났다. 이로 인해 대중의 저항적 분위기가 조선사회에 자연스레 형성되었다. 이런 상황에서 이인좌는 정희량, 박필현 등과 거사를 모의한 것이었다. 청주에 살고 있던 이인좌는 양성의 권서봉, 용인의 박완원, 안성의 정계윤, 괴산의 이상택 등의 무리와 합세하여 3월 15일 청주성을 함락하기로 하였다. 그들은 상여 행렬을 꾸며 상여 속에 병기를 감추고 청주성으로 들어가 장례를 치르는 척하다가 날이 저물자 청주 관아를 공격하였다. 이인좌는 충청병사 이봉상과 부하들을 죽인 후에 자신을 대원수라고 지칭하였다. 백성들에게 경종의 원수를 갚는다는 점을 널리 선전하면서 한양으로 북상하였으나 3월 24일에 안성과 죽산에서 도순무사 오명항과 중군 박찬신 등이 지휘하는 관군에게 격파되었다. 청주성에 남아 있던 잔당세력도 박민웅 등의 창의군(의병)에 의해 무너졌다. 영남에서는 정희량이 이인좌와 보조를 맞춰 안의와 거창 그리고 합천, 함양을 점령하였으나 경상도관찰사가 지휘하는 관군에 의해 토벌되었다. 호남에서는 박필현 등의 가담자들이 거병도 하기 전에 발각되어 처형되었다. 이인좌의 난 진압에 소론인 병조판서 오명항 등이 공을 세웠지만 노론의 권력 장악을 막을 수 없었고 소론은 재기 불능 상태가 되었다. 이 사건 이후 조정에서는 지방세력을 통제하는 정책을 강화하였고 수령들의 권한을 대폭 확대시켰다. 이인좌의 난은 영조 대 조정에만 경각심을 준 것이 아니라 조선 후기에 일어난 수많은 민란에도 간접적인 영향을 주었다. 이인좌의 난은 다양한 계층의 인식이 분출되어 조직적으로 연결될 가능성을 보여주었으며 약 80년 뒤 1811년에는 홍경래의 난이 발생하게 된다.

지우 : 최근 이인좌의 난을 민중(民衆)의 입장에서 묘사하는 소설도 나오는데 영조에게 이인좌의 난은 어떤 의미가 있을까요?

아빠 : 영조의 집권기 전후 조선사회의 농업과 상업의 변화가 나타나고 신분계층의 분화가 시작된 것에는 주목할 필요가 있지. 다만 영조가 이인좌의 난이 평정되고 나서 절감한 것은 자신의 왕권이 불안정하며 강화해야 할 필요가 있다는 것이지. 동시에 난의 발생 이유가 조정의 잘못 즉, 붕당의 폐해에 있음을 절감하고 탕평책을 통해 초당파적으로 인재를 기용함으로써 왕권을 강화하고 백성들에게

는 어느 정도 경제적, 신분적 불만을 해소해 주려고 한 것 같아. 달리 말하자면 상업자본의 성장과 함께 성장한 평민, 중인, 서얼 등이 새로운 사회세력으로 등장하기는 하지만 영조 집권 초기 여전히 조정과 정치 지도세력은 자신들의 당파적 입장만을 주장하고 백성들은 지역, 계층별 경제적 궁핍과 폐정에 따른 당장의 고통 해결을 갈구하는 것으로 사회 전체 분위기를 설명할 수 있겠지. 따라서 조선 신분제 질서 속의 여러 계층이 연합하여 자기해방과 사회구조의 변화를 모색하는 민중 시대의 출발로 보기에는 많이 이른 것 같아. 다만 영·정조 변화의 시기를 거쳐 앞으로 살펴볼 '혼돈의 우물' 시기를 통해 조선사회의 대중들에게 민중의식이 점차 깊게 뿌리내리고 그것이 분출되는 과정이 진행된다고 봐.

영조는 자신의 탕평정치를 알림으로써 모두가 탕평의 의미와 필요성을 인정하고 정치적 안정이 도모되어 왕권이 강화되기를 희망했다. 이에 영조는 영조 17년(1741) 대훈(大訓)을 통해 노론과 의리를 다시 강조하였고 영조 18년(1742) 왕세자가 성균관에 입교할 즈음에 어명을 내려 성균관 반수교 위에 탕평비를 세워 미래 정치관료들이 탕평의 의미를 깊이 인식하도록 유도했다. 비문은 영조가 직접 썼다. "주이불비(周而弗比) 내군자지공심(乃君子之公心) 비이불주(比而弗周) 식소인지사의(寔小人之私意)", "두루 통하여 편벽하지 않는 것이 군자의 공정한 마음이요, 편벽하여 두루 통하지 않는 것이 소인의 사사로운 마음이다."

우물로 본 조선역사

▲ **영조 탕평비** 유적. 서울 종로구 명륜동.

지우 : 쉽지 않지만 영조 탕평책의 종합적인 평가를 내릴 수 있을까요?

아빠 : 영조의 탕평책이 집권 전기와 후기에 내용에 있어 다소 차이가 있
지만 큰 틀에서 보면 소론을 지렛대 삼아 환국과 처분을 적절히 진
행함으로써 자신을 지지한 막강 노론을 견제하고 선조 이후 붕당
정치의 무한경쟁을 종식시킬 수 있었으며 왕권을 강화해 나갔다는
데 큰 의미를 찾을 수 있어. 하지만 탕평이념 구현의 어려움을 극
복하기 위해 척신계(戚臣系) 인사들을 중용함으로써 후일 정조 사
후에까지 이어지는 세도정치의 뿌리를 제공한 것은 다소 아쉬운
부분이라 판단돼.

왕권 강화 노력

영조는 자신이 왕이 될 수 있도록 지켜준 생모 숙빈 최씨의 경모 (敬慕)에 힘을 썼다. 영조는 생모의 사당을 건립하기 위한 장소로 잠저였던 창의궁을 마음에 두었지만, 신하들이 창의궁 내 사당 건립을 반대하여 1년의 시간을 보낸 뒤 경복궁 북쪽에 사당을 겨우 마련하고 숙빈묘라 불렀다. 영조 20년(1744)에는 '상서로움을 기른다.' 는 의미로 육상(毓祥)이라는 묘호를 올렸고, 영조 29년(1753) 육상궁으로 승격시켰는데 최근 청와대와 함께 개방된 칠궁의 모태가 되었다. 칠궁은 비교적 근래에 와서 붙여진 이름으로 육상궁은 대한제국까지는 그 명칭과 규모에 변화가 크게 없었으나, 1908년에 이르러 저경궁(儲慶宮) 등 다섯 임금을 낳은 후궁의 신위를 함께 모심으로써 육궁으로 개호되었고 1929년에는 덕안궁(德安宮)이 모셔져 칠궁이 되었다. 한편 탐방객이 칠궁에서 육상궁을 찾으면 육상궁 현판을 쉽게 찾을 수가 없다. 그 이유는 영조의 후궁이며 사도세자의 어머니인 정빈 이씨의 위패가 합사되었기 때문이다. 한 사당 건물에 위패를 합사하는 경우 어른을 안쪽에 모시는 관계로 영조 생모 현판인 육상궁은 안에 며느리인 정빈 이씨의 현판인 연호궁(延祜宮)은 바깥쪽에 잘 보이게 걸려 있는 것이다.

▲ **연호궁과 육상묘** 사적. 서울 종로구 궁정동. 칠궁 내 위치.

칠궁의 전각 지역 중앙부에 냉천정이 있는데 원래 영조의 어진을 보관하는 부속 건물이었다. 영조는 재위 기간 중 육상궁을 200여 차례 방문할 정도로 효심을 보였다. 하지만 그것도 부족하다고 생각하여 61세(1754), 81세(1774) 때에 자신을 그린 어진을 육상궁에 봉안하게 하였는데 생모의 사당을 마음으로나마 더 자주 찾아뵙겠다는 의지를 표명한 셈이다. 냉천정은 영조의 생모 제사를 준비하고 휴식을 취한 장소로도 활용되었다. 냉천정 뒤에 위치한 냉천은 육상궁을 건립할 때 발견한 샘으로 숙빈 최씨 제사에 이 샘물을 이용하였다. 냉천의 샘물은 냉천정 남쪽으로 자연스럽게 흘러내려 냉천정 아래 뜰에 위치한 네모난 연못으로 모인다. 연못 석대에는 자연(紫淵)이라는 글자가 새겨져 있는데 '신선 세계의 연못'을 의미한다. 한편 냉천 샘물 상단의 대리석에는 영조의 친필로 오언시가 새겨져 있다. 이러한 조선 임금의 각자는 왕실에서 선대왕의 위업을 유지하고 계승해야 할 의무를 후손에게 강조하는 것으로 숙빈 최씨가 대대로 기억되고 존경받도록 영조가 세심하게 환경을 조성한 것으로 이해할 수 있다.

▲ 냉천과 냉천정 그리고 자연연못
사직. 냉천 우물이 냉천정 옆 수로를 따라 흘러 자연연못으로 모이는 구조.

영조 36년(1760) 영조는 기존의 경덕궁을 경희궁(慶熙宮)으로 이름을 바꾸고 이어하였다. 궁의 이름을 바꾼 표면적 이유는 경덕이라는 궐호(闕號)가 인조의 부친인 원종(元宗)의 시호와 음이 같다는 것이었다. 이보다 근본적인 이유는 영조가 상주하려는 경희궁을 사실상 법궁으로 기능하고 있던 창덕궁과 대등한 위상을 부여하려는 의도가 있었다. 광해군 이후 경덕궁은 광해군의 폐정의 결과물인 동시에 원종의 왕기를 증명하는 곳이라는 이중적인 성격의 공간이었지만 숙종이 재위 후반 경덕궁을 본격적으로 이용하면서 원종의 사적(史蹟)으로서 의미가 강화된 측면이 있었다. 또한 과거 광해군이 원종의 사저에 왕암이 있다는 말을 듣고 궁을 세워 '새문동 왕기설'의 직접적인 배경이 되었고 숙종은 태령전 뒤에 위치한 왕암을 상서로운 바위라는 서암으로 이름을 고쳐 사방석에 새기게 함으로써 많은 사람들이 경희궁의 의미와 중요성을 다시 인식하게 했음을 '국난의 우물'에서 소개한 바 있다.

지우 : 영조가 경희궁으로 이어할 때 세자도 함께 이동하는 것이 당연한데 사도세자는 창덕궁에 머물렀고 영조가 이어 후 다시는 창덕궁으로 돌아가지 않은 것은 어떤 정치적 의미가 있는 것인가요?

아빠 : 태종의 2차 개경 이어와 같은 정치적 배경이 있다고 볼 수 있지. 개경 이어가 태종과 양녕대군의 단절을 위한 조치였다면 영조의 경희궁 이어는 사도세자와의 심리적·물리적 단절을 위한 것으로 판단돼. 다시 말해 경희궁과 관련된 원종과 인조와 자신의 왕통을 강조함으로써 자연스럽게 창덕궁에 있는 사도세자와는 이런 왕통과 관계가 없음을 암시하는 것이지. 동시에 물리적으로 공간 분리가 발생하도록 만든 것이야. 조선에서 세자를 폐하고 새롭게 세우는 것은 미래에 흔들리지 않은 왕권을 유지하겠다는 의도가 가장 크므로 원종의 왕기가 서려 있는 경희궁에서 새로운 조선의 역사를 시작하겠다는 것으로 이해할 수 있다고 봐.

▲ **서울 역사박물관 우물** 서울 종로구 신문로. 역사관 뒤편 정원.

현재 경희궁의 모습이 좀 더 온전하였다면 경희궁으로 이어한 영조의 의도와 왕권 강화 노력을 좀 더 명확히 확인할 수 있겠지만 일제 강점기 훼손으로 사실상 파악에 큰 어려움이 있다. 경희궁에서 사용하던 우물의 경우 이미 소개한 영렬천을 제외하고는 서울 역사박물관 정원에 위치한 원형의 대형우물과 경희궁과 서울 역사박물관을 연결하는 담장 길 상에 위치한 몇 곳의 우물 유적 등이 확인될 뿐이다.

▲ **균역청터** 서울 중구 충무로 3가. 영조 27년(1751) 설치되었다가 재정 절약을 위해 영조 29년(1753) 선혜청에 통합됨.

영조는 노론과 소론의 정치적 탕평이 안정에 접어들자 제도 및 정책의 탕평을 추진하는데 균역법이라는 가시적 결실을 맺게 된다. 조선시대 양역이란 국가가 필요로 하는 역역(力役), 즉 노동력을 양인·천인의 두 신분층 가운데서 양인에게 부담시킨 일종의 신역(身役)으로 처음에는 직접 역역을 징발하였으나 점차 베옷 또는 곡식으로 대신하게 되어 조선 후기에는 국가재정수입의 큰 몫을 차지하는 세금의 형태가 되었다. 하지만 양역의 부과가 신분에 따르는 모순과 운영상의 결함 등으로 민폐를 야기함은 물론 사회의 동요까지 초래하게 되었다. 영조는 영조 26년(1750) 양역의 부담을 대

폭 줄여서 포 1필로 균일화함과 동시에 그에 따른 재정 결손의 보완책 마련에 착수하였다. 1년여의 논의 끝에 영조 28년(1752) 선무군관(選武軍官)제도를 추진하여 부유한 평민들이 평소 1필의 군포를 내고 필요 시 군관으로 선발되어 병졸을 지휘하도록 조치하였다. 또한 결미(토지세로 내던 쌀)의 실시로 일부이기는 하나 막연한 노동력을 단위로 했던 인두세가 실질적인 생산력을 가진 토지로 전환됨으로써 경제력의 차이에 따른 합리적 세금부과가 가능하게 되었다. 한편 왕권 및 양반 신분과 농민층 간 갈등의 고리였던 군역 문제에 있어서 왕족이 거둬드리던 어염선세(漁鹽船稅)는 포기하고 양반 지주층에게 결미의 부담을 주면서 민생을 위한 개선책을 도모하였다는 데 그 정치적 의미가 크다.

영조와 정조는 영조의 역대 치적 중 으뜸으로 균역법과 함께 청계천 준설을 들었다. 18세기에 백성들의 삶은 크게 나아지지 않았지만 상업의 발달에 따라 농촌 인구가 한양도성으로 몰려들었고 청계천 주변에 주로 움막을 짓고 살았다. 이들이 버린 오물이나 생활하수로 인해 청계천은 급수시설로서 제 기능을 하지 못하게 되었다. 또한 도성 내 인구가 증가하자 벌목이 심해져 폭우나 홍수 시에 토사가 밀려와 청계천을 메웠고 청계천 범람의 피해가 한층 심해졌다. 영조는 이러한 문제를 해결하기 위해 청계천 준설 사업에 깊은 관심을 보이고 구체적으로 실천해 나갔다. 당시 준천사업은 무분별하게 도시로 이동하여 실업자가 된 백성들에게 일자리를 만들어 주고 청계천을 정비해 홍수에 대비하는 동시에 보다 쾌적한 도성을 만들려는 이른바 조선판 뉴딜정책이 추진된 것으로 볼 수

① **장충단 수표교**　　　서울 유형문화재. 태종 6년(1406) 최초 건립, 세종 23년(1441)에 청계천
　　　　　　　　　　　　다리에 수표를 새기면서 수표교로 명칭.
② **청계천 광통교 표석**　1. 기사경준(己巳更濬), 2. 기사대준(己巳大濬), 3. 계사경준(癸巳更濬)

있다. 영조 35년(1759) 10월 6일 마침내 준천 공사가 시작되었다. 본
격적인 준천사업은 1760년 2월 18일에 시작되어 4월 15일에 종료
되었다. 57일간의 공사 기간 동안에 21만 5천여 명의 백성이 동원
되었는데 도성의 백성을 비롯하여 각 시전의 상인, 지방의 자원군,
승군, 모군 등 다양한 계층의 백성들이 참여하였다. 실업 상태의 백
성들 6만 3천여 명은 품삯을 받았는데 공사 전 기간 동안 3만 5천
냥의 돈과 쌀 2천 3백여 석의 물자가 소요되었다. 조선 전기에는
국가적 토목공사에 백성을 동원하는 경우 강제로 부역시켰지만 영
조는 지방의 백성을 강제로 동원하지 않았고 동원된 지방 백성들
에게는 품삯을 지급했다. 이런 관행은 정조대에도 계승되어 정조
의 화성 건축 공사에 백성을 동원하면서 품삯을 지급하는 관행으
로 이어졌다. 조선의 왕과 백성들의 의식 성장과 조선사회의 경제
구조 및 운영방식의 변모를 느낄 수 있는 일면이다. 다만 한성부의
백성들은 준천사업이 그들의 편익과 직접 관련되는 일이기 때문에
공사에 참여하는 것을 당연한 것으로 여기고 부역에 참여하였다.

영조의 추진력과 백성들의 협조 속에 완성된 청계천 공사의 전 과정은 『준천사실』이라는 책으로 편찬되었고 준천사업을 기념하는 표석도 세웠다. 영조는 "표석은 경진년(1760)을 지평(地平)으로 새기고 침수되지 않게 해야 유효할 것이다."라 하였는데 "경진지평" 네 글자를 새기고 이 글자들이 모두 보이도록 늘 토사 관리에 만전을 기할 것을 지시한 것이었다. 경진지평 표지석은 청계천 수표교에 세워졌고 수표교와 표지석은 1965년 장충단공원으로 이전되었으며 경진지평 표지석은 청량리 세종대왕기념관에 따로 보관되어 있다. 현재 복원된 청계천 수표교에서도 경진지평의 표지석 형태를 확인할 수 있다.

◀ 오간수문
서울 종로구 송로 6가.
2004년 복원.

영조는 청계천 준설과 함께 오간수문의 보수공사도 함께 실시하였다. 오간 수문은 조선 초기부터 성곽의 일부로 3개의 수문이 존재했으며 청계천이 도성 밖으로 원활히 흐르도록 하는 기능을 수행했다. 세종 3년(1421) 장마로 인해 청계천이 범람하자 추가로 2개의 수문을 더 만들어 오간수문이 되었다. 영조는 오간수문의 나무

우물로 본 조선역사

문이 청계천 흐름에 방해가 된다고 판단하여 철문으로 교체하고 주변에 버드나무를 심어 토사의 유입을 방지하였다. 오간수문은 1907년 일제에 의해 성벽과 함께 철거되었으며 청계천 복구와 함께 오간수교 동북쪽에 현재의 복원구조물로 설치되었다.

◀ 이간수문
서울 중구 을지로 6가.
2009년 복원.

남산 북쪽에서 발원한 남소문동천은 광희문(光熙門) 부근에서 분기하여 한 지류는 청계천과 합류하여 오간수문을 통과하였고 다른 지류는 이간수문을 통해 창신동 인근에서 청계천과 합류하였다. 이간수문도 조선 초기부터 존재하였으나 일제가 경성운동장(동대문운동장)을 세우며 우리의 시야에서 사라졌고 5년 전 동대문역사 공원을 조성하던 중 그 모습이 드러나 복원되었다. 복원과정에서 이간수문과 함께 조선 군영 터와 우물의 유구들이 발견되었고 동대문과 광희문 성곽 사이에 주둔하였던 군영규모와 배치는 이 발굴터를 통해 가늠해 볼 수 있게 되었다.

공(公)과 사(私)의 충돌

① **창경궁 집복헌 내부**　사적. 창건연대는 불확실하며 역사기록에는 영조 6년(1730) 최초 등장.
② **창경궁 집복헌과 영춘헌(연결된 구조) 앞 우물**　영춘헌은 정조가 주로 사용하였고 이곳에서 승하.

영조는 왕위를 물려줄 마땅한 후손이 없어 애를 태웠는데 40세가 넘는 나이에 영빈 이씨와의 사이에서 귀한 아들(사도세자)이 창경궁 집복헌에서 태어났다. 영조는 매우 기뻐하였으며 아들에 거는 기대가 컸다. 영조는 경종의 독살설을 불식시키는 동시에 세자의 체통을 지키도록 부모의 곁을 떠나 저승궁에서 경종을 모셨던 나인들에게 양육되도록 처분하였다. 이런 처분이 결과적으로 세자가 유년기 부모와 함께할 수 없는 상황을 만들어 세자의 양육과 성격형성에 도움이 크게 되지 못하고 후일 부왕과 생모가 만나 잘못된 행동을 타일러도 잘 고치지 않는 습관의 한 원인이 된 것으로 보인다.

영조는 10세에 홍봉환의 딸 혜경궁 홍씨와 세자를 혼인시켰다. 세자는 한때 매우 영특한 모습을 보였으나 15세에 영조가 대리청정을 통해 국정을 맡기면서부터는 공부에 태만해지고 무예와 풍류에 빠져 방탕한 생활을 하게 되었다. 부자의 관계가 표면적으로 악화되기 시작한 것은 영조 28년(1752) 영조가 병석에 들자 신하들이 세자로 하여금 부왕에게 약을 권하도록 종용한 것에서 시작된다. 세자는 이를 거절하는데 영조가 약을 물리치는 것은 자신의 허물 때문에 그러는 것이라 단정하고 자신은 면목이 없어 그럴 수 없다는 이유에서였다. 영조는 세자의 이러한 태도에 매우 분노하고 크게 실망한다.

영조 32년(1756) 영조는 궁궐과 전국에 금주령을 내리게 된다. 조선의 국왕이 특별한 경우 금주령을 내린 경우는 이전에도 있었으나 영조처럼 영조 43년(1767)까지 10년간 흉년이나 변고가 없음에도 금주령을 지속하고 심지어 금주령을 어긴 자에게 사형을 집행한 경우는 그 유래를 찾아볼 수 없다. 영조의 금주령이 엄혹했음에도 그리 실효적이지는 못했던 것으로 보인다. 실례로 금주령 1년이 지난 뒤 영조가 금주를 어겨 섬으로 유배된 자 700여 명을 모두 방면하도록 지시한 것이 이를 방증하고 있다. 금주령의 실시는 영조의 검소하고 건강을 중시하는 가치관에서 비롯된 조치이지만『영조실록』에 의하면 범죄를 줄이는 방편으로 추진한 측면도 있어 보인다. 따라서 평소 술을 마시고 비정상적인 태도를 보이는 세자의 행동에 영조가 민감했을 것임은 미루어 짐작할 수 있다. 금주령이 내려진 당해 영조 32년(1756) 5월 세자의 옷차림이 흐트러지고 단정하지 못한 것을 보고 영조가 음주 여부를 엄문하자 세자는 마시지 않았음에도 먹었다고 답변하였다. 이를 보다 못한 상궁이 술을 마시지 않았다고 변호하자 세자는 나서지 말라고 꾸짖었고 영조는 왕 앞에서 상궁을 꾸짖는 세자 행동에 더욱 격노하게 된다. 영조는 세자에게 술을 준 나인을 귀양 보내라고 지시한다. 억울함이 극에 달한 세자는 처소에서 화를 내다가 촛대를 쓰러트려 화재가 발생하게 된다. 영조는 자신의 조치에 반항하여 세자가 고의로 화재를 낸 것으로 보고 세자를 신하들이 보는 앞에서 불한당(不汗黨)으로 힐책한다.[18] 세자는 영조 앞에서는 한마디도 변명하지 않았지만 처소로 돌아와 죽겠다고 앞뜰 우물에 뛰어들려다가 주변에 만류를 당하는 극단적 모습을 보이게 된다. 그 이후에도 세자는 의대병환(衣襨病煥) 증세를 보여 무수히 많은 옷을 준비하고[19] 그 과정에서 마음이 상하면 내관 및 나인들을 죽이기까지 하였으며 지속적인 환각 증세와 피해망상증을 보였다.

한편 세자는 국정과정에서 선대왕 경종의 죽음에 대해 의문을 제기하는 듯한 발언을 하였고 이후 노론과 정순왕후 등은 영조에게 세자에 대한 여러 가지 무고를 하기 시작했다. 영조에게 기본적으로 경종에 대한 동정적 입장은 자신의 도덕적 정당성을 부정하는 것으로 군신은 물론 부자관계에 있어서도 받아들이기 힘든 사안이었다. 세자의 국정과 일반생활에 있어 파행적 행동들이 점철되자 영조는 상대적으로 세자에 대해 편집증에 가까운 태도 또한 보이게 되었다.[20] 이러한 상호불신과 질책에 세자는 극한의 공포를 느끼게 되고 영육의 상태가 더욱 황폐해졌다.

◀ 휘령전(문정전)

사적. 성종 14년(1483) 창건.
1986년 복원. 창경궁의 편전.

　이러한 부자간 갈등에 정점을 찍은 것은 영조 38년(1762) 나경언
이 영조 주위의 내시들이 세자를 보위에 앉히기 위해 역모를 꾸미
고 있다는 고변서를 형조에 제출한 사건이다. 영조가 친국을 하자
나경언은 10여 조목에 달하는 세자 비리를 적은 글을 바치게 된다.
영조는 세자의 비리를 더 이상 용납하지 않았다. 영조는 대신들의
청에 따라 나경언을 참형에 처하고 세자의 비행에 참여한 자들도
모두 처형하도록 명령하였다. 이어 영조는 나경언의 고변이 있은
지 20일 뒤 창경궁 휘령전(徽寧殿) 앞에 세자를 맨발로 머리를 땅에
조아리게 한 뒤 칼을 주어 자결을 명하였다. 후일 정조가 되는 세손
이 세자의 뒤에 엎드려 구명을 간청하였지만 영조는 세손을 시강
원에 보내어 다시는 들어오지 못하게 엄명하였다. 영조는 세자의
자결을 재촉하였고 세자는 울면서 개과천선을 다짐하였다. 그러자
영조는 세자의 생모인 영빈이 고변한 내용(역모로 추정)을 세자에게
들려주며 살려줄 수 없음을 분명히 했고 결국 세자는 뒤주 속에 갇
혀 8일 만에 아사했다. 이 사건이 임오화변(壬午禍變)으로 영조는 "의
(義)로써 은(恩)을 제어하고 나라를 위해 의로써 결단을 내린 것이
다."라고 화변을 정리하였다. 영조는 세자에게 사도(思悼)라는 시호

를 내린 뒤 세자의 장례식에는 직접 묘에 나가 곡을 하였다. 국왕으로서 공과 아버지로서 사의 슬픈 충돌의 모습을 보여주고 있다.

지우 : 사도세자의 죽음의 원인을 당쟁의 희생양 또는 영조 자신의 콤플렉스 극복을 위한 과도한 자식에 대한 정신적 압박과 강요 등을 이유로 제시하는 입장이 있는데?

아빠 : 사도세자 죽음의 원인에 대해서는 여러 논란이 있으며 네가 말한 이유가 현대적 관점에서 설득력이 있다고 생각해. 하지만 왕조시대에 영조에게 사도세자의 경종 동정 발언은 자신의 왕권에 위협이 되고 노론과 혜경궁 홍씨의 외척들에게는 생존의 위협일 수밖에 없었을 거야. 자신의 왕권이 확보된 상태에서도 당쟁의 프레임을 없애려는 영조의 지속적이면서도 강력한 의지가 있었음을 인정한다면 사도세자의 죽음을 단순히 당시 당쟁의 희생양이라고 단정하기는 어려울 것 같아. 물론 영조가 말년에 사도세자의 죽음을 아쉬워하였고 금등(金燈 : 사도세자 죽음에 관한 내용)을 남겼다는 것이 당쟁의 희생양이라는 증거로 볼 수는 있어. 하지만 이러한 금등의 논쟁이 사도세자의 추존건의 과정에서 불거졌으며 금등의 원래 의도는 정조에 대한 조부로서 개인적 미안함과 유사시 노론에 대한 정치적 견제 장치 등으로 작성되었을 가능성이 높다고 봐. 한편 사도세자의 양극성 장애[21] 증상은 『한중록(閑中錄)』뿐만 아니라 『조선왕조실록』의 다양한 시기에 걸쳐 많은 내용이 기록되어 있어. 따라서 사도세자의 정신적 장애에 대한 접근은 사도세자의 성격 및 영조와의 관계, 가계도와 정신과적 가족력 등이 함께 고려될

필요가 있지. 영조의 과도한 자식에 대한 기대, 대리청정의 압박, 영조의 급한 성격과 고압적 태도 등이 극한의 스트레스로 작용하여 양극성 장애의 강화요인이 될 수 있었겠지. 하지만 18대 헌종, 19대 숙종, 20대 경종, 21대 영조에서 모두 정신과적 이상의 기록이 남아 있는 것은 가족력의 영향이 어느 대에 이르러 크게 나타날 수 있다는 점을 현대의학에 기초한 사고로 생각할 수 있지 않을까?

지우 : 영조가 사도세자의 양극성 장애를 알고 있었다면 치료를 해주면 되지 죽게 할 필요까지 있었나요?

아빠 : 영조는 사도세자가 자신이 생각하고 있는 군주의 기준에 도달하기를 바랐지만 이에 미치지 못하고 오히려 자신을 위협하는 상황에서 정신적 상태는 왕권의 미래를 고민할 수밖에 없게 만들었지. 반면 정조라는 똑똑한 세손이 출생하면서 정치적 대안이 만들어진 셈이고 경희궁 이어에 즈음하여 영조의 생각은 유사시 세자 교체 쪽으로 마음을 굳힌 것으로 판단돼. 여기에다 임오화변 당시 나경언과 사도세자의 생모 영빈 이씨의 역모 고변으로 세자 교체의 문제를 죽음으로밖에 해결할 수 없는 정치적 상황이 조성된 것이지. 하지만 역모로 인한 세자의 처형은 세손이 즉위하더라도 역적의 자식이라는 굴레가 씌워지므로 영조는 세자의 자결을 요구하였고 불응하자 역모의 증거를 들려주었고 뒤주에서 비참한 죽음을 맞이할 수밖에 없었던 거야. 영조는 후일 정조의 왕위 정통성에 시비가 없도록 세자를 요절한 첫째아들 효장세자의 양자로 입적시키는 철저한 대비를 하지.

2장

정조의 변화

준론탕평

정조는 즉위 후 윤음(綸音 : 임금이 신하나 백성에게 내리는 말)을 내려 자신이 사도세자의 아들임을 분명하게 밝혀 노론의 간담을 서늘케 하였고 죽은 김상로와 숙의 문씨에게 사도세자 죽음의 책임을 물어 자식으로서 기본적인 효를 실천한다. 하지만 사도세자의 추숭문제 논의를 금힘으로써[22] 자신이 왕이 되게 한 영조와 의리를 지키고 또한 임오화변 처벌을 주장하는 소론들을 처벌함으로써 정국의 경색을 막아 초기 왕권의 안정을 추구하였다. 정조 2년(1778) 영조의 삼년상을 마치고 대고(大誥)를 통해 자신이 생각하는 탕평의 이념을 선포하였다.[23] 대고는 정조 재임 기간 동안 변함없이 추진되어 사실상 치세의 기본방향이었다. 정조의 대고가 영조의 대훈(大訓)과 대별되는 부분은 대훈이 노론과 의리를 공포한 데 반해 정조는 국정의 개혁이 탕평의 의리라고 규정한 것이다. 정조 대 정국운영은 영조의 탕평원칙을 수용하였지만 사실상 영조 대 탕평정국의 비판에서 출발하였다. 비판의 기본 관점은 영조 대 정치가 권력자에 그저 추종하는 무리들을 중심으로 당색을 갖추어서 함께 추천하고 구색을 맞추어 쓰면 되는 것으로 착각했고 이 때문에 이른바 탕평당(蕩平黨)만의 탕평으로 흘러갔다고 보았다. 결과적으로 당쟁의 폐단을 확대시키기도 했던 척신정치가 부활하였고 척신들의 이해관계나 이합집산의 과정에서 사도세자가 죽음에 이르고 자신의 왕위 승계도 함께 흔들리는 등의 폐해가 발생하였다고 판단한 것이었다. 동시에 탕평당의 정국운영은 정치의 중심인 사대부뿐 아니라 일반 백성들의 도리까지 타락시켰다고 비판하였다. 그래서 정조 대의 탕평은 정치원칙을 존중하는 청의(淸議 : 깨끗하고 공정한 공론)와 준론(峻論 : 날카롭고 엄정한 집단의 입장과 의견)을 지켜나가는 정치세력들의 경쟁으로 탕평이 표방되었다. 그것이 성공하면 타락한 세태를 이상적인 시대의 수준으로까지 회복할 수 있다는 만회세도의 종착점을 내세웠다. 이는 당파가 자신들의 합리적 논리를 경쟁하게 함으로써 정치와 백성들에게 가장 도움이 되는 공론을 추진하겠다는 것이며 당파경쟁의 심판을 강력한 권위와 실력을 가진 왕이 담당함으로써 선정의 모범을 보이겠다는 의미로 해석된다. 성리학의 대가였던 정조는 영조 대에 비교적 강조하지 않은 성리학적 실력에 대해 보다 존중하는 분위기를 조성함으로써 군주권이 보다 넓은 기반을 확보할 수 있도록 노력하였다. 이러한 연유로 정조의 준론탕평이 왕권 강화에 방점이 있다고 해도 과언이 아닌 것이다.

▲ **최초 규장각**　보물. 창덕궁 후원 주합루. 영조 52년(1776) 창건. 후일 궐내각사 지역의 규장각으로 이전.

정조 원년(1776) 3월 궐내에 규장각이 설치되었다. 규장각은 역대 왕들의 친필·서화·고명(顧命)·유교(遺敎)·선보(璿譜) 등을 관리하던 곳 이었으나 차츰 학술 및 정책 연구기관으로 변모하였고 정조가 즉 위하면서 잘못된 세태를 바로잡기 위한 혁신정치의 중추로서 탈바 꿈하였다. 정조는 "승정원이나 홍문관은 근래 관료 선임법이 해이 해져 종래의 타성을 조속히 지양할 수 없으니 왕이 의도하는 혁신 정치의 중추로서 규장각을 수건(首建)하였다."고 설립 취지를 밝힌 바 있다. 규장각에는 노론뿐만 아니라 소론의 신하들도 기용되어 활동하였다. 이들은 특권세력의 정치 개입을 반대하고 공론정치를 주장함으로써 청론의 중심이 되었고 정조의 학문정치를 적극 지원하는 세력이 되었다. 정조는 정조 5년(1781)부터는 초계문신제를 실시하였다. 정조가 죽을 때까지 10차에 걸쳐 138인이 배출되었고 그 뒤 중단되었다가 헌종 14년(1848)에 다시 시작하여 2회에 걸쳐 56인을 선발하였다. 초계문신제는 37세 이하의 참상·참하의 당하관 중 젊고 재능 있는 문신들을 의정부에서 초선하여 규장각에 위탁 교육을 시키고 40세가 되면 졸업시키는 인재 양성의 장치였다. 교육과정에 있어 정조가 직접 교육에 임하는 친강은 매달 20일경, 왕이 직접 시험을 보는 친시는 매달 초하루에 실시하였다. 이러한 방식으로 학문을 독려함과 동시에 인간적 접촉을 시도하여 친위세력을 확보하고자 하였다.

정조가 국왕이 되고 나서 국가재정을 담당하는 호조로부터 충격적인 보고를 받는데 국가재정의 56% 가까이가 국방비로 사용되고 국방비의 대부분이 급여 지출이라는 것이다. 당시 수도를 방위하는 중앙 군영의 핵심은 오군영이었다. 훈련도감, 금위영, 어영청, 총융청, 수어청이 오군영이었다. 오군영은 원래 훈련도감을 제외하고 인조반정을 일으킨 주역들의 사병이었다. 이들이 인조를 국왕으로 만들고 국가 권력을 장악하면서 자신들의 사병을 국가의 군영으로 편입시켜 국가로부터 급여를 받게 한 것이었다. 동시에 오군영 고위직을 자신들의 이익집단으로 채웠고 국방을 위한 국가의 지휘에는 비협조적이었다. 정조는 군제의 병폐를 해결하기 위해 오군영의 대장에게 병조판서의 지휘를 받게 하였고 중앙의 수어청과 총융청, 강화의 통어영과

▲ **화성 장용영 남군영**　경기 수원시 팔달구 남창동. 정조 17년(1793) 창건.
2002년 복원.

진무영을 통합함으로써 인원축소 및 국방비 감축을 추진하였다. 또
한 각 군영에 소속된 국영농장인 둔전을 확대하여 이곳의 수입금으
로 급료를 해결함으로써 백성들의 군포 납부 부담감을 덜어주고자 하
였다. 정조는 재위 기간 많은 암살 위기에 시달리기도 했는데 이런 이
유로 정조는 자신을 호위할 만한 군사의 필요성을 절감하게 되었다.
당시 군영은 대부분 주요 당파에 장악된 상황으로 임금을 지키기보
다는 자신의 당파를 위해 일한다는 느낌이 강했다. 정조 8년(1784) 아
버지 사도세자의 존호를 장헌세자로 하고 이를 축하하기 위해 경과
(慶科)를 실시해 무과에서 2천 명의 합격자를 배출시켰다. 이후 정조
는 홍복영의 역모사건을 계기로 정조 9년(1785) 장용위를 설치하였
다. 정조 12년(1788) 장용위를 장용영으로 승격함으로써 확실한 자신
의 직속 친위 부대를 가지게 되었다. 화성이 축조되고 난 뒤에는 장용
영의 구조를 한양에는 장용내영, 화성행궁에는 장용외영으로 편성하

◀ **박지원의 물레방아 공원**

경남 함양군 안의면 신안리.
정조 16년(1792)
안의 현감으로 부임하여
용추계곡에 물레방아를
최초 설치.

◀ **물레방앗간 돌확(곡식을 빻는 데 사용하는 도구)**

신안리에 최초 설치된
물레방앗간의
돌확으로 추정.

였다. 장용외영의 주둔은 정조의 경호뿐만 아니라 수원지역을 방어하는 군사적 목적도 있었다.

정조는 즉위 후 바로 신분제 개혁에 돌입하였다. 이전까지 조선은 서얼 출신이 관직에 오를 수 없었다. 정조는 규장각에 이덕무, 유득공, 박제마, 서이수 등 4명의 서얼 출신을 검서관에 임명하였다. 이들은 연암 박지원의 제자들로 이후 실용적 학풍의 북학파를 이끌었다. 이들이 제시한 농업진흥책은 토지제도나 세제의 개혁보

다 농기구 개량, 관개시설 확충, 영농기술의 도입, 상업적 농업의
장려 등 생산력의 증대를 보다 강조하는 것이었다. 또한 서양의 과
학기술과 자연과학을 적극적으로 배우고 적용할 것을 주장했다.
이들은 정조 재위 기간 중 많은 영역에서 각자의 성과를 거두었으
며 이후 조선의 근대화에 영향을 미쳤다.

◀ 반계 유형원 서당과 우물

전북 기념물.
전남 부안면 우동리.
효종 4년(1653)
부안지역으로 내려와
서당을 건립하여 후학을
양성하고 현종 12년
(1670) 이상국가
건설을 위한 『반계수록』
26권을 완성.

◀ 반계고택 우물

농촌의 현실을
이해하기 위해
서당에서 200m 정도
이격된 지점에 직접
우물을 파고 농지를 경작.

　　　　　　　　　　우물로 본 조선역사

지우 : 영·정조 시대에 가장 눈에 띄는 사상적 변화는 실학파의 등장이라
고 생각해요. 실학파는 경세치용 학파, 이용후생 학파, 실사구시
학파 등으로 이어지는데 이러한 변화의 움직임은 조선역사에 어떤
의미가 있을까요?

아빠 : 양란을 거친 17세기 후반부터 19세기 전반까지 유형원·이익·
정약용 등의 농민생활 안정을 위한 토지개혁 주장, 박지원·홍대
용·박제가 등의 상공업 진흥과 기술혁신을 통한 부국건설 추진,
그 외에도 사회제도개혁의 뚜렷한 방향을 제시하지 못하였으나 김
정희·이규경·최한기 등의 고증과 분석에 기초한 학문적 연구 노
력은 조선사회의 변화를 추동하였다는 역사적 의미가 크지. 이들
이 성리학적 관념론에 비판을 가하고 국가와 백성들의 생활에 실
질적인 변화를 추구한 것은 매우 높게 평가해야 하겠지. 다만 조선
초기에는 성리학이 실학이었다는 사실과 조선 전기에도 성리학의
부족함을 극복하려는 노력들이 계속 이어졌음을 간과해서는 안 될
것 같아. 조선 후기 국내외적인 큰 환경변화에 직면한 학자들이 실
질을 숭상한 노력에 경의를 표하지만 이들 역시 성리학자들이었으
며 성리학 질서와 문화를 변화시키는 데는 한계가 있었다는 점을
조선 전체 역사적 맥락에서 함께 생각해 볼 필요가 있다고 봐.

　　조선시대의 공노비들은 입역노비나 납공노비에 상관없이 고된
역이나 과중한 신공의 부담에서 벗어나기 위해 도망치거나 천적(賤
籍)에 등재를 기피하였다. 특히 임진왜란과 병자호란 이후 노비 방
면, 권력가들의 공노비 불법점유, 노비들의 인식변화로 공노비의

수는 날로 감소하였다. 효종 6년(1655) 국가 세입은 10만 석에 불과한데 지출은 12만 석에 달해 적자재정이었다. 따라서 정부는 적자재정을 메우기 위해서 여러 방안을 강구하였다. 그러던 중 각사 노비(한양 관아에 소속된 공노비)안에 19만여 명이 등재되어 있으나 실제로 신공을 납부하는 노비는 2만 7천 명에 지나지 않는 점에 착안하였다. 이에 나머지 16만 명이 넘는 각사 노비로부터 신공을 징수하기 위해 우선 각사 노비의 실수를 정확히 파악하려 하였다. 그해 노비 추쇄도감(도망한 공노비 색출기관)이 설치되고 우의정을 도제조, 관련 판서가 제조(提調 : 조선의 중앙조직에 각 사(司) 또는 청(廳)의 우두머리가 아니면서 각 관아의 일을 다스리던 직책)로 임명되었으며 각 도에는 어사가 파견되었다. 하지만 노비추쇄를 실시한 결과 당초 10만 명 이상의 실공노비를 밝혀낼 수 있을 것으로 기대하였으나 겨우 1만 8천여 명의 누락자를 밝혀내는 데 그쳤다. 따라서 효종 6년(1655) 이후부터 순조 원년(1801) 공노비를 혁파할 때까지 매 3년마다 실시하는 식년추쇄 외에는 추쇄가 실시되지 않았다. 정책적 변화 이유는 추쇄결과가 미미한 데 반해 추쇄 관원들의 횡포로 백성들의 고통이 증가하였고, 도감의 관리를 대접하느라 예하 관원들은 정상 업무수행이 어려웠으며, 국가 차원에서는 수년간 노비추쇄에 집중함에 따른 행정 낭비가 심하였기 때문이었다. 또한 개인적인 사감, 권력자들의 탐욕으로 엉뚱한 백성이 체포되기도 하였다. 정조 2년(1778) 정조는 공식적으로 노비추쇄관 제도를 폐지한다. 조선 후기에 노비신분층이 동요하자 조정은 노비의 사회경제적 입장 변화를 고려하여 신공 감액, 비총법(比摠法 : 해마다 필요한 세금의 총액을 정하고 징수)의 실시, 면천·속량의 확대 등을 추진하였다. 이러한 정책은 영조 재위기에 집중

우물로 본 조선역사

적으로 실시되었다. 그러나 노비신분층의 동요는 정조 재위기 이후 더욱 심화되어 갔다. 정조가 노비추쇄관 제도를 폐지하였지만 노비의 숫자가 줄어든 것은 신역의 과중보다는 오히려 노비신분층의 자각이 촉진된 데서 원인을 찾을 수 있다. 신역이 고되고 벅차서보다는 신분적 차별에서 받는 고통을 참지 못하여 도망하거나 숨는 노비가 급속히 증가하였던 것이다. 정조는 정조 22년(1798) 공노비의 대다수를 차지하고 있던 내시노비(內寺奴婢)의 폐지를 추진하였으나 끝내 성공하지 못하고 승하하였다.

지우 : 특정 역사방송에서 정조가 조금만 더 오래 사셨으면 노비제 폐지를 이룰 수 있었고 링컨의 게티스버그 선언보다 60년 앞서는 세계사적 일이 될 수 있었다고 하던데요.

아빠 : 정조를 존경하는 마음에서 출발한 판단이라 생각되며 역사적 사실을 좀 더 살펴볼 필요가 있는 것 같아. 실제 내시노비 폐지를 반대했던 것은 노론 벽파가 아니라 정조가 정치의 파트너로 생각하고 아꼈던 남인과 노론 시파였던 것이지. 정조가 승하한 뒤 벽파 지원세력인 문정왕후가 수렴청정을 시작하는 순조 원년(1801)에 내시노비가 폐지된 것은 좀 아이러니하지. 왕이 탕평정책을 추진하고자 해도 자신의 지원세력의 동의나 동조가 없으면 이 또한 어려움이 있다는 걸 잘 보여주고 있다고 생각해.

효행을 통한 왕권의 강화

사도세자는 영조 38년(1762) 7월 23일 현재 동대문구 휘경동 일대인 양주 배봉산 아래에 장사 지내졌고 묘는 수은묘(垂恩墓)라고 불렀다. 정조는 즉위 후 10일이 지난 3월 20일 사도세자의 시호를 사도에서 장헌(莊獻)으로 개칭하고 무덤의 격을 묘에서 원으로 올려 영우원(永祐園)으로 고쳐 부르게 하였다. 정조 13년(1789) 10월 16일 영우원의 위치를 현재 화성의 위치로 옮겨서 현륭원(顯隆園)이라 부르게 하였다. 이후 정조는 돌아가시기 전까지 13번에 걸친 화산 현륭원의 능행을 시작한다. 사도세자의 부인이자 정조의 생모인 혜경궁 홍씨는 순조 16년(1816)에 현륭원에 합장되었다. 정조 생전에 사도세자의 추숭은 이루어지지 않았지만 광무 3년(1899) 9월 1일 고종에 의해 사도세자가 왕으로 추존되어서 장종(莊宗)이란 묘호가 올려졌고 현륭원도 왕의 예에 따라 융릉(隆陵)으로 격상되었다. 또한 정조와 효의왕후를 각각 정조선황제와 효의선황후로 높였다. 광무 3년(1899) 12월 7일 사도세자의 묘호가 다시 장조(莊祖)로 바뀌면서 융릉은 황제의 능이 되었다. 정조는 13번에 걸친 현륭원 방문 시 배다리를 통해 한강을 건넜으며 한강 이남에서는 비교적 규모가 큰 하천을 건널 필요가 있을 때는 새로운 다리를 부설했다. 한강의 배다리는 노량진과 용산나루에 80여 척의 배를 연결하여 만들었다. 정약용은 영조 13년(1789) 겨울 한강의 배다리 조성 지침을 만들어 능행과 관련된 절차적 문제를 근본적으로 해결하였다. 한

우물로 본 조선역사

강 이남의 안양에 이르러서는 도하에 필요한 만안교를 만들었는데 정조와 수행원뿐만 아니라 백성 모두가 교량의 혜택을 누릴 수 있도록 했다. 만안교는 1980년 8월에 원래의 위치에서 조금 떨어진 안양시 만안구 석수동으로 이전했다. 수원에서 화성으로 이동하는 구간에서는 대황교를 설치하여 하천을 건넜다. 대황교는 경기도 수원시와 화성시의 경계 부근에 있었는데 지금은 사도세자의 능인 융릉의 홍살문 입구 앞 다리로 활용되고 있다. 융릉에서 대황교는 풍수지리적으로 금천교의 성격을 띠고 있지만 실제 정조의 능행을 위해 조성되었던 다리이다.

① **만안교**   경기 유형문화재. 경기 안양시 만안구 석수동. 정조 19년(1795) 건립. 만안교 건립 이전에는 왕의 능행을 위해서 임시 목교를 설치하였으나 정조는 백성들의 편이를 위해 석교를 건립하도록 지시.

② **대황교**   초기 명칭은 소황교이었으나 정조 19년(1795) 대황교로 개칭. 1970년 수원 비행장 확장 공사로 융릉으로 이전.

정조 18년(1794)까지의 능행은 한강을 도하하여 남태령을 넘어 과천 행궁에 이르는 길을 이용했다. 그러다 정조 19년(1795) 생모 혜경궁 홍씨의 회갑연을 수원행궁에서 개최하면서부터 남태령 길과 별개로 장승배기를 경유하는 '시흥길'을 새로 개척하였다. 시흥길은 현재 장승배기, 대방동, 도림천, 독산본동을 통해 시흥행궁에서 머무르는 경로로 시흥행궁 터는 현재 시흥 5동 일대로 추정한다. 정조는 시흥행궁에 하루 유숙 후 만안교, 사근평행궁, 지지대고개, 괴목정교, 만석거, 영화정, 장안문, 수원화성으로 이동했다. 사근평행궁에서는 낮 시간에 잠시 쉬어갔으며 화성행궁에서 유숙하고 화성행궁을 출발해 수원화성의 남문인 팔달문을 지나 현륭원으로 이동했다. 사근평행궁은 경기도 의왕시청 별관 자리이며 지지대고개는 경기도 의왕시와 수원시의 경계에 있는 고개이고 괴목정교는 지지대고개의 남쪽에 있던 다리이다. 만석거는 수원시 장안구 송죽동에 있는 저수지이다. 영화정은 지금의 경기도 수원시 장안구 정자동에 있던 정자이고 장안문은 수원화성의 북문이다. 정조는 가마가 지나는 길마다 명칭을 새긴 위치 표지석을 길옆에 세워두도록 지시했고 이렇게 해서 모두 18곳에 표지석이 건립되었다. 정조 19년 이후 통상 8일간 능행 행차를 하면 내려갈 때는 시흥길, 올 때는 과천길을 이용했다.

① **장승배기** 서울 동작구 상도동.
② **영화정**   경기 수원시 장안구 송죽동 만석공원. 정조 19년(1795) 건립. 1996 복원.

정조가 과천길을 이용하는 도중 과천 갈현동에 이르러 갈증을 느끼자 한 신하가 물을 떠다 바쳤다고 한다. 물을 마신 정조는 물맛이 유난히 좋다고 하면서 이 우물에 당상(堂上, 정3품)의 품계를 내렸다. 이때부터 이 우물은 '가자(加資)우물'이라는 이름으로 불리게 되었고 물맛이 좋고 차다고 해서 지금까지 '찬우물'이라고도 불린다.

▲ **가자우물**　경기 과천시 갈현동.

정조는 화성의 현륭원을 조성한 이듬해 1780년 현륭원에서 가까운 갈양사의 옛터에 용주사 사찰을 창건하였다. 용주사 창건은 정조가 직접 명하여 국가공사로 이루어졌으며 비용도 왕가와 중앙 및 지방의 관가가 공동으로 충당하였는데 유교를 근간으로 하는 조선에 있어 매우 이례적인 조치였다. 용주사는 불교사찰이지만 이러한 배경으로 유교적인 양식과 정조의 손길이 곳곳에 묻어 있

① **대웅보전 현판**　보물. 경기 화성시 송산동. 정조 14년(1790) 창건.
② **대웅보전과 연못**

다. 용주사 천보루는 대웅보전으로 들어가는 마당의 문루로 궁궐
이나 양반집의 건축양식을 채택하고 있다. 용주사 대웅보전의 현
판은 정조가 직접 썼고 '용주사대웅전 후불탱화'에는 "자궁저하 수
만세(慈宮邸下 壽萬歲)"라는 글귀가 있는데 여기서 자궁(慈宮)이란 임금
의 어머니, 혜경궁 홍씨를 뜻한다. 정조는 용주사를 통하여 죽은 아
버지의 명복과 살아계신 어머니의 만수무강을 기원하였다.

　화성행궁은 주로 정조가 현륭원을 찾기 위해 마련한 임시 처소로
서 정조 이외에도 순조, 헌종, 고종 등 역대 왕들이 화성행궁을 찾
아 머물렀다. 평소에는 수원 부사 또는 유수가 집무하던 관아로도
활용되던 곳이다. 화성행궁은 조선시대에 건립된 행궁 중 규모가
가장 크며 수원화성과 함께 정치적, 군사적 의미를 가지고 있는 건
축물이다. 화성행궁은 처음부터 별도의 독립된 건물로 일시에 건
축된 것이 아니라 행궁과 수원부 신읍치의 관아 건물을 확장·증축
하는 가운데 조성되었다. 주로 수원화성을 건설하는 데 관심을 기
울이던 정조시기에 많이 증축되었다. 정조는 세자가 성년이 되면

▲ **신풍문** 사적. 수원시 팔달구 남창동. 화성행궁의 정문.

세자에게 자리를 물려주고 어머니와 수원에 내려와 만년을 보낼 생각이었다. 행궁 신풍문의 풍(豊) 자는 임금의 고향을 의미하며 임금의 새로운 고향, 수원에 어머니와 와서 현륭원을 돌보며 살겠다는 염원을 나타내고 있다. 정조 19년(1795)에 어머니인 혜경궁 홍씨의 회갑연을 화성행궁에서 치르면서 새롭게 전각도 건립하고 이름도 변경하였다. 행궁의 정전은 봉수당이며 혜경궁 홍씨의 회갑연을 개최한 장소이다. 장락당은 혜경궁 홍씨의 침소로 지어졌지만 정조가 직접 사용하기도 하였다. 장락당은 한나라의 고조가 어머니를 위해 장락궁을 지은 것에서 착안하여 전각을 짓고 직접 현판을 써서 내렸다. 또한 화성행궁의 봉수당과 장락당의 배치는 사도세자가 태어나고 정조 자신이 승하한 창경궁 집복헌과 영춘헌의 배치와 유사하여 정조의 효심이 투영된 것으로 판단된다.

▲ **봉수당**　　사적. 정조 13년(1789) 건립. 1997년 복원.

정조가 사도세자의 묘호를 높여 화성 현릉원으로 이장하면서 조
정에서 사도세자의 추숭 움직임이 발생하였다. 정조가 이장하면서
쓴 지문(誌文 : 망자의 성명, 출생 및 사망일, 행적과 무덤의 위치 및 좌향 등을 적은 글)에
서 나경언이 영조에게 사도세자의 무고함을 자복하였다는 내용을
기술함으로써 사도세자 죽음의 억울함이 강조되었기 때문이었다.
정조의 후원에 힘입어 징계에 진출한 남인들은 사도세자의 추숭을
지지하면서 정치적 영향력을 확대하려 하였다. 노론은 남인의 이
런 움직임에 불안감을 느끼고 남인 가운데 이가환, 정약용 등 천주
교를 신봉하는 이들이 많은 것에 착안하여 이를 이용하려 하던 차
에 정조 15년(1791) 진산사건이 발생하였다. 진산에 사는 천주교도
윤지충이 모친의 신주를 불태우고 제사를 모시지 않는 사실이 알
려진 것이다. 노론은 이를 기회로 남인의 영수인 채제공을 실각시
켜 남인 세력을 와해하려 하였다. 정조에게 채제공의 실각은 준론

탕평의 실패와 더 나아가 정조의 개혁노력이 물거품이 될 수 있는 상황이었다. 정조는 즉시 천주교 신앙을 개인적인 차원의 문제로 규정하고 남인과는 무관하다고 선을 그었다. 동시에 노론의 순정하지 못한 문체를 사용하는 것을 지적하였다.[24] 즉, 조선에 패관잡기와 같은 새로운 문장을 좋아하는 분위기가 조성되어 천주교까지 신봉하게 되었으므로 천주학을 금지하려면 노론들이 선호하

▲ **전주 전동성당**
윤지충이 처형당한 전주성 남문
(풍남문) 밖에 자리한 성당으로 1908년
V. L., 프와넬 신부의 설계로 건립.

는 패관잡기부터 금지해야 한다고 주장하였다. 노론이 남인의 천주교 문제를 계속 문제시하는 경우 책임을 묻겠다고 경고함으로써 윤지충 처형 선에서 진산사건이 종결되었다.

지우 : 2021년에 조선 최초 천주교 순교자 윤지충과 권상연의 유해가 발견되었다는 뉴스를 보았어요. 현재 천주교 신자들도 제사를 모시고 있는데 당시 왜 이런 사건이 발생한 것이지요?

아빠 : 먼저 현재 천주교의 제사 허용도 조상 숭배가 아닌 효성과 추모의 전통문화를 계승하는 차원임을 이해해야 할 필요가 있어. 예수회가 중국에 처음 전교할 때는 상대방의 전통을 존중하는 적응주의적 입장을 취하였지만 교황청에서 1712년, 1742년 칙서를 통해

동양에서 제사와 위패, 신주 봉안을 금지하였고 1790년 베이징에 머물던 구베아 주교가 남인 천주교 신자 권철신의 제자였던 윤유일 편에 해당 지침을 전달한 것이지. 윤지충은 정조 7년(1783) 무렵 고종사촌이었던 정약용을 통해서 천주교를 접하고 독학으로 신앙을 가졌어. 정조 15년(1791) 모친이 돌아가시자 외사촌 권상연과 함께 제사를 폐지하였고 이것이 외부에 알려진 것이지. 조선사회의 위패, 신주와 제사는 양반 신분을 유지하는 표상인 동시에 유교적 사회질서를 확립하는 핵심적 가치로 성리학의 군주를 자처하는 정조의 입장에서 노론의 정치적 공격을 고려하지 않더라도 윤지충과 권상연의 행동을 처벌할 수밖에 없었을 거야.

지우 : 결국 정조의 효행 과정도 유교적 가치에 입각한 왕권의 강화로 설명할 수 있다고 보는지요?

아빠 : 물론 조선시대 왕의 조치를 걸핏하면 왕권의 강화로 설명하는 데 대해 비판적인 시각도 있을 것이라고 봐. 하지만 정조는 집권 내내 왕권의 정통성을 위협받았고 이를 극복하기 위해 왕권확립에 노력했던 왕임이 틀림없어. 정조는 효행의 여정을 통해 인간적인 면에서 부모에 대한 추모의 마음을 절절히 드린 것은 맞지만, 정치적으로는 사도세자의 존숭을 통해 왕권의 정통성 및 군신관계를 포함한 유교적 질서의 확립을 요구한 것으로 볼 수 있지. 반면 천주교의 전래는 이러한 정조의 접근방식에 크게 도움이 되지 않았다고 생각해.

물의 도시 수원과 화성(華城) 건설

▲ 화홍문   경기 수원시 팔달구 북수동. 북수문으로도 불리며 수원 8경 중 하나인 화홍관창(華虹
觀漲 : 화홍문의 비단결 같은 폭포수).

  정조가 사도세자의 묘를 수원으로 옮긴 데는 자신이 꿈꾸는 이상
의 도시 건설과도 관련이 있다. 조선역사상 화성은 진정한 계획도
시로 당시의 모든 기술과 정치적 고려가 결합된 국가 프로젝트였
다. 정조는 당시 30세로 실학을 표방한 다산 정약용에게 자신 이상
을 구현시키는 대역사를 맡겼다. 애초 10년이 걸릴 것으로 예상했
던 화성축조는 빛의 속도로 진행됐다. 정조 20년(1796) 10월 단 34
개월(국가 경제상황으로 인한 6개월 공사 중지 기간을 제외하면 28개월)만에 낙성연

① **용연** 반달의 형태로 둘레가 260m. 수심이 1.8m이며 중앙에 작은 섬이 위치.
② **방화수류정** 보물. 석재와 목재, 전돌을 적절히 배합한 2층 누각으로 18세기 정자 건축물의 백미.

을 치렀는데 수원화성과 같이 방대한 공사를 단기간에 끝낼 수 있었던 것은 실학자인 정약용과 같은 젊은 인재들이 수립한 새로운 차원의 도시계획과 열정으로 건설됐기 때문이다. 수원화성의 도시계획은 기본적으로 물길과 도로의 조성이다. 물길은 대천(수원천)과 명당수와 소하천으로 구분된다. 대천은 북쪽에서 남으로 흘러 용연(龍淵)의 조경수로 활용되며 화홍문(華虹門)의 수문을 통해 화성의 동쪽 지역의 큰 성내 천을 형성하여 흐른다. 용연은 양과 음의 기운을 조화시키기 위해 조성된 인공연못으로 가뭄이 들면 이곳에서 기우제를 지내기도 하였다. 용연은 연지로서 연을 심어 군자의 기개를 상징하고 영지로서 연못에 비치는 주변 경물을 감상하는 역할을 한다. 화홍문은 7개의 홍예위에 누각이 설치되어 있다. 화홍문은 수원천의 유량관리와 군사 방어적 목적이 있으며 많은 풍류객들이 탐방한 명소이다. 용연과 화홍문 사이에는 방화수류정(訪花隨柳亭)이 있어 용연과 화홍문을 동서로 관망할 수 있다. 방화수류정은 화성의 동북각루로 지휘와 감시라는 군사적 목적이 있지만 정

① **용연출수구** 이무기의 머리를 형상화. 사진 언덕 너머에 용연, 우측 상단에 방화수류정, 전방에 화홍문이 위치.

② **남수문** 헌종 14(1848) 홍수로 무너져 재건. 1922년 홍수로 유실되어 2012년 복원.

자 용도로 많이 사용되었다. 정조는 이곳에서 신하들과 활쏘기를 하고 화성성역의 노고를 치하하기도 하였다. 용연 출수구는 화홍문 수문과 연결되는 경사면에서 확인할 수 있다. 용연의 바닥에서 지하수가 솟거나 비가 오면 연못물이 넘치게 되고 서쪽에 위치한 용연 출수구(석각이두)를 통해 화홍문으로 흐르게 되는 것이다. 성내 대천은 화성의 남수문을 통해 성 밖 세류동 쪽으로 흘러간다. 남수문에는 9칸의 홍예를 두었고 홍예 위에는 벽을 쌓고 수문에는 철책을 만들어 적의 침입에 대비하였다.

화성행궁 자체의 풍수는 팔달산을 주산으로 네 방위에 사신사를 갖추었는데 주산인 팔달산이 북현무가 되고 거북산이 우백호가 되며 방화수류정 아래 작은 바위산 용두암이 좌청룡, 선암산이 주작이 된다. 명당수는 팔달산 북동쪽 기슭에서 발원하여 화성행궁을 거쳐 남지의 조경수로 이용되고 은구(隱溝 : 감추어진 수구)를 거쳐 수원천으로 흐른다. 화성축조 당시 남지, 동지, 북지를 조성하였으며 모두 쌍지로 구성되었다. 현재는 제한된 지역 몇 곳에만 연지 터 안내 표지판이 설치되어 있다. 정조는 화성을 관통하는 모든 물길이 수원천으로 모여 퇴적물의 문제가 발생하자 축성 시작 2달 후부터 대천준설을 시작하여 하천관리에 돌입하였다. 매년 여름 장마가 끝나면 연례행사로 하천 준설작업이 실시되었다. 조선시대 읍성의 도로망은 T자형을 기본으로 하나 화성의 도로망은 +자형이다. 장안문에서 팔달문으로 이어지는 중심도로에 행궁에서 출발하여 매향교를 거쳐 창룡문에 이르는 동서횡단 도로가 행궁의 전면에서 교차하는 형태로 놓여졌다. 이는 기존의 T자형 도로망보다 물류의 유통과 도시성장에 유리한 것으로 평가된다.

수원화성은 물길과 도로계획 위에 다른 성곽과 달리 상업적 기능과 군사적 기능을 동시에 수행할 수 있는 평산성 형태를 채택했다. 한국의 성곽은 전통적으로 평상시에 거주하는 읍성과 전시에 피난처로 삼는 산성을 기능상 분리했는데 수원화성 성곽은 피난처로서의 산성을 따로 두지 않고 평상시에 거주하는 읍성의 방어력을 강화시킨 형태이다. 특히 석성과 토성의 장점만 살려서 축성하였으며 제반 시설물은 지형 조건을 최대한 활용하여 효율적 방어가 가능하도록 배치했다. 팔달산 정상에 군사지휘소인 서장대를 두었으며 맞은편 높은 곳에 외부와의 통신시설인 봉수대를 벽돌로 만들어 세웠다. 화성 남북단에는 장안문(長安門)과 팔달문(八達門), 동서 단에는 창룡문(蒼龍門)과 화서문(華西門)을 세우고 남서와 동북 방향 높은 지대에 각기 화양루와 동북각루를 세워 비상시 군사 요충이 되도록 했다. 화서문의 공심돈은 적을 감시함과 동시에 공격할

우물로 본 조선역사

① **장안문**　　　경기 수원시 팔달구 장안동. 1978년 복원.
② **팔달문**　　　보물. 경기 수원시 팔달구 팔달로 2가. 정조 18년(1794) 건립.
③ **화서문**　　　보물. 경기 수원시 팔달구 장안동. 정조 20년(1796) 건립.
④ **서북공심돈**　보물. 화서문과 연결되어 있고 속인 빈 돈대라는 의미.

수 있는 구조물로 화성에서만 볼 수 있는 현안(懸眼 : 성벽에 홈을 내어 뜨
거운 물이나 기름을 부어 적을 방어), 총안, 전안(箭眼 : 적을 감시하거나 활을 쏘기 위한
구멍), 포루 등의 군사적 기능과 재료사용, 축조기법, 조형미로 인해
화성의 대표적 시설물로 인식되고 있다. 정조 21년(1797) 1월 화성
을 방문한 정조는 서북공심돈을 보고 "우리나라에서 처음으로 만
든 것이니 마음껏 구경하라."며 매우 만족스러워했다고 한다. 서북
공심돈 부근은 축성계획 상 해자를 파기로 했으나 후일 논으로 개
간하여 수전과 해자의 두 가지 기능을 겸하도록 변경되었다.

▲ **거중기**　　경기 남양주군 조안면 정약용 유적지 소재. 1792년 사용된 거중기 모형.

또한 수원화성에는 당시 과학과 기술이 적극적으로 반영되었다
는 점에 주목할 필요가 있다. 실용을 중시한 정약용은 당대 최첨단
기자재의 도입을 주저하지 않았는데 대표적인 것이 현대의 기중기
와 같은 용도의 거중기다.

화성에 적용된 과학 원리는 더 많이 있다. 화성의 성벽을 자세히
보면 전체 형태가 구불구불하다. 성벽을 구불구불하게 하여 아치
를 만들면 더욱 견고하기 때문이다. 화성 성벽과 여장(성의 담) 사이
에 검은색 벽돌이 끼어 있는데 생김새가 눈썹 같다고 해서 눈썹돌
또는 미석(楣石)이라고 부른다. 미석을 끼워놓으면 비나 눈이 와도
물이 성벽으로 스며들어 가지 않고 미석을 타고 땅으로 떨어지는

① **만석거**　　국제 관개배수위원회 선정 세계관개시설물. 경기 수원시 장안구 송죽동.
② **만년제**　　경기 기념물. 경기 화성시 안녕동. 사진 우측의 흙 섬을 괴성으로 판단.

것이다. 따라서 돌과 벽돌의 이음새가 비와 서리, 얼음, 폭염 등으로 인해 수축작용을 해도 큰 영향력이 없도록 한 것이다. 정조는 화성축조와 함께 수원이 생산, 소비, 물류, 교통 등을 겸비하여 자생력을 갖출 수 있도록 지원을 아끼지 않았다. 정조는 사통팔달의 교통망을 구축하는 한편 지역경제 활성화를 위해 시전을 열고 한양과 지방 재력가들의 참여를 유도하였다. 소비 활성화를 위해 부역과 세금을 감면해주고 저리로 자금을 빌려주었다. 또한 도시의 자립과 농업의 생산성 향상을 위해 둔전과 저수지를 설치했다. 둔전은 군대 식량을 마련하기 위한 토지로 군인이 직접 경작하거나 농민이 대리 경작 하였는데 이를 통해 화성 장용영의 운영비를 조달하였다. 정조 18년(1794) 극심한 가뭄이 들자 정조는 화성 공사를 중지하고 가뭄에 대비한 구휼대책 마련과 동시에 농가에 도움을 주기 위해 만석거를 조성하였다. 만석거는 당대 최신식 수문과 수갑으로 구성되었고 여기에 모인 물을 농업용수로 이용하여 대규모 농장인 대유둔을 운영하였다. 저수지 남단의 약간 높은 곳에는 영화정을 세워 만석거 부근을 조망할 수 있도록 배치하였다. 만석거 설치의 경험을 바탕으로 정조 19년(1795)에는 현륭원 앞에 만년제를 조성하였다. 정조는 만년제 조성의 목적을 첫째, 소중한 분(사도세자)을 위해서이고 둘째, 백성들의 농토를 위해서임을 밝혔다. 즉, 현륭원의 풍수를 보완하기 위해 최종 단계에 만년제라는 수구를 마련한 것이요. 더불어 더 많은 물을 저장하여 백성들의 농사에 보탬이 되고자 한 것이다. 만년제 가운데는 원형의 섬이 있는데 이를 괴성(魁星)이라고 한다. 괴성은 연못 가운데 조성된 흙산이라는 의미로 현륭원의 풍수형국인 반룡농주(盤龍弄珠)의 여의주를 상징하는 것으로 해석할 수 있다.

▲ **축만제**　국제 관개배수위원회 선정 세계관개시설물. 경기 수원시 팔달구 화서동.

정조는 정조 23년(1799) 만석거와 만년제에 이어 농업용 저수지로 축만제를 축조하였다. 정조 재임 기간 중 수원 지역에서 축조된 저수지 중에서 가장 규모가 크고 화성의 서쪽에 있어 서호라고 불

우물로 본 조선역사

렀다. 축만제는 내탕금 3만 냥을 들여 공사를 하였으며 수문 2곳을 설치하였다. 저수능력은 논 약 46만 평(150헥타르)에 물을 댈 수 있을 정도이며 정조는 이곳에 서둔을 설치하였다. 축만제의 서둔은 일제 강점기와 현재의 농촌진흥청으로 명맥을 이어가는 농업의 산실이 되었다. 과거 서울대 농대가 수원에 캠퍼스를 가졌던 이유 중 하나도 이러한 역사적 배경이 있기 때문이다.

지우 : 정조가 화성을 축조한 이유가 사도세자에 대한 효의 완성이라는 분석에 대해 어떻게 생각하는지요?

아빠 : 화성축조의 의도를 사도세자에 대한 효로 한정하면 정조의 사회적, 정치적 이상과 의도를 설명할 수 없게 되지. 또한 신료들이 정조의 효심만을 존중하여 국가의 대역사를 찬성할 수 있었을까? 화성의 축조가 결과적으로 정조의 효를 완성하는 조치임에는 틀림없지만 우선적으로 자신의 왕권과 이상을 강화할 수 있는 정치적 공간의 조성이라는 실질적인 면의 설명이 필요하지. 강력한 군주를 지향하였지만 여전히 정치적 어려움이 산재했고 따라서 화성에서 변화하는 세상에 보다 적합한 정치세력을 성장시키고, 자신이 신뢰할 수 있는 군대육성 및 자신과 백성들의 꿈을 가능하게 하는 새로운 경제활동 등을 희망한 것이지. 세자에게 선위하고 화성에 내려와 정치적 이상이 구현되면 자연스럽게 세자의 왕권 강화를 도울 수 있고 동시에 세자가 사도세자를 추숭하면 영조와 자신의 약속을 지키면서도 추숭된 부왕을 지근에서 모시는 효의 완성이 이루어지는 것이지.

지우 : 정조의 화성축조가 도읍을 수원으로 옮기려는 정치적 의도가 있다는 분석에 대해서는 어떻게 생각하는지?

아빠 : 현대적 관점에서 출발한 흥미로운 분석이라고 생각해. 왕조시대 도읍의 이전은 새로운 왕조의 성립이나 강력한 안보적 필요가 있어야 하는데 그런 동기가 확인되지 않아. 수원화성의 필요성은 임진왜란 때 남쪽의 방어를 위한 강력한 거점이 없었다는 군사적 이유와 조선 후기 상업과 농업의 발전을 확대 및 재생산하여 도읍을 지원하는 최첨단 도시 정도가 있어. 수도이전은 현대에는 적어도 국민적 공감대, 조선시대에는 기득권 정치세력들의 전폭적인 지지가 전제되어야 한다고 봐.

지우 : 화성이 기존의 조선 성곽들보다 높이가 낮은 데는 특별한 이유가 있을까요?

아빠 : 우선 두 가지 이유를 생각해 볼 수 있어. 첫째, 18세기 중후반부터 공성의 양상이 사람이 직접 기어올라 점령하는 것보다 화포로 성벽을 쏴 무너뜨려 점령하는 방식이 선호되었어. 따라서 성벽을 높게 쌓는 것보다 포격에 견딜 수 있는 성벽의 강도에 좀 더 중점을 둘 수 있었겠지. 둘째, 화성에도 사람이 기어오르는 것을 막기 위한 장치가 발견되는 건 그런 방식에도 대비한다는 것이지. 따라서 얼마나 높게 쌓을지는 국가예산과 노동력 동원과 밀접하게 연관되는 부분이기도 해.

우물로 본 조선역사

정조는 화성의 완성으로 자신이 선위 후 내려갈 정치적 거점 확보와 사도세자의 추숭 여건은 마련하였지만 노론 벽파의 정치적 공세는 더욱 강화되었다. 정조 22년(1798) 노론 벽파는 정조의 최측근인 남인의 영수, 채제공을 사직하게 만들었다. 상황이 이렇게 되자 정조는 노론 벽파의 영수 심환지와 손을 잡고 어려운 정국을 수습하고자 하였다. 비밀리에 심환지와 주고받은 편지를 통해 정조가 얼마나 통치에 대한 고민이 깊었고 이와 함께 심신이 황폐해졌는지를 유추할 수 있다. 강한 인내력과 의지의 소유자인 정조도 정조 24년(1800) 초여름에 건강이 급속히 나빠졌다. 정조는 오회연교(五晦筵敎)를 통해 신하들의 지지를 바랐으나 묵묵부답으로 일관하자 더 이상 신하들과 정치를 논하지 않겠다고 결심하고[25] 노론 시파이자 세자빈의 부친인 김조순에게 자신이 화성으로 내려갈 1804년 이후 세자와 정국을 잘 이끌어 달라는 부탁을 한다. 이것은 척리를 정치에서 배제한다는 자신의 24년에 걸친 정치원칙을 부정하는 것으로 그만큼 신료들의 행태에 큰 실망감을 느낀 것이다. 하지만 오회연교를 선포한 지 4주 만인 6월 28일 정조는 영춘헌에서 승하한다.

지우 : 정조의 독살설이 꾸준히 영화, 소설, 드라마의 중요한 소재가 되고 있는데?

아빠 : 연훈방(煙薰方 : 피부염, 종기, 매독 등에 대한 전통적인 치료법으로 수은중독의 위험성) 처방 후 승하하여 독살설의 증거로 제시되곤 하지. 하지만 몇 번 하지 않은 처방으로 중독에 이르기는 어렵고 당시 종기로 인한 자신의 건강상태를 기술한 어찰 및 김조순과 대화를 통해 보면 병세 자체가 매우 심각해지고 있음을 알 수 있어. 평소 술과 담배를 너무 과하게 하셔 면역이 약화된 상태에서 오회연교로 인한 정치적 스트레스가 너무 심해 종기가 악화되었겠지. 또한 평소에도 경옥고가 몸에 받지 않는 걸 알고 멀리하였는데 어의와 신하들이 정조에게 경옥고를 귤강차에 타서 복용하게 함으로써 사단이 난 거야. 이것을 드시고 정신을 잃으신 다음 이틀 만에 승하하신 것이지. 지금도 열이 많은 분들에게는 대부분 인삼을 권하지 않는다고 알고 있어. 물론 당시 정조의 기력이 너무 쇠약하여 경옥고를 처방한 어의의 판단도 완전히 잘못되었다고 확신할 수는 없겠지.『정조실록』을 보면 승하하기 4일 전 밤에는 잠깐 잠이 들었는데 피고름이 저절로 흘러 속적삼에 스며들고 이부자리까지 번졌는데 잠깐 동안에 흘러나온 것이 거의 몇 되가 넘었다고 적혀 있어. 종기를 짰을 가능성이 높고 전후 과정에서 세균 등에 감염되는 합병증도 의심할 수 있지. 종합적으로 말하면 조선시대 의학의 수준이 정조의 사망을 막기에는 부족했다고 평가할 수 있어.

지우 : 정조는 탕평과 개혁에 앞장섰지만 세도정치의 원인 제공자로 지목되고 있는데?

아빠 : 정조가 24년간 지켜온 척리 정치배제 원칙을 파기하고 김조순에게 뒷날을 부탁한 것은 결과적으로 매우 아쉬운 조치이지. 하지만 정조의 관점에서 6월 14일 영춘헌에서 김조순과 나눈 대화를 다시 살펴볼 필요가 있어. 첫째, 자신의 탕평책이 실패하였다고 탄식하면서 척리라도 기용하여 나라 꼴을 다시 돌릴 수밖에 없다고 해. 물론 24년 동안 추진해 온 일이기 때문에 전적으로 정조에게 책임이 있지만 24년 동안 탕평에 혼신의 힘을 쏟아왔고 국왕만큼 당시 정치상황 평가 및 조치를 정확히 내릴 수 있을까 하는 것이지. 둘째, 당시 정조의 종기가 등과 머리로까지 퍼졌고 앞가슴의 10개 정도 종기로 인해 매우 고통스러워하였지. 자신의 건강과 세자를 고려한 미래 정치구도를 생각할 수밖에 없었을 거야. 표면적으로 김조순에게 자신이 화성으로 내려갈 1804년 이후 세자와 함께 정국주도를 부탁하기는 하였지만 시나브로 악화되는 자신의 건강을 고려하여 자신이 육성한 초계문신이자 세자빈의 부친인 김조순에 힘을 싣는 것이 당장 최선의 정치적 선택으로 판단했을 가능성이 있어.

정조가 승하한 다음 해 화령전이 화성행궁 옆에 영전(靈殿)으로 세워졌다. 화령전은 신위를 모셔놓고 제사를 지내는 통상의 사당과 달리 임금의 초상화를 모셔두고 추모하는 영전이다. 화령전에 봉안된 정조의 초상화는 원래 현륭원 재실인 어목헌에 봉안되어 있던 것이다. 정조는 현륭원을 매일 찾을 수 없으니 초상화라도 재실에 걸어 마음으로 찾아뵙고자 하였다. 지금의 영전 초상화는 1954년 소실되어 2004년에 다시 그린 표준영정이다. 화령전의 정전은 운한각이며 이안청은 어진을 임시로 보관하는 건물로 운한각과 복도각으로 연결되어있다. 화령전은 조선시대 영전 건축물에서 복도각이 적용된 최초의 사례이며 온전하게 유지되는 것도 유일하다. 제정은 팔각형의 장대석을 두르고 그 위에 우물 정자 석재를 설치한 후 목재 난간을 설치하여 격식을 갖췄다. 제정에서 넘치는 물은 수로를 따라 동남 방향으로 흘러 방형의 연못으로 모인다.

◀ 운한각과 이안청

사적. 경기 수원시 팔달구
신풍동. 순조가 1804년
정전인 운한각의 현판을
직접 썼으며
우측의 건물이 이안청.

◀ 제정과 연지

우상의 제정에서
좌하의 연지로 물이 흐름.

정약용의 활약과 퇴장

정약용은 정조의 현륭원 능행과 화성축조에 가장 깊게 관여한 인물이다. 정조 13년(1789) 겨울 한강의 배다리 지침을 만들어 화성과 현륭원 원행을 편하게 했을 뿐 아니라 경비절감에도 기여하였다. 정조 14년(1790)에는 온양행궁에 들러 사도세자가 조성한 영괴대를 방문하고 영괴대의 경과를 정조에게 보고하였다. 정조 16년(1792)에는 부친의 상중에도 정조의 명을 받아 화성 기본계획을 수립하여 바쳤고 정조가 내려준『기기도설』등의 자료를 참고하여 거중기를 개발하여 화성축성의 경비를 절감하고 노동자의 부담을 덜어주었다. 또한 정조 19년(1795) 화성이 축조되자 '천년의 행행'이라 불리우는 을묘년 원행을 기획하여 정조를 보필하였다.[26] 정약용은 화성의 모든 계획, 시공, 관리절차 등을 담은『화성정리통고』 저술에 참여하고『오성지기(五星池記)』를 통해[27] 자신이 설계한 화성의 오성지가 실무자들에 의해 잘못 시공된 것을 지적하기도 하였다. 그러나 이러한 정약용의 활약에도 불구하고 정조 승하 후 1801년 대왕대비 정순왕후의 천주교 탄압(신유박해)으로 인해 자신은 물론 형제들은 불운을 맞게 된다. 셋째 형 정약종은 천주교 신자로 처형되고 둘째 형 정약전은 전남 완도의 신지도, 자신은 장기현으로 유배를 가게 된다. 그 이후로도 큰 형 정약현의 사위 황사영의 백서 사건으로 정약전은 흑산도, 정약용은 강진의 다른 유배처로 이동하게 된다. 이렇게 시작된 정약용의 강진 유배생활에서 불편함을

▲ **사의재**　전남 강진군 강진읍 동성리. 우측은 주모상.

덜어주는 데 주모의 역할이 컸다고 한다. 정약용은 주막집에 딸린 사의제(四宜齋)에서 4년을 보냈고 주변의 고성사 보은산방과 목리에 있는 제자 이학래 집에서 각각 2년을 거주하였다. 사의재는 초기 강진에서 유배생활이 어느 정도 안정되자 자신이 거처하던 곳을 '네 가지 신조를 올바르게 하는 사람이 거처하는 집'이라는 의미로 붙였다고 한다. 사의는 정약용이 순조 4년(1804) 스스로 지키기 위해 만든 자신의 생활규칙이다. 사의는 생각과 용모, 언어와 행동을 올바르게 하겠다는 자신과의 약조이자 경계문구이기도 하다.

　순조 8년(1808)에는 만덕산 자락 귤동마을 해남윤씨 윤단의 산정으로 거처를 옮겨 해배되는 순조 18년(1818)까지 10년간 『목민심

① **다산초당 현판** 　　전남 강진군 도암면 만덕리. 추사 김정희 친필.
② **정석** 　　　　　　정약용의 친필 각자.
③ **연지와 석가산** 　　정약용은 연지의 잉어를 통해 날씨를 예측.

서』, 『경세유표』, 『흠흠신서』 등을 저술하고 수많은 제자들을 양성

한다. 정약용이 유배 기간 동안 저술한 책자는 500여 권에 달한다.

정약용은 만덕산 자신의 거처 현판을 다산초당으로 내걸었으며 마

당 앞의 커다란 너럭바위를 찻상으로 썼다고 한다. 초당에서 멀리

떨어지지 않은 좌측 편 산등성이에는 정약용이 직접 새겼다고 하

는 바위의 각자, 정석(丁石)을 만날 수 있다. 어쩌면 너무 단순하여

촌스러운 느낌을 줄 수 있지만 정약용의 군더더기 없고 깔끔한 성품을 잘 보여주는 것으로 판단된다. 초당의 우측에는 작은 연못이 있으며 연못 중앙에 돌을 쌓아 만든 돌탑이 있는데 연지석가산이라고 부른다. 정약용은 연지석가산을 포함하여 초당의 조경에 대한 내용을 『다산시문집』에 자세히 기술하여 후손들이 정약용의 조경과정과 예술적 가치를 잘 이해할 수 있게 한다.

▲ **옥판봉과 녹차밭** 월출산 제일 봉우리. 고려시대부터 차를 재배한 지역.

정약용은 제자들과 함께 월출산 등반 후 하룻밤을 보낸 백운동 별서정원과 원림의 경치에 매료되었다. 이를 오래 기억하기 위해 백운동 12경을 담은 백운첩을 만든다. 백운첩은 초의선사가 그린 백운동 풍경과 함께 정약용 8수, 초의선사 3수, 정약용의 제자 윤동 1수의 시가 첨부되었다. 정약용은 월출산 옥판봉을 제일의 경치

① **정선대** 전남 강진군 성전면 월하리.
② **운당원** 운당원에서 둘레길로 연결되는 대나무숲 사이에 위치한 옹달샘.

로 꼽았고 제11경 정선대(停仙臺)에서는 옥판봉과 백운동 원림의 전경을 조망할 수 있었다고 한다. 백운동 별서정원에서 가장 눈에 띄는 것은 제5경 유상곡수이다. 조선시대의 풍류를 한눈에 볼 수 있는 것으로 원림에 인위적인 조경이 잘 어우러진 모습이다. 원림의 제12경 운당원(篔簹圓)은 말 그대로 하늘로 꼿꼿하게 솟은 대나무 숲을 의미하며 선비의 기개를 나타낸다. 대나무숲은 백운동 별서정원 뒤에 위치하며 계곡으로 내려가는 길이 있어 원림 둘레길로 이어진다.

순조 18년(1818) 정약용은 해배 소식을 듣자 18명의 제자들과 전별연을 가졌다. 이 자리에서 정약용은 스승과 제자들의 신의를 지키기 위한 다신계(茶信契)를 만들었으며 다신계절목에 다신계의 목적, 구성원, 전답을 관리하고 차를 따는 규약을 기술하였다. 이런 다신계의 의리는 정약용의 사후 아들 대에도 지켜졌으며 강진의 제자들은 100년이 넘는 기간 동안 남양주의 다산가에 차를 만들어 보냈다. 정약용은 해배된 후 생가인 여유당에서 여생을 보냈으며 그의 묘소는 여유당 뒷산에 위치한다. 후손들은 문도사에서 정약용의 제향을 봉행하고 있으며 이 시기에 다산문화제도 함께 개최된다.

◀ **여유당과 우물**

경기 남양주시
조안면 능내리.
여유당과 우물은
1925년 홍수로
훼손 후 복원.

◀ **문도사**

미리 본 혼돈의 우물

    혼돈의 우물은 시기적으로 순조에서 대원군 섭정 기간 동안에 진행된 암흑기의 조선역사를 담고 있다. 정조 사후부터 60년간 이어진 안동 김씨 세도정치의 실체를 추사 김정희의 이야기를 통해 확인하며 수많은 민란발생과 대원군의 등장의미를 이해할 수 있다. 또한 조선에 전파된 천주교가 유교적 질서와 충돌하면서 100년간 지속된 박해와 2차례의 양요 발생의 역사를 직시함으로써 조선 근대화를 위한 여건 조성의 문제점을 추론할 수 있다.

7부

혼돈의 우물

위정척사
衛正斥邪

바른 것을 지키고
옳지 못한 것을 물리친다

1장

세도정치

허약한 왕권과 세도가문의 힘겨루기

통상 정조 사후 63년(1800~1863) 순조, 헌종, 철종의 시기를 세도정치(勢道政治) 시기라고 부른다. 또한 '혼란의 시대' 내지 '조선왕조의 암흑기'로 불리기도 한다. 정조는 순조의 외척들에게 어린 왕을 도와 세도정치(世道政治)를 해딜라고 부탁하였지만 세도가들이 독점적으로 정국을 운영함으로써 정조의 뜻을 저버리게 된다. 정조가 갑자기 승하하자 1800년 순조는 11살의 나이에 조선역사상 두 번째로 어린 왕으로 즉위했다. 즉위 당시 조선왕실에서 가장 큰 어른이었던 영조의 계비이자 대왕대비 정순왕후 김씨가 수렴청정을 했다. 이 시기에 정순왕후의 남동생인 김귀주를 중심으로 한 경주 김씨 가문과 뜻을 같이하는 노론 벽파 심환지, 이시수 등이 남인과 노론 시파를 정계에서 대거 축출하였다. 정조의 이복동생 은언군, 혜경궁 홍씨의 동생인 홍낙임, 정조를 곁에서 보필하던 윤행임 등이 처형당하였고 정조 치세의 주역이었던 이가환, 정약용 등은 처형당하거나 유배당하였다. 정조로부터 후일을 당부받았던 국왕의 장인인 김조순도 강한 견제를 받았다.

순조는 즉위 4년부터 친정을 시작하며 정국을 주도하려 하였으나 여의치 않았고 김조순 및 조만영 가문에 대한 협조와 견제를 병행하는 방식으로 국정을 운영할 수밖에 없었다. 결국 김조순을 정점으로 한 안동 김씨는 벽파와 정치적 투쟁에서 성공하여 순조 26년(1826)까지 정국을 주도할 수 있었다. 순조가 풍질이 심해진 것을 계기로 해서 효명세자가 순조 27년(1827)부터 순조 30년(1830)까지 대리청정을 시작하면서 세도권문에 대한 견제가 이루어졌다. 대리청정 초기 김조순 계열의 정승인 심상규를 중도부처(中途付處 : 유배인을 자신 주거지와 가까운 곳에 보내는 형벌)시키고 남공철·이상황 등 김조순계 두 정승까지 사직 조치하였다. 반면 김노·홍기섭·이인부·김노경(추사 김정희의 부친) 등을 발탁하여 인사 및 재정의 중책을 부여함으로써 효명세자의 세력을 구축하였다. 김노경의 장남인 김정희는 정조 10년(1786) 현 충청남도 예산군 신암면 용궁리에서 김노경과 기계 유씨 사이에서 태어났으며 어릴 때 큰아버지 김노영이 아들이 없어 양자로 입양되었다.

김정희는 순조 9년(1809) 생원시에 장원 급제 하였고 순조 10년(1810) 아버지 김노경이 청나라에 동지사 겸 사은사로 사신행을 떠날 때 아버지의 시중을 드는 자제 군관으로 따라갔다. 60일 동안

① **김정희 고택과 우물** 충남 유형문화재. 충남 예산군 신암면 용궁리. 18세기 중반 건축물.
② **김정희 묘** 충남 문화재자료. 우물의 서쪽 50m 지점.

청나라에 머물면서 청나라 최고의 학자 옹방강, 완원 등에게 재능을 인정받아 고증학을 배우게 된다. 순조 19년(1819) 식년시(3년 주기 정시) 병과로 합격하여 병조참판에까지 올랐으며 순조 27년(1827) 친구 조인영의 조카사위인 효명세자를 가르치는 필선(弼善)이 되었다. 효명세자는 대리청정 기간 중 13회의 능행을 실시하여 백성들의 상언·격쟁을 들으려 했고 총 53회의 응제(應製)·강(講)·제술(製述) 등의 시험을 통해 인재발탁의 기회를 넓히려고 하였다.

하지만 순조 30년(1830) 5월 6일 효명세자가 갑자기 승하한다. 효명세자가 연일 약 처방을 받다가 사망하자 이를 기점으로 안동 김씨와 함께하는 정치세력들은 11월 말까지 8개월간 쉬지도 않고 효명세자의 측근에 대한 탄핵상소를 올린다. 약원의 의관에서 시작해서 결국 정치적 목표인 약원제조 홍기섭을 정치범으로 엮었고 김노·이인부·김노경까지 포함한 이른바 사간신에 대한 정치적 탄핵이 시작된다. 순조는 홍기섭·김노·이인부까지 정치적으로 탄핵

우물로 본 조선역사

을 당하자 홍기섭을 삭직(削職)하는 수준에서 일이 종식되기를 바랐다. 하지만 삼사를 위시한 안동 김씨의 공격은 여기에 멈추지 않았고 김우명이 김정희의 부친 김노경을 다시 탄핵하였다. 순조는 자신의 당부에도 불구하고 상황이 확대되자 유화적인 태도를 바꿔 강경하게 나섰다. 상소의 사실근거와 긴급성을 문제 삼아 김노경을 탄핵한 김우명을 삭직시켰다. 그러나 이러한 순조의 강경조치도 소용없이 4인방에 대한 탄핵은 계속되었고 후일 김정희의 8년간 유배에 단초를 제공하는 윤상도가 4인방 탄핵과는 무관하게 박종훈·신위·유상량을 탄핵하는 상소를 올린다. 윤상도의 상소에는 김노경·김정희와 관련되는 내용이 하나도 없으며 윤상도와 김정희 및 김노경은 실제 가까운 사이였다. 순조는 윤상도뿐만 아니라 탄핵국면을 이끌고 있는 안동 김씨 세력들에 대한 정치적 반격 조치로 김노를 남해현으로 유배, 이인부를 전리방귀(田里放歸 : 관직을 삭탈하고 고향으로 내쫓는 형벌)시킴과 동시에 윤상도를 추자도에 정배(定配 : 일정기간 죄인을 섬이나 지방으로 보내는 형벌)하도록 조치하였다. 그러자 탄핵을 추진하던 세력들은 공세의 방향을 바꾸어 윤상도 상소문의 배후 조사를 들고나와 추자도에 정배된 윤상도의 국청을 주장하였다. 이 당시 국청을 주장한 사람은 사헌부 장령 권휘였지만 사헌부의 수장 대사헌은 김양순으로 10년 후 윤상도의 옥사에서 상소의 배후로 밝혀지는 반전이 있게 된다. 탄핵정국이 잠시 소강상태에 접어들었지만 후일 헌종이 되는 왕세손의 책봉을 전후해서는 삼사의 전 관료들이 일시에 김노경의 국청을 다시 주장하였고, 연이어 삼정승이 김노경과 윤상도를 함께 처벌하라고 상소함으로써 사안은 다르지만 탄핵당한 김노경과 탄핵을 주도한 윤상도가 동일한 처벌

대상이 되는 묘한 상황이 발생한다. 순조는 어쩔 수 없이 김노경을 전라도 고금도에 위리안치시키는 것으로 상황을 종료시켰다. 결론적으로 안동 김씨 탄핵파들이 익종(翼宗 : 효명세자)의 사간신을 만들어 이들을 제거하는 데 성공하였다. 순조는 승하하시던 해인 순조 34년(1834) "우리가 백성들 먹여 살리려고 정치하는데 오늘 나는 어찌 죽이거나 탄핵하는 말 이외 한마디도 들은 게 없냐?"라고 탄식하면서 김노경을 유배에서 풀어주었다.

순조가 44세의 나이로 승하하자 순조의 장손이자 효명세자의 아들인 8살 헌종이 왕세손의 신분으로 국왕이 되었는데 조선 왕으로서는 최연소로 즉위했다. 헌종의 나이가 어려 순조의 정비이자 할머니인 대비 순원왕후 김씨가 수렴청정을 한다. 헌종의 어머니 신정왕후 조씨는 안동 김씨와 경쟁관계에 있는 풍양 조씨 집안 출신이었으며 순조가 헌종의 보좌 책임을 조인영에게 맡겼기 때문에 김조순 가문과 조인영 가문의 공조가 단기간 동안 이루어졌다. 공조체제 일환으로 윤행임의 관작이 복구되고 김노·이인부·김노경이 죄명을 벗게 된다.

하지만 수렴청정이 끝나고 헌종이 친정을 시작하는 헌종 6년(1840)이 되자 안동 김씨 김홍근이 김노경과 윤상도를 다시 처벌해야 한다는 상소를 올린다. 상소에 두 가지 주목할 부분이 있었다. 첫째는 과거 김노경과 윤상도가 탄핵대상과 탄핵주체였는데 이 두 사람을 탄핵대상으로 동시에 거론함으로써 같은 부류의 죄인으로 규정한다는 점, 둘째, 김노경은 3년 전에 죽었는데 굳이 윤상도

① **김정희 적거지**　사적. 제주 서귀포시 대정읍 안성리.

② **추사기념관**　적거지 옆에 위치. 세한도를 모티브로 건축.

③ **세한도**　국보. 국립중앙박물관. 김정희 제자 이상적은 유배 중인 스승에게 책을 보내주었고 김정희는 선물로 이상적에게 세한도를 그려 주었다. 이상적은 청나라를 방문하여 명사들에게 세한도를 보여주었고 세한도의 그림과 사연에 감동한 이들이 세한도에 글을 덧붙임에 따라 세한도가 원래 69cm×23cm에서 14.7m로 폭이 확대되었다. (출처 : 국립중앙박물관 : www.museum.go.kr)

와 묶어 탄핵하려 한 것이었다. 여기에는 김흥근으로 대표되는 안동 김씨들이 김노경을 목표로 한 것이 아니라 헌종의 스승이었던 김정희와 형제들을 노리고 윤상도의 죄를 부각시킴으로써 같이 역모로 몰려는 의도가 있었던 것이다. 윤상도의 국청이 일사천리로 진행되었고 윤상도는 효명세자를 무함(誣陷 : 없는 사실로 남을 어려운 지경에 처하게 함)하였다는 대역부도 죄목으로 능지처사되었다. 국청과정에서 안동 김씨들이 당황한 것은 윤상도의 상소를 배후 조종한 것은 허성이며 허성을 사주한 이는 안동 김씨 김양순이라는 사실이었다. 그렇지만 안동 김씨들은 국청 결과를 통해 윤상도 상소의 전달자가 김정희임이 밝혀졌다고 선전하였다. 하지만 이것은 완전히 사실무근으로 김양순은 중간 전달자의 이름을 기억하지 못해 이미 사망한 이화면이라는 사람의 이름을 겨우 말하고 자연사한 것이다. 상황이 이렇게 되자 김정희 오랜 친구이자 정치적 동지인 조인영은 김정희가 무고로 꼼짝없이 죽을 수 있다는 판단을 하고 김정희를 살리기 위한 고육지책으로 헌종에게 신속한 김정희 유배처분을 내려달라고 요구하게 된다. 헌종의 하교로 김정희는 제주도 대정현에 위리안치된다. 김정희의 대정현 적거지는 세한도(歲寒圖)를 통해서 옛 풍광을 상상해 볼 수 있다.

김정희가 제주도 대정에 위리안치 직후 가장 힘들었던 것은 제주도에서는 제대로 된 물을 마실 수가 없었고 물을 갈아 먹은 뒤 속이 불편한 상황이 지속되었던 것이다. 이때 김정희의 식수로 인한 고통은 그가 보낸 서한에서 잘 드러난다. 이때 마침 대정우물이 있다는 사실을 알고 여기서 물을 길어다 마셔 어려움을 해결했다고 한다. 대정우물은 원래 두레박으로 퍼 올리는 물이라는 데서 두레물 혹은 드레물이라 불렀고 후일 거수정(擧手井)으로 표기하기도 했다. 대정골의 유일한 우물인 대정우물은 명관이 오면 말랐던 우물도 다시 용출되었고 그렇지 않은 경우는 용출되던 물도 금세 말라붙었다고 전한다. 우물의 바로 옆은 고종 38년(1901) 천주교도와 제주도민 간 갈등, 외래문화와 토착문화, 지방과 중앙의 입장충돌로 발생한 신축년 제주민란의 장두 이재수 생가가 위치하고 있다.

◀ 대정우물
제주 서귀포시 대정읍 인성리.
우측 하단에 대정우물이 위치,
상단 민가 쪽에 이재수의
생가터와 표지석.

◀ 새미물
제주 서귀포시 안덕면
사계리.

김정희의 적거지 대정현에는 국립교육기관인 대정향교가 있었고 그 위치는 바굼지오름(바굼지는 바가지의 제주어, 한자 차용으로 破軍山으로 표기) 또는 단산(158m) 바로 밑이다. 대정향교 서쪽 50m 부근에 산에서 내려오는 산물이 있는데 통상 새미물이라고 부른다. 김정희는 차를 마실 때는 이물을 사용하였다고 하며 석천(石泉 : 돌새미), 바곤이 새미(把古泉), 새미물(샘+물) 등의 다양한 이름으로 불렀다. 예로부터 새미물은 제주 다인들이 최고로 평가하는 산물이였고 김정희는 해배된 후에도 제주도 석천의 물소리가 그립다고 말할 정도로 애정을 갖고 있었다.

① **낙선재와 우물**   보물. 사대부 가옥 형식. 낙선재 입구인 장안문 우측으로 우물 위치.
② **낙선재 화계 및 석지**   낙선재 후원에 위치.
③ **석복헌과 우물**   사적. 석복헌은 낙선재와 연결된 구조. 석복헌 밖에 우물 위치.
④ **수강재**   사적. 정조 9년(1785) 건립. 헌종 13년(1847) 중수. 태조 당시 수강궁 터.

헌종 6년(1840) 김정희 등을 떠나보내고 헌종은 친정을 시작하게 되지만 핵심적인 측근세력이 제거된 상태에서 친정을 한다는 것 자체가 쉽지 않았다. 그래도 다행이었던 것은 순조의 보좌를 부탁

받았던 조인영이 조병구 등과 함께 김좌근 중심의 김조순 가문과 병립할 수 있는 기본적인 세력구도를 형성한 것이었다. 헌종은 19세가 되던 헌종 11년(1845)부터 자신의 정국운영이 가능하도록 여건을 조성하였고 실질적인 조치를 하였다. 그해 경연교재를 선왕들의 업적을 엮은 갱장록, 그다음 해에는 국조보감을 채택하고 신료들이 독서하도록 만들었다. 헌종 13년(1847) 창덕궁에 낙선재(樂善齋)를 건립하였다. 원래 낙선재 영역 주변에는 동궁 중 하나인 낙선당이 있었는데 영조 32년(1756) 불탄 뒤 재건되지 않고 방치되었다가 90여 년 뒤 유사한 이름의 낙선재가 들어서게 된 것이다. 헌종이 낙선재를 건립한 목적은 후궁 경빈 김씨를 위한 것이었다. 과거 정조와 수빈 박씨의 처소가 서로 붙어 있어 순조가 태어난 것을 기억해 내어 경빈 김씨도 헌종 곁에서 머물러 자신의 후계자가 탄생하기를 기대한 것이다. 낙선재가 완공되자 헌종은 낙선재에 경빈 김씨는 낙선재 바로 옆의 석복헌(錫福軒)에서 주로 머물렀다. 동시에 근처에 있던 수강재(壽康齋)도 낙선재 영역으로 편입시켰다.

헌종 14년(1849)에는 김좌근 가문의 사람인 영의정 정원용을 파직하고 신하들의 거친 반대에도 불구하고 김흥근을 삭직하고 그를 두둔하던 유의정 등을 처벌함으로써 안동 김씨 세력을 가시적으로 제압하는 모습을 보였다. 한편으로 12월에는 대왕대비 회갑을 통해 풍양 조씨 조병현과 김정희를 김흥근과 함께 사면함으로써 측근세력을 보호함과 동시에 안동 김씨와 화합을 도모하였다. 헌종의 결단으로 김정희는 8년 만에 해배되어 고향으로 돌아가던 길에 귀양 올 때 들렀던 해남 대흥사를 다시 방문하였다. 귀양 올 당시

부터 김정희는 대흥사 주지인 초의선사와 친분이 있었다. 당시 대
흥사 대웅보전 편액은 동국진체를 확립한 것으로 알려진 원교 이
광사가 쓴 작품이 걸려 있었다. 대웅보전 현판을 본 김정희는 초의
선사에게 자신이 새로운 현판을 써줄 테니 교체할 것을 요구하였
다. 김정희는 평소 조선의 글씨는 이광사가 망쳤다는 견해를 가지
고 있었는데 김정희의 서예론은 금석문을 통해 옛 근본을 공부해
야 비로소 새것도 알게 된다는 입장이 강했다. 상대적으로 이광사
가 개발한 독창적 동국진체를 근본이 없는 가짜 정도로 평가절하
했다. 사실 이광사는 소론의 양명학자(陽明學 : 주자학과 차별하여 인식론적
심성에 중점)였던 하곡 정제두의 제자로 노론 명가의 후예인 김정희가
이광사의 가치를 공유하기에는 많은 다른 점이 있었다. 그러나 귀
양살이 8년을 마치고 돌아오는 길에 김정희는 다시 대흥사에 들러
초의선사에게 자신의 편액을 떼고 다시 원교 이광사의 편액을 걸
어달라고 부탁하며 대웅보전이 아닌 무량수각의 현판을 직접 써주

었다. 현재도 대흥사에 가면 이광사의 대웅보전과 김정희의 무량수각의 편액이 한 마당의 각각 건물에 걸려 있다. 천재적 실력을 겸비한 원칙주의자가 시련을 겪으면서 커진 포용력과 예술의 깊이를 보여주는 감동적인 현장이다.

① **천은사 수홍루** 전남 구례군 광의면 방광리. 일주문을 지나 만나는 피안교의 누각. 「미스터 선샤인」 촬영지로 유명.

② **천은사 일주문** 국가문화재. 일주문은 경종 3년(1723)에 건립.

한편 이광사와 관련된 천은사(泉隱寺)의 전설은 조선의 화기를 막는 수성(水性)의 믿음에 대한 구체적인 실례를 보여준다. 천은사는 신라 흥덕왕 3년(828)에 덕운조사와 인도의 승려 '스루'가 창건한 절로 화천양사라 하여 화엄사와 함께 지리산 3대 사찰로 평가된다. 임진왜란 이후 절을 재건하기 위한 작업을 하는데 샘에 큰 구렁이가 자꾸 출몰하여 잡아 죽였더니 샘이 더 이상 솟아나지 않았다고 한다. 그래서 절 이름을 샘이 숨었다는 의미의 천은사로 바꾸었더니 계속 원인 모를 화재와 사고가 발생하였다. 이 이야기를 들은 이광사가 '지리산 천은사'라는 일주문 현판을 물 흐르는 듯한 수체(水體)로 써서 걸었더니 그 뒤로 모든 것이 좋아졌다고 전한다.

◀ **용흥궁 별전과 우물**
인천 유형문화재.
인천 강화군 강화읍 관청리.

◀ **용흥궁 안전과 우물**
철종 4년(1853) 건립.
광무 7년(1903) 중건.

헌종은 김정희가 해배되고 난 6개월 뒤 헌종 15년(1849) 6월 6일 승하하였는데 춘추 23세였다. 순원왕후는 헌종의 후왕으로 철종을 선택하였다. 철종은 당시 생존한 왕족들 가운데 촌수가 가장 가까운 편이었지만 국왕이 되기에는 많은 제한사항들이 있었다. 철종은 항렬 면에서 헌종의 숙부였다. 숙부가 조카의 뒤를 잇는 것이어서 가통을 어색하게 하고 종법의 원칙에는 어긋나는 조치였다. 또한 철종은 역적으로 몰려 죽은 은언군의 손자였고 아직 사면되지 않은 채로 강화도에서 살고 있었던 것이다.

철종은 즉위 전까지 국왕으로서는 물론 사족으로서 기본적인 교육조차 받지 못한 상태였다. 순원왕후와 안동 김씨 세력들은 철종의 이러한 문제점에도 불구하고 그들의 세력과 권력을 강화할 목적으로 정치적 결단을 내리게 된다. 철종의 종법상의 약점을 해결하기 위해 헌종의 후사가 아니라 순원왕후의 아들로 입적시켰다. 또한 순원왕후는 은원군의 대역죄 근원을 없애기 위해 일부 사초(史草)를 세초(洗草)하는 지시까지 내린다. 한편 철종 2년(1851) 9월에는 15살의 안동 김씨 철인왕후를 왕비로 간택한다. 물론 안동 김씨인 순원왕후조차 처음에는 철인왕후의 간택을 반대했지만 안동 김씨의 압력을 거부하기가 어려웠고 간택이 되자 김문근은 국구가 되어 권력을 휘두르게 된다.

순원왕후의 개인적인 노력에도 불구하고 철종의 가통과 왕통의 불일치의 문제는 헌종의 삼년상이 종료되는 철종 2년에 다시 불거지게 된다. 철종의 족보상 추존왕인 진종(眞偿 : 영조의 맏아들이자 정조의 양아버지)의 천묘(遷廟) 여부가 해석하는 입장에 따라 달라질 수 있었다. 헌종의 신주를 종묘에 모시기 위해서는 왕통상 철종의 5대조에 해당하는 진종을 조천(祧遷 : 종묘 정전의 위패를 5세대의 원조가 되면 영녕전으로 옮겨 모시던 일)하는 것이 원칙이었다. 그런데 철종이 즉위 시 순조의 아들로 입적하였기 때문에 가통상으로는 진종이 철종에게 증조부가

① **과지초당과 연못**　경기 과천시 주암동. 순조 24년(1824) 건립. 2007년 복원. 김정희 인생의 마지막 4년 생활.

② **과지초당 독우물**　초당 주변에 있던 항아리를 활용하여 독우물 조성.

되므로 조천 대상이 아닌 것이었다. 이때 안동 김씨의 논객 역할을 하던 홍직필이 제왕가는 왕통이 중요하므로 헌종과 철종의 관계는 부자의 도를 적용하여 진종의 조천이 정당함을 주장하였다. 그런데 조씨 가문 계열의 영의정 권돈인이 몇 년 전 홍직필이 친속의 호칭에서 숙질(철종이 헌종의 숙부)을 주장하였던 것과 모순된다고 지적하고, 진종이 친속으로 보아 철종의 증조부에 해당하므로 조천이 안 된다는 입장을 제시하였다. 이러한 권돈인의 입장은 가통과 왕통이 일치하지 않은 안동 김씨 세력의 철종 승계 방식에 대한 간접 비판으로 인식되었다. 순원왕후가 홍직필의 입장을 채택함으로써 진종은 조천되었고 권돈인은 정치적으로 패배하였다. 안동 김씨는 권돈인을 철종의 정통성을 문제 삼은 대역죄인이라고 몰아 낭천으로 유배시켰고, 엉뚱하게 김정희는 67세의 나이에 다시 북청으로 유배되고 동생 김명희와 김상희도 방축(放逐 : 벼슬을 삭탈하고 고향으로 추방하는 형벌)된다. 안동 김씨 세력이 내세운 탄핵 명분은 김정희가 권돈인과 붕당을 이루고 불법적으로 조정의 정치에 관여했다는 것이었다. 김정희는 북청 굴피집의 열악한 상황에서도 함경도 관찰사 윤정현을 도와 황초령 진흥왕 순수비를 원위치에 복귀시키고 고대 석기들을 분석하여 시대적 용도를 밝혀냈다. 김정희는 유배 2년 만인 철종 5년(1854) 해배되어 부친 김노경의 별서인 과천 과지초당에서 거주하면서 후학교육과 예술작업에 남은 여생을 할애하게 된다.

◀ **봉은사 판전**

서울 유형문화재.
서울 강남구 삼성동.
봉은사는 대한불교 조계종
직할교구 조계사의 말사.
신라 연회국사가
원성왕 10년(794) 창건.
판전은 철종 7년(1856) 건립.

김정희의 집안은 대대로 불교와 인연이 깊었는데 충남 예산의 김정희 고택 뒤에 화암사를 원찰(願刹 : 자신의 소원을 빌거나 망자의 명복을 빌기 위해 건립한 사찰)로 둘 정도의 불심을 갖고 있었다. 부친 김노경은 당대 최고의 선(禪) 지식인이었던 대흥사 해붕스님과 교유했고 김정희도 30살 무렵 만난 초의선사와 평생 교유했다. 김정희는 과지초당으로부터 현재 서울 강남의 봉은사를 자주 방문하여 주지 호봉응규와 교분을 쌓았다. 당시 봉은사는 화엄경을 판각하는 불사를 하고 있었는데 김정희는 호봉응규의 공덕을 찬양하며 판전(版殿)이라는 현판을 써주었는데 이때가 사망하기 3일 전이었다.

철종은 친정을 시작하면서 자신의 왕통에 대한 정통성을 강화함으로써 왕권을 확립하고자 하였다. 철종 6년(1855) 사도세자에게 존호를 추상하고 혜경궁 홍씨 집안의 위상을 높이고자 홍인한의 관작 회복을 시도하였으나 여의치 않았다. 또한 김정희의 부친 김노경의 관작을 회복하려 하였다. 그 이유는 순조가 김노경을 보호하려 하였고 김노경은 영조의 장녀로 총애를 받았던 화순옹주의 손자였기 때문이다. 하지만 김정희 탄핵 정국에서 이러한 노력은 무의미하였다. 철종 9년(1859)에는 순조와 순원왕후에 대한 존호를 추상하자 신료들이 순조 11년에 발생한 홍경래 난에 참여하였던 신하들을 공신으로 대우하자고 건의하였다. 즉, 홍경래 난을 김조순이 중심이 되어 진압한 것이므로 안동 김씨의 위상과 공적을 강화하겠다는 뜻이었다. 그 정도로 안동 김씨는 철종에 대한 존중이 부족하였고 자신들의 이익을 철저히 추구하였다. 철종은 자신의 정통성을 확보하기 위해 왕실 전례·행사를 벌여 많은 국가재정을 낭비하기도 하였다.

이렇게 철종과 안동 김씨들이 선대에 대한 포상과 추증에 힘쓰고 있을 때 삼정문란으로 고통받던 백성들은 철종 12년(1862) 임술민란을 통해 봉기하였다. 철종이 백성들의 고통을 모르고 있고 이를 해결하려던 의지가 없었던 것은 아니다. 임술민란이 발생하자 철종은 삼정이정청을 설치하여 세도가의 횡포와 삼정문란을 해결하고자 하였으나 안동 김씨들의 반발과 압력으로 3개월 만에 삼정이정청을 폐지하게 된다. 철종 13년(1863) 철종이 와병하였다가 회복된 2월부터는 진주민란을 시작으로 전국에 민란이 연속적으로 발생한다. 민란의 와중에 궁중에서는 이하전의 옥사가 발생한다. 이하전이 김순성·이긍선 등에 의해 왕으로 추대되어 역모를 꾀했다는 오위장 이재두의 무고로 사건이 시작되었다. 결국 옥사는 확대되어 이하전이 제주에 위리안치되었다가 곧 사사되는 결과를 낳았다. 이하전은 덕흥대원군의 사손(嗣孫 : 대를 잇는 손자) 이시인의 아들로 헌종 사후 권돈인이 후사로 논의할 정도로 종실 인물 중에는 뛰어난 사람이었던 것으로 평가된다. 야사에는 이하전이 철종을 방문하여 이 나라가 이씨의 나라인지 김씨의 나라인지 모르겠다고 울분을 토로한 것이 안동 김씨들의 결정적인 분노를 샀다는 것이다.

◀ 도정궁 경원당

시도민속문화재.
서울 광진구 화양동.
건국대 캠퍼스 내 위치.
이하전의 제사를 지내던
건물로 1900년대 신축.

　결과적으로 이하전 옥사의 의도는 안동 김씨 집권층이 철종의 병환이 깊고 민란이 확대되자 역모를 거론함으로써 세간의 관심을 돌리는 동시에 철종 이후 화근이 될 세력을 제거하는 조치를 한 것으로 판단된다. 철종은 철종 15년(1865) 1월 6일 33세의 나이로 승하하였다.

홍경래의 난과 19세기 후반 민란

　18~19세기 평안도 지방에서는 정부의 규제에도 불구하고 대청 무역이 더욱 활발해져서 송상·만상 가운데 큰 상인으로 성장한 사람들이 많았다. 또한 견직물·유기 등 수공업품 생산과 담배 등 상품작물의 재배, 금·은의 수요 급증으로 인한 광산 개발 등으로 산업의 영역이 확대되었다. 이러한 사회적·경제적 환경의 변화는 양반지주·상인층에 의한 고리대업이 성행하는 결과를 낳았다. 경제적 어려움에 직면한 소농민들은 몰락하여 빈농·유민이 되었고 빈농·유민들은 광업에 몰려들었다. 반면 일부 농민층은 부를 축적해 지방의 향무층(鄕武層)으로 진출하는 농민계층의 양극화 현상을 가져왔다. 이와 같은 사회·경제적 불평등과 부조화를 타파하기 위해 홍경래 난은 10여 년간 조직적으로 준비되었다. 홍경래 난은 홍경래·우군칙·김사용·김창시 등으로 대표되는 몰락한 양반 및 유랑지식인들이『성삼록(鄭鑑錄)』등의 이념적 반란 근거를 들어 선동하고 농민층에서 성장한 지방세력과 민간 상인층이 이를 지원하였다. 이들은 운산 촛대봉 밑에 광산을 열고 광산노동자·빈농·유민 등을 돈을 주어 고용함으로써 봉기군의 주력부대로 삼았다. 봉기군은 남진군·북진군으로 나뉘어 거병한 지 열흘 만에 별다른 관군의 저항도 받지 않고 가산·곽산·정주·선천·철산 등 청천강 이북 10여 개 지역을 점령하였다. 짧은 시간에 광범위한 지역의 점령이 가능했던 것은 각지의 불만세력들이 적극적으로 호응하였기 때문이다. 호응세력

은 주로 좌수·별감·풍헌 등 향임과 별장·천총·파총·별무사 등 무임 중의 부호들이었다. 이들은 과거 부농이나 민간 상인들로 대부분이 납전승향(納錢陞鄕 : 돈을 주고 향무임을 취득)한 계층이었다. 관군이 전열을 수습하고 추격을 시작하자 농민군은 박천·송림·곽산·사송야 전투에서의 패배를 계기로 급속히 세력이 약화되어 정주성으로 후퇴하게 되었다. 농민군의 전세가 이와 같이 급격하게 약화된 것은 주력부대가 지닌 구조적 취약성과 수적 제한 때문이었다. 홍경래 난의 농민군은 안동 김씨의 세도정권으로 대표되는 봉건 지배층 타파라는 공동의 목표가 있었지만 지휘부인 부농·상인층과 일반 병졸을 구성하는 소농·빈농·유민·노동자층이 가지는 상호 대립적 성격으로 인해 하층민의 자발적인 참여와 의견수렴을 유도하지 못하였던 것이다. 격문의 내용에서도 단지 서북인의 차별대우, 세도정권의 가렴주구, 정진인(鄭眞人)의 출현 등만을 언급할 뿐 정작 소농·빈민층의 절박한 문제를 대변하지 않고 있었던 것이다. 또한 10개 성을 함락하고 관할함에 따라 어쩔 수 없이 일부 전투 병력을 해당 성의 관리목적으로 주둔시키면서 전투력이 분산되었던 것이다.

그러나 놀랍게도 정주성으로 퇴각한 농민군은 고립된 채로 병력수와 장비에서 몇 배 우세한 경군·향군·민병 토벌대와 맞서 거의 4개월간 공방전을 펼쳤다. 이렇게 강력하게 저항할 수 있었던 것은 주력부대의 구성원 변화에서 그 이유를 찾을 수 있다. 즉, 정주성의 농민군은 돈을 받고 행동에 나선 소극적 참여자가 아니라 주로 박천·가산 일대의 거주하던 소농민들이었다. 관군의 초토전술에 피해를 입은 이 지역의 대다수 농민들이 정주성으로 퇴각해 저항했고 관군의 약탈에 피해를 입은 성 밖의 농민들은 물심양면 성안의 농민군을 돕는 상황이 되었다. 또한 농민군 지휘부는 지역 내 부유층에 대한 가혹한 징발을 통해 소농민들에게 평등한 재화의 분배를 실천하여 전폭적인 지지를 얻을 수 있었다. 하지만 농민군은 관군의 화약 매설에 의한 성의 폭파로 결국 진압되었고 홍경래 등 주모자와 남자 생포자(10세 이상) 1천 917명은 모두 처형되었다.

지우 : 홍경래의 난에 대한 분석과 평가가 학자별, 관점별로 상이한데 아빠는 어떤 입장을 가지고 계신지 궁금하네요.

아빠 : 『우물로 본 조선역사』라는 본 책이 견지하고 있는 기본 입장은 당시 조선의 정치·사회적 환경하에서 백성들이 인식하는 사고와 문화를 중심으로 이해를 우선하고 현재의 가치를 발견하여 미래에 활용한다는 것임을 다시 한번 말하고 싶어.

먼저 홍경래 난을 평가한 주체나 시기에 너무 의미를 두지 말았으면 해. 어떤 평가든지 공감되면서 현재에 도움이 된다면 큰 문제가 없다고 봐. 먼저 서북인 차별이 진짜 홍경래 난의 원인인지에 대한 질문이 있을 수 있어. 일부 학자들은 영·정조시대에도 서북인 지역 차별의 우려는 있었지만 실제 제도적 제한이 없었다는 점을 들어 차별이 홍경래 난의 직접적인 이유는 아니라고 주장해. 하지만 홍경래가 격문에서 직접 지역 차별을 적시했을 뿐만 아니라 다른 지역이 쉽게 이해할 수 없는 고유의 지역감정이 있을 수 있지. 또한 제도적 제한이 없었다고 강조하는 입장은 서북인의 과거 합격률을 그 증거로 제시하고 있어. 그러나 세도 기간 중 특정 가문의 조정 장악은 과거에 합격한 서북인들을 상위층으로 이끌어 줄 수 있는 서북 출신 핵심·중견세력의 성장을 불가능하게 만들었다고 봐. 이러한 상황은 서북인들에게 사실상 중앙정계 진출을 가로막는 사회적 장벽으로 인식되지 않았을까?

다음으로 민중의식 성장으로 인한 계급투쟁의 맥락에서 홍경래 난을 바라보는 입장에 대한 것이야. 반란 지도부와 농민들이 친밀성을 유지하였으며 평민층의 성장을 발판으로 반란이 발생한 것은 맞지. 하지만 지도부 구성원들의 저항성격이 각자 다르고 그들이 농민층 출신이거나 농민을 대변하는 것도 아니었어. 또한 재정적 지원을 한 상인들은 그들의 지시에 따르는 모습을 보이다가 상황이 불리해지면 발을 빼는 행태를 보이지. 바꿔 말하면 지도부가 가난하고 토지가 없는 농민들을 대변하고 기득권을 타파하는 새로운 사회건설보다 각각의 사회·경제·정치적 입장을 관철하는 데 집중하고 있다는 것이야. 물론 민중의식의 씨앗이 조선 후기 여러 민란을 통해 움트고 성장하는 것은 틀림없지만 홍경래 난을 민중의식에 의한 계급투쟁의 시각으로 집중 조명하는 것은 너무 성급하다고 생각해. 마지막으로 홍경래가 예언설과 천명을 반란의 명분으로 내세운 것은 단순 반란을 미화시키기 위한 것이라는 분석에 의견을 달리해. 반란군의 입장에서 예언설(정진인)에 기반한 왕조교체의 생각이 태조가 하늘의 계시를 받았다는 것과 별반 다르지 않을 수 있다는 것이야. 당시 대중의 믿음이 지금의 시각으로 매우 낡고 미신적인 것이라 하더라도 말이지.

홍경래 난의 초기 기세는 매우 맹렬하였으며 관군들이 대응하기에 큰 어려움이 있었다. 가산군수였던 정시는 반란군과 용감하게 싸우다가 장렬하게 전사하였으나 다른 수령 관리들은 대부분 도주하거나 항복하였다. 선천부사였던 김익순은 국가안보의 중책을 맡고 있는 무관임에도 불구하고 반란군이 쳐들어오자 싸우기는커녕 즉각 항복하여 자신과 식솔들의 목숨을 부지하였다. 김익순의 잘못은 여기에 그치지 않고 홍경래 난이 진압될 즈음 홍경래의 책사인 김창시의 목을 농민 조문형이 잘라오자 이것을 돈을 주고 샀다. 그리고 자기가 반란군을 처리한 것처럼 조정에 보고했는데 이것이 발각된 것이다. 이러한 행동은 임금을 기망한 모반대역죄로 멸문지화 될 수 있었지만 김익순의 가문이 세도가 안동 김씨였으며 임금을 속이려는 의도보다 자신의 면책용이었음이 감안되었다. 본인은 참수되고 나머지 가족들에게 양반 신분 박탈과 지방으로 추방이라는 형벌이 내려졌다. 그러나 후손들에게 김익순으로 인한 불운은 여기서 끝나지 않았다. 순조재위 기간 중 김익순 일가는 멸족에서 폐족으로 감면되어 김익순의 손자들은 부모와 다시 만날 수 있었으나 김익순의 아들인 아버지 김안근은 39세의 젊은 나이에 화병으로 죽었다. 홀로된 어머니는 자식들이 폐족의 자손으로 멸시받는 것이 싫어서 강원도 영월로 가 정체를 온전히 숨기고 살았다. 이러한 사실을 전혀 모르는 손자 김병연은 홀로 과거에 응시하여 '논정가산충절사 탄김익순죄통우천(論鄭嘉山忠節死 嘆金益淳罪通于天)'이라는 조부 김익순을 조롱하는 시제로 장원 급제를 하였다. 기쁨에 들뜬 김병연에게 어머니는 어쩔 수 없이 집안의 내력을 말해주었고 그는 일정 기간 정신적 방황을 하게 된다. 결국 조상을 욕되게 한 죄인이라는 자책감과 폐족이 입신출세할 수 없음을 알고 20세 무렵부터 처자식을 내버려 둔 채로 전국팔도 방랑의 길에 오른다. 김병연은 푸른 하늘을 볼 수 없는 죄인이라고 삿갓을 쓰고 죽장을 짚은 채 방랑생활을 시작하면서 사람들은 그를 김삿갓이라 불렀다. 김병연은 전라남도 화순군 동복면에서 철종 14년(1863) 57세의 나이로 한 많은 생애를 마쳤으며 아들 김익균이 그의 유해를 본가가 있던 강원도 태백산 기슭 현 김삿갓 묘지로 이장하였다.

◀ 김삿갓 묘지
강원 영월군 김삿갓
면 와석리.

◀ 김삿갓 조형물

지우 : 약 500명의 홍경래 소부대가 며칠 만에 수많은 성을 점령할 수 있었던 것은 김익순과 같은 관료의 무능과 비겁에만 그 원인이 있을까요?

아빠 : 관료들의 직업윤리와 무능을 탓하지 않을 수는 없지만 근본적으로 임진왜란, 병자호란을 거치면서도 해결되지 않은 지방의 군사체제에 더 큰 문제점이 있다고 봐. 홍경래 난이 발생하고 첫 군사적 대응을 하는 데 10일이 걸렸다는 것은 지역방어체제가 작동하지 않는다는 것을 단적으로 보여주고 있어. 조정은 군정의 문란으로 군적을 기초로 한 병졸의 동원에 어려움을 겪었고 동원한 군사도 주기적인 군사훈련이 없었을뿐더러 이들을 지휘할 마땅한 지휘관도 없었기 때문에 초기 대응을 제대로 할 수도 없었지. 이런 상황적 어려움 때문에 국가 지휘부는 반란세력을 제압하는데 임시방편으로 지역 양반들에게 의병장 역할 및 물자지원을 요청할 수밖에 없었다고 해. 반면 양반들 중에는 즉각 의병에 참여한 부류도 있었지만 반군 편에 서거나 마지막까지 관망하다가 반란이 종반에 이르면 의병이나 관군을 돕는 기회주의적 모습을 보이는 경우가 실제 더 많았다고 해. 결과론적으로 반란에 대한 초기 대응의 실패와 진압군의 결집력 약화로 인해 무고한 백성들의 피해만 증가된 셈이지. 더 안타까운 것은 이런 식으로 어렵게 민간을 동원하여 혼란이 종식되고 나면 중앙은 더 이상 반란의 구조적 원인과 지방군사조직의 문제점을 해결하지 않고 또 방치한다는 것이지.

철종 13년(1862) 이른바 임술년 농민봉기(교과서 표현, 이후 민란으로 용어 통일)가 경상도·전라도·충청도 지역을 중심으로 전국의 70여 개 고을에서 일어났다. 최초로 일어난 곳은 2월 4일 진주 바로 북쪽에 위치한 작은 고을인 단성이었고 3월 경상도, 4월 전라도, 5월에는 충청도로 민란이 확산되었다. 이에 정부가 조세문제를 개혁하겠다고 약속하자 민란이 수그러졌다가 정부가 약속을 이행하지 못하자 다시 민란이 시작되었다. 9월부터는 제주 지역, 함경도 함흥, 경기도 광주, 경상도 지역에서 민란이 발생하였다. 후일 동학농민운동의 출발점이자 근원지가 되는 전라도의 경우 전체 54개 군현 가운데 38개 군현에서 민란이 발생하였고 전국적으로 1893년까지 30년간 연 10~20회의 민란이 꾸준히 발생하여 19세기 후반은 민란의 시대라고 불러도 무방할 것으로 보인다.

지우 : 이 정도 민란이 발생하면 국가의 시스템이 완전 붕괴된 것이 아닌가요. 민란의 원인은 삼정의 문란이고 그중 환곡의 문제가 가장 심했다고 들었어요.

아빠 : 19세기 민란은 삼정과 연계된 조선사회의 난맥상이라고 볼 수 있어. 조선왕조의 재정은 계획된 총액을 수취하기 위한 중앙재정의 집권화와 지방재정의 자치성을 보장하는 이원적 재정시스템을 채택하고 있었지. 이원적 재정시스템을 유지한 근본 취지는 이상적인 긴축재정 즉, 절약재정을 통해 왕실과 국가기관들이 수취된 국가의 부를 최소 혹은 최적으로 사용한다는 것이야. 하지만 중앙은 안정적인 세금을 받으면서 지방은 자율적인 재정을 운영하라는 것

은 봉건 사회에서 근본적으로 수취제도의 문란이나 재정위기의 가능성을 내포하고 있었다고 봐. 환곡은 18세기부터 문제점으로 부각되었는데 관리들이 쌀의 대출을 강제하는 행위를 간악한 일이라는 의미의 늑대(勒貸), 이물질을 절반 가까이 섞어서 대출하는 것을 반백(半白)으로 불렀어. 둘 다 백성들에 피해를 주는 행위이지만 늑대가 더 큰 심리적 분노를 유발했다고 해. 정약용이 목민심서를 저술한 보다 근본적인 이유는 아전, 수령, 경관 심지어는 감사(관찰사)까지 지방의 자율적 재정이라는 명목 아래 환곡으로 백성들을 도탄에 빠트렸기 때문이지. 백성들이 환곡의 어려움을 겨우 벗어나더라도 이웃이 조세나 환곡을 해결하지 않고 도망가면 물리는 인징(隣徵), 군포세를 내지 못하는 경우 일가에 대신 물리는 족징(族徵) 등이 도사리고 있어 한마디로 살 수가 없는 것이지. 지방 관청은 민란의 시기에 재정운영의 건전성 확보를 위해 민간의 견제와 합의가 가능하도록 대책을 마련하였으나 대책이 실행되지 않는 경우 대부분 민란으로 이어졌어. 안타까운 것은 농민의 민란에 정부가 임시방편으로 대응하면 민란이 금방 누그러졌고 정부는 민란을 환절기 독감 정도로 가볍게 여기고 근본적인 변화를 주저했다는 것이야.

신유박해

정조의 승하로 수렴청정하게 된 노론 벽파 계열 정순왕후 김씨는 천주교도 박해를 통해 남인과 노론 시파에 대한 정치적 반격을 가하고자 했다. 순조 원년(1801) 1월 10일 전국에 오가작통법(五家作統法)을 세워[28] 천주교도를 고발하고 끝내 회개하지 않은 자는 역적률로 다스려 그 근절을 기하라고 엄명하였다. 이어 2월 천주교도에 대한 국청을 요구하는 상소가 빗발치자 남인의 지도급이자 천주교도로 인식된 이가환, 정약용, 이승훈, 홍낙민, 권철신, 정약종 등에 대한 국청이 시작되었다. 판서를 지낸 이가환은 서학의 서적을 읽었지만 영세를 받거나 포교를 한 적이 없다고 진술하였으나 받아들여지지 않았다. 이가환은 사학의 괴수로 지목받은 이상 죄목을 면할 수 없다고 판단하여 식음을 전폐한 뒤 감옥에서 아사하였다. 권철신은 주문모 신부를 안내하기 위해 윤유일이 북경에 간 사실을 알고도 고하지 않았다는 것이 문제가 되어 투옥된 후 옥사하였다. 이승훈은 처음으로 북경에서 영세를 받고 천주교 서적을 가져왔던 과거 사실이 원죄가 되어 사형을 면할 수 없었다. 정약종은 당당하게 신앙을 고백하고 나라에서 천주교를 금하는 것은 부당하다고 주장하고 처형당하였다. 홍낙민은 신해년 금령이 있을 때부터 천주교 책을 보지 않았다고 거짓 자백을 했지만 배교한 것을 후회하면서 신앙고백을 함으로써 정약종과 함께 처형되었다. 홍교만은 정약종과 사촌 간으로 천주학은 사학이 아님을 강력히 주장하다가 정약종과 함께 처형되었다. 정약용은 배교했지만 형 정약전과 함께 유배됨으로써 신유박해의 정치적 화를 피해갈 수는 없었다.

▲ **은언군과 부인 송씨 묘비**
서울 마포구 합정동.
묘는 구파발 이말산에 있었으나
6.25 전쟁으로 소실되었고 묘비만 남아
후손이 천주교에 기증하여
절두산 성지에 위치.

2월 말 남인 주요 천주교 관련자들이 사형, 옥사, 유배되면서 박해가 끝날 것으로 예상됐지만 3월 12일 중국인 주문모 신부의 '자진 출두(自現)'로 박해에 다시 불이 붙게 된다. 주 신부는 정조 19년 (1795)에 조선에 입국하여 신유박해가 발생하기 전까지 잠시 지방에 있던 것을 제외하고는 한양 강완숙의 집에 거주하면서 포교하였다. 박해가 발생하여 강완숙과 일가가 체포되자 정조의 서형 은언군의 처가 천주교도였던 관계로 그곳으로 피신하였다. 이후 황주로 갔다가 본인이 출두하면 박해가 누그러질 것으로 기대하고 한양으로 되돌아온 것이다. 주 신부의 기대와 달리 주 신부가 김건순·이희영 등 4명이 영세를 받았다는 말을 함으로써 박해는 확대되고 가열되었다. 주 신부의 사형은 3월 17일 결정되었으나 김건순 등과 정치적 음모 여부 확인과 은원군 처가 주 신부 피신을 도운 것을 역모의 증거로 제시하기 위한 논의 및 협의과정으로 인해 4월 19일에서야 새남터 노량 사장에서 군문효수형에 처해졌다. 은언군의 처 송씨와 자부 신씨는 주 신부에게 영세를 받고 주 신부를 그들의 궁으로 피신시킨 죄로 사약이 내려졌고 이후 강화도에 유배 중이던 은언군도 사사되었다.

① **서소문 역사공원 선양비**　서울 중구 의주로 2가. 1999년 건립.
② **서소문 역사공원 우물**　과거 두께 우물터. 일제 강점기 개정(蓋井)으로 명칭. 주변 마을은 개정동.

　조선시대 한양의 형장은 대부분 성저십리(城底十里 : 조선 한성부에 속한 성외(城外) 지역으로 한성부 도성으로부터 10리 이내 지역)의 서쪽에 있었는데 서소문 밖 네거리, 당고개 그리고 새남터로 불리는 노량 사장과 양화

▲ **새남터 성당** 서울 용산구 이촌동.

진 절두산이 여기에 속한다.『태종실록』에 따르면 건국 초부터 사형장을 성저십리 서쪽에 위치시키는 결정이 내려졌다. 당시 예조에서 사람을 동대문 밖에서 사형하는 것은 편치 않다고 하면서 서경(書痙)에 사(社)에서 죽인다는 대목을 판단의 근거로 제시했다. 즉, 사는 왕궁에서 보아 오른편에 있으니 서소문 밖 성 밑 10리 양천 지방, 예전 공암(孔巖) 북쪽으로 선정할 것을 제언하였다.『세종실록지리지』는 이 지역을 양화도에서 현 응암동에 이르는 지역,『속대전』은 마포에서 망원정, 성산, 사천도, 시위동을 거쳐 석관동에 이르는 지역으로 설명하고 있다. 서소문 밖 형장은 신유박해에 천주교 신자들의 참수형장으로 처음 사용되었고 신자 40명이 처형되었다. 현재 서소문 역사공원이 과거 서소문 형장 터이며 망나니들이 흉악범이나 천주교 신자들을 처형하고 피를 씻었던 두께 우물이 있었다고 한다. 주문모 신부가 처형당한 새남터는 군사훈련장으로 사용되고 대역죄인을 처형하던 곳으로 현재 새남터 성당 자리이다. 단종의 복위를 주도했던 성삼문 등의 사육신도 이곳에서 처형되었다. 새남터에서 신자 처형은 신유박해 당시 비변사에서 도성 지척에서 흉악한 자들을 소탕하는 것이 온당하지 않으니 군문 효수를 위해서 사장(沙場)에서 처형할 것을 정순왕후에게 요청한 것에 따른 것이다. 신유박해 당시 주문모 신부 외에도 이경도 등 9명의 천주교 신자들이 함께 새남터에서 군문효수를 당한 것으로 보인다. 새남터가 위치한 곳은 서부 이촌동 지역으로 이촌동은 과거 사평리진 또는 사리진으로 불렀고 새남터는 무녀들이 혼령을 천도하기 위한 굿인 '지노귀새남'에서 유래되었다. 하지만 새남터의 위치가 현 새남터 성당과 정확히 일치하는지는 여전히 논란이 있다.

신유박해는 이렇게 종결되지 않았다. 황사영은 정약용의 이복 맏형 정약현의 딸인 명련과 결혼하였다. 정약용은 황사영의 처삼촌이 되는 것이다. 황사영은 유학자로 진사시에 합격하기도 했으나 종교를 위해 벼슬을 포기했다. 황사영은 정약종을 통해 서학에 입교하였으며 윤지충의 진산사건 즉, 신해박해(辛亥迫害) 때도 자신의 신앙을 지켰으며 고양에서 한양으로 이주하여 포교활동을 하였다. 정약용은 2월 10일 체포되어 국청이 시작되었고 동시에 황사영에 대한 전국 체포령이 내려졌다. 황사영은 공주의 포수 김한빈과 함께 제천에서 30리 떨어진 배론(排論) 지역의 김귀동 집으로 피신하였다. 박해상황을 탐문하기 위해 한양으로 갔던 황심이 돌아와 주신부의 순교사실을 전하자 황사영은 백서(帛書 : 비단에 작성한 글)를 작성하여 북경 구베아 주교에 전달할 결심을 하게 된다. 황사영이 백

▲ **황사영의 은신처 토굴** 충북 기념물. 충북 제천시 봉양읍 구학리.

서를 작성하면 선천에 살고 있는 옥천희가 북경으로 가져갈 수 있
도록 황심이 전달하기로 약속을 하였다. 하지만 황심이 9월 25일
체포되고 황사영의 피신처를 실토함으로써 황서영은 한양으로 압
송되고 백서의 실체가 드러난다.

　황사영은 백서에서 두 가지를 보고하려 했다. 첫째, 신유박해의
경위를 약술하고 순교자들의 행적, 주 신부의 자현 및 순교 경위 설
명이다. 둘째, 주 신부의 순교 후 교도들의 비탄과 고통을 호소하고
조선교회 재건방책을 제시하는 것이었다. 그런데 황사영의 이 방
책으로 인하여 백서가 흉서(凶書)로 불리고 천주교인이 대역죄인으
로 취급받는 결정적인 원인이 된다. 특히, 신앙의 자유를 획득하기
위한 3조의 계획은 조정이 국가에 대한 반역의 주체로서 천주교를
인식하고 향후 조선의 대외정책의 근간에 영향을 주게 된다. 그것

▲ **황사영 현양탑**   배론성지 황서영 은신처 토굴 옆에 위치.

은 첫째, 교황이 청국황제에 서신을 보내어 조선 왕으로 하여금 서
양의 신부와 교회관계자들을 수용하게 유도, 둘째, 청국황제와 친
한 중국신자를 안주와 평양 사이에 무안사로 두어 조선을 감호하
게 하고 청국의 공주를 조선국 왕비로 삼아 충성의 기초로 삼을 것
을 요구, 셋째, 이상의 방안이 여의치 않은 경우 서양 나라에 요청
하여 대형선박 수백 척과 정병 5~6만 명과 대포 등이 전개되게 함
으로써 선교를 허락할 수밖에 없도록 만들어 달라는 것이었다.

지우 : 국가가 종교를 정치에 예속시켜 개인의 종교적 자유를 박탈할 뿐

아니라 생존마저 위협하는 상황은 비인간적이고 비윤리적이라 판

단돼요. 그래서 교회를 박해하는 정부에게는 순종할 의무가 없다

고 황사영이 주장하는 것이 정말 잘못된 생각일까요?

아빠 : 옳고 그름을 떠나 조선의 정치적 종교관 및 개인의 자유에 대한 인

식, 천주교 교리 측면에서 황사영 백서사건을 살펴볼 필요가 있

어. 황사영이 신앙의 자유를 확보하기 위해 스스로 제시한 방법론

은 조선의 정치적 상황을 가장 잘 반영하고 있으며 당시 일부 선교

사나 천주교 신자들도 조선사회에서 그 방법밖에는 해결책이 없을

것이라 공감하고 있었던 것이 사실이야.

반면 '건국의 우물'에서도 설명한 바와 같이 조선의 정치체제는 왕

권을 강화하기 위해 충효라는 유교적 윤리를 강화하여 백성들이

군주의 정치적 의지에 반대할 수 없다는 봉건적 도덕을 정착시켰

어. 따라서 평등주의를 내세우고 유일신을 절대적 최고권위로 생

각하는 천주교의 윤리관은 봉건적 위정자들에게 강력한 도전이라

여겨질 수밖에 없는 것이지. 물론 현재 민주주의적 관점에서 개인

의 인권과 행복 추구를 통해 국가라는 공동체에 협조와 봉사하는

것과는 매우 차이가 있지.

또한 황사영이 외국의 무력적 간섭을 빌려 신앙의 비약적 발전을

이루고자 한 것은 단순 개인적 바람이지 천주교의 정통적 교리와

일치한다고 볼 수는 없어. 천주교는 정교분리를 원칙으로 하고 있

지. 황사영은 중세 신학자들의 일부 이론을 들어 종교박해의 주체

인 조선정부에 순종할 필요 없다는 논리를 내세웠지만 외세활용이

라는 방책은 종교가 정치를 이용하는 모습으로 비칠 수밖에 없지. 또한 기존 중국에 대한 사대(事大)와 함께 서양 천주교 국가에 대한 새로운 사대적 사고 노출은 조선의 대외정책이 더욱 경직되는 모습에 영향을 미쳤다고 볼 수 있어. 더 나아가 조선 위정자들은 백서의 내용을 천주교의 가르침인 것처럼 교조화하여 과거의 박해를 합리화하고 미래의 박해를 거침없이 할 수 있는 계기로 삼았다는 것은 가슴 아픈 일이지.

황사영은 27세의 나이로 새남터에서 능지처참에 처해졌다. 이와 함께 정약전·정약용·이치훈 등이 다시 체포되어 투옥되었다. 그들은 백서에 관련성이 없어 혐의는 풀렸지만 정약용은 장기현에서 강진현으로 정약전은 고금도에서 흑산도로 유배지를 옮기게 되었다. 정약전은 새로운 유배지 흑산도에서 『자산어보』 등 새로운 영역의 수작을 남기게 된다. 박해는 12월 22일 토사교문(討邪教文)이 반포됨으로써 정식 종결을 고하는데 여기에는 중요한 미래적 의미를 내포하고 있었다. 토사교문은 반천주교적 입법으로 향후 이 금법이 존재하는 한 천주교 박해는 재현될 수 있다는 것이었다. 신유박해 기간 동안 처형된 천주교 신자는 100명, 유배자는 400명으로 추산된다.

◀ 명동성당 지하묘지

서울 중구 명동.
사진은 명동성당 지하묘지
김대건 신부 묘소.
지하묘지에는 앵베르 주교,
모방과 샤스탕 신부의
유해도 안장.

    신유박해를 겪은 천주교회는 여러 가지 어려움이 있었으나 점차 교세를 정비하고 확장해 나갔다. 순조 16년(1816) 처음으로 북경에 들어간 정하상은 북경주교에게 조선에 선교사 파견을 수차례 요구하였으나 관철되지 않았다. 그러자 조선의 천주교인들은 교황에게 직접 서신을 보내 선교사 파견을 요청하였고 교황청은 선교사 파견을 파리외방 전교회에 위임하였다. 헌종 원년(1835) 프랑스 모방(Maubant) 신부가 입국하였고 이어 샤스탕(Chastan) 신부와 앵베르(Imbert) 주교가 입국하여 모처럼 교회가 활기를 되찾았다. 헌종 5년(1839) 다시 큰 박해가 발생하는데 기해박해(己亥迫害)이다. 기해년 3월 5일 소위 사학토치령(邪學討治令)으로 박해가 정식 시작되었지만 전년 말부터 빈번한 천주교도 체포로 포청 감옥에 신자들이 가득 찬 상황으로 인해 기해박해가 촉발된 측면이 있다. 포청에서는 신자들에게 배교를 권고했으나 별 반응이 없자 형조판서 조병현은 우의정 이지연에게 이 상황을 보고하였다. 이지연은 대왕대비에게 차제에 천주교를 완전히 뿌리 뽑아야 한다고 주청하자 대왕대비는 오가작통법을 세워 모든 천주교도들을 추포하라고 명령을 내린다. 그런데 보름이 지나도 별 성과가 없었다. 우의정 이지연은 대왕대비에게 체포되는 신자의 수가 적고 주요 직위자들이 체포되지 않는 이유가 포졸들에게 가택 수색 및 가산 약탈을 금지하였기 때문이라고 보고한다. 하지만 대왕대비는 강화된 신자 추포방안을 허락하지 않았다. 따라서 포청은 3월 20일까지 형조로 이송된 신자 중에 43명은 배교하여 풀어주었고 남명혁·궁녀 박희순 등 9명은 끝까지 신앙을 고수하여 4월 12일 서소문 밖 형장에서 참수하였다. 조정의 박해 움직임은 사형집행 이후 다소 누그러졌고 교우들의 성사를 집전하러 한양에 왔던 앵베르 주교도 더 이상 한양에 있을 필요성을 못 느껴 4월 22일 수원으로 피신하게 된다.

그런데 5월 말이 되자 조정에는 김씨와 조씨 간 세도다툼인 궁중혁명이 발생하여 조병구가 정권을 장악하게 된다. 조병구는 헌종의 외삼촌으로 풍양 조씨 세도세력의 핵심이었다. 조병구는 풍양조씨 세력 중에 가장 천주교를 적대시하던 사람으로 권력 장악 후 신자 색출을 위한 대왕대비의 새로운 법령 선포를 이끌어 내었다. 동시에 천주교에 비교적 호의적이었던 안동 김씨 김유근이 사망함과 더불어 천주교인 김순성의 배신행위로 인해 박해가 새로운 국면을 맞게 된다. 정3품의 당상 역관이며 김유근과 친분이 있던 유진길과 선교사의 측근이었던 정하상·권신철 등이 연이어 체포되었다. 김순성은 앵베르 주교의 은신처를 고발하였고 7월 3일 앵베르 주교는 포위가 좁혀오자 포졸에게 자현하였다. 앵베르 주교는 6월~7월에 이광렬·박후재와 여신도 등 12명이 서대문 밖 형장에서 참형된 소식을 듣자 신부들의 자현만이 교우들의 추가재난을 막는 길이라 생각하여 다른 두 신부에게도 쪽지를 보내 자현할 것을 권고하였다. 두 신부는 홍주에서 포교들에게 자현하여 압송되었다. 이후 8월 7일 국청이 실시되었고 8월 14일에는 앵베르 주교 등 3명의 신부가 새남터에서 군문효수되었다. 앵베르 주교 등 3명 신부의 유해는 삼성산 성지에 안장되었다가 현재는 명동성당 지하묘지에 모셔져 있다.

8.15일에는 유진길·정하상, 8월 18일에는 조신철 등 9명이 서소문 형장에서 처형되었다. 앵베르 주교는 신유박해의 주문모 신부처럼 자신의 죽음으로 기해박해가 끝나길 바랐으나 현실은 달랐다. 배신자 김순성은 남은 교우들을 차례로 고발하였고 조인영이 우의정이 되자 박해는 너욱 가열되었다. 기해년 연말이 되자 조정은 박해를 끝내려는 의도로 체포된 교우들의 처형을 서둘렀다. 12월 27일, 28일 양일에 걸쳐 박종원·이문우 등 10명을 새남터보다는 북쪽에 위치한 당고개 사장에서 사형을 집행하였다. 당시 처형은 통상 서소문 밖 형장에서 실시되었으나 연말에 상인들이 대목을 방해받지 않도록 다른 곳을 청하여 당고개에서 처형한 것으로 기록되어 있다. 현재 당고개 성지는 용산구 신계동에 속하며 남정초등학교와 아파트 단지에 둘러싸여 있다. 기해박해를 통해 참수

된 신자는 54명, 옥에서 효수되거나 맞아 죽은 신자는 60여 명 되는 것으로 추산된다.

◀ **당고개 순교성지**
서울 용산구 신계동.

지우 : 기해박해는 신유박해에 비해 특별한 촉발사건이 없는 것처럼 느껴지는데요.

아빠 : 기해박해에는 천주교인 중에 그 지위나 재력에 있어 세도세력의 정치보복을 받을만한 사람들이 별로 없었고 천주교인의 처단을 요구하는 세도세력의 상소문도 많지 않았다고 해. 하지만 정치적 보복의 형태를 띠지 않았다고 해서 종교가 정치의 일부가 된 조선에서 박해가 정치성이 없었다고 말할 수 있을까? 세도세력인 조병구·조인영 등 풍양 조씨 일파가 천주교 박해에 열을 올린 것은 무부무군(無父無君)의 종교적 신념을 가진 백성들은 조선사회에서 제거해야 한다는 그들만의 정치적 신념에 의한 것이라 설명할 수 있겠지.

지우 : 그렇다면 기해박해로 인해 천주교의 교세가 위축되었다고 볼 수 있나요?

아빠 : 기해박해 직후 상황을 그렇지만 장기적인 측면에서는 반대로 설명할 수 있어. 먼저 기해박해를 통해 모든 선교사들이 순교했지만 후속 선교사들의 입국을 막을 수 없었고 오랜 시간이 걸리지도 않았어. 파리외방 전교회가 든든한 선교 지원세력으로 있으면서 박해 5년 뒤인 헌종 11년(1845) 조선교구 3대 교구장 페레올(Ferreol) 주교와 다블뤼(Daveluy) 신부 그리고 조선인 최초 신부인 김대건 신부를 조선에 파견하지. 동시에 박해 기간을 통해 조선사회 전체가 천주교가 무엇이며 무엇을 지향하는지 알게 되었고 김대건 신부가 순교한 지 1년 만에 1천 700명의 신자가 새로 입교하고 3년 뒤에는 신자 수가 1만 명에 이르는 파급효과가 발생해.

조선의 최초 신부인 김대건 신부는 지금의 충청남도 당진에서 태어났으며 이 지역은 최초의 조선 천주교 순교자를 배출한 지역이다. 김대건 신부 집안은 증조부, 큰할아버지, 아버지가 순교한 천주교 집안으로 가족이 천주교 박해를 피해 당진에서 경기도 용인(미리내 성지 인근 은이공소)으로 이주하여 김대건 신부는 어린 시절을 보냈다. 헌종 2년(1836) 모방 신부에게 세례성사를 받았으며 모방 신부로부터 선교지 주민 신학생으로 추천을 받았다. 조선에서는 최양업 토마스, 김대건 안드레아, 최방제 프란치스코 3명의 예비 신학생이 헌종 3년(1837) 6월 마카오에 도착하여 사제 수업을 받았으며 이후 아편 문제로 인해 중국 정세가 혼란해지자 필리핀으로 이동하여 사제 수업을 이어나가기도 했다.

◀ 솔뫼성지
충남 당진시 우강면 송산리.
프란치스코 교황의
김대건 신부 생가 방문을
기념하여 동상을 제작.

그러나 세 사람 중 최방제 신학생은 헌종 3년(1837) 11월에 16세
의 어린 나이에 위열병으로 사망하였다. 김대건 신부는 기해박해
를 통해 부친이 순교하는 개인적 슬픔을 맞이했으나 학업에 정진
하여 헌종 11년(1845) 상하이 김가항 성당에서 조선인 최초로 사제
서품을 받았다. 그해 김대건 신부는 조선교구 3대 교구장에 임명된
페레올 주교와 함께 상해에서 소형 목선을 타고 충청남도 강경을
거쳐 입국하였다. 입국 후에는 용인 은이공소를 중심으로 활동하
다가 조기잡이를 위해 조선 해안에 온 중국선원들을 통해 선교사
입국로 개척을 위한 조선지도와 편지들을 파리외방 전교회 선교사
들에게 보내려고 하였다. 하지만 이 과정에서 관원들에게 발각되
고 황해감영의 조사를 받은 후 한양으로 압송된다.

같은 해에 프랑스 해군 세실 제독은 헌종 5년(1839) 기해박해 때
프랑스 선교사들이 처형된 사건에 항의하는 서신을 전달하였는데

조선조정은 프랑스와 외교 문제를 원만하게 해결하는 데 김대건 신부가 필요하다고 판단하였다. 김대건 신부는 영어, 스페인어, 라틴어, 중국어, 프랑스어 5개 국어를 구사하며 외국 상황에도 밝아 배교하면 국가인재로 활용할 의도까지 있었다고 한다. 김대건 신부는 본인을 통해 프랑스와 문제가 원만히 해결되면 신앙의 자유를 획득하는 데 도움이 될 것이라는 기대를 가졌다. 하지만 프랑스 함대가 서신만 전달하고 특별한 움직임을 보이지 않자 조정의 강경파들은 김대건 신부를 처형함으로써 국가의 위신을 세움과 동시에 조선의 쇄국의지 천명을 요구하였다. 김대건 신부는 새남터에서 9월 16일 만 25세의 젊은 나이로 순교하였다. 순교 40일 후 당시 17세의 소년 이민식 빈첸시오는 시신을 한강 새남터 백사장에

① **미리내 성지 김대건 신부 묘소** 경기 안성시 양성면 미산리. 우측이 김대건 신부, 좌측은 강도영 신부 묘소.

② **미리내 성지 우물** 한국의 세 번째 신부인 강도영 신부가 미리내 공동체를 위해 판 우물. 강 신부의 세례명인 마르코를 따 말구우물이라 호칭.

서 빼내어 5일간 야간에 산길을 걸어 자신의 선산이 있는 미리내 성지에 시신을 모셨다. 김대건 신부의 유해는 후일 나누어져 절두산 성지 순교기념관, 가톨릭대 성신교정 대성당 및 이천시 어농성지 성당 등에도 모셔져 있다.

지우 : 2021년에 김대건 신부님 탄생 200주년을 맞아 유네스코가 김대건 신부님을 세계기념인물로 선정했다는데 어떤 이유가 있을까요?

아빠 : 2012년에는 정약용, 2013년에는 허준, 2021년 김대건 신부님이 유네스코 세계기념인물로 선정된 것은 한국인으로서 기쁜 일이지. 김대건 신부님이 선정된 이유에는 먼저 조선 봉건사회에서 자신이 기득권층인 양반이었음에도 신분과 성별의 차별을 극복하여 사랑의 평등사회를 구현하려고 노력한 점을 들 수 있어. 다음으로 유럽의 학문을 배운 신지식인으로서 지역 공동체를 통해 서양 학문을 전파하고 근대 의료혜택을 나누려 한 것이지. 특히, 천연두로 고생하며 죽어가는 동포 아이들을 보고 퇴치할 수 있는 처방을 서방에 요구한 노력 등이 유네스코가 추구하는 이념 및 가치에 부합되었다고 생각해. 마지막으로 김대건 신부가 선교의 목적으로 제작한 『조선전도』는 쇄국정책을 추진하는 조정의 입장에서는 간첩활동으로 간주될 수 있는 일이지만 세계사적 관점에서 한국식 발음의 지명이 표기된 최초의 우리나라 지도이며 우리에게는 울릉도와 독도가 표시된 귀중한 역사적 사료인 것이지.

2장

섭정정치

흥선대원군과 고종

① **노안당**　사적. 서울 종로구 운니동. 운현궁의 사랑채. 흥선대원군이 일상적으로 거처한 곳으로 고종 즉위 후 주요 개혁정책이 논의되었던 역사적 장소.

② **노락당**　사적. 운현궁에서 가장 크고 중심이 되는 건물. 고종 3년(1866) 고종과 명성황후의 가례 친영례(親迎禮)와 봉영례(奉迎禮)를 거행.

　　철종의 사망(1863)으로 조선의 왕통은 다시 단절됐다. 당시 왕실의 최고 어른이었던 신정왕후 조씨는 흥선군의 차남 명복을 익종

① 이노당과 우물   사적. 새로운 안채로 고종 6년(1869)에 새로 지은 건물. 여성들만의
사적 공간으로 남성들의 출입을 삼가기 위한 ㅁ자 형태 구조.

② 이노당 동행각 뒤 우물   사적.

③ 수직사와 우물   사적. 운현궁의 경비와 관리를 담당했던 사람들의 거처.

④ 유물전시관과 우물   가까운 거리에 2개 우물이 위치한 것은 당시 운현궁의 규모와 위상을 대변.

의 아들로 입적시켜 차기 국왕으로 지명했는데 그가 바로 고종이
다. 철종의 뒤를 이은 고종은 철종과 17촌으로 혈통상 남과 다를
바가 없다. 이것이 가능했던 것은 고종의 부친인 흥선군과 신정왕
후 조씨의 정치적 타협의 결과로 조대비가 수렴청정을 하고 12세
고종의 아버지인 흥선대원군이 섭정으로 정사를 도왔다. 고종은
왕이 되기 전까지 운현궁(雲峴宮)에서 살았으며 흥선대원군은 섭정
시기 대부분 업무를 운현궁에서 수행했다. 운현궁의 명칭은 조선
시대 천문을 맡아보던 관청인 서운관(書雲觀) 앞의 고개(峴)에 위치한

궁을 뜻한다. 운현궁은 고종이 왕이 되고 나서 현 덕성여자대학교
부설 평생교육원으로 쓰이는 운현궁 양관을 포함해 운현초등학교
와 일본문화원까지 포함된 넓은 지역으로 확대되었는데 운현궁의
우물을 통해 당시 규모를 짐작해 볼 수 있다. 해방 직전까지도 100
명이 넘는 식솔이 살았다고 한다.

▲ **김좌근 고택** 경기 민속자료. 경기 이천시 백사면 내촌리. 아들 김병기가 이천 김
좌근의 묘소를 관리하기 위해 건립한 가옥. 크게 훼손되었으나 주
춧돌 등을 통해 과서 규모를 상상해 볼 수 있음.

대원군은 정권기반을 확고히 하고 쇠퇴한 왕실을 재건하기 위
해 첫 번째로 전격적인 인사 조치를 단행하였다. 대원군은 고종 원
년(1864) 영의정 김좌근을 사직시키고 외척세도의 핵심으로 이조판
서·어영대장을 지낸 아들 김병기를 한직으로 좌천시켰다. 특히, 신
정왕후가 수렴청정을 끝낸 고종 3년(1866)부터는 정승판서 이하 요
직의 인사가 대원군 의지대로 진행되었다. 대원군은 사색당파 무

◀ **석파정**
서울 유형문화재. 서울 종로구 부암동.
청나라풍의 문살모양, 화강암 바닥,
동판 지붕의 이국적 건축물.

시, 지방인 차별 철폐, 반상과 귀천을 불문한 능력 위주 인선 등을
인사원칙으로 하였다. 이는 세도정치를 타파하고 새롭게 왕권을
확립하는 데 있어 지원세력이 없어서 내린 고육지책이었다. 대원
군은 안동 김씨의 권력은 빼앗았지만 명예를 훼손하지 않으려 했
다. 대원군은 김좌근이 사망하기 전까지 영돈녕부사의 직책을 유
지하게 했고 묘비명도 직접 써주었다. 또한 김씨 일가의 재산을 빼
앗는 데도 적절한 명분을 만들었다. 대원군은 김좌근에 앞서 영의
정을 지낸 김흥근의 삼계동 별서를 평소 탐내 하였다. 그래서 대원
군은 고종을 별서에 하루 유숙하게 함으로써 신하가 군왕의 처소
를 사용할 수 없다는 논리를 내세워 이를 차지하였다. 이곳이 대원
군 호를 딴 석파정(石破亭) 별채로 현재 서울 미술관 지역에 포함되
어 관리되고 있다.

두 번째는 서원정리 및 철폐정책이었다. 서원이 16세기 이후 사림세력의 확대와 더불어 당쟁의 후방기지로서 역할을 수행하였다. 또한 대원군은 젊은 시절 화양동서원을 방문하여 유생들로부터 모욕을 당하였을 뿐만 아니라 서원의 폐습을 현장에서 직접 목도하였다. 대원군은 고종 2년(1865) 신정왕후의 전교로 만동묘의 철폐를 단행하였으며[29] 전국에 47개소의 서원만 남기고 모두 철폐하였다. 대원군은 지방세력의 거점인 서원을 철폐함으로써 왕권이 강화되기를 기대하였다.

◀ **만동묘**
사적. 충북 괴산군 청천면 화양리.
송시열의 유언에 따라
숙종 29년(1703)에 세운 명나라
신종과 의종 추모 사당.

◀ **만동묘정비**
충북 기념물. 일제 강점기 만동묘
훼손과 함께 땅에 묻혔으나 1983년
괴산군에서 찾아 복원.

세 번째는 수취제도의 개혁이다. 숙종 이후 실시되지 않았던 양전사업을 실시하여 토지대장에 누락된 은결 등록, 삼정문란의 인적 주체인 탐관오리 제거, 환곡제를 폐지하고 사창제(私倉制)를 실시하여[30] 중간착취를 억제, 군포를 동포(洞布) 혹은 호포(戶布)로 바꾸어 신분에 관계없이 징수하였다. 이러한 조치는 농민층에 대한 지배층의 수탈을 억제하여 봉건제도에 대한 전면적인 도전을 제거 혹은 완화하려는 의도가 있었다.

네 번째는 국방 강화를 위한 조치이다. 고종 2년(1865) 순정왕후의 교명으로 삼도 수군통제사의 임기연장 및 처우를 개선하고 통제중군을 설치하였다. 이는 해상에 수시로 출몰하는 서양선의 위협에 대비하기 위한 의도였다. 또한 세도세력의 근거지였던 비변사를 폐지하고 의정부의 기능을 복구시켰으며 정치·군사 양권 분립의 옛 제도에 의거 삼군부를 부활시켰다. 국방 강화의 일환으로서 무기제조에도 힘을 기울여 신형 무기인 수전포 제작, 학익조비선 제작 실험, 목탄증기용 철갑선 제조·진수 등을 추진하였다.

다섯 번째는 경복궁 중건이다. 임진왜란 이후 270년간 방치되어온 경복궁은 세도정치 기간 중에 힘없는 왕권의 상징처럼 존재하였다. 동시에 270년간 엄두 내지 못하였던 사업을 추진한다는 것은 과거 왕들보다 더 큰 권력을 과시하는 것이기도 했다. 대원군은 경복궁의 영건을 조선의 모든 사람들에게 제2의 건국으로 인식시키고 자발적인 영건 참여를 유도하려 했다. 고종 2년(1865) 5월 25일 경회루 연못 바닥에서 도참비기(圖讖祕記) 내용이 새겨진 옥돌이 출토되었는데 궁궐공사와 함께 왕조가 영원할 것이라는 예언이 새겨져 있었다. 대원군은 『영건일기』 서문을 통해 옥돌은 과거 이씨 왕조 개국의 예언적 증표이므로 경복궁 중건에 즈음하여 옥돌이 발견된 것은 경복궁 중건이 천명임을 주장하고 있다. 또한 천심은 민심이니 민심도 천심을 따라가야 하지 않겠느냐는 정치적 정당성의 논리가 포함되어 있었다. 한편 경복궁을 중건하기 위해 설치한 영건도감은 당시 청계천의 원활한 배수 및 폭우침수를 대비하는 도시 재정비 사업도 진행함으로써 민심을 고려하는 성격도 띠었다.

지우 : 대원군의 경복궁 중건에 대해서는 백성들을 힘들게 하고 국력을 낭비하여 대원군 자신은 물론 조선이 망하게 되는 길을 걷게 하였다는 부정적 평가가 많았다고 보는데요.

아빠 : 결과론적인 측면에서 그런 평가를 내릴 수 있지만 국가 대규모 공사에 전반적인 공감대가 없었다면 애초 추진될 수 없었을 것이며 정치 고수인 대원군이 예상되는 어려움을 몰랐을 리가 없다는 점에서 경복궁 중건과정을 면밀히 확인해볼 필요가 있어. 우선적으로 종친부의 경복궁 중건에 대한 적극적인 지원이 있었음은 물론 후일 문제가 되는 원납전(願納錢 : 경복궁 중건을 위해 받은 기부금)도 초기 각계각층에서 자발적으로 납부되었고 백성들도 영건 현장에 생계를 제쳐 두고 자원할 정도였다고 해. 대원군도 자원한 백성들에게 위로금을 전달하고 농악대나 남사당패를 동원하여 격려하는 아름다운 모습이 연출되었지.

하지만 1865년 시작되어 1872년 완료되는 경복궁 중건사업이 원활하게 갈 수 없었던 이유 중 가장 큰 것은 조선의 궁궐이 겪는 화마의 피해야. 고종 3년(1866) 3월 본궁이 거의 모습을 갖추는 시점에 화재가 발생하여 건물 800여 칸과 목재를 태워버리는 사건이 발생하여 모두를 곤경에 빠트리게 되지. 건축 관계자들은 더 이상의 화재를 예방하기 위해 경회루 서향(西向) 수구(水溝)가 원래 남향이었던 것을 확인하고 다시 남향 수구를 냈으며 다음 해 단청 공사를 할 때는 초룡(草龍)과 운물(雲物) 형상을 그려 넣었어. 한편 건국 초기 무학대사가 관악산의 화기를 피하기 위한 경복궁의 동쪽 좌향을 주장했던 사실이 다시 회자되기도 했어. 이런 노력에도 불구하고 고종 4년(1867) 2월 공사가 절반 정도 진척된 상황에서 비축된 목재와 판자에 또 화재가 다시 발생하게 되지. 두 번의 화재로 국가재정은 바닥이 나고 경복궁 중건의 추진동력이 떨어짐과 동시에 백성들의 공감대도 떨어져. 대원군은 원납전을 포함한 국가재정이 원활하지 않자 고액화폐인 당백전을 발행하여 위기를 극복하려고 해. 당시 당백전의 명목가치는 엽전의 100배인데 실제 가치는 5~6배에 불과하여 당연히 물가가 폭등하게 되고 그 피해는 백성들에게 고스란히 돌아가게 된 거야. 당백전 동전 주조로 구리 재고가 바닥을 드러내자 이번에는 농가의 농기구까지 차출하여 농민들은 정말 살기가 어려워졌어.

한편 경복궁 중건 및 개혁정책이 병인양요 및 신미양요의 전쟁 분위기와 10년에 걸친 병인박해의 참혹한 상황에서 진행되었다는 것도 부정적 평가를 내리게 하는 중요한 이유이기도 해.

① **자경전**　　　　　　　보물
② **청연루와 협경당**　　　청연루는 누마루로 하절기 거실, 협경당은 부속건물.
③ **자경전 십장생굴뚝**　　보물. 여러 온돌방의 굴뚝들을 하나로 합친 집합굴뚝으로 무병장수를 상징
　　　　　　　　　　　　하는 동식물들을 조각.

　　대원군과 고종은 기존의 경복궁 건물의 중건 이외에도 새로운 용
도의 건물을 추가적으로 건립하였다. 고종 4년(1867) 고종은 자신을
왕위에 올려준 순원왕후 조대비를 위해 자경전(慈慶殿)을 지었다. 고
종 10년(1873) 화재로 자경전은 소실되어 고종 25년(1888) 재건했다.
자경전은 동쪽을 정면으로 바라보며 복안당(福安堂), 청연루(淸燕樓)
와 협경당(協慶堂)이 맞닿아 있는데 경복궁에 현존하는 유일한 조선
시대 연침(燕寢 : 평상시 거처하며 침전으로 활용) 건물이다.

▲ **흥복전**　사적.

　흥복전(興福殿)은 고종 5년(1868) 침전으로 활용할 목적으로 영조가 왕위에 오르기 전에 살았던 창의궁의 함일재를 현재 위치에 옮겨지었다고 전한다. 원래 목적과 달리 사신 접견 및 임금이 학문을 연마하는 경연과 양로연 장소로도 사용됐다. 순원왕후 조씨는 고종 28년(1891) 이곳에서 승하하였다. 1917년 소실된 창덕궁 침전 권역을 재건할 때 해체되었다가 2019년에 복원되었다.

① 태원전　　사적. 고종 4년(1867) 건립. 2009년 부분 복원.
② 원형 우물
③ 사각형 우물

　태원전(泰元殿)은 경복궁을 중건하면서 새롭게 만든 빈전(殯殿)이
다. 빈전은 왕과 왕비, 대비가 죽은 후 발인할 때까지 관을 모시던
곳이다. 조선에서 빈전은 국상 때 잠깐 사용하는 용도였기에 건물
을 따로 짓지 않고 편전이나 침전의 일부 건물을 활용하였으나 태
원전은 온전히 빈전 용도로 건립하였다. 하지만 후일 어진의 임시
봉안소로 사용된 기록도 남아 있다. 태원전 동북쪽 세답방(빨래방)
뒤로 2곳의 큰 다용도 우물이 있다.

◀ 함원전
사적. 고종 4년(1867) 중건.
1995년 복원.

◀ 우물

　함원전(含元殿) 자리는 세종 대에 불당이 조성되어 불교행사가 개
최되었다. 임진왜란으로 불당은 불타고 고종 4년(1866)에 교태전 부
속건물로 중건하였다. 그러나 고종 재위 기간 2차례 화재로 인해
다시 지었으며 1917년 창덕궁 내전 보수를 위해 완전 해체되었다
가 1995년 현재 모습으로 복원되었다. 함원전 뒤쪽 아미산 옆으로
비교적 큰 규모의 우물이 위치하고 있다.

대외정책과 천주교

세도정치 기간 중 발생한 천주교 박해와 이양선의 출몰은 조선의 국내정치와 대외정책에 큰 영향을 주었다. 고종 즉위 후 대원군은 청나라와 조선의 사대관계를 유지하면서, 프랑스, 러시아, 영국, 미국 등 서구 열강들에 대해 이이제이(以夷制夷 :오랑캐로 오랑캐를 다스림) 차원에서 대외정책 문제를 해결하려 했다. 하지만 아라사(俄羅斯)로 불리던 러시아에 대한 대책이 천주교 포교문제와 연관됨으로써 야심차게 출발한 대원군의 개혁정치가 초점과 빛을 잃기 시작했다. 고종 원년(1864) 러시아인들이 경흥부에 나타나 부사에게 통상을 요구하는 문서를 제출하는 일이 발생하였다. 조정에서는 백성들 중에 러시아인들과 내통하는 자가 있어 발생한 것으로 판단하였고 관련자 양인 2명을 색출하여 참수형에 처하였다. 고종 2년(1865) 2월에는 러시아인 20명이 국서를 들고 국경을 넘어 함경감영으로 가겠다고 요구했지만 퇴거되었고 11월에는 소수의 인원들이 몇 차례에 걸쳐 통상을 요구하기도 했다. 이러한 러시아의 움직임에 대해 조선조정은 예의 주시하였다. 당시 천주교 한국교구장이었던 베르뇌 주교와 한국인 신자들은 러시아의 위협에 대한 방어책으로 조선과 프랑스의 동맹협약을 구상하였고 이를 통해 종교 활동의 자유가 확보될 수 있기를 기대하였다.

우물로 본 조선역사

▲ **남상교 공덕비, 남종삼 흉상, 남종삼 송덕비** 서울 마포구 합정동. 절두산 성지 내 위치.

　반면 대원군으로 대표되는 조선조정의 러시아 인식과 대응방안
은 이것과 다소 차이가 있었다. 천주교 신자 홍봉주의 포청 국문 기
록에 의하면 베르뇌 주교가 러시아에 대한 장차 우려를 제거하기
위해서는 프랑스와 먼저 조약을 맺으면 된다는 이야기를 자신이
듣고, 고종 2년(1865) 음력 8월에 천주교 신자인 승지 남종삼을 만
나 주교의 말을 전했다고 한다. 하지만 남종삼의 소극적인 태도로
일이 진전되지 않았다. 그러자 홍봉주는 김계호(김민호), 이유일 등과
다시 논의하여 방아책(防我策)이 기술된 서한을 대원군 딸의 시아버
지인 조기진을 통해 대원군에게 직접 전달하였다. 대원군은 편지
를 거듭 읽어보고는 아무런 반응을 보이지 않았지만, 이틀 뒤 대원
군의 부인이 신자 박 마르다가를 통해 다시 편지를 올리면 좋은 결

과가 있을 것이며 주교들은 한양에 올라와 다음에 대비할 것을 요구하였다. 홍봉주는 승지 남종상을 다시 찾아 전후사정을 설명하였고 남종상은 새로운 편지를 써서 대원군에게 제출하러 갔다. 이 자리에서 대원군은 천주교에 대한 많은 질문을 하였고 주교를 만나보겠다는 의사를 전달한다. 남종상은 대원군과의 대화를 주변 사람들에게 전달하였고 김계호와 이유일은 주교들을 모시러 지방으로 내려갔다. 주교들은 예상보다 한양에 1달 정도 늦게 도착하였다. 남종상이 주교들이 한양에 있다는 것을 알리러 대원군을 찾았을 때 대원군의 기류가 크게 변해 있었다. 대원군은 남종상에게 그 일이 급하지 않다고 잘라 말하고 부친과 잘 상의해 보라는 의미심장한 말을 던진다. 박제경의 『근세조선정감(近世朝鮮政鑑, 1886)』에 의하면 대원군은 심복 장갑복에게 남종상 집을 염탐하라고 지시한다. 잠복 10일 만에 외국 사람이 숨어 있다고 보고하자 대원군은 천주교 전도사라고 규정한 뒤 비밀리에 좌포청에 한 사람도 빠짐없이 추포하도록 지시를 내렸다고 한다. 병인박해의 시작인 것이다.

지우 : 대원군이 주교들을 만나보겠다고 한 뒤 태도가 급변한 데는 특별한 이유가 있는지요?

아빠 : 가장 큰 이유는 고종 3년 1월 북경에 도착한 사신편지를 통해 영불연합군의 북경함락 이후 청의 보복으로 서양인들이 살육당하고 있다는 내용을 접한 것이라고 봐. 청의 사대를 하고 있는 조선의 입장에서 양이정책이 다르기 어렵지. 하물며 프랑스를 이용한다는 것은 대원군의 정치적 위기를 가져올 수 있고 심지어 자신의 지원세력인 순원왕후 조씨까지 운현궁에 천주교 신자가 침투했다고 비난을 하는 상황이 발생한 거야. 대원군이 선택할 수 있는 정치적 방도는 쇄국양이(鎖國洋夷)와 사교금압(邪敎禁壓)밖에 없었던 것이지.

지우 : 그렇다면 대원군이 천주교에 대해 평소 호의적이었다는 평가도 잘못된 것으로 보이는데요.

아빠 : 흥선대원군은 남인 계열이었고 부인과 며느리 등이 천주교에 관여되어 있었던 점과 천주교 신자였던 남종상의 부친 남상교와 친교 등을 종합적으로 판단해 보면 고종 즉위 이전까지는 호의적이었다고 표현해도 무방할 것 같아. 하지만 청과의 관계를 고려하고 쇠약해진 조선왕실을 부흥시키려는 대원군의 입장에서 봉건왕조의 유교적 질서를 무너뜨리는 무군무부(無君無父)의 천주교를 호의적으로 받아들이기 어렵다고 생각돼. 승지 남종상이 용감하게 방아책을 대원군에게 진언하자 생뚱맞게 왜 춘부장을 뵈러 시골에 가

지 않았냐고 물은 것은 천주교 남상교, 남종상 부자가 상의를 통해 배교하면 살려줄 것이요 그렇지 않으면 순교할 수밖에 없다는 정치적 메시지를 던진 것이야. 대원군의 천주교에 대한 입장은 이렇게 변화된 것이지.

지우 : 베르뇌 주교는 대원군이 진짜 프랑스와 조약을 맺고 천주교 신앙의 자유를 보장해 줄 거로 믿고 있었을까요?

아빠 : 믿었다기보다는 신앙의 자유를 확보하기 위해 모든 상황에 최선을 다했다고 말하는 것이 좋겠네. 베르뇌 주교는 고종 2년 7월 홍봉주가 남종상 승지를 처음 접촉하기 1달 전 이미 주청불국공사관에 서한을 보내 조선이 어떤 서양국가와도 관계를 맺지 않을 것이므로 불함외교(佛艦外交)가 불가피하다는 입장을 표명한 것으로 보여. 그것은 공개된 베르데미 공사의 외교문서에서 조선이 현재 천주교 포교를 묵인하고 있고 본국의 특별한 지령이 없는 한 작전을 개시할 수 없다는 입장이 적혀 있기 때문이야. 즉, 주교의 무력행사 요구를 거절한 것으로 이해할 수 있어. 하지만 러시아의 위험이 조선의 안보 이슈가 되자 베르뇌 주교와 조선 신자들은 프랑스와 조약을 대원군과 조선이 택할만한 방아책이 될 수 있을 것이라 판단했다고 봐. 그러나 조선조정은 러시아의 위험을 그렇게 심각하게 판단하지 않았고 정치 9단 대원군은 천주교 신자 접촉을 통해 프랑스 사제를 중심으로 한 조선 천주교의 실상과 프랑스 정부의 입장을 파악하려 했을 수도 있어. 그것은 어쩌면 러시아보다 프랑스가 조선에게 더 현실적인 위협일 수 있으니까 그렇겠지.

병인박해와 병인양요

병인박해는 병인년인 고종 3년(1866) 한 해의 박해를 가리키는 것이 아니라 그 뒤 6년간에 걸친 박해를 모두 지칭한다. 박해는 4차례 큰 흐름으로 전개되었다. 첫 번째는 1866년 봄, 두 번째는 1866년 여름에서 가을, 세 번째는 1868년, 네 번째는 1871년이며 총 8천여 명 이상의 순교자를 내었다. 정월에 내려진 포고령으로 1866년 3월 7일 베르뇌 주교, 브르트니에르 신부, 도리 신부, 볼리외 신부, 3월 11일 푸르티에 신부, 프티니콜라 신부가 새남터에서 군문효수형에 처해졌다. 베르뇌 신부와 3분 신부의 유해는 왜고개에 안장되었다가 현재 절두산 병인박해 100주년 기념성당 지하 성인유해실에 안치되어 있다. 3월 30일에는 다블뤼 주교, 위앵 신부, 오메트르 신부가 충남 보령시 오천 갈매못에서 군문효수형을 당하였다. 현재 갈매못 성지 인근은 오천항을 중심으로 충청 수영이 위치한 곳으로 모래사장이 있어 군문효수형이 가능하였다. 갈매못이라는 명칭은 뒷산의 산세가 '목마른 말이 물을 먹는 모습'과 같은 명당이라 하여 '갈마무시', '갈마연', '갈마연동(渴馬淵洞)'이라 불렸던 것에서 유래한 것이다. 다블뤼 주교 등 3분의 신부와 주교의 복사였던 황석두는 충청도 지역에서 체포되어 한양으로 압송되어 국문을 받았으며 베론에서 체포된 장주기 회장과 함께 처형장인 갈매못으로 이송되었다. 압송과 이송되는 도중 주교 일행은 합덕 신리에 있는 너럭바위(오성바위)에 앉아 쉬면서 막걸리로 목을 축이고 서로 격려하였다고 한다. 이 너럭바위는 현재 절두산 성지로 옮겨져 관리되고 있다.

① **갈매못 성지**   충남 보령시 오천면 영보리. 외연도가 멀리 보이는 장소.
② **오성바위**   절두산 성지 내.

지우 : 베르뇌 주교님 등 6분의 신부님들은 새남터에서 순교하셨는데 다블뤼 주교님 등 3분은 충남 갈매못에서 순교한 특별한 이유가 있는지요?

아빠 : 먼저 처형장이 위치한 충청 수영에서 외연도(外烟島)를 바라볼 수 있다는 점을 생각해 볼 수 있어. 헌종 12년(1846) 6월에 프랑스 함대 세실 사령관이 3척의 군함을 이끌고 외연도에 정박하면서 기해박해(1839) 때 앵베르, 모방, 샤스탕 신부를 살해한 책임을 묻는 편지를 조선에 주고 간 적이 있었지. 이 사건 후 조정에서는 프랑스의 조선 침입을 강력히 대응해야 한다는 목소리가 높아져 김대건 신부의 처형이 앞당겨졌어. 다블뤼 주교님 등 3분의 신부님들을 세실함장이 침범했던 외연도에서 가까운 오천의 수영에서 처형하여 프랑스에 대한 강력한 정치적 메시지를 보내려 했던 것으로 보여. 또 다른 이유는 3분의 신부님들은 새남터에서 처형된 신부님들보다 늦게 체포된 관계로 처형 시점이 병인년 고종의 국혼이 1달밖에 남지 않았던 것이지. 당시 궁중에 무당들을 불러 점을 친 결과 국혼을 앞두고 한양에서 피를 보는 것은 국가의 장래에 이롭지 못하니 한양에서 250리 밖에서 형을 집행해야 한다는 주장이 제기되어 오천의 충청수영이 선택되었다는 이야기도 있어.

조선의 12명 프랑스 사제 중에 9명이 순교하였으며 살아남은 페롱, 리델, 깔래 신부는 신도 조철증이 준비한 선박을 타고 중국 산동성 옌타이로 피신하였으며 이후 리델 신부는 천진으로 가서 프랑스함대사령관인 로즈 제독에게 조선에서의 천주교 박해 사실을

▲ 갑곶돈대　　사적. 인천 강화군 강화읍 갑곶리. 숙종 5년(1679) 축조. 1977년 복원.

알렸다. 로즈 제독이 지휘하는 프랑스 함대의 군함 3척이 리델 신부와 조선인 신자 3명의 안내로 10월 18일 인천 해상에 도착하였다. 리델 신부는 프랑스 군함이 조선 연안에 출현하면 조선 천주교 신도들이 봉기할 것이라고 말했지만 아무런 움직임이 없었다. 프랑스 함대는 10월 26일 양화신·서강 일대로 진출했다. 프랑스 함대는 3척의 규모로 도성의 공격이 불가함을 깨닫고 지형만 정찰한 뒤 11월 2일에 텐진으로 돌아갔다. 그해 11월 17일 로즈 제독은 프리깃함 게리에르를 포함한 7척의 군함과 일본 요코하마에 주둔해 있던 해병대 300명을 포함한 총 1천 230여 명의 병력을 지휘하여 리델 신부와 함께 물치도 부근에 나타났다. 11월 20일에는 프랑스 함정 4척과 해병대의 일부가 강화도의 갑곶진 부근의 고지를 점령한 뒤 한강의 수로를 봉쇄했다.

▲ **문수산성**　사적. 경기 김포시 월곶면 포내리. 숙종 20년(1694) 축성. 순조 12년(1812) 중수.

이어 11월 22일에는 프랑스 전군이 동원되어 강화성을 공략해 점령하고 약탈을 자행하였다. 조선정부는 이경하·이기조·이용희·이원희 등의 장수들을 급히 양화진·통진·광성진·부평·제물포 등의 중요 해안거점과 문수산성·정족산성 등지에 파견하여 한양의 수비를 강화하였다. 조선은 11월 25일에 프랑스 측에 공문을 보내 프랑스군 철수를 요구하였고 로즈 제독은 선교사 처형 등 조선의 천주교 탄압행위를 비난하면서 전권대신의 파견을 요구했다. 12월 2일에는 120여 명의 프랑스군이 문수산성을 정찰하다가 매복 중이던 한성근 등 조선군의 공격을 받아 27명의 사상자만 내고 물러났다.

① **정족산성**　　　사적. 인천 강화군 길상면 온수리. 삼국시대 축성. 영조 15년(1739) 중수.
② **양헌수 승전비**　인천 기념물.

　12월 13일 프랑스군은 다시 교동부의 경기수영을 포격하고 대령
올리비에의 지휘로 160여 명의 프랑스 해병이 정족산성의 공략을
시도했다. 그러나 그곳에 매복 중이던 양헌수 장군 및 사격에 능한
500여 명의 조선군 포수들의 공격을 받아 6명이 사망하고 30여 명
이 부상을 입으면서 프랑스군은 퇴각하였다. 함대에 동행했던 리
델 신부는 로즈 제독이 사전에 많은 조선군이 매복해있음을 알고
도 대포를 사용하지 않고 경무장으로 가벼이 처신하다가 패배하였
음을 비난하였다.

　로즈 제독은 조선에서 더 이상의 교전은 불필요하다고 판단하여
철수를 결심했다. 12월 17일 프랑스군은 1달 동안 점거한 강화성
을 퇴거하면서 장녕전(長寧殿 : 숙종의 어진을 모신 전각), 외규장각 등의 주
요 시설물에 불을 지르고 귀중도서와 은괴 19상자 등을 약탈 후 갑
곶진을 거쳐 청나라로 철군했다. 당시 약탈해 간 규장각 도서 중 일

부가 2013년 프랑스로부터 한국으로 일시 반환되어 있다. 조선의
기록과 달리 프랑스군 자체 기록은 병인양요 전체 기간 중 프랑스
군 피해는 3명의 전사자와 35명의 부상자가 전부이다. 이것이 로
즈 제독이 조선과의 전투에서 승리했다고 주장하는 근거이며 후일
미국이 신미양요 전에 미불동맹을 맺어 조선을 공격하자고 제안
했을 때 프랑스는 병인양요를 통해 이미 조선을 징벌했다는 이유
로 거절하게 된다. 하지만 당시 청에 주재했던 정치권의 평가는 사
뭇 달랐다. 공사 벨로네를 비롯한 북경의 모든 외교관들은 그의 원
정을 실패로 간주하였다. 그 이유로 먼저 조선 개항을 위한 협상조
차 벌이지 못한 채 돌아왔다는 것과 다음으로 정족산성에서의 패
전 직후 곧바로 함대를 철수하여 군인으로서 패주하는 모습을 보
인 것이며 마지막으로 선교사 학살에 대한 응징보복은커녕 대원군
의 천주교 박해와 쇄국정책을 강화시키는 결과를 초래한 점을 들
었다.

지우 : 조선원정은 로즈 제독과 리델 신부가 기대했던 것과는 많이 다르게 상황이 진행되었고 양자 간 다소 갈등도 있었다고 들었는데요.

아빠 : 로즈 제독과 리델 신부는 병인양요를 통해 프랑스의 국위가 과시되어 문호개방이 이루어질 것이며 천주교 신자뿐만 아니라 대원군의 압정에 시달리던 조선 백성들에게 해방을 가져다줄 것이라는 기대로 원정을 출발했을 것이야. 그렇지만 대원군 정권의 인식과 대응에 있어 두 사람의 이해 차이가 존재했던 것이지. 로즈 제독은 강화도 점령 등을 통한 전투승리가 최종상태가 될 수 있었지만 리델 신부는 한양을 공격하여 대원군과 조약을 맺음과 동시에 천주교 신앙의 자유가 완전 보장 되는 것이 최종상태야. 또한 로즈는 천주교 신부 살해에 있어 대원군의 책임은 없으며 조정의 3명의 대신에 있다고 본 반면 리델 신부는 전적으로 대원군의 책임이며 함선외교의 확실한 결말이 없으면 대원군에 의한 박해가 지속될 것이라 우려한 것이지.

지우 : 그렇다면 당시 조선의 천주교 신자들이 모두 프랑스의 조선 침공을 지지했다고 말할 수 있을까요?

아빠 : 조선의 천주교 신자들의 입장에서 병인박해로 사제들과 수백 수천 명의 신자가 순교하는 상황에서 자신에게 닥쳐올 미래에 대한 공포감은 매우 컸을 것이며 외세의 무력에라도 호소하여 박해가 종식되기를 기대하는 것은 인간으로서 자연스러운 것이지. 또한 다수 신자들이 프랑스는 침공을 하더라도 평화롭게 통상교역을 맺고

조선인들의 신앙의 자유를 확보해주는 선한 존재로 인식하려는 경향이 강하였다고 해. 그렇지만 모두가 찬성했다고 보기 어려운 것은 신유박해 당시 황서영 백서에도 자신의 입장에 반대하는 신자가 있다는 것이 적시되어 있으며 박해의 상황에서 온건파 신자들이 강경파 신자들의 불함을 안내하는 등의 독자적 행동을 저지할 만한 능력이나 여건은 안 되었을 것으로 보는 것이 합리적일 것이야. 박해에서 생존한 3분의 신부 중 한 명인 칼레 신부는 병인양요나 후일 있을 덕산굴총 사건에 참여하지 않고 귀국하여 다른 사목의 길을 택하는 것을 보면 사제들도 병인양요를 바라보는 시각이 각각 달랐던 것으로 보여.

지우 : 조선 천주교 신자들이 당시 대원군의 유교적 질서와 국가이익 수호 방식에 다소 위배가 되었지만 구조적 불평등에 맞선 사상가로서 또한 불의의 기득권 권력에 저항하고 행동하는 신앙인으로서 가치를 높게 평가해야 되지 않을까요?

아빠 : 당시 천주교 신자들의 대응을 비난하는 것은 아니며 대원군으로 대표되는 조선사회가 그들의 가치를 인정하고 변화를 추구하였으면 발전적 역사를 빨리 맞이할 수 있었다는 아쉬움은 분명히 있지. 아빠가 말하고 싶은 것은 먼저 그러한 사고와 행동이 조선사회에서 어떻게 인식되었고 그것으로 인한 상호작용이 어떻게 전개되었는지를 객관적으로 봐야 한다는 것이야. 그렇게 함으로써 왕조사회가 아닌 현대 민주주의 사회에서도 도움이 되는 방향으로 정치적 교훈의 도출과 적용이 가능하다고 보는 것이지. 여기서 첨언하

고 싶은 것은 대원군의 천주교 박해가 왕조권력의 유지를 위한 쇄
국정책의 연장선에서 자행된 것은 분명하지. 하지만 이러한 아쉬
움을 단선(單線)의 인과적 서술방식으로 현재까지 정치적 책임을
끌어오는 것은 바람직하지 않다고 봐. 이러한 인식의 흐름은 과거
가 현재의 의미와 연결될 때 역사의 가치가 있다는 일반론을 바탕
으로 하고 있지만 결과론적으로 정치를 양극화시키고 이념화시키
는 부작용을 낳을 수 있다는 것이지.

　병인박해 당시 흥선대원군은 양화진과 맞닿은 잠두봉에서 천주
교 신자들의 참수형 집행을 주문하였다. 『태종실록』과 『신동국여
지승람』에 의하면 이곳은 잠두봉(蠶頭峯), 가을두(加乙頭), 용두봉(龍頭
峰)이라고 부르기도 했다. 아름다운 경치를 자랑하던 잠두봉은 비
극적인 장소로 변모하고 만다. 잠두봉에서 신자들의 목을 치고 시
신을 한강으로 밀어 넣거나 신자들을 한꺼번에 결박하여 강물에
빠트렸다고 전한다. 이러한 희생을 기리기 위해 절두산 꼭대기에
순교자 기념탑과 기념관 성당이 세워졌다. 한편 일부 순교자는 절
두산 꼭대기에서 처형되었을 수 있으나 다수는 양화진의 모래사장
이나 평지에서 처형되었을 것으로 보인다. 시간이 많이 흘러 김옥
균의 능지처사가 행해진 곳도 양화진 모래사장이며 잠두봉 꼭대기
가 처형장으로 사용하기에는 장소가 조금 협소해 보인다. 정선이
그린 「양천팔경첩」의 양화진이나 「경교명승첩」의 양화환도를 보
면 잠두봉에 기와집들이 다수 있는 것으로 보여 형을 집행할 수 있
는 공간은 비교적 좁았을 것으로 판단된다. 현재 절두산 성지가 속
한 곳은 마포구 합정동으로 합정은 합정(合井)이 아니라 합정(蛤井 : 조

개우물)이다. 참수형을 위해 물이 필요하여 우물을 팠더니 한강이 인접한 관계로 조개가 나와서 붙여진 이름이라고 한다. 이를 종합해 보면 양화진 공터에서부터 잠두봉까지의 전체 지역이 형장으로 사용된 것으로 추정할 수 있다.

병인박해의 처형지가 서대문이나 새남터가 아닌 절두산으로 옮겨진 것은 프랑스 함대의 침략에 대한 대응책의 하나였다. 조선조정은 프랑스 함대가 양화진까지 올라온 것이나 강화도를 침략한 것은 천주교 신자들의 도움으로 가능했다고 판단하였다. 따라서 프랑스 함대의 내침에 대한 천주교 신자들의 책임을 묻고 양화진에서 처형함으로써 천주교 신자와 일반 백성들이 후일에라도 프랑스 함대와 접촉하는 것을 예방하고자 하였다.

◀ **잠두봉과 기념성당**
사적. 서울 마포구 합정동.
1966년 기념관 및 성당 건립.

◀ **절두산 표석**

덕산굴총(오페르트 도굴) 사건

◀ 남연군묘
충남 예산군 덕산면 상가리.

　병인박해가 진행되고 있던 고종 3년(1866) 3월과 7월 독일 상인 오페르트가 영국 상업조합의 위탁을 만나 상선 로나를 타고 충청도 아산만으로 왔다. 그는 해미현감을 만나 조선국왕에 올리는 편지를 전하고 통상을 요구하였다. 오페르트는 내항하기 1~2년 전 연불방아론(聯佛防俄論)이 조선 내에서 논의되자 조선개방이 머지않았다는 개인적 확신을 가졌다고 한다. 이러한 확신은 영불에 의한 북경함락 소식을 조선조정이 큰 충격으로 받아들이고 백성들이 피난을 서두를 정도로 정세가 혼란하다는 소문을 너무 과신한 데 기인하였다. 또한 오페르트는 2차례에 걸친 조선의 방문을 통해 대원군의 폭정에 지친 백성들의 민심이반을 목도하고 개항이 조선인들의 희망이라 믿게 된 것이다. 오페르트는 리델 신부와 마찬가지로

▲ **상여행각**　예산 남은들에 보존했던 남연군 상여는 우리나라 가장 오래된 상여이며 현재는 국립고궁박물관에 소장.

병인양요가 발생하자 로즈 제독의 강화도 침공을 지원하게 된다. 그러나 침공이 별 성과 없이 끝나자 오페르트는 로즈 제독의 미온적 태도를 신랄하게 비판하였다. 그런 연유에서인지 고종 5년(1868) 세 번째 내항을 통해 덕산에 있는 대원군의 부친 남연군의 묘를 도굴하는 비윤리적인 범죄를 저지르게 된다.

과거 대원군은 세도정치 기간 동안 몸을 낮추고 미래를 꿈꾸기 위해 풍수공부를 하면서 전국의 명산과 명당을 찾아다녔다. 당대 최고의 풍수지관인 정만인이 대원군에게 충남 덕산 가야산 동쪽에 이대천자지지(二代天子之地)의 명당이 있는데 묘를 쓰면 2대에 걸쳐 왕이 나오고 10년 안에 자식이 왕이 될 것이라고 예견하였다. 대원군은 헌종 11년(1845) 부친 남연군의 묘를 경기도 연천에서 충남 예산군 덕산면으로 이장하였다. 이곳은 석문봉을 중심으로 좌로는 가야봉이 우로는 옥양봉이 병풍과 같이 감싸고 있으며 석문봉에서 출발한 기맥은 묘지에서 혈장을 형성하고 전방 상가리 앞쪽의 물을 막아 명당의 모습을 갖추고 있다. 정만인의 예상대로 남연군묘를 이장하고 7년 후 대원군은 고종이 되는 차남 명복을 얻었으며 명복은 마침내 조선 26대 왕이 되었다. 조선시대 왕족이 묘 이장을 하는 경우 모든 마을에서 품앗이로 상여행렬을 구성했으며 마지막 도착지인 예산 남은들에는 남연군의 상여가 보관되어 있었다.

▲ 척화비
절두산 성지에 위치한 척화비.
양이침범(洋夷侵犯) 비전즉화(非戰則和)
주화매국(主和賣國),
"서양 오랑캐가 침범하는데 싸우지
아니하면 화친하자는 것이요 화친을
주장하는 것은 나라를 파는 것이다."

오페르트는 조선정부와 협상에서 확실한 결과를 내기 위해서 남연군묘를 도굴 후 시신과 부장품을 이용해 협상하려는 비정상적인 계획을 세웠다. 이에 고종 5년(1868) 4월 오페르트는 미국인 젠킨스의 재정적 지원하에 프랑스 신부 페롱을 앞세워 행담도까지 680톤급의 대형 선박을, 이후에는 60톤급의 비교적 소형선박을 이용하여 예산군 덕산면 구만포에 상륙한다. 오페르트 도굴단은 자신들을 러시아인들이라 사칭한 뒤 덕산군청을 습격하여 군기를 탈취하고 민간의 건물을 파괴하였다. 놀란 덕산군수와 주민들이 도굴을 막기 위해 남연군묘

우물로 본 조선역사

로 갔지만 소총을 휴대한 약 140명의 도굴단을 막기에는 역부족이었다. 반면 대원군은 과거 정만인으로부터 도굴에 대비해야 한다는 말을 듣고 석회 300부대를 써서 묘를 단단하게 조성한 터였다. 도굴단은 묘가 워낙 단단하여 도굴이 어렵게 되자 어쩔 수 없이 철수하였다. 이 도굴사건으로 젠킨스는 미국인들에게 고발을 당하였고 페롱 신부는 프랑스 정부로부터 소환을 당하였다. 하지만 해당 국가로부터 증거불충분으로 공식적인 처벌이 없자 대원군은 격분하여 서양세력은 향후 발본색원해야 한다고 엄명을 내렸고 척화비를 세워 모두에게 경고하고자 하였다.

대원군은 병인양요의 원인이 천주교 신자들이 해외의 적을 유인한 데 있다고 보고 천주교 신자 소탕명령을 다시 내렸다. 새로운 명령은 먼저 신자들을 처형한 뒤에 조정에 보고하는 선참후계령(先斬後啓令)으로 지방관아에서 독단적으로 신자들을 처형을 할 수 있었던 것이다. 관리들은 체포와 처형을 집행하는 과정에서 조정에 보고를 하지 않거나 사실을 누락하는 경우도 많아 이름 없는 순교자들이 대량으로 발생하였다. 특히, 덕산굴총 사건에 관련하여 오페르트가 수차 내항했던 내포 일대의 천주교인들에 대해서는 엄벌을 지시하였다. 이후 내포 일대의 해미와 홍주 관아에서는 수백 명의 신도들이 진둠벙에서 생매장당하거나 대들보형이라는 처참하고 비윤리적인 방식으로 처형당했으며 충청도의 공소와 교우촌은 철저히 파괴되었다.

◀ 해미순교 성지 진둠벙

충남 서산시 해미면
조산리. 여숫골.

◀ 해미읍성 감옥과 우물

사적. 충남 서산시
해미면 읍내리.
성종 22년(1491)
축성. 1973년 복원.

◀ 홍주읍성 감옥과 우물

사적. 충남 홍성군
홍성읍.
고려시대 이전 축조.
문종 원년(1451) 개수.

우물로 본 조선역사

신미양요

① **초지진**　사적. 인천 강화군 길상면 초지리. 400년 수령의 초지진 소나무에 미군의 포탄 자국.
② **덕진진 포대**　사적. 인천 강화군 불은면 덕성리.

　병인박해가 진행되고 있던 고종 3년(1866) 미국의 상선 제너럴셔
먼호가 대동강을 거슬러 평양까지 올라가 민간인을 공격하고 납치
하는 등 만행을 저질렀고 평안도 관찰사 박규수는 백성들과 협력
하여 배를 격침시켰다. 이 사건을 계기로 미국은 조선의 개항문제
에 적극적인 관심을 가지기 시작했고 신미양요 이전 2차례 탐문항
행을 거쳐 원정계획을 수립하였지만 국내 정치적 문제로 당장 실
행하지 못하였다. 고종 8년(1871) 미국은 전통적인 포함외교를 통해
조선을 개항하고자 원정을 결정하였다. 미 국무부는 주청미국공
사 로우에게 전권을 위임하면서 아시아 함대사령관 로저스에게 해
군함대의 원정을 명하였다. 로저스는 기함 콜로라도호를 비롯하여
군함 5척에 병력 1천 230명과 함재대포 85문을 적재하고 5월 16

일 원정길에 올랐다. 로저스는 한양에 이르는 수로탐색의 방편으로 강화해협을 탐측하겠다고 조선에 일방적으로 통고한 뒤 6월 2일 탐측 항행을 강행하였다. 미 함대가 손돌목에 이르자 연안 강화포대로부터 기습공격을 받았고 양국 간에 최초로 군사충돌이 발생하였다. 미국은 미군함대에 대한 조선의 포격은 비인도적 야만행위라고 비난하면서 조선대표 파견을 통한 협상과 포격에 대한 사죄 및 배상을 요구하였다. 미국의 요구를 거부하는 경우에는 보복 상륙작전을 감행하겠다고 위협하였다. 조선은 미군함대의 항행이 주권침해이자 침략행위라고 규탄하고 요구를 거부하였다. 평화적 협상이 결렬되자 미국은 6월 10일 초지진 상륙작전을 단행하였다. 함포사격으로 초지진을 초토화시킨 후 상륙군 10개 중대가 초지진으로 상륙함으로써 신미양요의 전투가 시작되었다. 미군은 초지진을 함락시켰고 다음 날 덕진진을 점거하였다.

마지막 단계로 미군은 조선군의 핵심전력이 집결해 있는 광성보에 대한 작전을 수행하였다. 광성보에는 진무중군 어재연이 이끄는 조선군 600여 명이 배치되어 있었다. 미군은 수륙 양면포격을 1시간 동안 가한 후 백병전을 통해 광성보를 함락시켰다. 광성보전투에서 미군 측은 자군 전사자 3명, 부상자 10명으로 조선군의 전사자 약 350명, 부상자 20명으로 기록하고 있다. 반면 조선 측은 아군 전사자 57명으로 기록하고 있지만 미군이 전사자들을 화장 처리 하고 떠난 뒤 확인한 것으로 숫자의 차이가 발생하는 것은 당연해 보인다. 미군은 광성보를 점거하여 어재연의 수자기(帥字旗)를 탈취하고 성조기를 게양하여 전승을 자축하였다. 이후 어재연의 수자기는 미 해군사관학교에 보관되어 있다가 2007년 10년 임대 조건으로 한국에 돌아왔으며 2017년부터 2년씩 임대를 연장하고 있다. 어재연의 수자기는 강화역사박물관에 전시되고 있다.

① **광성보 안해루**　사적. 인천 강화군 불은면 덕성리. 고려시대 축성. 숙종 5년(1679) 석성으로 축조. 1976년 복원.

② **광성보 우물**

③ **쌍충비각**　강화군 향토유적. 광성파수 순절비와 어재연 · 어재순 순절비 위치.

지우 :   수자기가 단순한 장수의 깃발이란 의미만 있는 건 아닌 것 같아요.

아빠 :   수자기는 조선 후기 장수를 뜻하는 수(帥)가 적힌 깃발로 부대 총
           지휘관이 위치한 본영을 표시하는 용도야. 조선군은 전투나 훈련의
           모든 명령을 깃발과 신호로 전달했으므로 전투 중에 수자기가 시야
           에서 사라지는 것은 전투에서 패했다는 것을 의미하지. 신미양요
           당시 미군의 눈에 조선군이 수자기 밑에서 쓰러졌다가 다시 일어나
           고 무기가 없어 흙을 집어 던지며 저항하는 모습이 슬퍼 보였다는
           술회가 기록으로 남아 있어. 이 기록은 수자기를 보호함으로써 전
           투의 희망을 이어가려는 처절한 선조들의 몸부림을 우리에게 전하
           고 있다고 봐. 반면 미국의 입장에서는 수자기를 내리고 성조기를
           올리는 것이 승리의 관례였고 획득한 수자기는 전리품인 것이지.
           그래도 문화재청의 문의로 미 해군사관 학교가 장기대여를 결정한
           것은 후손으로서 취할 수 있는 노력의 첫 결실인 셈이야. 또한 국기
           가 없었던 조선에서 수자기는 조선의 국기이자 권위의 상징으로 수
           자기가 돌아온 것은 조선의 권위와 명예가 조금이나마 회복된 것이
           라 평가해. 수자기의 완전한 반환을 위해서는 미국의 국내법령 개
           정과 의회 및 대통령의 승인이 필요하므로 동맹과 좀 더 긴밀히 협
           력해서 성사시키는 것이 남은 우리의 과제이겠지.

   미국은 조선군에 대한 압승을 통해서 수교협상이 가능할 것으로
판단했지만 기대와 달리 조선정부의 무대응 전략으로 곤란한 상
황에 빠졌다. 미군이 수교를 위해 기다리는 3주 동안 조선은 척화
비를 세우는 것 외에는 한 것이 없었다. 로저스의 입장에서 조선군

과 육지에서 전면전을 치르는 것은 본국의 훈령에 위배될 뿐 아니라 전쟁준비도 부족하다고 판단하여 결국 7월 3일 철수를 결정한다. 미군이 철수하자 대원군은 2번에 걸친 양요에서 전투에서는 비록 졌지만 전쟁에서 최종 승리한 것으로 간주하였다. 이는 청나라도 일본도 하지 못한 반외세 투쟁에서 성공한 것으로 쇄국양이 정책을 더 강력히 추진하며 외교정책의 유연성은 완전히 상실되는 결과를 낳았다. 신미양요가 끝나자 병인양요와 마찬가지로 강화도 주변의 신자들을 중심으로 한 천주교 탄압이 시작되었고 대원군이 물러나는 시점까지 약 8천 명에 달하는 천주교 신자가 순교하였다고 한다. 『매천야록』은 순교한 천주교 신자가 2만 명에 달한다고 기록하고 있다.

◀ **갑곶순교성지 우물**
인천 강호군 강화읍 갑곶리.
강화도 외성의 6개 문루 중 하나인
진해루가 있었던 위치.

미리 본 근대의 우물

근대화의 우물은 시기적으로 고종의 친정에서 시작하여 대한제국의 황제로서 국가 근대화의 노력이 일본에 의해 좌절되기 이전까지 이야기를 담고 있다. 고종은 대원군의 그늘에서 벗어나 근대화된 조선을 꿈꾸었으나 동학농민운동과 같은 국내적인 개혁의 요구와 제국주의 침탈 야욕에 미온적인 대처로 그 뜻을 이루지 못한다. 백성들의 새로운 인식이 성장하고 있는 반면 변화에 적응하지 못한 왕정체제는 오히려 풍전등화의 국가상황을 맞이한다.

8부

근대의 우물

대한제국 구본신참

大韓帝國 舊本新參

1장

근대국가의 출발

고종의 친정

고종 10년(1873) 1월 청나라 동치제의 친정이 실현되자 고종도 친정문제에 깊은 관심을 가지게 되었다. 고종은 청나라에 다녀온 사신을 통해 동치제의 친정 관련 사항을 속속들이 물어보았다. 반면 흥선대원군은 친정에 동조하기는커녕 내심 종신섭정을 꿈꾸고 있었다. 고종은 그해 10월 10일 정치적 승부수를 던진다. 포천에 사는 면암 최익현을 행동부승지에 임명하였다. 최익현은 강직한 성리학 학자이자 노론계의 원리주의자로 남인 계열의 흥선대원군과는 사고의 출발점과 성향이 매우 달랐다. 최익현은 승지에 임명되었지만 10일 가까이 꼼짝도 하지 않고 집에 머물렀다. 봉건왕조 시대에 직책을 제수받은 신하가 아무런 응답을 하지 않는 것은 불충이요 그런 행동에 취소나 질책을 하지 않는 것도 이례적인 일이었다. 이에 고종은 18일에는 우부승지 그리고 21일에는 동부승지로 승진 임명하였다. 마침내 10월 25일 최익현은 사직상소를 올렸다. 명목상 사직상소였지만 내용은 홍선대원군을 비판하는 내용으로 가득했는데 핵심은 홍선대원군 섭정 10년간 주군인 고종을 위해 일하지 않았다는 비판이었다. 고종은 상소에 대한 답을 내렸는데 최익현의 말은 매우 정직하며 이에 반대하는 이는 소인이라고 규정하였다. 고종의 이러한 비답 이후 조정의 육조판서는 물론 사헌부·사간원·홍문관·승정원 관료들까지 자아비판 상소를 올렸고 고종은 모두 파면조치를 했다. 홍선대원군은 고종의 조치에 정치파업으로 대응하였다. 섭정의 직위는 유지하면서 정사는 진행하지 않음으로써 고종이 악화된 여론에 등이 떠밀려 자신의 복귀를 간청할 것을 기대하였다. 고종의 친정을 향한 마음은 예상외로 강하였다. 승정원에 최익현의 반대 상소를 접수하지 못하도록 하고 충효의 모범이 되는 왕실에서 부친에 대한 문안인사도 하지 않았다. 결국 홍선대원군은 고종 11년(1874) 운현궁을 떠나 양주의 직동으로 내려갔다.

지우 :   조선 말기 당시 대원군의 평가는 호불호가 나뉘는 것으로 보이고
후손들의 평가는 부정적인 입장이 더 많은 것 같아요.

아빠 :   예나 지금이나 정치 및 정치인의 평가는 긍정과 부정이 동시에 존
재하며 단정적으로 말할 수는 없지. 하지만 조선 말 당시나 지금의
눈으로 봐도 선명히 보이는 부분은 대원군의 과도한 권력욕인 같
아. 왕조국가에서 아들이지만 왕인 고종에게 반기를 드는 것은 반
역이다 보니 에둘러 며느리인 명성황후와 외세에 대한 백성들의
분노를 이용해 자신의 권력을 유지하려 했던 것으로 보여. 실제 임
오군란 이후에는 33일간 정치 실권을 장악하였고 동학농민 항쟁
이 발생하자 그 지도부와 접촉하여 과거 권력을 되찾으려 했어. 이
런 사실들을 미루어 사람들은 고종 11년(1874) 왕비 양오빠 민승
호 일가 폭탄 사망사건, 고종 13년(1876) 고종과 왕비의 숙소인
교태전 화약 폭발사건 등의 배후로 대원군을 지목하였어. 마침내
일본이 고종 32년(1895) 국모를 시해하는 일본 자객단 선두에 대
원군이 함께하는 서글픈 일도 발생한 것이지.

친정을 시작한 고종은 신하들 몰래 왕과 왕비가 거처할 수 있는
새로운 궁을 경복궁 내에 내탕금(內帑金 : 왕과 왕실이 사적으로 사용할 수 있는
사유재산)을 들여 건립한다. 건청궁(乾淸宮)이라는 명칭은 중국 명·청
대 황제의 침전 일곽과 이름이 같고 곤녕합(坤寧閤)은 황후의 거처
인 곤녕궁에서 딴 것으로 보인다. 동시에 동치제가 친정을 하면서
양심전(養心殿)에서 건청궁으로 처소를 옮긴 것도 영향을 미친 것으
로 보인다. 건청궁은 전각의 명칭과 달리 민간의 사대부 집과 같은

우물로 본 조선역사

① **건청궁 정문**　　사적.
② **장안당**　　사적. 서편 누마루에는 추수부용(秋水芙蓉) '가을 물속의 연꽃'이란 뜻의 현판
③ **곤녕합과 옥호루**　사적. 을미사변이 발생한 장소.

사랑채, 안채, 서재의 구성을 하고 있다. 건청궁은 사랑채에 해당하
는 장안당과 안채 성격의 곤녕합으로 나뉘어 있어 외부 인사를 만
나는 일과 일상적인 거처로서 편리한 점이 있었다. 고종은 건청궁
의 용도를 어진과 어필을 둘 전각이라고 설명함으로써 건립 반대
의 뜻을 잠재웠다. 실재 건청궁은 별궁으로서 고종이 자신의 어진

과 어필, 서책 등을 가까이 두면서 새로운 정치의 활동공간으로 사용하고자 한 것으로 보인다. 고종이 경복궁에 있는 경우 어진은 건천궁 관문각(觀文閣)에 봉안되었으며 현재는 그 터만 남아 있다.

◀ **향원정과 취향교**
향원정 보물. 취향교는
아치형 목교

건청궁 남쪽에는 향원지(香遠池)가 있으며 천원지방의 원리에 따라 사방으로 연못을 팠고 중앙에 원형의 인공섬이 위치한다. 인공섬에는 2층 육모지붕의 향원정(香遠亭)이 있다. 향원정 현판은 고종이 직접 썼으며 왕실의 휴식의 공간으로 온돌이 설치되어 있었다. 기존에는 고종 10년(1873) 건청궁과 같이 긴립했고 알고 있었으나 문화재청에서 목재 연륜연대 조사 결과 고종 22년(1885) 전후로 건립 시기가 추정되고 있다. 향원정과 건천궁을 연결하는 다리는 취향교(醉香橋)이다. 취향교는 6.25 전쟁을 통해 파괴되어 1953년 향원지 남쪽으로 복원하였으나 최근 원래 위치하였던 북쪽 방향으로 재복원되었다. 향원지의 수원은 향원지 서북쪽에 있는 열상진원(洌上眞原) 샘이다. 북악산에서 출발한 지하수가 이곳에서 솟아나 향원지의 물을 채우는 것이다. 경복궁 창건 당시부터 있었으며 덮개는

① 열상진원
② 열상진원에서 본 향원지

고종 때 경복궁을 중건하면서 만들었다. 열상진원은 '한강(洌上)의 진짜(眞) 근원(源)'이란 뜻으로 열수는 한강의 다른 말이다. 물론 강원도 태백시 검룡소가 진짜 한강의 발원지이지만 왕이 계신 가장 높은 곳에서 발원하여 한강으로 흐르는 샘을 조선시대에 한강의 근원이라 표현하는 것은 어쩌면 당연한 일일지도 모른다. 샘과 향원지 사이에는 3층의 계단식 석대가 설치되어 급격한 샘물의 유입을 방지하였는데 연못의 파동을 최대한 줄여 향원지의 수면을 항상 잔잔하게 하려는 의도였다.

향원지 남쪽에는 함화당(咸和堂)과 집경당(緝慶堂)이 담장을 맞대어 있다. 과거 있던 흥복전 후행각인 춘희당과 보광당을 헐고 그 자리에 함화당과 집경당을 지었다. 함화당의 용도는 「함화당상량문」에 적혀 있듯이 침전이다. 고종과 명성황후는 주로 건청궁에서 지냈지만 함화당이 완공되자 이곳과 건청궁을 번갈아 사용했다. 고종 29년(1892)부터는 함화당에서 신하와 정무를 논하고 외국 공사를 접견

① 함화당　사적
② 함화당 북문과 석지
③ 집경당　사적.
④ 집옥재　사적.

했다. 집경당은 주로 신하들과 경서를 읽는 곳으로 활용했으며 준
공 직후인 고종 27년(1890)-고종 28년(1891) 사이에는 왕실의 장서
와 서화를 수장하기도 하였다. 집경당에 수장했던 장서는 고종 28
년(1891) 신무문(神武門) 안쪽에 집옥재(集玉齋)가 완공되자 그곳으로
옮겼다. 집옥재는 중국풍 전각으로 왕실의 어진과 도서를 보관하
였다. 집옥재를 본채로 서쪽에 팔우정(八隅亭) 동쪽에 협길당(協吉堂)
이 있으며 전각끼리 복도로 연결되어 있다. 집옥재 본채와 달리 팔
우정과 협길당은 전통 조선양식의 전각이다. 집옥재는 원래 창덕궁
함녕전의 별당으로 조성되었으며 고종 28년(1891) 현재의 자리로

이전한 것이다. 고종은 집옥재를 어진 및 도서소장 이외 외국 사신 접견장소로도 활용했다. 집옥재를 왕실의 도서관으로 부르는 이유는 고종이 개화정책을 추진하면서 서양 선진문물과 관련된 책을 청나라에서 대량으로 구입하여 대부분 집옥재에 비치했기 때문이다.

조선 최초로 고종 24년(1887) 3월 6일 전깃불이 들어와 건천궁에 설치되었다. 건청궁에 설치된 백열등의 수량은 모두 750개로 미국의 에디슨 전등회사의 제품이었다. 조선은 동아시아에서 전깃불을 최초로 도입하였으며 중국이나 일본의 궁궐에 비해 2년이나 앞선 선택이었다. 백열등과 연결된 발전기의 위치는 향원지의 남동쪽이었다. 발전기는 석탄 연료를 쓰고 향원지의 물을 끌어올려 증기기관에 사용했다. 발전기에 사용된 뜨거운 물이 향원지에 그대로 방류되는 바람에 물고기들이 떼죽음을 당하는 상황이 발생하였고 사람들은 이를 불길한 징조로 여겼다. 사람들은 전깃불에 대해 여러 이름을 붙이기도 했다. 증기기관에 물이 들어가서 전기가 만들어지자 물이 불로 변하였다 하여 물불이라고 불렀다. 또한 에디슨 전등회사가 생산한 직류 발전기는 수시로 고장이 나고 단속적으로 전류가 공급되기도 했다. 조선 사람들은 비싼 돈을 들여 장만한 전깃불이 이유 없이 꺼지고 켜지는 것을 반복하자 빈둥거리면서 행패를 부리거나 돈을 빼앗아 가는 건달과 닮았다고 해서 건달불(乾達火)이라고도 불렀다.

◀ 한성전기회사

「미스터선샤인」
촬영장 세트 건물의
한성전기회사.

지우 : 고종이 건청궁에 전깃불을 주변국들보다 빨리 수용한 것은 '얼리
        어답터(early adaptor)였기' 때문인가요?

아빠 : 물론 그럴 수도 있겠지. 그렇지만 전깃불의 조기 도입의 배경에는
        다소 슬픈 정치적 배경과 이를 극복하려는 의도가 있었다고 생각
        돼. 앞으로 임오군란(1882), 갑신정변(1884)의 과정에서 좀 더
        많은 내용을 살펴보겠지만 이런 시기에 자신의 왕권이 너무 불안
        하디는 것을 질감했을 거야. 또한 일본 폭도들이 날뛰는 을미사변
        (1885)의 어두운 궁궐의 악몽에서 벗어나 자신의 밝은 왕권으로
        궁궐과 백성들을 비추는 미래를 기대하지 않았을까? 전깃불을 통
        한 고종의 근대화 노력은 고종 34년(1897) 국내 최초 전화국 설
        립, 고종 35년(1898) 왕실주도의 한성전기회사 설립. 고종 37년
        (1900) 4월 10일 종로에 가로등 설치 등으로 이어져. 이러한 조
        치는 근대화의 가시적 성과와 함께 여민동락(與民同樂 : 왕과 백성
        이 함께 즐긴다)하겠다는 의지 표현으로 이해돼.

향원지는 조선 최초의 실외 아이스링크이기도 했다. 고종 31년 (1894) 겨울 서양 선교사들은 결빙된 향원지에서 고종과 명성황후를 모시고 피겨 스케이팅 시연회를 열었는데 고종은 선교사들이 미끄러져 넘어지는 모습에 즐거워했으며 왕비는 선교사들이 얼음판 위에 놓인 의자를 뛰어넘는 묘기를 보이자 박수를 치며 좋아했다고 한다. 고종 32년(1895) 1월에는 2차례에 걸쳐 스케이트 모임을 더 열었는데 서울에 살던 대부분의 서양인들이 모였다고 전해진다. 앞서 2장 왕권의 우물에서 세조 2년(1456) 경복궁의 후원에 새로운 정자를 지어 취로정이라 하고 연못을 파서 연꽃을 심었으며 이후 세조가 친경하고 작황을 살펴보았다고 기술한 바 있다. 실록에 명종 때까지 취로정 이용 기록이 남아 있는 것으로 보아 임진왜란 때 궁궐이 소실되면서 취로정도 사라진 것으로 보인다. 많은 사람들이 취로정 연못 터에 향원지를 만들었을 것이라 추정하고 있으나 정확한 근거는 없다.

운요호 사건과 강화도조약

◀ **연무당 터**
인천 강화군 강화읍 신문리.
고종 7년(1870) 건립.
강화도조약 체결 장소.

조선이 대원군의 섭정통치를 통해 병인양요, 신미양요를 치르는 동안 일본의 조선에 대한 외교적 공세가 시작된다. 병인양요와 신미양요의 중간 시기인 고종 5년(1868) 일본의 왕정복고를 통보하는 외교문서가 접수된다. 1811년 이후 공식적인 통신사 파견이 단절된 상태에서 불쑥 자신들의 국왕을 황제로 표시하여 조선을 하대하는 방식의 외교문서(서계, 書契)를 보내 국교재개를 요청한 것이었다. 조선은 이를 단호히 거부하였고 강화도조약이 맺어지는 시점까지 양국의 논란거리가 된다. 1871년 일본은 당시 국제법인 만국공법에 의거 청나라와 대등한 조약을 맺은 후 천황은 황제와 대등하므로 조선은 이를 받아들일 것을 강요하였다. 이러한 일본과 청의 조약은 미래 일본이 조선에 무력으로 개입하더라도 청이 개입할 수 없도록 하는 사전조치이기도 했다. 고종이 친정을 시작하던 고종 10년(1873) 일본정부에서는 외교적 노력보다는 군사력으로 조선과의 국제관계를 해결해야 한다는 강경파의 정한론이 힘을 얻게 된다. 정한론의 주창자는 메이지 유신의 주역인 사이고 다카모리로 일본의 사무라이 계급의 불만을 해소하기 위해 국내정치를 대외정책으로 연결시키려는 전형적인 모습을 보인 것이었다. 그러나 그의 정한론은 강경파와 온건파의 정권다툼으로 당장 실현되지는 못하였다. 고종은 친정을 시작하면서 우의정 박규수에게 일본의 외교문서 접수를 검토한 후 관계개선을 추진할 것을 지시하였다. 일본정부도 고종 12년(1875) 모리야마를 부산으로 파견하여 조선정부와 교섭을 시작했다. 일본과 교섭을 진행하던 박규수는 일본이 요구한 서계라는 것이 일황 지위인정 차원의 문제가 아니라 조선침략을 위한 명분구축이란 것을 알아차리고 고종에게 수용을 통해 일본과 무력분쟁은 피하면서도 자구책은 반드시 마련해야 한다고 주장했다. 하지만 조정의 다수 관료들은 서계를 받아들일 수 없다고 극구 반대하였으며 이런 분위기를 눈치챈 모리야마는 무력으로 조선을 굴복시키는 것이 가장 효과적이라고 일본정부에 보고한다. 마침내 일본은 고종 12년(1875) 9월 20일 운요호 등 군함을 강화도로 파견하였으며 이노우에 소좌를 포함한 일부 승조원들이 단정(短艇)을 타고 강화도의 초지진으로 접근하였다. 초지진에 경계를 서고 있던 조선수군은 단정을 향해 돌아가라는 명령과 함께 경고포격을 가하였고 단정은 이에 맞서 소총으로 응사한 후 운요호로 돌아갔다. 다음 날인 9월 21일 운요호 모함은 강화도로 접근하여 함포를 발사하며 조선수군과 교전을 벌였고 초지진은 파괴되었다. 하지만 일본은 운요호의 전투능력과 병력만으로 강화도를 점령하기가 어렵다는 것을 알고 방어가 비교적 허술한 영종도에 기습 상륙하였다. 일본군은 근대식 대포와 무기로 영종도 조선수군을 와해시켰으며 대포 35문과 기타 무기를 노획하고 성내에 불을 지른 뒤 철수하였다. 조선수군의 피해는 전사 35명, 포로 16명인 반면 일본 해군은 단지 2명의 경상자만 발생하였다.

고종 13년(1876) 2월 일본은 운요호 사건 보상협의를 요구하며 육군 중장 구로다를 특명전권 대신으로 삼아 전함 6척과 병력 300명을 강화도에 보냈다. 일본은 프랑스와 미국이 전투에서 완벽한 승리를 하고도 조선과 조약을 맺지 못한 과거 사례를 잘 알고 있었다. 따라서 일본은 조선과 교섭이 결렬될 경우 나가사키에 이동시킨 병력을 동원하여 전면적인 전쟁을 수행할 요량이었다. 조정은 병인양요와 신미양요에서 공이 있는 신헌을 전권대신으로 내세워 교섭을 하면서 과거 일본과의 교역관행을 이어가려 하였으나 일본이 받아들일 리가 만무하였다. 조정은 조약체결에 반대하였지만 일본이 전쟁을 수행하려는 의도가 있다는 것을 모르지 않았으며 마땅한 방도가 없자 결국 2월 27일 12조로 구성된 강화도조약을 체결하게 된다.

지우 : 강화도조약의 정식 명칭은 조일수호조규(朝日修好條規)로 알고 있어요. 강화도조약과 어떤 의미 차이가 있는 것인가요? 강화도조약을 망국으로 이끈 근본적 실책이라는 평가도 있는데요.

아빠 : 먼저 과거 특정 기간에 일어난 사건을 현재의 시선으로 평가하다 보면 정작 중요한 원인과 교훈의 핵심이 흐려지는 결과가 발생한

다는 것을 강조하고 싶네. 조약과 조규는 같은 사안을 말하는 것이지. 조선과 일본의 교섭이 진행되는 동안 면암 최익현은 상소를 통해 왜양일체를 주장하고 조약체결에 반대해. 일본과 조약을 맺는 것이 서양과 맺는 것과 뭐가 다르냐는 것이야. 이는 청나라가 서구와 조약을 맺으면서 마치 조공(朝貢)체제의 연장선에 있는 것처럼 조규라는 새로운 용어를 썼는데 조선도 마찬가지로 일본과 전통적 관계를 복원하는 차원에서 조규를 맺는다는 차용논리를 쓴 것을 최익현이 반박한 것이지. 조규는 전통을 유지하는 것이 아니라 파괴하는 것이라고…. 최익현의 지적처럼 조선조정은 용어 선택을 통해 체면치레를 하려는 반면 일본은 조선 침탈을 위한 구체적 조항에 집중하다 보니 후일 조규가 우리를 옭아맨 것은 당연할 지도 몰라. 강화도조약이 조선은 자주국이라는 점을 명시한 것은 청의 개입을 방지하려는 일본의 의도였고 일본 항해의 자유를 보장하는 것은 측량을 통해 향후 한반도 침탈과 주변국과 전쟁의 대비책이었지. 또한 일본인의 치외법권을 인정함으로써 조선백성의 일상적인 피해가 심각해졌고 일본에 대한 곡물수출 및 관세부과에 대해 불분명하게 기술함으로써 조선의 경제적 피해를 가중시킨 것이지. 강화도조약이 체결되는 당시 조선의 정치상황을 종합하면 최익현이 훌륭한 애국자인 것은 맞으나 여전히 성리학적 국제질서만을 꿈꾸고 있었으며, 고종께서 개화를 통해 부강한 나라를 만들고 싶지만 '혼돈의 우물' 기간을 통해 허약해진 조선의 체질은 그 뜻을 뒷받침할 수 없다는 것이야. 평화를 통한 국제질서의 유지는 이상의 세계에서만 가능하며 현실의 국제질서는 강한 힘이 있을 때만 원하는 방향으로 지켜진다는 것을 분명히 보여준 것이지.

◀ 도봉소 옛터
서울 중구 남대문로 4가.
남대문 시장 수입상가 앞.

불평등 조약인 강화도조약을 맺은 조선왕조는 다른 국가들과 조약을 확대하고 문호를 개방하게 되었고 진보적 성향의 개화파와 보수적인 위정척사파 간의 갈등은 더 심해지게 되었다. 고종을 비롯한 민씨 척족징권이 개화정책을 추진하여 일본 및 서양과 교섭 통상 관계를 맺고 개화파의 신진관료들을 대거 등용하지 수구파의 반발은 격화되었다. 특히, 군제에 있어 기존 5영(營)을 폐지한 후 무위·장어의 2영을 설치하고 신식 군대인 별기군(別技軍)을 창설하는 등 군사개혁을 단행하였고 구 5영 소속 군병의 대부분은 실직하였다. 한편 무위영과 장어영으로 개편된 군병이라 할지라도 신설된 별기군에 비해서는 대우가 열악하였다. 고종 19년(1882) 7월 19일 실직된 구 5영 소속 군병들이 13개월 동안 군료를 받지 못하고 있는 상태에서 전라도로부터 세곡선이 쌀을 싣고 마포에 도착했다. 대동법 실시 이후 정부 예산을 집행해온 선혜청은 도봉소에서 무위영 소속 옛 훈련도감 군병들에게 밀린 봉급 중 1개월분의 급료만 우선 지불했다. 그나마도 썩은 쌀에다 모래하고 겨를 섞어 지급하였고 그 양도 반이나 모자랐다. 이에 항의하는 병졸들에게 지급 담당관이 적반하장 식의 강압적 자세를 보이자 격분한 군병들이 소요를 일으켰다.

군병들은 평소 군료 관리인 선혜청 당상 민겸호와 전 당상이었던 경기관찰사 김보현에게 급료 체불에 대한 깊은 유감을 품고 있었다. 선혜청 당상 민겸호는 체포령을 내려 김춘영·유복만 등 주동자 다섯을 포도청에 넘겼다. 그들은 혹독한 문초를 당했고 그중 둘은 곧 사형될 것이라는 소문이 널리 퍼졌다. 7월 22일과 23일 소요에 가담했던 군병들은 투옥자 구명을 위한 통문을 작성하였고 상관인 무위대장 이경하의 집으로 가 작성한 통문을 보이고 협조와 단호한 조치를 부탁했다. 그러나 이경하는 군병들에게 민겸호에게 가보라며 미온적인 태도를 취했다. 이에 격분한 군병들이 민겸호 집을 습격했으나 집에 없었던 관계로 흥선대원군이 있는 운현궁으로 몰려갔다. 대원군은 군병들의 소요를 진정시킴과 동시에 자신에 대한 백성들의 전폭적인 지지를 끌어내기 위해 소요를 위정척사 운동으로 확대시킬 필요가 있다고 판단했다. 7월 23일 저녁 대원군의 수하들과 병졸들은 일본 공사관을 포위·습격했다. 일본 공사 하나부사 요시모토 등 공관원 전원은 제물포항으로 도피했고 공사관은 군병들에 의해 불탔다. 군병들은 별기군 병영인 하도감(下都監)

에서 별기군을 제압하고 일본인 교관 호리모토 레이조 공병 소위를 비롯한 일본인 13명을 살해했다. 7월 24일 대원군은 명성황후의 인신구속을 지시했고 이를 눈치챈 황후는 무예별감 홍계훈에게 업혀 충주목사 민응식의 집으로 피신했다. 한편 선혜청 당상 민겸호와 경기도 관찰사 김보현은 궁궐에서 군병들에게 발각돼 심하게 구타를 당한 끝에 중희당(重熙堂) 아래서 살해됐다.

◀ 하도감 별기군터(동대문 역사공원) 우물
서울 중구 신당동. 연못 2개와 우물 3곳.

◀ 창덕궁 중희당 부속건물
사적. 중희당은 멸실. 부속건물우
좌측 칠분서(七分序), 중앙 삼삼와
(三三窩), 우측 승화루(承華樓).

고종은 대원군의 복귀를 인정할 수밖에 없었다. 대원군은 고종에게 자책교지를 반포시켜 군란을 정당화하고 5영의 복구 및 삼군부 설치와 통리기무아문의 폐지를 발표했다. 자신의 장남이자 고종의 형인 이재면에게 훈련대장, 호조판서, 선혜청 당상을 겸임케 하여 밀린 봉급의 지급은 물론 군사와 예산을 장악하였다. 대원군은 중앙 및 지방의 민씨 척족들을 파직하고 척화파를 임명했다. 민심을 안정시키기 위해 군란 가담자들에게 해산을 명하였지만 가담자 중 일부가 명성황후의 처단을 내세워 해산을 거부하였다. 대원군은 왕비의 실종을 사망으로 단정하고 국모 상(喪)을 공포해 군란 가담자들을 해산시켰다. 하지만 흥선대원군과 군란세력들의 기대와 달리 민씨 척족들의 반격이 진행되고 있었다. 7월 24일 민씨 척족들은 당시 상황이 대원군을 중심으로 한 군란으로 발전하자 영선사로 청나라에 체류 중이던 김윤식, 어윤중 등에게 급보를 보내 청의 원조를 요청했다. 청은 8월 10일 북양수사 대리 정여창이 지휘하는 북양함대 함선 3척에 병력 4~500명을 이동시켰으며 이홍장은 사신 자격으로 마건충을 대동하고 1차로 제물포에 도착했다. 마건충은 제물포에 도착하여 군란의 전모를 파악한 뒤 대원군을 납치하여 청의 조선에 대한 영향력을 확대할 계획을 세웠다. 일본도 8월 12일 대대 병력 300명을 제물포에 상륙시켰으며 공사 하나부사는 고종을 알현하고 7개 조항을 요구하는 책자를 제출하고 3일 내 답변을 요구하였다. 대원군은 일본의 책자를 반송하고 청군이 조속히 입경하여 일본을 견제해 줄 것을 부탁하였다. 8월 20일에는 회군(淮軍) 대장 오장경이 영선사 김윤식을 대동하고 회군 3천 명과 함께 남양만에 상륙하였다. 8월 25일 정오 마건충은 대원군을 예방하여 오장경이 도착했음을 알렸고 오장경은 오후 답례 차원에서 자신을 방문한 대원군을 강제로 납치했다. 대원군은 야간에 남양만으로 호송되었으며 청나라 군함에 의해 톈진으로 이송되었다. 이렇게 하여 33일간의 대원군 정권은 무너지고 말았다.

지우 : 임오군란을 삼정문란의 연장선에서 볼 수 있을까요? 임오군란을 진압하는 과정에서 왕실이 청나라 세력의 개입을 요청한 것은 국권의 대표자로서 자격이 없다는 생각이 드네요.

아빠 : 관리들의 잘못으로 군병들이 장기간 쌀을 받지 못한다는 것은 결과적으로 세금제도의 부실로 군병들의 가족인 백성들의 피해가 커지는 것으로 볼 수도 있지. 또한 관리들의 핵심주체가 왕의 외척 민씨 세력이다 보니 세도정치 시기 삼정문란의 연장선으로 평가하는 것도 무리는 아니라고 봐. 한편 군란이 민씨 세력들이 무분별하고 성급한 개화정책을 펼치다가 발생한 측면이 분명히 있으므로 현재를 살아가는 우리는 모두가 공감하는 점진적 개혁의 필요성을 교훈으로 삼았으면 해. 청나라의 개입을 요청한 것이 민씨 척족이었으므로 고종과 황후도 그 책임에서 자유로울 수는 없지. 다만 황후를 수행했던 측근이 작성한 「임오유월일기(壬午六月日記)」 등을 보면 황후가 직접 청을 개입시킨 정황은 적어 보여.

  대원군의 청나라 호송과 함께 군란이 수습되자 고종은 실정 8항목을 들어 자책하고 유신을 다짐하는 윤언(綸言)을 내렸다. 이어서 잘못된 제도개혁을 추진하기 위한 기무처(機務處)를 설치하였다. 하지만 민씨 척족정권은 구태의연한 정치풍토 속에서 정권 유지에만 급급하였고 청나라는 조선의 국내 및 외교정책에 적극적으로 간섭해 이른바 종주권을 강화하였다. 이에 따라 조선정부에는 척족과 개화파 관료계층 사이에 친청·친일정책의 두 부류가 생겨나 대립하게 되고 결국 갑신정변으로 이어지게 된다.

갑신정변

임오군란 진압 이후 청나라는 원세개가 지휘하는 군대를 조선에 상주시키면서 조선군대를 훈련하였으며 각종 고문을 파견하여 국내정치와 외교에 관여를 시작하였다. 이에 따라 조정은 청의 입맛에 맞는 인사들이 등용되었고 민씨 척족들도 다시 재기하여 경제적 이권이 많은 부서에 포진하게 되었다. 김옥균을 비롯한 급진 개화파의 인사들은 청의 내정간섭과 조정의 청나라에 의존하는 태도와 방침에 반발하였다. 임오군란 이전부터 추진되었던 개화정책은 표면적으로 지속되었지만 청나라의 내정간섭으로 인해 추진력은 점차 약화되었다. 그것보다 더 심각한 문제는 만성적 재정난뿐만 아니라 임오군란에 따른 거액의 배상금, 해외 사절 파견비용, 제도개혁에 필요한 비용 등으로 국가재정의 난맥상이 발생하였다. 감생청(減省廳)이 설치되어 정부기구 축소 및 통폐합을 통한 재정 건전성 확보 방안이 마련되었으나 왕실과 민씨 척족들의 반대로 추진할 수 없게 된다. 감생청을 와해시킨 왕실과 민씨 척족은 상평통보의 액면가 5배에 해당하는 당오전(當五錢) 발행을 대안으로 주장하였다. 당오전 발행에 대해서는 지배층 내에서도 이견이 존재했으며 급진 개화파 김옥균이 가장 강력하게 반대하였다. 김옥균은 대신 일본에서 차관을 도입하여 재정난을 돌파하여 개화정책을 이어나가고자 하였고 고종은 이에 동의하며 국채 위임장을 써주었다. 하지만 김옥균의 반대 입장에 있던 민씨 척족들과 외교고문 묄

① **우정총국**　　　사적. 서울 종로구 견지동. 고종 21년(1884) 건립. 최초 우체국.
② **경우궁**　　　　순조 24년(1824) 건립. 융희 2년(1908) 육상궁과 합사.
③ **김옥균의 집터**　서울 종로구 화동.
④ **창덕궁 관물헌**　사적. 고종이 13세에 쓴 집희(緝熙ㆍ계속하여 빛난다) 현판.

렌도르프는 김옥균이 빌리려는 차관의 용도가 비자금 마련이라는 소문을 퍼뜨렸고 차관도입은 결국 실패하였다. 차관도입에 실패한 급진 개화파의 입장에서는 정치적 반전의 기회가 필요하였다. 때마침 고종 21년(1884) 8월 청과 프랑스가 베트남의 지배권을 두고 전쟁을 일으켰다. 급진 개화파는 청이 당분간 조선의 상황에 군사적으로 개입할 가능성이 적다는 판단을 내렸고 조선의 기틀을 새롭게 세우는 정변을 계획하였으며 일본의 지원을 약속받았다. 급진 개화파는 12월 4일 우정총국 낙성식이 시작될 즈음 근처 민가에 불을 질러 어수선한 상황을 만들고 낙성식에 참석한 수구 및 친청 대신들을 제거함으로써 거사를 시작하였다. 그 후 고종이 계신 창덕궁으로 몰려가 변고가 발생한 관계로 천좌를 해야 한다고 요구하였으며 고종도 폭발음이 창덕궁에 가까이 들리자 경우궁(景祐宮)으로 이동하게 된다. 경우궁은 정조의 후궁이자 순조의 생모인 수빈 박씨의 신위가 모셔진 사당이다. 경우궁을 선택한 이유는 공간이 협소하여 소규모 전력으로도 방어와 지휘가 가능하였으며 김옥균의 집에 미리 대기하고 있던 일본군이 이동하기에도 용이하였다. 수구 및 친청 대신들은 고종의 안위를 걱정하여 문안차 방문하였다가 급진 개혁파에 의해 다수가 살해되었다. 고종과 왕실은 살육 현장의 공포와 공간의 협소로 인해 극도의 피로감을 느껴 창덕궁으로 환궁을 요구하였다. 김옥균 등 급진 개혁파는 환궁에 반대하였으나 일본 공사 다케조에는 청군이 빠른 시간에 반격을 하지 못할 것이라 판단하고 창덕궁에서 충분히 방어가 가능하다고 장담하였다. 고종은 창덕궁 관물헌으로 다시 이동하였다. 12월 6일 고종이 관물헌에서 혁신정령을 선포하자 급진 개혁파의 꿈은 이뤄지는 듯했으나 예상보다 빠르게 청군의 반격이 시작되었다. 청군의 반격에 어이없게도 일본군은 즉각 퇴각해 버렸고 정변의 핵심인 김옥균·박영효·서광범·서재필은 결국 일본으로 망명하게 된다. 홍영식은 청군진영에 고종을 호위한 뒤 살해당했다. 이로써 갑신정변은 삼일천하로 끝나고 남은 급진 개혁파들은 후일 민씨 척족들에 의해 철저히 제거당했다.

지우 : 갑신정변이 실패한 데는 여러 이유가 있겠지만 어떤 부분이 가장 결정적이었는지 알고 싶고요. 또 현재에 이르기까지 갑신정변에 대한 평가가 다양한 것은 왜 그런지 궁금해요.

아빠 : 먼저 갑신정변은 시기적으로 왕조시대에 일어난 정변이라는 것을 전제해야 하겠지. 정변의 성공공식은 없지만 아마도 주도세력이 강력한 힘을 가진 상태에서 백성들의 폭넓은 지지를 받아야 가능했을 거야. 김옥균은 33세였고 그 외 20대인 정변 주역들이 가진 것은 정치적 이상과 용기 그리고 일본이라는 외국 지원세력뿐이야. 백성들은 일본을 비롯한 외국 세력들에 의해 민생이 파탄 났다고 생각하고 있는데 일본세력을 등에 업은 젊은 관리들의 정변에 공감하기 어렵지 않았을까? 또한 유교적 질서가 몸에 밴 백성들에게 정변세력에 의한 고종과 왕비의 사망설, 새로운 왕 추대설 등의 유언비어는 적개심을 불러일으켰을 수도 있어.

한편 갑신정변이 일제 강점기 일본 통치의 정당성 선전과 60~80년대 한국 군사 쿠데타의 불가피성을 강조하기 위해 정치적으로 활용된 것은 분명히 문제가 있시. 다만 한국을 식민통치한 일본과 헌법이 명시한 민주적 가치를 훼손한 쿠데타 세력이 김옥균을 후일 활용했다고 해서 김옥균의 평가가 절하되어야 한다는 입장은 논리적 객관성을 잃어버릴 수도 있다고 봐. 또한 140년 전 김옥균과 정변의 주역들이 수구 및 친청 세력들을 제거한 것을 인권이라는 관점에서 비판하는 것은 현재의 가치에 너무 매몰되어 있는 것은 아닌지 우려되는 점이 있어.

우물로 본 조선역사

개화정책과 민족교육의 태동

▲ **배제학당**   서울 기념물. 서울 중구 정동. 배제학당 역사기념관.

강화도조약 체결 이후 일본 및 서양세력이 조선에 비교적 자유롭게 진출하면서 조선인들의 인식에 변화가 생겼으며 미래 발전을 위한 교육의 필요성이 제기되었다.

고종 20년(1883) 함경도 원산에는 민간에 의한 조선 최초의 사립학교 원산학사가 설립되었다. 원산이 개항되자 덕원·원산의 지방민들은 조선의 젊은 세대에게 신지식을 교육하여 일본 상인들의 침투에 근본적으로 대응하고자 하였다. 이는 조정이 개화정책을

① **아펜젤러 동상**   서울 중구 정동.
② **스크랜튼 묘**   양화진 외국인 선교사 묘역.

공식적으로 추진하기 이전에 지방민 스스로 사립 교육기관을 설립
한 것으로 매우 의미가 깊다. 또한 개량된 서당의 기능을 근대학교
에 접목함으로써 조선인 맞춤형 교육을 시도한 것도 눈에 띈다. 이
후로 을사늑약 이전까지 흥화학교, 광흥학교, 을미의숙, 중교의숙
등이 설립되었다. 또한 고종 36년(1899) 도산 안창호는 최초의 남녀
공학인 전진학교를 설립하였다. 을사늑약 이후 사립학교의 설립은
급격히 확대되었는데 구국 및 개화운동의 일환으로 교육의 중요성
이 부각된 데 기인한다. 현재 많은 민족사학들이 사라졌지만 1907
년 12월 남강 이승훈이 평북 정주군에 사재를 털어 설립한 오산학
교는 6.25 이후 위치를 옮겨 서울에서 교육을 이어오고 있다.
　한편 서양 선교사들에 의한 사립학교도 조선의 근대화에 크게 기
여하였다. 조선정부는 초기 서양 선교사들의 입국을 허락하였지만
공식적인 선교를 허락하지 않았고 선교사들은 교회를 직접 세우는

대신 미션계 학교를 세우는 간접 선교방식을 택하였다. 미션계 학교는 조선의 전통적 교육을 근대교육으로 전환하는 데 크게 기여하였다. 특히, 한글의 대중화를 비롯해 근대사상의 확산, 신분제도 타파, 남녀평등, 민족의식 고취 등을 통해 조선인의 정체성을 강화하고 역경을 극복할 수 있는 능력을 배양했다. 미국의 선교사인 헨리 아펜젤러는 고종 22년(1885) 중구 정동에 조선 최초의 근대식 중등교육 기관을 설립하였다. 고종은 '인재를 기르는 집'이라는 의미의 배재학당(培材學堂)이라는 이름을 직접 내렸다. 1885년 6월에 조선 땅을 밟은 여선교사 스크랜턴 부인은 선교사업의 중요한 분야로 조선 여성을 위한 교육기관 설립을 결심하였다. 당해 교육준비가 완료되었지만 고종 3년(1886) 5월 31일이 되어 겨우 한 명의 여학생이 입학하여 교육이 시작될 수 있었다. 스크랜턴의 노력으로 고종 4년(1887) 학생이 7명으로 늘어나자 고종은 '이화학당(梨花學堂)'이라는 교명의 편액을 보내어 발전을 기원했다. 이후로도 경신학교(1886), 정신여학교(1887) 등 900여 곳의 선교학교가 1909년까지 설립되었다.

고종의 명에 의하여 고종 22년(1885) 4월 10일 최초의 서양식 왕립병원인 광혜원(廣惠院)이 설립되었다. 광혜원은 개원 13일 만에 '대중(백성)을 구제한다.'는 뜻의 제중원(濟衆院)이란 이름을 고종이 하사하여 명칭이 변경되었다. 제중원의 운영은 당시 선교사 겸 의사였던 호러스 뉴턴 알렌이 담당하였다. 한편 다음 해 3월 29일 국립 제중원의학당이 개교되어 조선 최초 서양의학을 교육하고 양의를 양성하는 과정이 시작되었다. 본과 학생은 12명이었으며 영어,

화학, 해부, 약 조제법 등이 교육되었다. 그러나 제중원의학당은 정식 졸업생을 한 명도 배출하지 못했고 고종 30년(1893) 에비슨이 제중원의학교 초대교장으로 부임하면서 정상적인 의학교육이 재개되었다. 고종 41년(1904) 제중원은 세브란스의 기부금으로 숭례문 앞에 병원을 신축하여 이전하면서 기부자의 이름을 딴 세브란스병원으로 바꾸었다. 동시에 제중원의학교 명칭도 세브란스 의학교로 바뀌었다. 현재 연세대 역사의 뜰에 광혜원이 복원되어 있고 서울대 의학박물관 옆에는 제중원 표석이 세워져 있는데 광혜원의 후신이 어디인가에 대한 연세대와 서울대의 논란은 현재 진행형이다.

◀ **연세대 역사의 뜰**
서울 서대문구 신촌동.
효창원 유적.

◀ **광혜원**
복원된 건물.

민중의식의 성장

동학농민운동(1894)

고종 13년(1876) 개항 이후 20년이 가까워지는 시점에 조선은 국
제적 분쟁으로 인한 배상금 지불과 근대화에 필요한 경비지출 등
으로 국가재정은 더욱 궁핍해지고 지배층의 농민에 대한 압제와
수탈이 가중되었다. 임오군란과 갑신정변으로 인해 정치적으로 일
본은 다소 약세 국면을 맞았으나 경제적인 침탈은 갈수록 심해졌
다. 초기 일본 상인들은 주로 영국의 면제품을 중계 무역 하였으나
점차 자국 제품을 수입하여 막대한 부를 벌어들였다. 당시 조선의
일본으로 수출품은 미곡이 30% 이상을 차지하였는데 일본 상인들
은 입도선매나 고리대의 방법으로 조선 농촌의 곡물을 사들여 폭
리를 취하였다. 1890년대 초 조선의 무역에서 수출 총액의 50% 이
상, 수입 총액의 90% 이상이 일본이었다. 함경도와 황해도 지방에

① **만석보 유지비**   전북 기념물. 전북 정읍시 이평면 하송리.
② **고부관아터**   전북 기념물. 전북 정읍시 고부면 고부리.
③ **전봉준 생가의 우물**   사적. 전북 정읍시 이평면 장내리.
④ **황토현 전적지 동학농민혁명 기념공원 사발통문 기념조형물** 사적. 전북 정읍시 덕천면 하학리.

서는 곡물 수출을 금하는 방곡령을 내리기도 하였으나 일본의 항의로 배상금만 물고 실효를 거두지 못하였다. 이리하여 농촌 경제가 파탄에 이르게 되자 농민층의 불안과 불만이 더욱 팽배해 갔고 농촌 지식인들과 농민들의 정치 및 사회의식이 급성장하자 사회

변혁의 욕구가 고조되었다.

이 무렵 인간 평등사상과 사회 개혁사상을 강조하는 동학이 새로운 사회로 변화를 갈망하는 농민의 마음을 사로잡았고 삼남지방을 중심으로 확대되었다. 동학의 포접제(包接制 : 교도들을 관리하기 위해 약 40가구 정도의 접과 상위의 포를 운영)는 농민 세력의 규합을 가능하게 하였다. 세도정치 기간 동안 발생한 산발적이고 분산적이던 민란이 점차 농민 전쟁의 형태로 변화되어 갔다. 동학농민운동은 편의상 전기와 후기로 분류할 수 있다. 전기 동학농민운동의 발단은 고부 군수(현 정읍시의 일부) 조병갑의 학정에 시달린 농민들의 소요이다. 조병갑은 저수지 만석보(萬石洑)를 축조하면서 노동자 임금을 주지 않았고 이후 농민들에게 수세를 부과하였다. 인근 태인 군수를 지냈던 아비의 공덕비를 세우겠다며 양민들로부터 엄청난 조세와 잡세를 걷고 강제 노역을 부과하는 등 가렴주구를 일삼았다. 고부의 백성들은 전봉준의 부친인 전창혁을 대표로 탄원서를 제출하였으나 전창혁은 관아로 끌려가 곤장을 맞고 죽고 말았다. 이에 분노한 그의 아들 전봉준은 봉기를 계획하였지만(1968, 계획문건인 사발통문 발견) 조병갑이 익산으로 발령받아 실행 여부가 불투명하게 되었다. 하지만 조병갑의 발령이 취소되자 전봉준은 1천여 명의 고부 군민들을 모아 관아를 습격해 무기를 탈취하고 감옥에 갇힌 죄수들과 동학교도들을 풀어 주었다. 또한 조병갑이 착복하였던 곡식과 재물은 마을사람들에게 분배되었으며 만석보는 파괴되었다.

◀ **무장읍성의 복구된 우물과 연지**
사적. 전북 고창군 무장면 성내리.
태종 17년(1417) 축성.

조선조정은 고부에서 일어난 민란을 수습하기 위해 안핵사로 이
용태를 파견했으나 이 조치 또한 문제가 있었다. 이용태는 고부의
상황을 진정시키는 본연의 임무와 달리 민란의 원인을 동학교도들
에서 찾아 동학교도 체포 및 재산몰수와 대역죄를 물어 살해까지
하였다. 이용태의 횡포에 격분한 전봉준은 이듬해 3월 초에 태인
의 김개남과 무장현의 손화중과 힘을 합쳐 무장현에서 4천 명의 농
민들과 유랑민들을 규합한 뒤 탐관오리의 숙청과 보국안민을 위해
일어서자는 내용의 첫 창의문을 발표했다. 민란에서 창의문을 통
해 거사의 취지와 방향을 밝힌 것은 이례적이며 민란이 정부를 포
함한 부패세력에 대한 전쟁을 선포하는 의미를 담고 있다.

이후 고창과 정읍, 태인 등지 농민들의 호응을 받아 교통의 요지
인 백산으로 전체 병력이 집결했다. 당황한 조정에서는 이용태를
파면하고 귀양을 보낸 후 홍계훈을 양호초토사로 임명하여 800명
의 경군을 주어 전봉준의 동학군을 진압하도록 명령했다. 전라 감
사 김문현은 전라 감영군을 정비하여 동학군과 일전을 준비하였

◀ 황토현 전적지 기념동상
사적. 전북 정읍시 덕천면 하학리.

◀ 가정마을 동학군 우물
전북 정읍시 덕천면 하학리.

다. 이때 화력이 우수한 경군이 남하하고 있으므로 경군과 합세하여 봉기를 진압하는 것이 부대운영 전술의 기본이지만 김문현은 공을 세울 욕심으로 무리하게 단독 출병을 결정한다. 황토현에 진을 친 동학군은 전라 감영군과 향병들을 상대로 치열한 접전을 벌인 뒤 유인을 위해 황토현 인근 사시봉으로 물러났다. 관군은 전투의 승리감에 전열이 흐트러졌고 동학군이 기습을 하자 혼란에 빠졌다. 뒤이어 전봉준이 지휘하는 호남 창의군이 총공격하자 전라 감영군은 전멸하였다.

① 전주감영 대도소(大都所) 선화당과 우물

② 원평 집강소

전북 전주시 완산구 중앙동. 대도소는 집강소의 업무를 총괄.

전북 기념물. 전북 김제시 금산면 원평리.

　황토현에서 전라 감영군을 격퇴한 전봉준의 호남 창의군은 전주로 북상하지 않고 오히려 남하하며 경군을 유인하기 시작했다. 화력이 강력한 경군과 무리하게 정면 승부를 벌이기보다는 유인하여 기습공격을 하려는 전략이었다. 양호초토사 홍계훈은 대관 이학승에게 병사 300여 명을 주어 막게 하였으나 장성 황룡촌 전투에서 이학승이 전사하며 대패하였고 관군의 신식 무기가 동학군에게 넘어갔다. 황토현과 황룡촌 전투로 사기가 오른 동학군은 기세를 몰아 전라감영이 있는 전주성에 무혈 입성한다. 전주성을 지키고 있던 전라감사 김문현은 이미 도주하고 전라도 전역이 동학군의 수중에 들어가게 된다. 관군이 무너지고 전주성이 함락됐다는 소식에 조정은 크게 동요한다. 결국 조정은 조선군의 역량을 믿지 못하고 청나라에 동학군 진압부대를 요청하게 된다. 이 요청에 따라 5

우물로 본 조선역사

월 5일 청나라 군대 2천 800명이 아산만에 상륙하였다. 동시에 일본군도 톈진조약(조선에 대한 청과 일본의 동등 파병권)을 내세워 5월 6일 인천에 7천 명을 상륙시켰다. 조정은 급변하는 한반도 상황을 더 악화시켜서는 안 된다는 판단하에 5월 8일 동학군과 폐정개혁을 약속하는 전주화약을 맺게 되었다. 화약을 맺은 관군은 몇몇 부대만 전주에 남기고 철군하였고 동학농민군도 철군 및 해산했다. 그러나 남부지역의 상황은 쉽게 안정되지 않았고 군현의 행정이 혼란과 마비상태에 이르게 된다. 이런 상황의 배경은 다시 정국을 주도하려는 대원군과 전봉준의 밀약 때문이라는 의견이 강하게 제기되고 있다. 결국 전라감사 김학진과 전봉준은 상의 끝에 호남지방의 각 군현에 농민자치기구인 집강소(執綱所)를 설치하기로 하였으며 12개 폐정개혁안을 내걸고 민정을 실시하였다.[31]

지우 : 조정이 국내 동학농민운동에 외세인 청나라의 개입을 요청할 만한 절박한 사정이 있었는지 궁금하네요.

아빠 : 조선왕조는 왕권을 유지할 수 있다면 어떤 방법도 수용할 수 있다는 자세를 가진 것으로 판단돼. 청나라가 개입하면 일본이 움직일 수 있다고 반대한 신하들도 있었지만 왕실의 핵심인 고종과 척족인 민영준이 강력하게 주장하여 관철된 것이지. 과거 청이 개입한 임오군란 및 갑신정변을 통해 정치적 종속과 부작용이 발생하였다는 것을 알면서도 왕권이 조금만 불안하면 조급증이 발동하는 것은 국가를 자신과 일치시키는 전제주의의 한계가 아닌가 싶어.

지우 :   국내 정치문제에 외국군대를 불러들인 것은 신라가 원조 아닌가 싶네요?

아빠 :   삼한의 통일과 신라의 안보문제에 당나라를 개입시킨 것은 후손의 입장에서 매우 아쉬운 일이지. 하지만 당시 신라의 입장은 조선과는 달리 이해될 필요가 있어. 민족국가라는 개념이 형성되기 이전이었고 삼국이 상호 전투를 벌이는 적대상황이라는 것을 감안해야 하겠지. 신라가 국가의 안보를 지키기 위해 당나라와 연합을 유지한 것은 현대 국제정치의 입장에서 봐도 크게 탓할 수 없다고 봐.

지우 :   일부 학자들은 동학농민운동이 결국 동아시아에서 국제정치 판도를 바꾸어 놓았다고 평가하고 있어요….

아빠 :   동학농민운동이 청일전쟁으로 이어진 것을 사건의 인과적 연속이라는 측면에서 보면 그럴 수 있지. 반면 정치학적으로 중요한 인식은 국내정치에 국제정치를 끌어들임으로써 국익을 훼손시키지 않아야 한다는 것이야. 현대 한국의 국내정치에서도 정권변동 때마다 집권당의 정치적 지향을 위해 국제정치의 변화를 도모하는 것은 신중히 판단되어야 한다고 봐.

　일본이 경복궁을 점령하고 내정을 간섭하자 전봉준, 김개남 등은 다시 사발통문을 띄워 척왜 궐기를 호소함으로써 반외세 성격의 후기 동학농민운동이 시작된다. 전라도, 충청남도 등지에서는 남접과 서포 소속 동학군과 농민군이 궐기하였다. 전봉준을 중심으로 한

남접은 교주 최시형의 북접에 도움을 청해 연합 전선을 폈다. 후기 동학농민운동에 동원된 농민군은 남접 10만과 북접 10만을 합해 약 20만 병력이었다. 하지만 동학농민군은 수적으로만 우세할 뿐 훈련도 제대로 받지 않았고 무기도 구식이어서 신식 무기로 무장한 일본군과 관군의 상대가 되지 않았다. 또한 남접과 북접의 연합이 여의치 않아 전투력의 통합효과를 거둘 수가 없

▲ 우금치 전적비
사적. 충남 공주시 금학동.

었다. 농민군과 조일 연합군은 11월 20일부터 23일까지 공주 이인과 포효 등지에서 제1차 접전을 벌였으나 농민군은 크게 패배해 후퇴했다. 농민군은 다시 전열을 정비하여 12월 5일 남접과 북접 연합군 1만여 명이 공주 우금치를 향해 돌진하면서 후기 동학농민운동 최대의 전투가 시작되었다. 하지만 좁은 우금치 골짜기에서 관군과 일본 연합군의 집중사격이 쏟아지는데 단일대오로 돌격하는 농민군의 전투방식은 전술적 아쉬움을 남기면서 대패하게 된다. 농민군들은 12월 10일 관군과 일본 연합군 기습공격을 받고 논산으로 이어 전주로 후퇴했다. 전열을 가다듬어 원평, 태인에서 다시 결전을 벌였지만 역시 패하자 지휘부는 농민군에게 해산명령을 내렸다. 농민군이 해산하자 정부군의 소탕작전이 시작되었다. 전봉준은 자신의 부하였던 김경천의 밀고로 순창 피노마을에서 체포되어 12월 28일 한양으로 압송되었다. 역사에서 잘 조명되지 않았지만 해

산하지 않은 농민군들은 장성 석대들에서 최후의 결전을 벌였다고 한다. 후퇴하던 동학군 3천 명이 마지막으로 석대들에서 항전하다가 일본군과 관군에게 대부분 희생당했다고 알려져 있다. 현재 석대들에는 장흥 동학농민혁명 기념관이 세워져 그들의 희생을 기리고 있다.

▲피노마을 전봉준 기념관   전북 순창군 쌍치면 피노리.

▲장흥 동학농민혁명기념관   전남 장흥군 장흥읍 남외리.

지우 : 동학농민운동이 동학농민혁명, 동학농민전쟁, 동학농민항쟁, 갑오
농민전쟁 등 명칭이 다양한 것은 그 배경이 있을 것 같아요.

아빠 : 한마디로 이야기하면 역사적 사건을 바라보는 입장에 따라 달리
표현되는 것이지. 조선시대는 동학란, 동학변란 등으로 불렀는데
왕조체제에 도전한 불순한 사건이란 입장에서 본 것이야. 동학농
민혁명, 항쟁, 전쟁 등의 용어가 사용된 것은 한국 사회의 민주화
와 함께 민중사학이 활성화된 영향이 있다고 봐. 봉건제와 제국주
의 침략에 맞선 민중의 자국 사회 변혁 및 근대화 노력에 초점을
맞추다 보니 혁명이 되었고 외국 군대와 전투를 벌였으니 전쟁이
된 셈이지. 아빠가 동학농민운동이란 명칭을 쓰는 것은 전반적으
로 동학이라는 종교가 국가 안위와 농민의 인간적 권리를 확보하
는 방향으로 발전된 정치운동 성격이 강하다고 본 것이고 교육부
에서 교과서에 채택하고 있는 용어이기 때문이야. 다만 아빠가 우
려하는 것은 항쟁이나 전쟁이라는 용어를 쓰지 않는다고 해서 민
초들의 희생과 노력을 폄하하거나 자주적인 관점의 역사이해를 반
대하는 것으로 이해하지 말았으면 하는 것이야.

·3장·

조선의 분노

을미사변과 을미의병

　고종 31년(1894) 동학농민운동을 계기로 청일전쟁을 일으켜 경복궁을 점령한 일본은 조선정부에 친일내각을 출범시켰다. 청일전쟁에서 승리한 일본은 시모노세키 조약을 체결하여 청으로부터 조선의 '자주·독립' 및 요동 반도와 타이완 섬 할양 그리고 전쟁배상금을 받아낸다. 동아시아에서 일본의 세력이 급성장하자 러시아는 이를 견제하기 위해 독일, 프랑스를 끌어들여 일본이 차지한 요동 반도를 청나라에 반환시켰다. 일본은 러시아를 중심으로 한 삼국간섭이 못마땅하였으나 청일전쟁으로 국력이 소진된 상태에서 러시아와 당장 일전을 벌일 수 없다는 판단을 하였다. 결국 요동반도를 반환하였지만 이것이 후일 러일전쟁을 벌이는 중요한 불씨로 남게 된다.

고종과 명성황후는 러시아와 우호적인 외교를 해왔으며 삼국간섭의 결과를 보고 러시아를 통한 일본 견제가 가능할 것이라 판단하였다. 따라서 '인아거일(引俄拒日 : 러시아와 가까이하고 일본을 멀리한다)'의 외교적 노선을 적극적으로 추진하게 된다. 후속 조치로 친일내각을 해체하고 이완용을 중심으로 한 친러 성향의 관료들을 중용하였다. 친일 대신이었던 박영효는 명성황후가 자신의 숙청을 계획하고 있다는 정보를 얻은 뒤 명성황후의 암살을 모의하지만 유길준의 내부고발로 실패하고 일본으로 도주한다. 박영효가 명성황후 암살미수 사건 혐의로 수배되면서 친일관료들은 자연스럽게 축출되었고 이들의 배후에 있던 일본의 영향력은 약화되었다. 일본정부는 망명한 박영효의 말에 근거해 조·러 간의 비밀협약에 의혹을 갖게 되었다. 이에 따라 일본은 조선과 러시아의 긴밀한 관계 형성에 핵심적 역할을 수행하는 명성황후를 시해함으로써 정치 국면을 전환하기로 결정한다. 조선공사로 부임한 퇴역 육군 중장 미우라 고로를 중심으로 일본 외교관, 군인, 낭인 등이 일부 조선인들과 협력하여 경복궁 옥호루(玉壺樓)와 장안당(長安堂)에서 황후를 시해하고 녹산(鹿山)지역에서 시신을 소각하는 만행을 저지른다.

지우 :　일본의 조선 지배가 아무리 시급하고 기질이 야만적이라 하더라도 일국의 국모를 시해하는 위험한 행동이 필요했을까요?

아빠 :　일본의 입장을 정확히 알기 어렵지만 이런 행동의 가장 중요한 유인은 큰 위험을 감수하여 더 큰 이득을 볼 수 있거나 적어도 이익이 감소되는 상황을 막을 수 있다고 판단한 경우라고 봐. 조선 국내 정

치적으로 명성황후는 대원군을 중심으로 하는 위정척사파와 대립과 갈등, 민씨 척족들의 부정부패, 자신의 지나친 무속에 의존 등으로 긍정적인 평가를 받지 못하고 있었어. 반면 일본의 입장에서는 고종 친정기부터 외교를 관장하고 개화정책을 주도한 핵심 실세는 명성황후라는 것을 너무나 잘 알고 있었던 거야. 명성황후는 임오군란과 갑신정변 이후 청의 조선에 대한 종주권 행사를 견제하기 위해 러시아를 끌어들여 조선의 중립 및 영토 보장 등을 골자로 하는 첫 번째 조·러 밀약을 시도한 바 있었어. 이를 눈치챈 원세개가 고종의 폐위를 압박하고 연금하였던 대원군을 조선으로 돌려보내는 조치까지 하지. 명성황후는 이런 압박에 굴하지 않고 러시아 공사 베베르를 통해 이번엔 한 단계 더 나간 군사동맹국을 요구하는 두 번째 조·러 밀약을 추진해. 일본의 입장에서 러시아의 삼국간섭으로 랴오둥 반도를 반환해야 할 어려움에 처했는데 명성황후가 베베르와 또 은밀한 교섭을 시도하는 것이 포착되자 아예 미래의 정치적 불확실성을 제거하기 위해 모험을 감수했다고 봐.

지우 : 러시아가 조선과 군사동맹국 관계를 체결하지 않았던 데는 특별한 이유가 있었을까요?

아빠 : 우리는 조선의 후손이기 때문에 뭔가 아쉬운 역사의 대목에 있어 가정을 해보고 싶은 생각이 들 거야. 조선이 열강에 대한 대처와 협력을 이이제이(以夷制夷) 정도로 생각하다가 확실한 열강의 군사적 장치가 보장되지 않으면 조선의 안보를 지켜내기 어렵단 것을 알게 된 것이지. 반면 러시아 입장에서는 조선의 정치와 경제적

우물로 본 조선역사

가치를 확실히 판단하기 어렵고 군사동맹국이라는 것이 언제까지 어느 정도의 책임을 감수해야 하는지 알기 어려웠을 것이야. 현재 우리가 굳건한 안보의 틀로 유지하는 한미동맹도 한미상호 방위조약 체결 이전 미 행정부와 의회의 강력한 반대가 있었다는 것을 상기할 필요가 있어. 미국 내 많은 반대 이유가 있었지만 그중 하나는 얼마나 많은 미국의 지원이 향후 소요될지 모르며 영구히 한반도에서 철수할 수 없을지 모른다는 우려였어. 당시 러시아는 제정러시아 말기 정치 경제적으로 안정된 상태는 아니었으며 시베리아 철도가 부설되기 이전으로 일본과 맞설 수 있을 만큼 병력 및 물자의 수송이 원활하지 않았다는 것을 이유로 들 수 있겠지.

지우 : 명성황후(明成皇后)의 호칭이 명성황후, 명성왕후, 민비 등으로 다양한 이유도 평가하는 주체의 시각 때문인가요?

아빠 : 일제 강점기에는 일본이 자신들의 식민지 통치의 정당성과 한국인의 동조를 이끌어 내기 위해 명성황후의 평가를 부정적으로 몰아갔고 민비(閔妃)라는 호칭이 주로 쓰였지. 다만 민비라는 호칭 자체가 명성황후의 지위를 평가절하하는 것이 아니라는 주장도 많이 있어. 아빠가 책에서 계속적으로 명성황후라고 지칭하는 것은 실제 18대 왕인 현종의 비가 명성왕후이어서 구별하기 위한 목적이 우선이고 생전에 명성황후로 불리지 않았다고 해서 후손인 우리가 대한제국의 시호인 명성황후로 지칭하지 못할 이유는 없다고 보는 것이지.

▲ **홍릉 수목원 어정**　　서울 동대문구 청량리동.

명성황후의 시신은 현재 홍릉수목원으로 불리는 홍릉에 모셔졌다. 고종이 승하한 후에는 남양주에 위치한 고종의 황제릉인 홍릉에 이장하여 합장하였다. 고종은 명성황후가 계신 홍릉을 자주 들렀다고 한다. 수목원에는 어정이 있는데 아마도 고종이 행차 시 목마름을 달래고 제를 올리는 데 이를 사용했을 것으로 생각된다.

조선의 유생들은 국모를 시해한 일제에 격분하여 친일 역적을 처단하자는 내용을 담은 상소를 올리는 동시에 의병들을 규합하기 시작했다. 고종도 각지의 유명 유림들에게 의병 궐기를 촉구하는 밀서들을 보냈고 10월 18일 충청도의 의병장 문석봉이 유성 장터에서 근왕창의의 기치를 걸고 처음으로 의병을 일으켰다. 이후 거병은 전국에 빠른 속도로 퍼져나갔다. 강원도에서는 이소응, 충청

① **유인석 생가**   충북 제천시 봉양읍 공전리.
② **유인석 사당**   충북 기념물. 자양영당(紫陽影堂).

도에서는 유인석, 전라도에서는 기우만, 경상도에서는 허위가 일어났다. 이때 가장 큰 호응을 얻고 조직적인 활동을 전개한 인물이 바로 대표적인 의병장으로 꼽히는 유인석이다. 제천의 유인석은 영월에서 대장으로 취임하면서 격고팔도열읍(檄告八道列邑)이라는 격문을 지어 전국에 보내 의병 봉기를 호소했다. 그는 단양 군수와 청평 군수를 살해하고 충주부를 점거하기도 했다.

이러한 거병의 움직임 가운데 친일내각인 김홍집 내각은 12월 30일 을미개혁의 일환으로 단발령을 시행하였고, 고종 33년(1896) 1월부터는 전 백성들이 을미사변에 대한 반일감정과 단발령에 대한 분노가 폭발하여 의병활동이 가속화되었다.

친일내각은 선무사를 파견하거나 의병활동이 심각한 지역은 군사를 보내 진압하려 했다. 하지만 해산된 지방군영 병사들이 의병 핵심전력이다 보니 신식무장을 보유하고 있었을 뿐만 아니라 동학농민운동 진압의 실전경험이 있어 무력 진압이 쉽지 않았다. 조정은 일단 해산된 지방군영 병사들 회유에 나서 의병 전력은 묻지 않고 군영에 재기용하겠다고 회유를 했다. 제안을 수용한 병사들이 이탈하면서 의병 전력은 약해졌고 때마침 아관파천(俄館播遷)으로 친일내각이 무너지고 친러내각이 들어선 뒤 고종이 해산을 명령하자 의병들은 자진 해산한다.

지우 : 단발령이 국민적 공분으로 이어져 의병활동이 확산되었다는 것은 현대를 살아가는 세대로서는 이해가 쉽지 않네요.

아빠 : 비록 조선의 위정자들이 통치를 위해 유교 윤리 및 질서를 강조하였지만 오랜 시간이 지나면서 유교 윤리는 일반 백성들에게 삶의 기본이 된 것이지. 특히, 신체발부 수지부모 불감훼상 효지시야(身體髮膚 收之父母 不敢毀傷 孝之始也)라는 효경의 말씀은 개인의 용모와 효의 상징을 구체화한 것으로 조선인이 공감하는 정체성이 된 거야. 물론 조선 사람들이 상투를 틀었다고 해서 머리를 전혀 자르지 않은 것은 아니야. 상투의 어느 정도 크기를 유지하기 위해서는 조금씩 끝을 잘랐어. 다만 백성들에게 단발령으로 상투 자체가 없어지는 것은 자신의 부정이자 신체에 가해지는 박해로 인식이 된 것이지. 또한 고종이 일본 및 친일내각의 압력으로 머리를 잘랐다는 소문은 백성들의 부모가 신체적 박해를 받았다는 것과 같은데 부모의 복수를 해야 한다고 생각하지 않았을까?

아관파천

▲ **장충단비** 서울 유형문화재. 서울 중구 장충동. 고종은 임오군란, 을미사변, 춘생문 사건에서
왕실을 위해 희생한 이들을 위한 제단으로 장충단을 조성.

을미사변 이후 일본과 친일 세력으로부터 경복궁에 감금당한 고
종은 자신도 일본에 의해 죽을 수 있다는 공포와 신변의 위협을 느
끼고 경복궁을 벗어나려고 시도하였다.

고종의 경복궁 탈출 첫 시도는 당해 11월 28일에 미국 공사관으
로 피신하려던 것이었다. 그러나 친위대장 이진호의 밀고로 실패
하였고 많은 희생자가 발생하였는데 이것이 현 청와대 춘추관 자
리에 있었던 춘생문(春生門)사건이라 부른다.

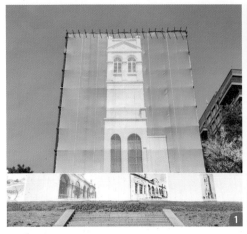

① **러시아 공사관**   사적. 서울 중구 정동. 고종 27년(1890) 준공. 설계자 러시아 사바틴. 2019.12.29.~2023.11.30. 기간 중 보수 공사.

② **고종의 길**   정동 덕수궁 돌담길에서 정동공원(러시아 공사관)까지 이어지는 총 120m의 길.

두 번째 시도가 바로 아관파천이다. 고종 33년(1896) 2월 2일 니콜라이 2세가 조선왕실 보호를 위한 해군파견을 승인하였고 2월 11일 러시아 해군의 호위하에 고종은 러시아 공사관으로 이어하였다. 때마침 일본군과 김홍집 내각의 조선군은 을미의병을 진압하기 위해 지방으로 내려가 수도기 빈 상태였다. 뒤늦게 고종의 이어를 알아차린 신임 일본 공사 고무라는 러시아 공사관으로 찾아가서 사태의 원만한 수습과 고종의 환궁을 요구했으나 거부되었다. 이로 인해 조선에서 일본의 영향력은 급격히 약화되었다. 서울특별시는 2016년부터 러시아 공사관을 복원하고 고종이 이어한 길을 재정비하여 '고종의 길'로 기념하고 있다.

・4장・

근대국가로 발전

경운궁과 대한제국 선포

러시아는 아관파천으로 유리한 정치적 입장을 확보하였지만 극동 지방군사력을 강화할 마땅할 여력이 없었고 일본은 극동에서 러시아의 영향력이 확대되는 상황을 막기 위해 로바노프-야마가타 협정을 체결한다.[32]

또한 고종의 입장에서는 최익현의 상소와 독립협회 등의 환궁 요청이 이어지자 궁궐을 방어할 호위군이 갖춰지고 경운궁이 정비를 마친 고종 34년(1897) 2월 20일 아관파천 1년 만에 경운궁으로 환궁했다. 경운궁은 성종 이후 월산대군 저택으로 불리며 왕자의 사가에 불과했다. 그러나 임진왜란 때 의주에서 환도한 선조가 도성 내의 궁궐들이 전소되어 월산대군 저택을 개보수해 임시 궁궐로 사용하면서 정릉행궁 또는 정릉동 행궁으로 불리게 되었다. 선조는

① **즉조당**　　　　사적. 고종 41년(1904) 중건.
② **석어당**　　　　사적. 고종 41년(1904) 중건.
③ **함녕전**　　　　보물. 고종 34년(1897) 창건. 광무 10년(1906) 중건.
④ **준명당 앞 우물**　사적. 좌측 준명당과 중앙 즉조당(복도각으로 연결), 우측 함녕전.

정릉동 행궁에서 거치하다가 창덕궁의 중건 완성을 목전에 두고 석어당(昔御堂)에서 승하했다. 광해군 원년(1609)에 창덕궁이 중건이 완료되었지만 광해군은 보충공사를 지시하고 약 2년간 더 정릉동 행궁에 계속 머물렀다. 광해군은 창덕궁으로 이어했지만 다시 정릉동 행궁으로 돌아와 오랫동안 거처하기도 했는데 풍수지리적으로 창덕궁이 불길하다는 믿음을 가졌던 것으로 보인다. 이후 반정으로 정권을 잡은 인조가 정릉동 행궁이었던 경운궁 즉조당(卽阼堂)에서 즉위식을 거행했다. 인조가 즉조당에서 즉위를 한 것은 본인의 의사보다는 자신을 새 군주 지위에 올려주어야 할 인목대비의 요청에 의한 것이었다. 인조가 즉위 후 바로 창덕궁으로 이어하면서 경운궁은 오랜 시간 방치되었다가 고종 34년(1897) 고종이 경운궁으로 환궁하면서 구한말 역사의 중심지로 부상했다. 고종은 환궁하기 전 침전인 함녕전과 서재인 보문각, 태조 이성계의 어진을 모신 사성당(思成堂 : 선원전) 등 필요한 건물들을 신축하였다. 고종은 경운궁의 정전으로 광무 6년(1902)에 중화전이 완공될 때까지 기존의 즉조당을 활용했다. 준명당(浚明堂)은 고종이 함녕전으로 처소를 옮기기 전에 한동안 머물렀으며 외국 사절을 접견하기도 했던 곳이다. 또한 고종은 늘그막에 얻은 덕혜옹주를 위해 이곳에 유치원을 만들기도 했다.

고종은 러시아 공사관에 1년 정도 머물다가 1897년 2월 20일에 경운궁(지금의 덕수궁)으로 돌아온 후 국가적 위기 상황을 타개하고 근대적 주권 국가로서 발돋움하기 위한 대한제국 선포를 준비하였다. 고종은 황제국 선포에 앞서 새 연호를 '광무(光武)'로 제정하였고 8월 16일부터 사용하였다. 10월 11일에는 새 국호가 '대한(大韓)'으로 결정되었다. 조선정부가 국호를 대한으로 선정한 이유는 삼한의 땅을 하나로 통일한 이후로 타국은 '한(韓)'이라는 호칭을 보편적으로 인식하고 있으며 '조선'은 과거 기자가 중국에서 받은 국호이므로 황제국이 된 마당에 이를 사용하는 것은 적절치 않다는 논리에서다. 결과적으로 과거 중국과 오랜 사대관계에서 벗어나 완전한 자주, 독립, 근대적 주권 국가를 지향하겠다는 의지가 표명된 셈이었다.

지우 : 대한제국 선포가 기존 국제질서의 관점에서 상당히 파격적인데 당시 열강과 주변국들은 대한제국 선포에 어떤 반응을 보였을지 궁금하네요.

아빠 : 러시아도 처음에는 머뭇거렸으나 니콜라이 2세 황제가 대한제국 선포와 칭제건원을 승인하는 축하 전문을 다른 나라에 비해 제일 먼저 보냈는데 대한제국에 대한 기득권을 이어가려는 의도로 보여. 일본은 메이지 유신을 통해 자신들의 국왕도 황제로 승격시킨 바 있고 고종이 명성황후 국장을 11월 거행하자 반일감정이 들끓을 것을 우려해 조문 당시 '대한국 대황제 폐하'라는 호칭을 쓰게 된 것이지. 반면 청은 신하 나라인 조선이 황제 칭호를 쓰는 것을 굴욕적으로 생각하고 이를 수용하지 않았으나 광무 3년(1899) 한청통상조약을 맺기 위해 결국 대등관계를 인정할 수밖에 없었어.

지우 : 고종황제의 대한제국 선포의 목적과 개혁의 방향성을 알고 싶어요.

아빠 : 다소 설부른 판단이지만 일본의 녹수를 저지할 정도의 러시아와 일본 사이 힘의 균형이 이루어졌다는 판단하에 조선의 근대화를 통한 자주국가의 토대를 마련하기 위함이지. 고종은 이를 구현하는 모토로서 구본신참(舊本新參)을 내세웠어. 정책적으로 단발령은 폐지하여 우리의 고유 가치는 존중하는 반면 토지, 운수, 은행사업 등을 정비하여 잘사는 나라를 만들고 신식 학교교육을 통해 미래의 발전을 도모하는 포괄적 비전을 제시한 것이야. 또한 이런 비전이 성공할 수 있도록 자주국방을 기틀을 마련하려 하였지만

기본 역량과 준비 시간의 부족으로 성공하지 못한 것은 못내 안타까운 일이지.

지우 : 고종황제가 서양의 입헌군주제 사례와 가치를 알고 있었으면서도 전제군주정을 추진한 것은 결국 대한제국의 근대화와 홀로서기에 도움이 되지 못했다는 비판에 대해서는 어떻게 생각하시나요?

아빠 : 이런 질문도 현재의 가치로 과거의 환경과 정책을 평가하는 것은 아닐까? 물론 입헌군주제를 통해 헌법상에 국가의 주체로서 국민의 책임과 권리를 명시함으로써 군주와 국민이 일치단결된 힘으로 대한제국의 근대화를 조기에 달성하는 역사를 그려볼 수는 있지. 하지만 새로운 사상의 태동 시기에 이를 전파하는 측과 수용하는 측의 갈등은 피할 수 없는 것으로 독립협회 및 만민공동회의와 고종 간의 갈등에서 이를 확인할 수 있어. 동아시아라는 전통적 국제 정치 영역에서 당시 청나라, 일본 등 주변국이 강력한 군주권한을 가졌다면 대한제국이 전제군주정을 추진한 것을 비판만 할 수 없겠지.

고종황제는 10월 12일 과거 중국 사신을 맞이하던 남별궁 터 환구단(圜丘壇)에서 황제 즉위식을 가졌으며 10월 13일 공식적으로 대한제국 출범을 선포하였다. 우리나라의 제천의례는 삼국시대부터 시작되었고 제도화된 환구제는 고려 성종 때부터라고 전해진다. 조선은 세조 때 왕권 강화를 위해 환구제를 다시 부활시켰으나 세조 10년(1464)에 폐지하였다. 조선의 국호를 대한제국이라 변경하고 고종이 황제로 즉위하면서 천자가 제천의식을 치를 수 있는 환구단이 필요하게 된 것이었다. 광무 6년(1902)에는 환구단 앞에 즉위 40주년을 축하하는 석고(石鼓) 기념물이 세워졌고 현 세종로 사거리에 고종 어극 40년 칭경기념비가 세워졌다.

① **황궁우(皇穹宇)**   사적. 서울 중구 소공동. 광무 4년(1899) 건립. 천신을 비롯한 여러 신의 위패를 봉안하는 건물.
② **석고 기념물**   사적.
③ **칭경기념비**   사적. 서울 종로구 세종로.

▲ **대한문**　　사적. 대한문 앞의 수문장 교대식 장면.

고종의 경운궁 환궁 당시 정문은 인화문(仁化門)이었다. 광무 6년
(1902) 궁궐을 중건하면서 정전인 중화전·중화문·외삼문(外三門)인
조원문(朝元門)을 세워 법전의 체계를 갖추었다. 인화문 자리에는 건
극문(建極門)을 세우고 조원문 앞 동쪽에 대안문(大安門)을 세워 새로
운 정문으로 삼았다. 광무 8년(1904) 함녕전에서 일어난 화재로 궁
궐 내 대부분의 건물이 불타버리자 광무 10년(1906) 4월 대안문을
수리하면서 대한문(大漢門)으로 개칭하였다. 경운궁의 정문이 다른
궁궐 정문과 달리 동향을 취한 것은 경운궁을 중심으로 제국 수도
의 방사형 도로망을 개설하고 수도를 확장하려는 의도가 반영되어
있었다.

① **중화전** 보물. 광무 6년(1902) 창건. 광무 10년(1906) 중건.
② **돈덕전** 사적. 2023년 9월 복원 완료 예정. 러 사바틴 설계.
③ **정관헌** 사적. 러 사바틴 설계.

  광무 6년(1902) 경운궁 전각 공사는 일단락되었다. 정전인 중화전
은 창덕궁의 인정전 형태의 복층양식으로 단층인 창경궁의 명정전
이나 경희궁의 숭정전과는 격을 달리했다.

  중화전을 중심으로 전통적인 동양식 전각들과 서양식 건물인 돈
덕전(惇德殿)이 세워졌다. 돈덕전은 고종 즉위 40주년 '칭경(稱慶)' 예식
의 연회장 용도로 지어졌으며 후일 외국 사신 접견장소, 국빈급 외국
인 방문 시 숙소 등으로 활용되었다. 동양의 건축양식을 모방한 서구

식 건물인 정관헌(靜觀軒)도 이 무렵에 함께 지어졌는데 경운궁의 제일 높은 지대에 위치해 경관조망과 연회장소 등으로 사용되었다. 『고종실록』 등에 의하면 1912년까지 이곳을 어진을 봉안한 장소로도 이용한 기록이 있어 다과회, 연회장 등의 용도만으로 볼 수는 없다.

◀ 석조전
사적. 신고전주의 양식으로
英 존 레지날드 하딩 설계.

광무 6년(1902) 서양식 정전, 편전, 침전으로 사용할 석조전(石造殿)이 착공되었는데 워낙 대역사여서 융희 4년(1910)에 완공되었다. 경술국치로 인해 석조전은 황궁의 건물로서 기능을 제대로 하지 못하였으며 완공 후에도 암살시도에 시달렸던 고종은 석조전에서 생활하지 않고 외부행사에만 사용했다. 광무 8년(1904) 함녕전의 온돌교체공사 도중에 화재가 발생하여 주요 목조 건물들이 대부분 소실되었다. 고종은 황실 도서관 건물로 사용하던 '수옥헌(漱玉軒)'으로 거처를 옮겼다. 이후 경운궁 주요건물을 완전히 복구하기까지 고종은 수옥헌을 침전 겸 편전으로 사용했다. 후일 순종은 경운궁에 머무르는 고종의 장수를 기원하는 뜻을 담아 덕수(德壽)라는 궁호를 지어 올려 경운궁은 덕수궁(德壽宮)으로 불리게 되었다.

물장수와 상수도의 등장

▲ 삼청공원 약수터
서울 종로구 삼청동. 현재 불사용.

조선의 물장수(水商, 汲水商)와 상수도 도입은 조선말과 일제 강점기에 이르는 조선의 근대화 과정을 좀 더 상세히 설명할 수 있는 사안이다. 조선의 물장수에 대한 정확한 기록은 없지만 『조선토목사업지(朝鮮土木事業誌, 1937)』에 약 100년 전 함경도 고학생이 경성에 올라와 우물물을 필요한 사람들에게 공급하고 노임을 받아 학자금으로 썼다는 이야기가 기록되어 있다. 반면 북청군민회와 일부 논문에서는 조선 철종 때 세도가 안동 김씨 김좌근의 저택으로 북청 출신 김 서방이 물을 길어 공급한 것이 최초 사례이며 본격적으로 물장수 모습을 갖춘 것은 고종 5년(1868) 북청군 신창면 토성리 출신 김서근이 돈화문 앞 단칸방에 살면서 한양에 과거를 보러 오는 고향 선비들의 시중을 들면서부터라고 주장한다. 김서근은 선비들의 식사를 제공하고 세탁을 하면서 물은 현 삼청공원 안에 있는 약수터에서 길어 왔다고 한다. 상수도가 없던 시절 입소문을 타고 물을 배달해 달라는 집의 수요가 증가했다. 김씨는 혼자서 수요를 감당할 수 없자 고향 친구들을 불러 물 도가(都家)를 만들었는데 이것이 북청물장수의 출발이며 수방도가(水房都家)의 원조라는 것이다.

◀ 목포 옥단이 물지게 체험터
전남 목포시 목원동.
옥단이는 1930년대부터
해방 무렵까지 활동한
실제 여성 물장수.

물장수의 수가 증가하자 물장수들은 과다한 경쟁을 피하고자 10~30호씩을 단위로 각자의 단골 구역인 급수구역, 수좌구역을 설정하였으며 이러한 물장수의 관행은 독점적·배타적인 영업 권리로 인정되었다. 지속적인 독점적 권리 보장 및 유지를 위해 수상조합소, 수도공익사, 수도공업소, 수상야학 등 다양한 단체가 결성되었다. 당시 급수권을 등기문서화한 수좌인준증권은 매매·저당 등 재산권을 행사할 수 있었다. 물장수들은 초기 물독으로 우물물을 운반하였으나 대한제국에 석유가 도입되면서 이를 담은 양철통을 활용한 물지게 사용이 보편화되었다. 물장수들은 같은 고향 출신들끼리 연대를 강화하였으며 자신과 자녀들 교육에 열성적이었다. 서북학회가 이들의 요청에 의해 운영한 물장수 야학은 대한제국기를 대표하는 노동야학이며 민족의식 고취와 후일 독립운동의 토대가 되었다. 물장수의 숫자와 단체의 규모가 커지면서 광무 원년(1897) 4월 경무청은 경성 관할 경찰서에 물장수의 주소와 성명을 확인해 보고하라는 지시를 내린다. 『황성신문(1908.6.28.)』에 의하면 수도급수가 시작되기 전 경성인구는 약 20만 명이었으며 물장수는 약 2천 명인 것으로 파악된다. 1910년 민족통계표에 따르면 경성 상업인구의 15%가 물장수로 중요한 경제노동력이었다는 것을 알 수 있다.

▲ 뚝도 정수장 송수펌프장 초석
광무 11년 건축.

조선의 전통도시들은 지하수와 하천 수가 풍부한 화강암 지대에 입지하고 있었다. 따라서 도시 주민들은 공동 우물이나 개인 우물 또는 인근의 자연 하천수를 식수나 생활용수로 이용해도 큰 불편이 없었다. 그러나 조선의 근대화 가 이루어지고 대한제국의 경성 등지에 인구가 집중하면서 식수 및 생활용수 의 요구량은 증가된 반면 쓰레기 및 분 뇨 등의 방출로 다수의 우물이 오염되 어 수원은 오히려 줄어들었다. 무엇보 다 사람들에게 상수도의 필요성을 느끼게 한 것은 현대적인 위생 관념의 확산이었다. 여기에다 청일전쟁을 계기로 많은 일본인들이 조선에 이동하였으며 특히, 부산지역의 일본인들이 식수와 생활 용수를 해결하기 위해 고종 32년(1895) 상수도를 설치한 것이 큰 계 기가 되었다. 조선인들이 근대적인 식수 및 생활용수의 표본을 직 접 보게 된 것이다. 조선의 언론과 정부도 상수도의 필요성을 인식

① 뚝도 정수장 전경　　　　　서울 성동구 성수동.
② 뚝도 정수장 송수펌프장　　서울특별시 유형문화재. 현재 수도박물관 본관.
③ 정수지　　　　　　　　　　완속여과지를 통해 걸러진 정수물의 수질을 안정시키고 수량을 조
　　　　　　　　　　　　　　절하는 역할.

하고 있었다. 『한성순보』는 고종 31년(1894) 자래수(自來水)란 명칭으로 소개하였고 『독립신문』은 고종 33년(1896) 수역소(水役所)를 설치하여 북산이나 한강 위에 보를 막아서 내려오는 정수를 저축하였다가 쇠 통으로 집집마다 공급해야 한다고 주장하였다. 대한제국 정부는 근대화의 선제적 조치로 미국인 회사인 콜브란-보스트윅 회사(Collbran and Bostwick Co.)에 광무 2년(1898) 수도 부설권을 허가

하지만 미국 차관 도입의 실패와 정치적 상황의 변화 등으로 인해 착공이 지연되었다. 고종황제는 콜브란과 보스트윅에게 광무 7년 (1903) 상수도 시설 및 경영에 대한 독점권을 부여하였고 이들 회사 는 독점권을 대한수도회사에 양도하였다. 대한수도회사는 광무 10년(1906) 뚝섬 서쪽에 뚝도 수원지 제1정수장 공사를 시작했고 약 2년 후인 1908년 9월 1일부터 12,500㎥/일 규모의 수돗물을 사대문 안과 용산지역 주민들에게 공급하기 시작했다. 이것이 우리나라 근대 상수도의 역사가 시작된 순간이었다.

① 송현배수지 제수변실 인천 문화재자료. 인천 동구 송현동. 융희 2년(1908) 준공.
② 노량진 정수장터 기념비석 서울 동작구 노량진동.

뚝도 수원지와 비슷한 시기에 인천에서 인천의 최초의 상수도 시설이자 도시계획 시설로 송현배수지가 건설되었다. 1910년에는 노량진 수원지 정수시설이 준공되어 노량진~인천 사이에 32.64km의 수도관을 부설하고 같은 해 동년 12월 10일부터 급수를 시작했다. 인천 개항장에 한강 물이 상수도로 공급된 것이었다.

우물로 본 조선역사

미리 본 부활의 우물

　부활의 우물은 시기적으로 고종 재위기 을사늑약에서 광복까지의 한국인들의 국가를 잃지 않기 위해서 또한 되찾기 위한 피(희생), 땀(노력), 눈물(슬픔)의 역사를 담고 있다. 대한제국은 을사늑약, 경술국치를 통해 주권을 상실하였다. 그러나 주권의 소유자인 한국인은 좌절하지 않고 의병, 독립군, 3.1 운동, 임시정부 활동 등을 통해 상실된 주권을 부활시켰다. 이러한 과정에서 활약한 부활의 주역들의 이야기로 그들을 칭송함과 동시에 일제에 의해 침탈된 우리의 어두운 이야기를 되새겨 미래의 교훈으로 삼고자 한다.

9부

부활의 우물

내 소원은
대한독립(大韓獨立)이오

『백범일지(白帆逸志)』

· 1장 ·

풍전등화의 조선

을사늑약

◀ 중명전과 우물
서적. 서울 중구 정동. 1899 창건
1901 중건. 2010 복원.

◀ 박제순의 우물
서울 종로구 화동. 현 정독도서관 뒤
박제순의 집에서 발견된 석재 우물.

일본이 제물포 해전, 뤼순 점령, 봉천전투 및 동해(쓰시마) 해전에 이르기까지 러시아에 연전연승하였지만 일본 내부 인적·물적 피해도 커서 더 이상 전쟁을 지속하기가 어려웠다. 이에 일본은 미국의 루스벨트 대통령에게 러일 강화회담 중재를 요청한다. 광무 9년(1905) 8월 러일 양국은 미 해군 군항이 있는 포츠머스에서 강화협상을 가졌다. 포츠머스 회담은 러일전쟁의 군사적 결과를 반영하여 만주와 한반도에서 러일의 권리를 조정하여 명문화하는 것이 핵심이었다. 반면 포츠머스 조약 핵심인 제2조 "러시아가 일본에 대한제국에 대한 모든 권리를 넘긴다."는 문구는 일본이 대한제국을 차지하는 데 있어 국제사회의 걸림돌을 제거하는 효과가 있었다. 포츠머스 조약 체결 1달 후 일본은 한국을 보호국으로 만드는 실질적인 조약 체결에 돌입하였다. 광무 9년(1905) 11월 17일 일본은 경운궁 중명전(重明殿)에서 대한제국의 외교권을 박탈하는 을사보호조약 체결을 시도하였다. 고종 황제와 대신들이 대부분 조약에 반대하자 이토 히로부미는 군대를 동원하여 공포 분위기를 조성하고 찬성을 압박하였다. 결국 을사오적으로 불리는 박제순·이지용·이근택·이완용·권중현의 찬성 의사표시를 근거로 일본 공사 하야시가 조약안을 만들었다. 그러나 대신들이 조약안에 날인을 하지 않자 이토 히로부미는 외부대신인 박제순의 직인을 임의로 사용하여 날인하였다. 한편 국가 간의 조약(treaty)이라면 고종 황제가 비준하는 직인이 찍혀야 하는데 이것이 없었음은 정식조약으로 인정될 수 없다는 것을 의미한다. 당시 대한제국의 언론들은 이 조약을 을사늑약(乙巳勒約 : 억지로 맺은 조약)이라고 표현하였으며 고종은 본 조약이 무효임을 국제사회에 널리 알렸다. 그렇지만 고종의 항의는 강제조약을 일삼던 열강들에게는 단지 듣기 불편한 소리였으며 일본의 책임을 묻는 외교적 조치를 이끌어 낼 수 없었다. 일제의 국권침탈 앞에서 고종을 중심으로 모든 신하들이 결연히 맞서지 못한 것은 여전한 아쉬움으로 남는다.

◀ **민영환 자결장소 조형물**
서울 종로구 인사동 공평빌딩 앞.

◀ **민영환 묘소**
경기 기념물. 경기 용인시 기흥구
마북동. 민영환의 묘소 옆에
충절의 상징인 대나무를 식수.

다만 을사늑약 체결에 대해 모두가 무기력하게 바라만 본 것은 아니었다. 충정공 민영환은 원임의정대신 조병세 등과 함께 조약 파기와 을사오적의 처형을 요구하는 상소운동을 벌였다. 그러나 상소는 받아들여지지 않았고 오히려 고종의 명에 의해 지금의 재판소 격인 평리원에 구금되었다가 풀려나게 된다. 대한제국의 운명을 돌이킬 수 없음을 절감한 민영환은 「2천만 동포에게 고함」이라는 유서를 남기고 11월 30일 자결한다. 그가 숨진 지 8개월 뒤 피 묻은 옷을 걸어둔 전동의 집 마룻바닥에서 4줄기의 대나무가 자라고 있는 것이 가족들에 발견되었다. 사람들은 이를 민영환의 피를 받아 자란 혈죽 혹은 절죽(節竹)이라 불렀다. 가족들은 이를 소중히 보관해 오다가 1962년 고려대학교 박물관에 기증하였다.

◀ 송병선 기념비
대전 보문산 목재체험지.

① 남간정사와 연지　　대전 유형문화재. 대전 동구 가양동.
② 남간정사 후면 샘

　유학자인 송병선은 문정공 우암 송시열의 9대손으로 고종 19년(1882) 공조참판과 대사헌 등에 임명되었으나 이를 사양하였다. 고종 21년(1884) 갑신변복령(甲申變服領)에 반대하는 상소를 올렸지만 비답

이 없자 그 이후로는 충북 옥천으로 내려가 후학 양성에만 집중하였다. 을사늑약이 체결되자 즉각 상경하여 고종을 알현하고 을사오적의 처단과 을사늑약의 파기를 건의하는 10조의 상소를 올렸으나 고종의 답을 받지 못하고 오히려 일본 헌병대에 의해 강제로 회덕 자택(대전 동구 성남동)으로 호송되었다. 송병선은 12월 30일 국권상실의 울분을 참지 못하여 자택에서 황제와 국민 그리고 유생들에게 유서를 남기고 자결하였다. 유서에서 황제에게 을사늑약 파기, 국민들에게 을사오적의 처형, 유생들에게 의병 궐기를 통해 국권을 찾을 것 등을 호소하였다. 고종은 그의 충절을 기리어 다음 해 2월 문충공이라는 시호를 내렸다. 일설에는 송병선이 송시열의 고택이 있는 회덕 석촌 마을로 들어가 북쪽을 향해 4번 절한 후 독약을 먹고 자결하였다고 한다. 송시열 고택의 핵심건물은 남간정사(南澗亭舍)로 숙종 9년(1683)에 세운 서당이며 만년에 후학들을 교육하던 곳이다. 남간정사의 조경은 신선이 사는 봉래산을 구현하였다. 정사 후면에 있는 샘의 물과 우측 계곡물은 대청마루 밑과 양측 수로를 따라 흐르고 좌측 계곡의 물은 다른 수로를 따라 정사 정면의 연지에 모이게 된다.

◀ 기산도 묘소
서울 국립현충원
독립유공자 묘역.

을사오적에 대한 적개심은 대한제국 국민들의 개별적인 행동으로 표출되었다. 기산도는 1905년 말부터 김석항·김일제 등과 더불어 오적 처단의 기회를 노리다가 1906년 2월 16일 밤 군부대신(현재 국방부 장관)을 지낸 이근택의 집의 삼엄한 경비를 뚫고 침투해 그를 공격하여 중태에 빠트렸다.

▲ **한규설 고택** 서울 민속문화재. 서울 성북구 정릉동. 현 국민대학교 명원민속관.

1907년 3월 25일에는 나인영 등을 중심으로 한 자신회(自新會) 행동대원 이홍래·강상원 등은 입궐하던 권중현을 저격했지만 경미한 상처를 내는 데 그쳤다. 이 밖에도 많은 을사오적 처단을 위한 시도가 있었으나 대부분 미수에 그친 반면 희생은 매우 컸다. 비록 행동이 없었다 하더라도 대한제국의 국민들이 남녀노소를 가리지 않고 을사오적에 대한 분노가 컸다는 것을 황현의 『매천야록』에 「이름

없는 비녀(婢女)」라는 이야기를 통해 알 수 있다. 군부대신 이근택의 며느리는 한규설의 딸로서 시집을 올 때 몸종을 데리고 왔다. 한규설은 을사늑약의 찬부를 확인할 당시 참정대신으로 탁지부대신 이용익과 함께 유일하게 반대한 각료이다. 이근택이 을사늑약을 체결하고 집으로 돌아와 겨우 목숨을 부지할 수 있었다고 가족들에게 그날 있었던 이야기를 했다. 이를 엿들은 몸종이 식칼을 들고나와 "너는 대신이 되어 나라의 은혜를 얼마나 입었는데 나라가 위태로워도 죽지 않고 도리어 내가 다행히 죽음을 면하였다고 하느냐? 너는 참으로 개만도 못한 놈이다."라고 훈계하고 한규설의 집으로 도망갔다고 적고 있다. 본 이야기의 진위 여부를 확인하기 어려우나 당시 일반 국민들의 분노를 간접적으로 느낄 수 있는 대목이다.

『황성신문』은 장지연이 1905년 11월 20일 자 「시일야방성대곡(是日也放聲大哭)」이라는 사설을 통해 을사조약의 부당함과 을사오적의 매국행위를 규탄하는 내용을 게재하였고 일제에 의해 80일간 정간이라는 처벌을 받았다. 「시일야방성대곡」은 늑약에 반대한 참정대신 한규설에게도 죽음으로써 항거하지 못한 것을 꾸짖고 있으며 베델에 의해 영문으로 번역되어 전 세계에 대한제국인들의 분노와 슬픔을 전달하였다. 후일 장지연이 친일파로 변신한 것은 역사의 아이러니라 하겠다.

우물로 본 조선역사

통감정치

① **통감관저 터**　　서울 중구 예장동. 1885년 일본 공사관 건물을 개조하여 관저로 활용. 현
　　　　　　　　　재 '일본군 위안부 기억의 터'가 조성돼 있다.

② **하야시 곤스케 동상**　통감관저 터 앞. 그는 주한공사로 을사늑약을 주도하였으며 과거 동상의
　　　　　　　　　잔해를 거꾸로 세워둔 상태.

　일제는 을사늑약에 따라 대한제국의 외교권이 없어지자 통감부를
설치하여 외교 업무를 수행하였다. 초대 통감은 이토 히로부미로 대한
제국 정부를 존속시키면서 시정감독이라는 명분 아래 대한제국의 통
치권은 와해시키고 통감부의 영향력을 강화하는 데 힘썼다. 통감부는
열강으로부터 대한제국에 대한 영향력을 최소화시키기 위해 국내 외
국 공사관을 철수시키고 대한제국에서 파견한 외교관의 철수를 명령
한다. 그러나 대한제국의 대부분 해외 주재관들은 외부대신 이완용의
철수 명령에 불복하고 해외 망명객이 되거나 고종의 밀사가 되는 등
최후까지 저항하였다. 이토는 외교 업무뿐만 아니라 대한제국 내정을

장악하기 위해 수많은 일본인들을 대한제국 부서에 고문으로 배치시켰다. 특히, 반일 움직임을 차단하기 위해 경찰 기구 확대 및 경찰고문 수를 늘려서 그들이 사실상 경찰서장 역할을 수행하게 만들었다. 또한 헌병대를 강화하여 한국의 집회결사 및 무력공격에 미리 대비했다.

을사의병

① 홍주성 조양문(朝陽門)　사적. 충남 홍성군 홍성읍 오관리.
② 홍주성 관아

　을사늑약 체결 후 무력으로 국권을 회복하려는 의병들이 봉기하여 정부군 및 일본군과 전투가 시작되었다. 광무 10년(1906) 전 호조참판 민종식은 충남지역의 세력을 규합하고 가산을 팔아 무기를 마련하였다. 홍산에서 창의한 민종식 의병의 규모는 1천 명에 달하였고 5월 19일 홍주성을 공격하여 점령하였다. 일본군과 정부군은 몇 차례 성을 탈환하기 위해 전투를 벌였으나 번번이 실패하였다. 그러나 5월 31일 한성에서 일본군 병력과 신식화기가 투입되자 민종식은 전투에서 패배하여 공주로 피신하게 되었다. 민종식은 11월에 체포되어 진도로 유배되었다.

① **최익현 고택**   충남 청양군 목면 송암리. 최근 사랑채 중화당에서 다수의 고문헌 발견 (고종의 칙명 포함).

② **모덕사(慕德祠)**   충남 문화재자료. 최익현 사당으로 고택 옆에 위치.

　홍주성 전투가 끝나갈 즈음 위정척사파의 거두인 최익현이 74세의 고령이었지만 제자 임병찬과 함께 전북 태인에서 의병을 일으켜 게릴라전을 펼치게 된다. 순창으로 진출한 최익현 부대는 일본군이 아니라 정부군과 대치하는 상황을 맞이한다. 이때 최익현은 정부군의 철수를 설득하다가 여의치 않자 의병부대의 해산을 명령한다. 의병장의 갑작스러운 해산명령에 우왕좌왕하던 의병은 크게 패하게 되고 최익현도 체포되어 쓰시마로 유배된다. 최익현은 신발에 흙을 넣어 일본의 땅을 일순간도 밟지 않고자 했으며 일제가 주는 음식을 먹을 수 없다며 단식을 하다 끝내 4개월 만에 순국하였다.

지우 : 황현은 『매천야록』에서 최익현의 충의를 높게 평가한 반면 부대 운영 능력이 부족하고 참가한 유생들과 의병들의 능력과 군기가 부족함을 비판하고 있는 것에 대해서는 어떻게 생각하시나요?

아빠 : 조선의 전통적 창의병의 모습이라고 볼 수 있어. 국가안위를 충심으로 걱정하지만 전술·전략에 문외한인 의병지도자 밑에 유생이나 양반들을 지휘부로 평민들이 동참하는 방식에는 구조적인 한계가 있는 거지. 최익현의 부대 해산명령을 군사지휘 능력 부족으로 평가할 수도 있지만 절체절명의 순간에도 우리가 왜 싸우는지에 대한 질문에 매달리는 늙은 성리학자의 고집에 더 주목해야 한다고 봐…. 여전히 머리에 그려지면서 아쉬운 점은 갑오 및 을미개혁으로 신분제가 폐지되었지만 과거 성리학적 질서개념을 고수하는 의병지도자와 도포를 입은 유생, 불편한 시선으로 이들을 바라보는 평민들… 구조적으로 통합전투력 발휘와 군기확립이 될 수 있었을까?라는 질문이야.

반면 경상도 영해에서 1906년 3월 거병한 평민 출신 신돌석 의병장의 활동은 일본군의 간담을 서늘하게 히였으며 많은 전과를 이루었다. 지역의 부호나 명망가도 아닌 신돌석이 한때 3천 명에 달하는 의병을 모을 수 있었던 것의 그의 농민들에 대한 배려심과 소통능력 때문이었다. 신돌석 의병부대 활동 중심지는 일월산으로 경상도·강원도·충청도의 접경지역이라는 지리적 이점을 최대 활용하여 영덕·영해지역 일본군 및 관공서에 대한 습격을 감행하였다. 그가 펼친 유격전의 명성으로 신돌석은 태백산 호랑이로 불렸으며 일본군의 집중 표적이 되었다. 신돌석의 활약은 군대 해산 이후 의병활동이 양반 지도자보다는 평민 중심으로 전환하는 계기가 된다.

① **신돌석 생가**　경북 기념물. 경북 영덕군 축산면 도곡리. 1995년 복원.
② **충의사**　　　영덕군 축산면 도곡리. 신돌석 사당.

애국계몽활동

애국계몽운동은 의병활동과 방법은 다르지만 국권회복이라는 동일한 목표를 달성하기 위한 한국 민족운동이었다. 애국계몽운동은 한국 민족의 실력이 일본 제국주의보다 부족하다는 사실을 객관적으로 인식하고 국권을 회복하기 위해서는 실력양성을 통해 장기전이 불가피하다는 판단에서 출발하였다. 고종 33년(1896) 독립협회를 조직하였던 서재필, 이상재 등 선각자들은 광무 9년(1905) 5

◀ 국립현충원 신규식 묘

임시정부요인 묘역. 신규식의 호는
예관(睨觀 : 곁눈질하여 본다)으로
을사늑약이 체결되자 음독자살을
시도하였으나 실패하여
한쪽 눈이 실명되어 붙여진 호.

월 헌정연구회를 조직하였고 이를 확충·개편하여 광무 10년(1906)
대한자강회(大韓自强會)를 조직했다. 대한자강회는 공개된 합법단체
였다. 회장은 윤치호였으며 발기인에는 「시일야방성대곡」으로 유
명한 장지연 등이 참여하였다. 대한자강회는 교육과 산업의 능력
배양에 집중하였고 일제 통감부는 다양한 제약을 부과하여 활동을
탄압하였다. 통감부는 대한자강회가 일제에 항거하는 시위를 주도
했다는 이유로 광무 11년(1907) 8월 19일 강제 해산시켰다. 이후 대
한자강회는 대한협회로 변신하였으나 간부들의 이념적 분열로 더
이상 민족계몽활동의 기능을 수행하지 못하였다. 따라서 1907년 4
월부터는 도산 안창호의 발의에 의해 조직된 전국 규모 비밀결사
단체인 신민회가 대한제국의 국내 애국계몽활동을 주도한 것으로
볼 수 있다. 반면 대한자강회의 회원으로 활동했던 신규식은 경술
국치 이후 상해로 망명하여 쑨원의 신해혁명을 지원하였으며 임시
정부의 국무총리 겸 외무총장으로 활동하였다. 신규식은 1922년
병이 깊은 상태에서 임시정부의 내분을 해결하고자 단식으로 생을
마감하였고 그는 임시정부의 아버지라고 불린다.

비밀단체인 신민회의 목적과 이념은 국권을 회복하여 자주독립국을 세우고 공화체제의 정부를 수립하는 것이었다. 즉, 신민회는 국민의 실력이 양성되면 국민들이 무력 또는 폭력으로 궐기해서 국권을 회복하고 공화정의 자유문명국이 수립되는 미래를 꿈꾸었다. 신민회는 그 기회가 전쟁의 형태로 올 것이라 예견하고 독립전쟁전략을 채택하였다. 신민회는 대한매일신보사 안에 본부를 두었으며 양기택이 대표를 맡았다. 신민회의 800명 회원들은 합법적 애국계몽운동 단체의 간부로 진출하여 단체의 애국계몽활동을 신민회의 국권회복 노선에 일치시킬 수 있도록 활동했다.

◀ 도산 기념관
서울 강남구 신사동 도산공원 내.
안창호의 묘도 함께 위치.

애국계몽의 일환으로서 언론 계몽운동은 『대한매일신보』, 『황성신문』, 『제국신문』, 『만세보』, 『대한민보』 등의 신문과 『소년』을 비롯한 각종 잡지 및 학회보를 중심으로 전개되었다. 일제의 침략정책을 규탄하고 구국언론활동을 전개한 신문은 『대한매일신보』였다. 『대한매일신보』는 양기탁이 영국인 베델(Earnest Thomas Bethell, 한국명 배설)을 사장으로 추대하고 자신은 주필 역할을 수행하는 한

① 양기탁 묘소　　서울 국립현충원
　　　　　　　　　독립유공자 묘역.

② 베델의 묘소　　양화진 선교사 묘역.

③ 대한매일신보사 터　서울 종로구 수송공원 안.

영 합작의 신문으로 광무 8년(1904) 7월 창간되었다. 『대한매일신보』의 경우 국문판은 국한혼용의 『대한매일신보』, 영문판은 『The Korea Daily News』로 발간되었으며 후일 국문전용판인 『대한미일신보』를 동시에 간행하였디. 『대한미일신보』는 명목상 사장이 외국인이었으므로 일제 통감부의 신문지법에 근거한 검열에서 제외되었다. 따라서 가장 과감하게 일제의 정책을 비판하고 국권회복을 위한 언론활동을 지속적으로 펼칠 수 있었다. 그 예로 『대한매일신보』만이 당시 의병운동에 대한 보도와 지지의 글을 게재하였으며 이것은 의병운동과 애국계몽운동의 상호보완적 관계를 보여주는 단면이기도 하다.

◀ 오산학교
서울 용산구 보광동. 순종의
서순행(西巡行) 당시 오산학교를
방문하여 이승훈을 격려.

　민족계몽활동의 기본이 되는 민족교육운동의 출발지도 대한자
강회였다. 대한자강회는 청소년들을 민족간부로 양성하기 위해서
의무교육운동을 전개하였다. 대한자강회의 의무교육안은 우리나
라 최초의 의무교육안으로서 역사적 의미가 깊었으며 일제 통감
부는 국권회복운동의 일부로 판단하여 시행을 중지시켰다. 일제
통감부의 중지 명령에도 불구하고 신민회와 그의 지도를 받는 지
방학회들은 대한자강회의 의무교육운동을 확산시켰다. 융희 원년
(1907)부터 융희 3년(1909) 4월까지 단기간에 자발적으로 설립한 사
립학교 수가 3,000여 개 교에 달하였다. 일제 통감부는 융희 2년
(1908) 8월 '사립학교령'을 제정·공포하여 한국인의 신교육을 통한
구국운동을 탄압하려 하였다. 까다로운 조건을 내세워 학교설립
인가를 제한하려 한 것이었다. 1909년 5월까지 재인가 신청학교
는 1,708개 교이었지만 인가는 242교에 불과하였다. 이에 한국의
애국계몽운동가와 국민들은 합심하여 작은 학교는 통합하고 자발
적으로 토지헌납과 기부금을 통해 일제의 시설 기준을 맞춤으로써
1909년 11월 11일까지 2,232개교의 인가를 얻어내는 성과를 이루

였다. 특히, 1907년 이승훈에 의해 평북 정주에서 설립된 오산학교는 6.25 전쟁이 끝난 후 남한 서울의 보광동에 새로운 자리를 마련하고 민족사학으로서 교육을 이어가고 있다.

근대의 우물에서 물장수의 등장과 그들의 활동에 대해 이미 기술한 바 있다. 초기 물장수들은 유명한 약수나 동네우물을 배달하였지만 인구 증가에 따른 식수부족과 위생문제를 해결을 위한 수돗물이 생기면서 물장수에게는 여러 가지 사회적 변화가 발생하였다. 수도시설 부설로 물장수의 활동영역이 급감하였고 2천 명에 달하는 서울의 물장수들의 생계를 지원하기 위한 새로운 대책이 필요하게 되었다. 융희 원년(1907) 10월 일본 망명생활을 청산하고 귀국한 유길준은 계몽활동의 일환으로 흥사단과 서울의 자치제도 구현을 위한 한성부민회를 조직했다. 유길준은 각종 계몽단체의 고문이나 총재로서 활동했는데 그중 하나가 노동야학회였다. 노동야학회가 물장수들과 수도회사 간 교섭을 통해 문제를 해결해 주자 노동야학회 회원이 급증하기 시작했다. 동시에 물장수들은 노동야학회를 통한 자신들의 권익옹호와 자식들은 물론 자신의 문맹퇴치까지 시도하였다. 물장수들은 서북지역을 대표하는 서북학회에 교육 도움을 요청하였으며 서북학회는 이들을 위한 물장수야학을 설립하였다. 당시 사회적 반응은 대단하였으며 『황성신문』은 물장수야학이 한국인 노동자들의 신기원이라고 격찬하였다. 하지만 물장수야학이 근대적 노동자교육의 출발로서 역사적 의미가 있는 것은 분명하지만 야학회 임원진의 다수가 일진회원이라는 사실은 그 근본 설립취지와는 달리 일진회의 세력 확대라는 부정적인 효과를 낳기도 했다.

우물로 본 조선역사

◀ **국채보상운동 100주년 기념공원**
대구 중구 동인동 2가.

◀ **서상돈 고택**
대구 중구 계산동 2가.

애국계몽활동의 다른 모습의 하나는 국채보상운동이다. 을사조약을 맺으면서 일본은 대한제국 근대화라는 명목의 차관을 강제적으로 도입시켰고 결국 광무 11년(1907) 2월에 이르러 그 액수가 1,300만 원에 육박했다. 당시 1,300만 원은 대한제국의 1년 세출예산과 맞먹는 규모였다. 그러자 대구에서 서상돈, 김광제, 윤필오 등이 주도하고 『대한매일신보』에서 관련 보도를 하면서 국채보상운동은 전국적으로 확산되어 갔다. 운동의 핵심은 남자들은 담배를 끊고 여자들은 비녀와 반지를 팔아 그 돈으로 국채를 갚자는 것이었다. 국채보상운동을 주도적으로 이끌어 나간 사람들은 민족 자본가와 지식인층이었지만 부녀자 계층의 참여가 두드러졌던 우리

역사 최초 여성운동이었다는 점을 잊어서는 안 된다. 통감부는 친일단체 일진회를 동원하여 누군가 기금을 횡령한다는 소식을 퍼뜨렸고 국채보상기성회는 소문의 배후인 일진회를 고소했지만 일본은 오히려 국채보상운동의 핵심 인물이었던 양기탁을 횡령 혐의로 구속했다. 당연히 물증이 없기 때문에 증거 불충분으로 석방됐지만 이로 인해 국채보상운동의 열기가 식으면서 더 이상 운동이 확산되지 못하였다. 반면 운동이 있은 지 110년이 넘어 2019년 유네스코 세계기록유산 국제자문위원회는 국채보상운동이 세계열강에 맞서 주권을 회복하고자 가장 앞선 시기에 일어났던 국권수호운동이라는 점을 들어 유네스코 세계기록유산으로 국채보상운동 관련 2,500여 건 자료의 등재를 결정했다.

애국계몽에 있어 민족종교계도 일정 역할을 수행하였다. 손병희는 천도교를 창건하여 일진회에 대결하면서 동학교도들을 다시 애국운동으로 돌아오게 하였고, 이상재는 황성기독교청년회 등 각종 기독교 조직을 통해서 기독교인들의 국권회복운동에 참여를 유도하였다. 박은식은 유림계를 향해 대동사상을 주장하고 대동교를 창건하여 대동학회 및 공자교와 경쟁하면서 유림세의 국권회복운동에 참여를 촉구하였다. 나철은 단군을 신앙하는 단군교를 창건하여 민족의식을 고취하고 교도들을 적극 국권회복 및 독립운동에 참여하도록 독려하였다. 단군교는 후일 대종교로 개칭되었으며 교도들이 만주로 이주하여 독립운동의 중요한 세력으로 성장한다.

헤이그 밀사파견과 고종 양위

광무 10년(1906) 6월 평화회의의 주창자인 러시아 황제 니콜라스 2세가 비밀리에 제2회 만국평화회의의 초청장을 고종 황제에게 보내왔다. 고종은 광무 11년(1907) 일제의 폭력적 침략을 알리고 을사조약의 무효를 주장하기 위해 특사파견을 결정하였다. 정사에 전 의정부참찬 이상설, 부사에 전 평리원검사 이준과 주러한국공사관 참서관 이위종 등 3인이다. 그들은 다른 시기에 다른 장소에서 출발하여 헤이그에서 만났다. 특사 일행은 평화회의에 한국 대표의 자격으로 공식적으로 참석하기 위한 활동을 벌였다. 만국평화회의 의장인 러시아 대표 넬리도프 백작과 초청국인 네덜란드 외무대신 후온데스를 연달아 방문해 도움을 청하였다. 그러나 그들의 기대와 달리 넬리도프는 형식상의 초청국인 네덜란드에게 그 책임을 미루었다. 반면 후온데스는 각국 정부가 이미 을사조약을 승인한 이상 한국정부의 자주적인 외교권을 인정할 수가 없다는 이유를 들어 특사 일행의 회의 참석과 발언권을 거부하였다. 특사 일행은 회의 참석이 사실상 불가하다고 판단하고 7월 9일 영국의 저명한 언론인인 스테드가 주관한 각국 신문기자단의 국제협회에 참석하여 한국의 입장을 설명할 기회를 얻었다. 외국어에 능통한 이위종이 세계의 언론인들에게 한국의 비참한 실정을 알리고 주권 회복에 원조를 요청하는 '한국의 호소(A Plea for Korea)'라는 연설을 통해 공감대를 이끌어 냈다. 한편 부사로 파견된 이준은 종기가 악화된

◀ 이준 열사 묘역
서울 강북구 수유동.

① **이상설의 숭렬사**   충북 기념물. 충북 진천군 진천읍 산척리. 생가 터에 세운 사당.
② **이상설 동상과 서전고교**   충북 진천군 덕산읍 두촌리. 이상설이 세운 서전서숙의 정신을 계
승한 고향의 고교.

상태에서 회의 참석이 좌절되자 그 스트레스를 이기지 못하고 7월
14일 순국하게 되었다. 이상설은 7월 17일에 이준의 유해를 헤이
그 교외에 자리한 니우 에이컨다위닌 공동묘지에 임시로 묻었다.
그 후 55년이 지난 1963년 9월 30일 유해는 한국으로 돌아와 10월
4일 국민장을 치른 후 서울 수유동 순국선열 묘역에 안장되었다.
이어 1964년 장충단공원에 동상이 건립되었고 1972년에는 헤이그
묘소 자리에 흉상과 기념비가 건립되었다. 이상설과 특사 일행은
만국평화회의가 끝난 뒤에도 구미 각국을 순방하면서 대한제국의
국권회복을 위한 외교활동을 펼쳤다.

지우 : 이준 열사가 자결 순국하지 않았음에도 자결한 것으로 알려진 것은 역사왜곡이 아닐까요?

아빠 : 역사왜곡이 정당화될 수 없는 사안인 것은 분명하지. 다만 역사의 왜곡을 바라보는 당시의 시선은 국익과 국운에 중점이 있었고 지금의 시선은 팩트인지 아닌지에 더 중점이 있다는 것을 생각해 보면 좋겠지. 풍전등화의 국운을 되살리기 위해 황명으로 파견된 관리가 죽었다는 소식을 접한 민족지들은 이를 자결로 보도를 했어. 당연히 국민들은 이준 열사가 뜻을 이루지 못하자 신하로서 울분을 못 이겨 자결을 했을 것이라 굳게 믿었던 것이지. 이러한 믿음은 광복 이후까지도 항일정신의 표상으로 계속 남아 있었던 것이야. 현재의 사회에서도 가짜뉴스를 처벌하기 위해서는 특정 집단의 이익을 위해 타인이나 사회를 기만할 의도가 있었느냐에 대한 정확한 판단이 내려져야 해. 그런데 당시 우리나라를 살리기 위해서 혹은 단결시키려는 의도의 뉴스를 역사왜곡이라는 이유만으로 지금 비난해야 할 필요가 있는지는 잘 모르겠어.

통감 이토 히로부미와 친일 이완용 내각은 헤이그 밀사파견을 빌미로 고종의 퇴위를 계획하였으며 고종 황제의 책임을 추궁하기 위해 일본 외무대신의 방한을 요청하였다. 이완용 내각은 어전회의를 열어 일진회 대표였던 농상공부대신 송병준이 권총을 찬 채 고종에게 밀사사건이 중대한 정치문제가 되어 일본정부와 통감이 분노하고 있으니 사직의 안위가 염려되면 자결하라는 불손한 협박으로 공포 분위기를 조성하였다. 뒤이어 친일내각은 자체 회의를 열어 황제 폐위를 결정하고 일본 외무대신이 오기 전에 고종 황제가 스스로 황태자에게 양위할 것을 강력히 요구했다. 이들의 압박을 견디지 못한 고종 황제는 황태자가 통치를 대신한다는 조선왕조 전통의 대리청정을 발표하였으나 일제는 다음 날 7월 20일 덕수궁 중화전에서 고종의 황제 양위식을 일방적으로 추진하였다. 고종과 순종은 거부의 표시로 양위식에 참석하지 않았고 환관 2명이 황제의 대역으로 참석하였다. 일제는 속전속결로 7월 24일에는 정미칠조약을 체결하여 한국 내 모든 관리 임명권을 확보하는 동시에 부속각서를 통해 대한제국의 치안권, 사법권, 군사권을 해체하는 조치를 취하였다. 7월 27일에는 언론탄압을 위한 '신문지법', 7월 29일에는 집회·결사를 금지하는 '보안법'을 연달아 공포하였다. 7월 31일에는 군대 해산령을 내려 대한제국을 완전히 무력화시켰다. 군대 해산을 위한 조치는 다음 날 부로 신속히 진행되어 8월 1일 오전 8시에 동대문 훈련원에서 군대 해산식이 실시되었다. 한국군 사병들에게는 훈련원에서 도수교련을 한다고 속이고 각 부대 장교와 일본 교관의 인솔 아래 비무장 상태로 훈련원에 모이게 하였다. 고종 황제의 양위가 결정된 7월 19일 종로에서 시위 군중과 더불어 일본 경찰과 총격전을 벌여 일제 요주의 대상이던 제1연대 제3대대와 평소 배일 부대(排日部隊)로 지목되던 임재덕 휘하의 제2연대 제3대대도 훈련원에 집합하였다. 제1연대 제1대대와 제2연대 제1대대가 도착하지 않아 행사를 기다리는 중에 갑자기 남대문 쪽에서 총성이 들려오자 일제는 서둘러 한국군에 은사금(恩賜金 : 은혜롭게 내려준 돈)을 지급하고 군대 해산식을 진행하였다. 당시 집합한 한국군은 군대 해산이 진행된다는 것을 알아차렸지만 기관총으로 중

① **박승환 묘**　　　서울 국립현충원 독립유공자 묘역.
② **남대문 시위병영 터**　서울 중구 서소문동. 시위병영 터 표석을 중심으로 남대문 방향으로 시가전투.

무장한 일본군을 물리적으로 대적할 수 없었다. 반면 남대문에 주둔하던 시위대 제1연대 제1대대장 박승환 참령은 "군인으로서 나라를 지키지 못하였으니 만 번 죽어도 아깝지 않다."는 유서를 남기고 자결하였다. 대대장의 자결을 목도한 장병들은 무기고를 탈취하여 제2연대 제1대대와 함께 일본군을 공격하였고 현재 서소문 상공 회의소로부터 남대문시장에 이르는 지역에서 시가전투를 벌였다. 서울에 다른 지역에 주둔하던 한국군 300여 명도 2개 대대와 합세하였다. 하지만 일본군은 신속한 증원으로 기관총을 보유한 3개 대대가 투입된 반면 한국군은 탈취한 소량의 무기와 탄약이 화력의 전부로 시간이 흐를수록 불리한 상황이 전개되었다. 결국 4시간의 전투결과 일본군의 승리로 끝났고 일본 측 기록에 의하면 일본군은 사망자 4명을 포함하여 부상자 30~40명인데 반해 한국군은 사망자 68명, 부상자 100여 명, 포로 516명으로 피해가 컸다. 초기 한국군의 전투규모는 1천 500명 정도로 전투에서 피해를 받지 않은 800명 정도의 병력은 전투말미에 철수하여 대부분 지방으로 이동하거나 의병에 참가한 것으로 판단된다. 일본군은 서울의 시위대와 유사한 기만적 방법을 사용하여 8월 3일부터 9월 3일까지 전체 한국군을 해산하였으며 북청진위대가 마지막 해산 대상이 되었다.

정미의병

광의의 의병전쟁이라고 하면 을미사변 이후의 모든 의병전쟁을 의미한다. 하지만 협의에서는 1908~1910년 사이 정미의병전쟁을 진정한 의병전쟁의 시작이라고 정의할 수 있다. 그 이유는 정미의병이 이전에 비해 규모가 훨씬 크고 해산한 한국군이 의병에 가담함으로써 사실상 한국과 일본의 국가적 전쟁 성격을 띠고 있기 때문이다. 한국군 해산을 계기로 촉발된 의병전쟁은 제천·충주지방에서 왕년의 의병장 이강년의 창의로 시작되었다. 이강년은 8월 10일 부대를 지휘하여 충북 제천으로 진출하여 8월 13일 지역을 점령하였다. 동시에 원주에서 봉기한 민긍호의 한국군이 제천에서 이강년 부대와 합류하여 2천 명이 넘는 규모의 부대로 확대·편성되었다. 이강년과 민긍호의 부대는 8월 15일 서울에서 급파된 일본군을 제천에서 야습하여 충주로 패퇴시켰다. 일본군에게 승리한 의병들은 이강년을 도창의대장으로 추대하였고 이구재, 이은찬 등

◀ **양평 정미의병탑**
경기 양평군 양동면 석곡리.

경기도 의병장들도 문경의 유학자 이인영을 총대장으로 하는 관동창의진을 조직하였다. 한편 양평지역에서 봉기한 권득수 의병장은 의병을 모집하고 용문사에 식량과 무기를 비축했다. 조인환 의병장은 용문사를 근거지로 해서 인근 지역의 관아, 파출소, 우편소 등을 습격했다. 이를 종합해 보면 용문사가 양평지역 의병항쟁의 총사령부 역할을 수행했던 것으로 보인다. 의병들은 용문사, 상원사, 사나사를 의병 기지로 활용하여 유격전을 펼쳤고 일본군은 의병 근거지와 후원하는 세력을 방화, 살육하는 초토화 작전을 펼쳤다. 결국 양평의병은 8월 24일 일본군 보병 제52연대 제9중대가 용문사를 습격해 오자 상원사로 후퇴하였고 이로 인해 용문사는 불타게 된다. 사나사에서도 의병은 일본군 보병 제13사단 제51연대 제11중대와 격전을 벌였으나 패하여 용문산으로 퇴각하였으며 사나사의 모든 전각은 소각되었다. 양평에서 의병활동은 캐나다 종군기자 프레더릭 매켄지에 의해 기록되었는데 매켄지는 1906년 여름부터 1년 6개월 동안 일제의 침탈과 독립운동, 항일 의병들의 활동상을 직접 취재하였다. 그는 취재를 통해 전장의 실상을 담은

『대한제국의 비극(The Tragedy of Korea)』을 1908년 발간했다. 우리는 이를 통해 매켄지가 양평 오민리에서 만난 대한제국 의병들의 모습을 실제 확인할 수 있다. 매켄지의 양평의병 사진은 양평정미의병 기념탑 건립에 활용되었고 드라마「미스터 선샤인」의 초반 중요한 장면으로 연출되었다. 매켄지는 자신의 책에서 의병장 인터뷰 내용을 이렇게 전하고 있는데 의병들의 신념과 의지를 확인할 수 있다. "우리는 어차피 죽게 되겠지요. 그러나 좋습니다. 일본의 노예가 되어 사느니보다는 자유민으로 죽는 것이 훨씬 낫습니다."

이와 같이 경기도와 강원도에서 의병군이 각지에서 활약하기 시작하자 의병을 통합하여 경성을 공격하여 일제를 몰아낼 13도 창의군 구상을 관동창의군 중군장인 이은찬과 연천에서 봉기한 허위 사이에서 협의되었다. 이에 총대장으로 이인영을 추대하고 경성탈환 계획을 추진하였지만 계획이 사전에 누설되어 일제는 철저한 차단 및 방어 조치를 실시하게 되었다. 이로 인해 강원도와 충청도에서 북상하던 이강년 및 민긍호 부대가 진군 중도에 남하해 버려 계획에 중대한 차질이 발생하였다. 경기도 의병만이 본 계획에 참여하다 보니 작전은 실패로 귀결될 수밖에 없었다. 하지만 이로 인해 전국 각 지역에서 의병활동은 더욱 활발해졌으며 호남 일대에서도 의병이 크게 일어났다. 일제는 사태의 심각성을 깨닫고 본국에서 병력을 증파하여 주요 전투지역에 분산·배치하였다. 특히 융희 3년(1909) 9월 1일부터 2개월에 걸쳐 호남의병을 대상으로 이른바 남한대토벌작전이 벌어졌다. 일본군의 발표에 따르면 이 작전으로 103명의 의병장을 사살 또는 체포했으며 4천 138명의 의병을

체포하거나 사살했다고 한다. 이런 희생에도 불구하고 의병전쟁은
경술국치(1910) 이후에도 계속되었으며 국내항전과 국외로 탈출한
의병들의 활동은 만주 및 러시아 등지에서 지속되었다.

◀ **이인영 묘**
서울 국립현충원 독립유공자
묘역.

◀ **이강년 생가와 우물**
경북 지정기념물.
경북 문경시 가은읍 완장리.
1994년 복원.

◀ **허위 묘와 사당**
경북 구미시 임은동.

경술국치 이전 의열활동

의열활동은 의사(義士 : 국가와 민족을 위해 목숨을 바친 사람)와 열사(烈士 : 국가를 위하여 절의를 지키고 충성을 다하여 싸운 사람)들이 국체와 민족을 위해 항거한 활동을 의미한다. 의병과 독립군이 대단위 조직에 의한 집단적이고 군사적인 방식이라면 의열활동은 개인 혹은 소규모 조직에 의한 투쟁모습을 보인다. 이와 같은 의열활동은 대규모 무력을 동원한 정면대결로 확실한 이익을 얻을 수 없는 대상이나 적에게 피해를 주는 데 효과적인 경우가 대부분이다. 의열활동에는 자결 및 순국도 포함되며 그 일례로 민영환, 송병선 등의 자결 관련 내용을 앞에서 기술한 바 있다. 다음에서는 을사늑약 이후 경술국치 이전에 발생한 투쟁적 의열활동을 소개하고자 한다.

1908년 3월 전명운·장인환은 미국 샌프란시스코에서 러일전쟁 중 한국의 외교고문이 되어 미국 각지를 순회하면서 일본의 침략을 돕고 일본의 보호정치를 선전하고 다니던 친일 미국인 스티븐스를 3발의 총알로 단죄하였다. 이는 미주지역 독립운동의 시발점이자 미주독립운동 사상 최초의 의열투쟁으로 기록된다. 스티븐스를 암살한 직후 현지 경찰에 체포된 장인환 의사는 살인죄가 적용돼 25년 형의 금고형을 선고받았고 전명운 의사는 증거 불충분으로 보석 석방 됐다. 장인환 의사는 1919년 가석방되어 미국에서 활동하다가 1930년 사망하였다. 전명운 의사는 세탁소를 운영하고 딸 2명을 고아원에 맡기는 경제적 어려움이 있었지만 한인 동포들을 대상으로 애국 강연을 하면서 군자금을 모아 상해 임시정부에 지원하는 등 항일활동을 펼치다 1947년생을 마감하였다.

◀ **전명운 의사 묘**
서울 국립현충원 독립유공자 묘역.

안중근 의사는 1906년 서전학교를 운영하던 이상설의 문하생이 되기 위해 간도로 갔으며 1907년 연해주로 이동하여 독립운동을 시작하였다. 안 의사는 1908년 연추에서 최재형, 이범윤 등과 애국 독립단체인 동의회를 조직하였으며 동의회의 의병부대인 동의군 우영장이 되었다. 안 의사는 함북 경흥의 홍의동 등지에서 일본군과 전투를 벌여 수차례 승리를 거두었다. 하지만 회령 영산전투에서 스파이의 거짓 안내와 병력 열세 등이 겹쳐 결국 패배하고 동료 우덕순은 일본군에 포로가 되었으며 자신과 몇몇 동료들만 목숨을 건져 가까스로 후퇴하였다. 안 의사는 패배를 자책하고 절치부심하던 1909년 2월 26일 연추 하리에서 동지 11인과 단지(斷指)를 결행하였으며 동의단지회(同義斷指會, 斷指同盟)를 결성하였다. 이와 함께 결정적 의열활동을 모색하던 중 안중근은 1909년 10월『대동공보』를 통해 이토 히로부미가 러시아 코콥초프와 협상을 위해 하얼빈에 온다는 소식을 접하자 이토를 제거할 결심을 하였다. 안중근 의사는 동지 우덕순과 확실한 거사성공을 위해 최고 성능의 권총을 확보한 뒤 차이쟈거우역에서 우덕순 일행이 1차 거사, 자신은 하얼빈역에서 예비 2차 시도를 하는 계획을 수립하였다. 하지만 10월 26일 거사 당일 우덕순 일행은 러시아의 삼엄한 역 폐쇄조치로 거사에 실패하였고 기차는 하얼빈역에 도착하였다. 오전 9시 30분경 안중근은 코콥초프의 안내를 받으며 의장대를 사열하던 이토 히로부미에게 3발의 총을 발사하여 그의 가슴과 옆구리와 복부에 명중시켰다. 그리고 에스페란토어로 "코레아 우라(대한제국 만세)"를 삼창하고 체포되었다. 안중근 의사 의거는 일제의 한국 침략을 전 세계에 알린 역사적인 사건으로 한민족의 울분을 한꺼번에 쏟아내며 항일운동을 재촉발하는 기폭제가 되었다. 안 의사는 일제의 압력과 방해로 러시아에서 재판을 받지 못하고 뤼순의 일제 고등재판소에서 재판을 받았다. 안 의사의 재판은 일제 고등재판소가 일본정부로부터 극형에 처하라는 지시를 미리 받고 진행한 형식적이고 불공정한 재판이었다. 안 의사는 1910년 2월 14일 일제의 사형언도에 목숨을 구걸하지 않겠다는 의도로 항소하지 않았으며 3월 26일 교수형으로 순국하였다. 일세는 안 의사의 사형집행 후 가족들의 요구에도 불구하고 시신을 가족에게 인계하지 않았으며 매장지를 비밀에 부쳤다. 이후 안 의사의 유해를 찾으려는 국가적인 노력은 계속되었으며 2008년에는 남북공동으로 안중근 의사의 유해발굴을 위한 조사가 실시되었으나 별 성과가 없었다. 현재 안중근 의사의 묘지는 효창공원 열사릉에 가묘로 유지되고 있다. 안중근 의사의 일생과 애국심을 기념하는 안중근 의사 기념관이 일제의 조선신궁 터가 위치했던 남산에 위치하고 있으며 안중근 의사의 제사를 모시는 사당으로 장흥에 해동사가 있다. 안중근 의사의 수감 및 재판 기간 중 일부 일본 검사·변호사 및 간수들도 그의 기개와 인품을 존경하게 되었다고 전해진다. 지금도 일본 미야기현 구리하라시 대림사에는 안중근을 존경했던 간수 지바 도시치와 안중근의 위패가 나란히 모셔져 있다. 안중근은 옥중에서 "위국헌신(爲國獻身) 군인본분(軍人本分)"이라는 유묵을 써서 지바에게 주었고 지바는 이를 평생 소중히 간직했다. 본 유묵은 1980년에 한국에 반환되어 보물로 지정되었다.

① **남산 안중근 동상**　서울 중구 남대문로5가.
② **효창공원 열사릉**　서울 용산구 효창동. 좌로부터 안중근, 이봉창, 윤봉길, 백정기.
③ **장흥 해동사**　전남 장흥군 장동면 만년리. 해동사 현판은 이승만 대통령 친필.

지우 : 안중근 의사와 이토 히로부미 공히 '동양평화론'을 제안하였는데
두 사람 모두 평화적이지 않은 죽음에 이른 것은 역사의 아이러니
처럼 보이는데요?

아빠 : 역사의 아이러니보다는 평화의 공동체를 이루려는 숭고한 자가 평
화의 탈을 뒤집어쓴 국수주의자를 죽음으로 심판했다고 설명하고
싶네. 안중근은 동아시아 3국이 공동방위체제를 유지하고 상호 협
력하여 발전함으로써 아시아 전체가 진정한 평화공동체로 성장하
는 이상을 갖고 있었어. 이때 동양 각국의 완전한 독립과 주변국과
평화공존은 전제조건인 셈이지. 안중근 의사는 이토가 표면적으
로 동양평화를 내세우고 있지만 일본우선주의를 위장한 것으로 한
국의 국권을 침탈하고 침략주의로 전환할 것이 분명하다고 판단한
것이야. 이토를 죽음으로 심판함으로써 진정한 평화의 의미를 알
려준 것이지. 혹자는 당시 안중근의 포부가 비현실적이고 관념적
이라고 평가할 수 있겠지만 100년 이상의 시간이 흐른 지금 동북
아의 국제정치가 여전히 평화공존을 갈망하고 있음은 그가 추구한
정치적 가치가 여전히 필요한 것임을 증명하고 있다고 봐.

이재명 의사는 평양 출신으로 1904년 하와이 사탕수수 노동자로
이주하였으나 1906년 3월 샌프란시스코로 이동하여 안창호가 조
직한 독립운동단체인 공립협회(共立協會)에 가입하면서 민족의식이
투철해졌다. 1907년 7월 헤이그에 고종의 밀사로 파견된 이준이 울
분을 이기지 못하고 죽었다는 소식을 접한 뒤 공립협회에서는 매국
노의 숙청을 결의하였고 침략의 원흉과 친일파 매국노를 없애기 위

우물로 본 조선역사

① **명동성당 의거지 표석**   서울 중구 명동 2가.
② **대한의원(서울대학교 의대 박물관)**   사적. 서울 종로구 연건동.

해 그해 가을 귀국하였다. 1909년 1월 초대 통감인 이토 히로부미가 순종과 함께 평양부를 방문하기로 하였을 때 암살을 계획하였으나 안창호의 만류로 실행에 옮기지 못하였다. 1909년 10월 26일 만주의 하얼빈역에서 이토 히로부미가 안중근의 저격으로 죽자 친일 매국노 이완용, 이용구, 송병준을 처단하는 것으로 목표를 선회하였으며 이재명이 이완용, 김정익은 이용구, 이동수가 송병준을 담당하기로 결정했다. 1909년 12월 22일 서울 종현 천주교회당(명동성당)에서 이완용이 벨기에 국왕 레오폴드 2세 추도식에 참석한다는 정보를 수집한 이재명 의사는 변장하고 기다리다가 11시 30분경 인력거를 타고 지나가던 이완용을 칼로 급습하였다. 인력거꾼은 사망하였고 중상을 당한 이완용은 대한의원에서 당시로서는 최고 수준의 치료와 대수술을 받은 뒤 구사일생으로 살아남았다. 하지만 이후 이완용은 부상의 후유증으로 17년을 고생하다 1926년 사망하였으며 이재명은 사형선고를 받고 1910년 9월 30일 순국하였다.

조선의 종말

경술국치

1907년 헤이그 밀사파견을 빌미로 고종 황제를 강제 퇴위시킨 일제는 정미조약을 맺음으로써 실질적인 대한제국 병합의 효과를 달성하였다. 이토가 당장 병합을 실시하지 않은 것은 한국의 격렬한 저항이 예상되었고 미래 외국의 간섭과 영향력을 완전히 배제하기 위해서는 일본의 보호통치 아래 한국민늘 스스로가 열복(悅服)하여 식민자치를 완성해야 한다고 믿었다. 이토는 시정개선이라는 명목 하에 일본이 기대하는 한국의 변화를 시도하였다. 하지만 정미의병의 움직임은 잦아들지 않았고 동요된 민심을 진정시켜 이토가 추진하는 시정개선 정책에 동참시키기 위해서는 순종황제가 한국민들과 직접 만나는 이벤트가 필요하다고 판단하였다. 이토는 순종황제와 함께 남행과 서행이라는 순행(巡幸)을 떠난다. 남순행은 조선의

왕으로서는 처음 있는 일이었으며 경성-대구-부산-마산을 1909
년 1월 7~13일까지 돌아보는 6박 7일의 일정이었다. 순종은 남순
행에서 환어한 지 불과 2주 만에 1월 27일~2월 3일까지 7박 8일간
개성-평양-의주 등지로 서순행에 나섰다. 순행과정을 통해 이토가
기대했던 효과가 일부 나타나기도 했다. 순종이 단발한 모습을 보
고 단발에 적극 참여하는 한국인들이 늘어났다. 하지만 수만 명이
운집하면서 우리의 황제를 보호하겠다는 충군의식이 고조되는 예
상하지 못한 현상이 벌어진 것이다. 특히, 부산에서 순종이 일본의
선박에 탑승했을 때 한국인들의 목선 50척이 선박을 포위하는 상
황이 발생하였다. 일본이 순종을 일본으로 납치하려는 것을 저지하
겠다는 의도였다. 이토는 한국의 보호통치를 통한 점진적 병합이
쉽지 않음을 느꼈을 것으로 판단된다. 이토가 공식적으로 한일병합
의 의사를 표명한 것은 1909년 4월 10일로 알려져 있다. 도쿄에서
가쓰라 수상이 고무라 외상과 함께 이토에게 한국병합의 의사를 묻
자 반대할 것이라는 예상과 달리 동의를 했다는 것이다.

◀ 순종황제의 대구 방문 기념동상
대구 중구 달성동. 달성공원 앞.

지우 :   순종의 남행 출발점이 된 대구 달성공원 앞에 순종의 동상이 세워

진 것에 대해 비판적인 시각이 있다고 들었어요.

아빠 :   비판적인 입장에 대해서 인정되는 부분이 있지. 순종이 무기력하

게 대한제국의 몰락을 지켜보았는데 조선왕조의 다른 업적이 있는

왕들도 세우지 않는 동상을 세운 것에 대한 합당한 이유를 설명하

기가 어려운 것이지. 다만 우리의 어두운 역사 부분도 잘 유지해서

미래의 초석으로 삼는다는 뜻으로 동상제작에 나선 기본 취지는

이해가 되지만 사전에 충분한 공론을 거쳐 남행을 통해 확인된 한

국인들의 주권에 대한 열망을 표현하는 조형물 프로젝트로 진행되

었으면 하는 아쉬움은 분명히 있어.

  일본정부는 1910년 5월 30일 평소 한국합병을 촉구하던 데라우

치 육군대신을 한국의 통감으로 부임시켜 의병전쟁을 신속히 종결

한 후 한국합병을 이루도록 지시하였다. 이토는 1909년 6월 14일

사임하고 추밀원 원장으로 자리를 옮겼다. 데라우치는 부임하자

전국을 사실상의 계엄 상태로 몰아갔으며 이완용을 앞에 내세워

한일합병을 신속히 추진하였다. 이완용은 1910년 8월 22일 창덕궁

대조전에서 순종을 모시고 내각 회의를 열어 일본과의 병합 조약

을 보고했다. 보고를 받은 순종은 이완용에게 전권위원으로 임명

하는 위임장을 써주었다.

▲ **대조전과 흥복헌** 이완용의 전기에는 순종을 흥복헌에서 만나 전권위임장을 제수한 것으로 기록. 좌측이 대조전, 우측이 흥복헌. (출처 : 문화재청, www.hritage.go.kr)

위임장을 제수한 이완용은 왜성대 통감 관저로 가서 미리 준비한 조약문에 빼돌린 황제의 도장을 날인하였다. 한일 양국의 최고 통치자가 조칙을 반포해야 하는 관계로 날인 1주일 뒤인 8월 29일 순종황제의 이름으로 한일병합이 공포되었다. 반면 을사늑약 및 정미조약 당일과 달리 대한제국은 조용하였다. 일제 통감부가 철저히 강제병합에 관한 사항을 비밀로 하고 언론과 단체의 활동을 제약한 관계로 한국인들은 나라가 망하는 것을 알 수 없었다. 뒤늦게 강제병합을 알아차린 한국인들의 분노와 절망은 극에 달했고 관료들과 지식인들은 자결로써 강제병합의 부당함을 전 세계에 알리고자 했다. 금산군수 홍범식, 주러시아 공사 이범진, 승지 이만도·이재윤, 환관 반학영, 유생 김도현 등이 자결을 통해 순국하였다. 또한 애국지사이자 역사가인 매천(梅泉) 황현도 절명시 4수를 남기고 순국하였다.

◀ **황현 생가**

　현충시설. 전남 광양시 봉강면
석사리.

◀ **구안실(苟安室)**

　전남 구례군 간전면 만수동.
1895 건립. 최근 복원.
매천 강학의 공간으로
16년간 거주.

◀ **매천**

　황현이 자신의 호를 매천으로
정하게 된 구안실의
매화나무 밑 우물.

3장

부활의 움직임

경술국치 이후 독립활동

경술국치 이후 국내에서 활동하던 의병들은 독립활동을 계속하기 위해서 비밀결사를 조직하였다. 그중에서 가장 대표적인 조직은 고종 황제의 밀칙을 받고 결성된 대한독립의군부였다. 을사늑약에서 최익현의 의병부대에 참여했던 임병찬·곽한일 등 유림세력과 13도 창의군을 주도했던 허위의 병력으로 구성되었다. 대한독립의군부는 독립선언을 발표하고 타국과 외교적 협력을 강화한다는 과거 고종과 유생들의 방식을 계승하고 있었으며 군대를 양성해서 무력으로 국권을 되찾겠다는 거병의 계획을 갖고 있었다. 하지만 대한의군부에 속했던 김재구가 1913년 3월 체포되면서 조직의 실체가 드러났으며 경기도와 충청도 지역의 소속원들이 다수 체포되었다. 하지만 핵심 인물들과 임병찬이 지휘하는 전라도

▲ **의병장 임병찬 유적지** 전북 기념물. 전북 정읍시 산내면 종성리. 고종 30년 (1893) 400m 산지에 의병진지를 구축.

세력이 생존하여 조직을 재건함으로써 1년 후 다시 활동에 들어갔다. 그러나 활동은 오래가지 못하였다. 1914년 5월 조직원들이 자금모집을 하는 과정에 일제에게 다시 조직이 발각되고 임병찬마저 체포되어 거문도로 이송된 후 스승 최익현과 마찬가지로 단식으로 순국하였다. 대한독립의군부의 와해는 위정척사의 전통을 유지하면서 전제군주정을 복원하겠다던 유생 중심의 의병 창의와 관련 활동이 국내에서 종식되는 계기가 되었다.

　의병활동이 사라졌다고 해서 국내에서 독립운동을 위한 무력투쟁이 완전히 종식된 것은 아니었다. 1915년 대구 달성공원에서 전제군주정, 즉, 척사위정이 아닌 공화주의를 내세운 대한광복회가 1910년대를 대표하는 국내 독립운동단체로 발족한다. 대한광복회는 풍기광복단과 조선국권회복단을 통합해서 만든 단체로 총 사령관 박상진의 노력으로 탄생할 수 있었다. 박상진은 서울 진공 작전의 참모장이던 허위의 제자로 양정의숙에서 법과를 수료하고 1910년 판사시험에 합격하였지만 병합된 나라의 관료가 되는 것을 거부하였다. 박상진은 1911년 만주에서 허위의 형인 허겸 등 독립운동가와 교류하던 차에 신해혁명을 목격하고 공화주의가 민족이 추구해야 할 가치라는 신념을 가지게 되었다. 박상진은 1912년 대구에서 상덕태상회라는 곡물상회를 열어 독립운동 자금원을 만들었으며 이곳을 국내외 연락망의 거점으로 삼았다. 또한 박상진은 1913년부터 구한말 의병활동 했던 인사들이 풍기광복단을 결성하여 이미 활동하고 있는 상황에 주목하였다. 박상진은 1915년 독립군 지원을 목표로 대구에서 조선국권회복단이 결성되자 여기에 참여했으며 풍기광복단과 제휴하여 대구 달성공원(대구 관아)에서 대한광복회를 조직한다. 대한광복회는 중국에 군사학교를 설립하

① 대한광복단 기념관   경북 영주시 풍기읍 산법리. 풍기광복단은 1913년 채기중을 중심으로 결성.
② 관풍루(觀風樓)   대구 중구 달성동. 선조 34년(1601) 경상감영의 정문누각으로 건립. 광무
10년(1906) 달성공원(대구읍성 해체 후) 지역으로 이동. 1973년 복원.

여 독립군을 양성하며 기회가 포착되면 무력전쟁으로 민족독립을 쟁취한다는 실천 강령을 갖고 있었다. 행동강령으로 비밀·폭동·암살·명령의 4개 항목을 설정하였으며 세금 및 금광 수송마차 탈취, 친일 지주와 부호 척결 등을 감행하였다. 1918년 조직이 발각되어 총사령관 박상진 등 5명은 사형을 언도받아 순국했지만 우재룡 등 일부 회원들은 만주로 탈출하여 암살단을 재결성하였다. 대한광복회는 활발한 의열투쟁을 통해 민족에게 독립의 희망을 주었으며 공화주의체제의 독립국가를 달성하기 위한 무력투쟁이라는 독립운동의 방향성을 제시한 역사적 단체였다.

▲ **박상진 의사 생가와 동상** 울산 북구 송정동.

우물로 본 조선역사

① **석오 이동녕 생가와 우물**　충남 기념물. 천안 동남구 목천읍 동리.
② **이동녕 친필 휘호**　산류천석(山溜穿石 : 산에서 흐르는 물이 바위를 뚫는다), 노력하
　　　　　　　　　　　면 일본은 패망하고 한국의 독립은 반드시 이루어진다는 의미.

　1910년 이후 수많은 독립운동가들은 국권을 회복하겠다는 일념
으로 고국을 떠나 간도 및 연해주로 이주했다. 석오 이동녕은 안창
호·양기탁 등과 함께 1907년 신민회를 조직하고 안창호·이회영과
함께 민족교육에 매진하다가 경술국치 이후 서간도로 망명하여 유
허현 삼원보에서 이회영·이상룡 등과 경학사라는 자치조직을 만
들어 이주민의 생활안정과 독립기반 마련에 주력하였다. 이주민들
의 성공적인 정착 소식을 듣고 고국에서 많은 이주민이 몰려들자
이동녕과 이주민들은 경학사를 중심으로 부민단을 세웠고 1911년
민족교육과 군사교육을 위한 신흥강습소를 설립하였다. 초대 교
장은 이동녕이 맡았으며 신흥강습소는 이후 신흥중학교로 개편되
었고 3.1 운동 이후에는 신흥중학교 입교자가 더욱 증가되자 유허
현 고산자로 자리를 옮겨 신흥무관학교로 확대·개편되었다. 1920
년 신흥무관학교는 내부적인 문제로 폐교되었지만 배출된 졸업생
2천 100명은 청산리 전투 등 주요 독립전쟁을 수행함과 동시에 의
열단 및 한국광복군의 주축이 되었다. 이동녕은 임정 26년 역사에

▲ **신흥무관학교 상징 조형물**   이회영 기념관 로비.

서 13년간 수반을 역임한 역사적 인물이며 백범 김구가 가장 존경
한 임시정부의 정신적 지주였다.

　이동녕과 함께 신흥강습소를 세운 우당 이회영과 석주 이상룡은
노블레스 오블리주를 몸소 실천한 민족의 지도자였다. 이회영 일
가는 영의정 이항복의 후손으로 대대로 명문가의 명성을 떨쳤다.
경술국치로 나라가 망하자 이회영 일가의 일곱 형제 중 여섯 형제
가 일가족을 50명을 이끌고 험난한 서간도 생활을 기꺼이 선택하
였다. 서간도 이주민 사회의 경제적 기반은 이회영 일가와 이상룡
일가에 의해 일정 기간 유지되었다고 해도 과언이 아니다. 이회영
은 서간도 독립활동의 연장선에서 임시정부에서 활동하였지만 그
시간은 그리 길지 않았다. 기간이 짧았던 이유는 그가 임정의 독립

운동 동지들이 대통령 혹은 국무회의 수반 등의 자리를 놓고 경쟁함으로써 단결과 투쟁이 약화될 것을 염려하였기 때문이다. 동시에 만인의 자유와 권리를 외치는 아나키즘 사상에 심취하여 험난한 투쟁의 길을 망설임 없이 택하였기 때문이다. 이러한 선택으로 이회영 일가에게는 인간적으로 참기 힘든 고통의 나날이 계속되었다. 형 이석영과 동생 이호영은 일제의 탄압으로 순국하였고 본인은 일제의 표적이 되어 항상 불안과 고통의 날을 보냈다. 이회영은 이러한 어려움에 굴하지 않고 마지막까지 중국 다롄 지역에 새로운 독립거점을 만들려 노력했으나 밀정들의 밀고로 체포당한 뒤 4일 만에 고문으로 옥사하였다. 한편 가족들도 그 어려움을 피할 수 없었는데 이회영의 전 재산은 독립운동 8년 만에 바닥나 아들 이규창의 자서전에 따르면 "일주일에 3번 밥을 하면 운수가 대통"이라고 할 정도로 궁핍한 생활을 했다.

① **이회영 집터 동상** 명동성당 맞은편 골목.
② **이회영 기념관** 서울 중구 주자동. 남산 예장공원.

▲ **임청각 군자정과 연지** 보물. 경북 안동시 법흥동. 임청각 현판은 퇴계 이황의 친필.

　이상룡은 경북 안동에서 99칸의 대저택 임청각에서 평온하고 여유로운 삶을 보낼 수 있는 당대 부호였다. 하지만 을미사변과 단발령을 겪으면서 의병활동에 참여하고 지역 혁신 유림 인사들과 협력하여 인재양성 및 애국계몽운동에 헌신하기 시작하였다. 경술국치 후 신민회가 서간도에 독립군 기지 계획을 수립해 둔 것을 전해 듣고 1911년 1월 임청각을 포함한 전 재산을 정리하여 유허현으로 이주하였다. 이동녕, 이회영 등과 독립군 양성에 힘썼으며 이후 임정의 군사기구인 서로군정서가 조직되자 대표를 맡아 국내 진공작전을 진두지휘하게 되었다. 임시정부가 이승만을 탄핵하고 대통령제를 국무령제로 변경하자 초대 국무령에 취임하기도 했다. 그러나 임시정부가 항일 무장 투쟁에 소극적인 모습을 보이자 국무령

▲ **임청각 우물방**　　　정승이 난다는 기운의 우물 앞에 위치한 방.

직을 사임하고 간도로 돌아와 독립운동의 최전선에서 분골쇄신하였다. 1932년 만주에서 독립이 되기 전에는 절대 당신의 시신을 고국에 가져가지 말라는 유언을 남기고 순국하였다. 이상룡의 아들이준형은 아버지의 유고(遺稿)를 안고 귀국하였으나 10년 동안 친일을 강요하는 고문과 협박에 시달렸다. 1942년 이준형은 아버지의 문집인『석주유고』의 정리를 마치자 일제 치하에서 삶의 치욕을 그만하겠다는 유서를 남기고 자결하였다. 이상룡의 고택인 임청각은 일제가 의도적으로 기찻길을 내어 허리를 잘라놓았지만 수많은 독립열사들이 묵은 군자정 등을 통해 이상룡의 시대정신을 확인할 수 있다.

이시영은 이회영의 동생으로 을미사변 이후 관직에서 떠났으나 고종 광무 9년(1905) 외부 교섭국장에 임명되었다. 을사늑약이 체결되어 바로 사직하였지만 1906년 평안남도관찰사, 1907년 중추원 의관, 1908년 한성재판소장 등을 역임하게 되고 안창호·전덕기·이동녕·이회영 등과 비밀결사 신민회를 조직하여 국권회복운동을 전개하였다. 경술국치 이후 이시영 여섯 형제들은 함께 서간도 유허현으로 가족을 동반하여 망명하였다. 이동녕, 이회영, 이상룡과 함께 경학사와 신흥강습소의 설립을 주도했으며 1912년 통화현 합니하에 토지를 매입해 신흥강습소를 신흥무관학교로 확대 발전시켰다. 이후 3·1 운동이 일어나자 상해로 이동하여 임시정부의 초대 법무총장과 재무총장, 국무위원 등을 역임하였다. 이시영의 여섯 형제 중에 유일하게 생존하여 해방된 조국에 귀국하였으며 대한민국 초대 부통령에 당선되었다.

▲ **이시영 동상**　서울 중구 예장동. 남산공원.

3.1 만세운동과 대한민국 임시정부

월슨 미 대통령은 1차 세계대전 연합국과 싸웠던 독일·오스트리아·터키 등에 속해 있던 식민지 국가들의 독립을 위해 민족자결주의를 내세웠으며 일본의 식민통치하에 있던 우리에게는 독립의 복음으로 받아들여졌다. 동경의 유학생들은 1919년 2월 8일을 기하여 재일 동경 조선독립청년단 명의로 독립선언서를 최초로 발표하였다. 한편 중국의 신한청년당에서는 2월에 민족대표로 김규식을 파리 강화회의[33]에 파견하였다. 국내에서는 손병희 등 민족지도자 및 청년학생층이 민족독립을 요구하는 민중운동 전개 계획을 세웠다. 특히, 천도교 손병희는 파리강화 회의에서 약소민족 문제가 논의될 것으로 예상하고 독립운동 3대 원칙을 수립한 뒤 기독교·불교·유림 등의 인사들과 접촉하여 독립에 대한 의견을 교환하였다. 이러던 중에 고종 황제가 갑작스럽게 승하하고 독살설이 제기되자 민족 자주의 독립에 대한 열의가 한층 고조되었다. 천도교 측은 각 종교단체와 교섭을 통해 민족대표 33인을 선정하고 태화관에서 민족대표들의 독립선언을 3월 1일에 하기로 결정하였다. 최남선이 작성한 독립선언서 원고는 보성사인쇄소에서 2월 27일 밤 21,000장이 인쇄되어 경성을 비롯한 전국으로 배포되었다. 일제 경찰은 민족대표들이 태화관에 모여 있다는 첩보를 입수하여 1919년 3월 1일 오후 2시경 태화관을 포위하였다. 민족대표들은 한용운의 간단한 식사(式辭)를 듣고 그의 선창에 따라 대한독립만세를 삼창 후

① **태화관 터**　서울 종로구 인사동.
② **33인 기념비**　충남 홍성군 결성면 성곡리. 만해 한용운 생가 기념조형물. 33인의 성함과 사진.
③ **탑골공원 팔각정**　서울 유형문화재. 서울 종로구 종로 2가. 광무 6년(1902) 건립 추정.

일제에 연행되어 갔다. 종로 탑골공원에 모인 군중들은 33인 민족
대표가 공원행사에 참석할 수 없음을 알고 경신학교 졸업생 정재
용이 팔각정 단상에서 독립선언서를 낭독하였다. 이에 참가한 학
생 및 시민들과 지방에서 고종 황제의 국장을 보러 온 사람들이 합
세하여 공원에 대한독립만세의 소리가 메아리쳤다. 곧이어 이들의

평화적이고 비폭력적인 시위행진은 보신각, 덕수궁 등지에 출발한 행진 대열과 맞물려 경성 시내 곳곳으로 퍼져나갔다.

3.1 독립만세운동은 경성뿐만 아니라 평양·진남포·안주·의주·선천·의주 등 대체로 경성 이북 지방의 여러 도시에서 유사한 형태로 발생하였다. 군산은 한강 이남에서 최초로 3·1 만세운동이 일어난 곳으로 영명학교와 예수병원, 구암교회 등이 주축이 되어 만세운동을 일으켰으며 전국으로 만세운동을 전파하는 도화선이 되었다. 3.1 운동 100주년 기념관은 군산 독립만세운동의 역사성을 널리 알리고 목숨 바쳐 독립운동을 한 선조들의 고귀한 나라사랑 정신을 기리고 있다.

▲ 3.1 운동 100주년 기념관(군산 근대역사박물관)
　전북 군산시 구암동. 구암 역사공원 내 위치하며 영명학교를 재현.

3월 1일 이후 3월 3일 고종의 인산일까지는 별 만세운동의 움직임이 없었으나 3월 5일부터 만세운동이 재개되었다. 총독부는 시위를 진압하기 위해 병력을 증원했고 경성의 경우 3월 26일부터 계엄령이 발효되었다. 각 지방의 만세시위는 주로 장날 인파가 운집할 때 진행되었고 3월 말부터 4월 초에 정점을 이뤘다. 일본의 통계에 의하면 전국 232개 부·군 가운데 218개 부·군에서 시위가 발생하였으며 1919년 한 해 동안 약 200만 명이 참여하였다고 한다. 일제는 만세운동을 강경진압으로 대응했으며 이로 인해 많은 한국인의 희생이 발생하였다. 가장 대표적인 사례가 아우내 만세운동 참사와 제암리 학살사건이다. 유관순 열사는 경성에서 시작한 3.1 만

▲ **이화학당 유관순 우물(빨래터)**　서울 중구 정동. 이화여고 교정 내.

세운동에 참가했다가 일제에 의해 다니던 이화학당이 폐쇄되자 고향인 충청남도 목천 아우내로 내려와서 학교와 교회를 방문하여 만세운동의 필요성을 역설하였다. 유관순은 4월 1일 아우내 장터에 약 3천 명의 군중이 모이자 태극기를 나눠주고 만세시위를 주도하였다. 하지만 곧바로 일제 경찰에 체포되었으며 시위에 참가했던 군중 가운데 19명이 사망하고 30명이 부상당하는 불행한 일이 발생하였다. 사망자에는 유관순의 부모님도 포함되어 있었다. 체포된 유관순은 징역 5년 형을 선고받고 공주 형무소를 거쳐 서대문 형무소에 수감되었다. 유관순은 옥중 고문과 협박에도 굴하지 않았고 1920년 3월 1일에는 옥중만세 시위를 전개하여 수감자 3천 명과 형무소 주변을 지나가던 시민들의 호응을 이끌어 내기도 했다. 이로 인해 유관순은 더 혹독한 고문을 받았고 영양실조가 겹쳐 1920년 9월 28일 서대문 형무소 옥사에서 순국하게 된다.

① 유관순 생가   사적. 충남 천안시 동남구 병천면 탑원리.

② 유관순 초혼묘(招魂墓)   탑원리 매향산 중턱. 이태원 공동묘지에서 미아리 공동묘지로 이장 과정에서 시신의 망실로 유골 없이 혼백을 모시는 묘.

◀ 제암리 교회와 기념관
경기 화성시 향남읍 제암리.

　한편 제암리 학살사건은 1919년 4월 5일 발안 장터에서 일어난 만세운동과 관련이 있다. 발안 장터에 군중이 모이자 제암교회를 다니던 청년들이 독립만세와 시내행진을 주도하였다. 이에 일본군은 착검한 상태로 강경 진압 하였는데 와중에 제암교회 청년 김순하가 부상을 입게 된다. 제암리 주민들은 일제의 비인도적 행동에 분개하여 매일 밤 뒷산에 올라 봉화를 올림으로써 일본군을 규탄하였다. 일제 군경은 4월 15일 오후 2시 발안 시위과정에서 발생한 불미스러운 일을 사과하는 의미에서 제암리 교인과 마을 주민들을 교회당에 모이도록 부탁하였다. 마을사람들의 기대와 달리 아리타 헌

▲ **제암리 합동묘** 제암리 3.1 운동 유적지.

병중위는 교인과 주민들이 교회당 안에 모이자 정문과 창문에 못질을 하여 봉쇄한 뒤 석유를 뿌려 방화 살인을 자행하였으며 교회당 주변 초가집까지 불태웠다. 이로 인해 교회당 내부에서 21명, 외부에서 2명 총 23명이 사망하였으며 인근 33채의 가옥도 불에 탔다. 일제 군경은 여기서 멈추지 않고 인근 고주리 마을로 이동하여 천도교도 6명을 살해하고 시체를 소각하는 등의 만행을 이어갔다. 이러한 일제의 만행은 국내 거주 외국인들에게도 알려졌으며 캐나다 선교사 스코필드(Frank W. Schofield)는 직접 만행의 현장을 찾게 된다. 스코필드는 교회당에서 주민 21명이 기도를 올리다 불타 죽은 현장을 보고 공분하게 된다. 그는 「제암리 학살」이라는 보고서를 작성하여 상해에서 발간되던 영자신문『상하이 가제트(The Shanghai Gazette)』1919년 5월 27일 자에 게재하였고 세계는 일본의 식민지 탄압의 실체를 낱낱이 알게 되었다. 반면 아리타 헌병중위는 일본 군법회의에서 조선총독부와 일본정부의 훈시 명령을 오해하여 제암리 학살사건을 저질렀으므로 무죄라는 면제부의 판결을 받았다.

◀ 제암리 스코필드 기념동상
제암리 3.1 운동 유적지.

◀ 스코필드 묘소
서울 국립현충원 독립유공자 묘역
(외국인 최초 국립묘지 안장).

역사학자 박은식은 『한국독립운동지혈사』에서 일제의 학살과 만행으로 인해 희생된 만세운동자의 구체적인 통계를 제시하였다. 3월 1일부터 5월 말까지 피살자 7,509명, 부상자 15,961명, 피검자 46,948명, 교회당 47개, 학교 2곳, 민가 715호가 불탄 것으로 적고 있다.

지우 : 3.1 운동을 한국인의 평화적이고 비폭력적인 대일 시위활동으로
단순 규정하는 것이 현재를 살아가는 우리들에게 필요한 인식일
까요?

아빠 : 비교적 긴 시간에 발생한 전국적 시위의 성격을 단순화하는 것은
어렵기 때문에 본래 평화적이고 비폭력적이었던 대일 시위가 시간
과 장소를 달리하면서 변화된 성격의 활동도 있었다고 포괄적으로
이해하는 것이 좋지 않을까? 만세운동 초기 종교계 및 학생들이 운
동을 주도하였지만 차차 농민과 노동자로 그 이후에는 어부, 인력
거꾼, 기생, 해녀에 이르는 한국의 전 계층이 자발적으로 참여하는
상황으로 확대된 셈이지. 일부에서 3.1 운동이 평화적이지 않았다
고 주장하는 것은 만세운동 초기 3월 1일부터 4월 30일까지 시위
형태의 30%가 폭력성을 띄었던 것은 근거로 들고 있다고 봐. 하지
만 그때 목격된 폭력성은 그만큼 일제가 무력으로 진압하는 데 대
한 대응적 성격이 있었다는 것을 반증하는 것이기도 하지. 또한 폭
력시위 참가자의 대부분이 농민이었다는 것은 식민지주제의 최대
피해자인 농민들이 만세운동이라는 연대를 통해 조금이나마 생존
문제를 해결하려 했던 것으로 이해할 수 있어. 만세운동의 성격을
단순히 평화적이고 비폭력적으로 규정하는 것은 우리 선조들의 정
신적 가치를 고양하고 현재 우리에게 자랑스러운 유산일 수 있지
만 당시 일부 한국인들이 단호하게 대응한 것이 일제에게는 매우
충격적이었고 통치 스타일을 변경하는 유인(誘因)이 되었다는 점
도 함께 생각해 볼 필요가 있지.

지우 :   그렇다면 3.1 운동이 일본과 우리에게 어떤 변화를 가져왔는지 궁금하네요.

아빠 :   일본은 국제사회로부터 식민정책에 대한 비난을 모면하는 동시에 한국인을 회유할 필요성을 느낀 거야. 소위 무단정치에서 문화정치로 식민정책의 접근 방향을 변경한 것이지. 표면적으로는 헌병경찰을 보통 경찰로 전환, 전근대적인 태형제도 폐지, 언론탄압 완화, 학교교육 확산, 회사령 개정 등을 추진했으나 근본적으로 한국의 식민지 고착이라는 데는 변함이 없었어. 국제사회도 일본의 야만적 행위에 분노하고 한국인을 동정했지만 일본의 가시적인 행동변화에 만족하고 국제정치적 변화의 필요성에는 공감하지 않았다고 봐. 반면에 우리 민족에게는 3.1 운동이 커다란 의미로 다가왔으며 민족해방의 큰 걸음을 내딛게 된 셈이지. 먼저 3.1 만세운동을 통해 전 세계인들에게 한국인의 인식을 새롭게 하였으며 한국인이 민족자결주의 원칙에 따라 독립하고 인류 평등 정신을 구현하겠다는 높은 이념적 가치를 제시한 것이야. 다음으로 강력한 독립투쟁의 체제적 구심점이 되는 대한민국 임시정부를 탄생시켰어. 또한 한국인 모두가 물산장려, 소비절약, 민족기업 건설, 독립활동 등 구체적인 행동의 방향을 설정함으로써 대한제국의 광복을 향한 구체적이고 실질적인 행동에 돌입했다고 평가할 수 있지.

　　3.1 운동이 발생한 지 1달을 전후로 하여 중국과 연해주 등 국외 2곳, 국내에서는 4곳에서 대한민국 임시정부 수립을 선포하였다. 제일 먼저 임시정부를 수립한 곳은 연해주 블라디보스토크였다.

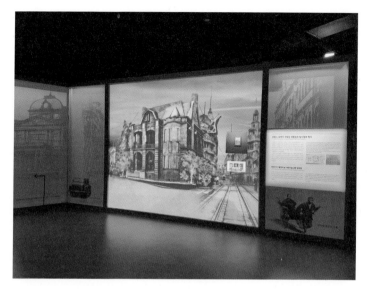

▲ **대한민국 임시정부 기념관**　서울 서대문구 현저동.

대한국민의회정부는 1919년 3월 17일 수천 명의 군중을 모아 독립
선언식과 독립선언서를 낭독한 뒤 시가행진을 하였으며 선언서를
각국 영사관으로 보냈다. 미국과 프랑스 영사들의 동의를 얻었으
며 러시아 국민들도 대한국민의회정부의 발족을 환영하였다. 3월
27일에는 한족회 중앙총회 회장이었던 문창범을 국민회의 회장으
로 추대하고 정부각원도 선임하여 발표하였다. 중국 상하이에서는
대한제국의 독립을 위해 신한청년단과 동제사(同濟社) 등이 이미 임
시정부 수립을 논의하고 있었으며 1919년 4월 10일에는 각 지역과
단체를 대표하는 지도자 29명이 모여 구체적인 절차로서 임시의정
원 구성을 논의한 뒤 57명의 의원을 선출하였다. 의정원은 현재 국
회와 같이 법률안 의결은 물론 행정부를 구성할 수 있는 막강한 권
한이 부여되었다. 의정원은 국호를 대한민국으로 정하고 민주공화

▲ **한성정부 표석**   서울 종로구 종각 앞.

제를 국가체제로 하는 임시 헌장을 채택하였으며 선거를 통해 현
재 정부에 해당하는 국무원을 구성했다. 행정 수반인 국무총리에
이승만, 내무총장에 안창호, 외무총장에 김규식, 군무총장에 이동
휘, 재무총장에 최재형, 법무총장에 이시영, 교통총장에 문창범으
로 6부 총장을 선임했다. 이러한 과정은 4월 10일 시작하여 4월 11
일 종료되었는데 상하이 임시정부 수립일을 4월 11일로 정한 배경
이 되었다. 상하이 임시정부는 다른 5개의 임시정부와 달리 실제로
정부가 조직되어 활동한 유일한 임시정부였다. 국내 경성에서는
1919년 4월 23일 봉춘관에서 국민대회라는 명칭으로 13도를 대표
하는 인사 23명이 임시정부 선포문과 결의사항, 행정부 명단과 6
개 조를 된 약법(約法)을 발표했다. 한성정부는 수도에서 조직된 관
계로 임시정부와 통합과정에서도 정통성을 가질 수 있었으며 연합

통신(UP)에 정부수립이 보도됨에 따라 국제적으로도 알려지는 선전효과도 있었다. 하지만 독립을 위한 단일대오의 임시정부 통합과정은 순탄치 않았으며 내부의 갈등을 남겨둔 채 1919년 9월 6일 통합임시정부 헌법이 탄생되었다. 그리고 9월 11일 대한민국 임시정부는 신헌법과 신내각의 성립을 공포하며 공식적으로 출범했다. 대통령은 이승만, 국무총리는 이동휘가 선임되어 연립내각을 구성하였고 내무부장 이동녕, 외무부장 박용만, 군무부장 노백린, 재무부장 이시영, 노동국 총판 안창호, 참모 유동열 등이 임명되었다. 대한민국 임시정부는 지역별 임시정부, 민족주의 계열과 사회주의 계열, 무장투쟁 노선과 외교노선을 하나로 통합한 독립운동의 총지휘부가 되었다. 동시에 쑨원의 광둥 정부로부터 공식적인 인정을 받아 망명정부로서 역할을 다할 수 있었다. 또한 우리 역사상 최초의 민주공화제를 채택함으로써 3.1 운동의 정신을 온전히 반영할 수 있었다.

한편 상해에 임시정부가 수립되자 국가의 독립을 위해 국내와 국외를 연결하는 비밀 행정기관인 연통부가 구 동화약품 순화동 본사에 설치되었다. 한국인들이 널리 알고 있는 동화약품 활명수(活命水)는 고종이 대한제국 황제로 즉위하시던 1897년 당시 궁중 선전관으로 있던 민병호가 궁중에서만 복용되던 생약의 비방을 일반 국민에까지 널리 보급하고자 서양의학을 접목하여 만든 우리나라 최초 신약이다. 그의 아들 민강은 국권이 피탈되자 소의학교를 설립하여 민족교육에 힘썼으며 3.1 운동 이후에는 한성정부 설립위원으로 활동하였고 자신이 설립한 동화약품을 독립자금 모금과 임정의 연통부로 활용하였다. 서울시에서는 1995년 동화약품 자리에 연통부 기념비를 세워 그 의미를 기리게 되었다. 기념비를 통해 조국의 광복을 이끌어 낸 민족기업이 여전히 우리와 함께 있다는 자부심을 느낄 수 있다.

① **동화약품 우물** 서울 중구 순화동. 사진의 우물물로 활명수 제조. (출처 : 동화약품)

② **민강 묘소** 서울 국립현충원 독립유공자 묘역.

간도와 연해주 지역 독립군

▲ **홍범도 장군 묘**   대전 국립현충원.

3.1 운동 이후 간도와 연해주에서 독립군의 무혈투쟁이 본격화되었다. 독립군의 주요한 활동과 전투는 김좌진 및 홍범도 장군의 지휘 아래 수행되었다. 홍범도 장군(1868~1943)은 평양에서 출생하였으며 불우한 유년기를 보냈다. 포수생활을 시작한 그는 1895년 을미의병에 참가하였으며 그 뒤 포수생활을 이어가다가 1907년 군대 해산이 되고 포수들의 총을 회수하는 조치가 이어지자 다시 의병궐기에 참가하였다. 차도선·태양욱과 산포대(山砲隊)를 조직하여 북청의 후치령을 중심으로 갑산·삼수·혜산·풍산 등지에서 유격전으로 일본 수비대를 격파하였다. 경술국치 이후에는 간도로 건

너가 차도선·조맹선 등과 포수단을 조직하였다. 한편 교포들에게 광복사상을 고취하고 애국지사 모집과 독립군 양성에 진력하였다. 그는 3·1 운동 이후 3~6월 사이 대한독립군을 창설했다. 같은 해 8월에는 200명의 부하를 지휘하여 두만강을 건너와 혜산진·갑산 등지의 일본군을 습격하여 큰 전과를 거두었다. 자신감을 얻은 그는 정예부대를 인솔하여 강계·만포진을 습격하고 자성에서는 3일간 교전을 통해 일본군 70여 명을 사살하는 대전과를 거두었다. 곧이어 동만주에 거주하는 동포들이 간도대한국민회를 결성하자 홍범도가 이끄는 대한독립군과 1920년 5월 합작하였다. 합작 군사조직으로 제1군사령부가 결성되었고 홍범도는 제1사령관에 임명되었다. 1920년 5월 27일 북로사령부로 개명되었고, 이후 최진동이 지휘하는 도독부와 통합하였다. 최진동이 독군부 부장, 안무가 부관, 홍범도가 북로제1군사령에 임명되었다. 확대 개편된 500여 명의 대부대는 국내 진입작전을 감행하였다. 1920년 6월 최진동과 협력하여 종성, 삼둔자 부근에서 국경수비대와 격전을 벌여 120명을 사살하는 대전과를 올렸으며 두만강 대안의 봉오동에서 일본군 대부대를 전멸시키는 큰 성과를 올리게 되는데 역사에 길이 남을 봉오동전투이다. 당시 『독립신문』은 일본군 사상자 457명, 독립군 사상자 6명으로 보도했다. 또한 같은 해 10월 청산리전투에서도 제1연대장으로 참가, 제2연대장 김좌진, 제3연대장 최진동 등과 함께 일본군을 크게 격파하였다. 이후 봉오동과 청산리에서 패전한 일본군이 강력하게 반격해 오자 독립군의 보다 원활한 운영을 위해 독립군조직을 대한독립군단으로 재조직하고 부총재에 선임되었다. 그 뒤 간도 지방의 김좌진· 최진동 부대와 함께 노령(露

領)으로 이동하여 흑룡강 자유시를 새로운 근거지로 삼아 러시아군의 전폭적인 지지를 받아 활동하고자 했다. 그러나 불행하게도 러시아 공산당의 배반으로 대한독립군단은 무장해제 된 뒤 많은 단원이 사살되거나 포로가 되는 등 이른바 자유시참변을 겪게 된다. 홍범도는 한인들이 구성한 공산당 고려중앙정청에 소속을 두었다가 1937년 스탈린의 한인강제이주정책에 의해 카자흐스탄에서 여생을 보내게 된다. 홍범도 장군의 유해는 2021년 광복절을 맞아 귀국하였고 대전 국립현충원 독립유공자 제3 묘역에 안장되었다.

김좌진(1889~1930)은 충청남도 홍주군 출신으로 호는 백야(白冶)이다. 1907년에 육군무관학교를 졸업하고 대한제국 육군 장교에 임관되었다. 제국군대가 일본에 의해 강제 해산되자 김좌진은 한국인들의 계몽운동에 나서게 된다. 신민회에 가입하였고 청년학우회에서도 활동하였으며 자가에 호명학교를 세워 육영사업을 하였다. 경술국치 이후 평화적인 방법으로 나라를 되찾을 수 없다고 판단하여 북간도에 독립군 양성학교를 설립하기 위한 군자금 모금 활동에 나섰으며 이로 인해 일경에 체포되어 2년 6개월간 옥고를 치르고 1913년에 출옥하였다. 1915년에는 박상진 등과 대한광복회 창설에 참여하였고 3.1 운동 이후에는 대종교에서 창설한 대한정의단의 군사 책임자로 활동하였다. 그해 10월 대한정의단과 대한군정회를 통합하여 대한군정부를 조직하고 사령관을 맡게 된다. 이어 대한민국 임시정부의 요구에 따라 대한군정부의 이름은 대한군정서로 변경하였다. 하지만 서간도에 서로군정서가 있었으므로 구별을 위해 북로군정서라는 이름으로 더 많이 불렸다. 1920년

▲ **김좌진 장군 생가 백야사**　　　　충남 기념물. 충남 홍성군 갈산면 행산리.

6월 봉오동전투에서 홍범도의 독립군에게 크게 패한 일본은 절치부심하여 독립군을 완전 토벌하겠다는 계획을 세웠다. 한편 지린성 내에 있던 독립군 부대들은 중국군과 밀약을 맺고 1920년 8월 하순부터 삼림 지대로 근거지를 이동하였다. 북로군정서도 이동을 시작하여 1920년 10월 12~13일 삼도구의 청산리 부근에 도착하였다. 10월 20일 일본군 아즈마지대는 북로군정서와 홍범도 연합부대 정보를 확인하고 포위섬멸하기 위해 출동하였다. 10월 21일 북로군정서는 일본군 선발대 야마보병연대가 청산리 골짜기에 진입할 때 백운평 부근에서 잠복하고 있다가 습격을 감행하였다. 청산리 전투에서 독립군은 일본군 연대장을 포함한 1천 200여 명을 사살했지만 독립군 측의 전사자는 100여 명에 지나지 않았다. 청산리 전투는 일본군의 간도 출병 후 독립군이 일본군과 치른 전투 중 가장 대규모였으며 독립군이 최대의 전과를 거둔 빛나는 승리였다. 김좌진은 1925년 3월 닝안현에서 종전의 북로군정서 및 대한독립단 간부들과 함께 신민부를 조직하고 군사부위원장 겸 총사령관을 맡아 성동사관학교를 설립하였다. 1929년 봄에는 비밀결사인 생육사(生育社)를 조직하고 여름에는 무정부주의자들까지 포섭하여 한족총연합회를 창립하였다. 한족총연합회의 주석으로서 농촌 자치를 강조하고 자치의 방편으로 산시참에 정미소를 설치·운영하였다. 그러나 안타깝게도 1930년 1월 산시참 정미소에서 고려공산당 산하 재중공산청년동맹 소속인 박상실의 총에 숨을 거두었다.

▲ 김좌진 장군 묘 충남 기념물. 충남 보령시 청소면 재정리. 아내 오숙근이 1937년 봄 길림현에서 직접 시신을 수습하여 보령에 가매장. 아들 김두환이 1957년 보령시 청소면 재정리 현 묘소에 오숙근과 합장.

▲ 노백린과 6인의 항공 독립운동가(장병훈, 오림하, 이용선, 노백린, 이초, 이용근, 한장호)
서울 강서구 공항동. 국립항공박물관.

　노백린은(1875~1926)은 황해도 송화현 풍해면 성하동에서 출생하였으며 일본 육군사관학교를 졸업했다. 1900년 대한제국군 보병 참위(소위)로 임관했고 육군무관학교, 육군연성학교의 교관을 지냈다. 이후 정령(대령)까지 진급하여 육군연성학교장 등을 역임하였지만 을사조약과 군대 해산 등에 부정적인 입장이었다. 경술국치 이후 조선총독부에게서는 그에게 남작직과 은사금을 주었지만 모두 거절하고 미국으로 망명하였다. 하와이로 건너간 노백린은 박용만 등과 하와이 오아후 가할루 지방에 국민군단을 창설하였다. 김성옥, 허용 등과 함께 국민군단 별동대 주임으로서 300여 명의 독립군을 훈련시켰다. 한편 3.1 운동이 발생하고 임시정부가 수립되자 미주지역 한인단체들은 청년혈성단을 조직하였다. 이들은 조국의 독립을 위해 군사기술을 익히는 데 중점을 두었고 적은 인원으로도 큰 성과를 낼 수 있는 비행사가 되기 위해 LA 인근의 레드우드 비행학교에 입교하였다. 노백린은 1919년 임시정부의 초대 군무총장(국방장관)이 되었고 1920년 미주 동포들에게 임시정부 존재와 독립활동의 필요성을 강조하기 위해 미국을 방문하였다. 이때 레드우드 학교의 청년혈성단을 만나 감명을 받았고 임시정부 한인비행학교를 설립하게 된다. 커티스 JN 제니 훈련기 3대를 매입하여 월로우스에 한인비행학교(KAC : Korean Aviation Corps)를 세웠다. 그는 일찍부터 항공 전력의 중요성을 이해하고 공군력의 확보와 육성을 강조했다. 이런 면에서 노백린은 최용덕 등과 더불어 대한민국 공군의 창건 주역으로 평가받고 있다.

① **윌로우스 비행학교 훈련 모습** 국립항공박물관.
② **커티스 JN 제니 훈련기 모형** 국립항공박물관. 동체에 KAC, 꼬리날개에 태극 문양.

▲ **노백린 장군 묘**　서울 국립현충원 임시정부 묘역.

　노백린은 1924년 박은식 내각의 군무총장 겸 교통총장에 임명되었다가 1925년 3월에 제2대 박은식 대통령의 지명으로 국무총리 및 교통총장 겸 군무총장직을 겸직하면서 임시정부를 이끌었다. 1926년 1월 22일에 상하이에서 지병으로 세상을 떠났다.

　최용덕(1898~1969)은 현재 서울특별시 성북구에서 태어났고 대한제국 2등 군의관을 지낸 부친의 슬하에서 자랐다. 경술국치 이후 중국으로 건너가 2년간 숭실중학교에서 수학하고 1916년 육군군관학교에 입학하여 중국군 소위로 임관하였다. 이후 서북군벌 펑위샹 군의 항공대장이던 서왈보 장군(독립운동가)의 도움으로 1920년에 중국 허베이성의 보정항공학교에 입교하여 조종사가 된다. 1922년에는 김원봉을 만나 의열단에 가입하고 상하이·톈진·베이

◀ **최용덕이
마지막 기거하던 집터**
서울 동작구 대방동. 공군
중앙성당 앞 마당에 위치.

◀ **최용덕 묘소**
국립현충원 장군묘역.

징 등지에서 의열단 활동의 중추적인 역할을 맡았다. 1926년 국민
혁명군은 상해와 남창 등지에서 군벌들의 항공대를 흡수하여 항공
대를 구성하였다. 1927년 3월 이를 근간으로 국민혁명군 총사령
부항공처 항공총대가 편성되었고 권기옥과 함께 편입되어 중국 공
군으로 활약하게 된다. 최용덕은 중국 공군 일원으로서 일제와 전
투에 직접 참전하였고 중국 공군의 확장과 발전에 큰 기여를 했다.
광복 후 귀국하여 대한민국 공군의 모태가 되는 항공건설협회 회
장을 지냈다. 최용덕 자신을 포함해 권기옥·장덕창·박범집·김정

렬·이근석·김영환 등 조종사 출신들과 항공대 설립을 추진하지만 미 군정이 중국 항공대의 창군원로이자 공군 상교까지 역임한 그의 경력을 인정하지 않았다. 그래서 많은 주변인들이 반대하였지만 그는 50세의 나이에 조선경비대 보병학교에 입교하여 새로운 교육을 받고 1948년 4월 소위로 임관하였다. 1948년에 대한민국 정부가 수립되자 대한민국 국방부 차관을 지냈고 대한민국 공군이 1949년 육군으로부터 독립하는 데 결정적인 역할을 하였다. 1952년에는 김정렬에 이어 2대 공군참모총장을 역임하였다. 최용덕은 현역에 있을 때 국가에서 나오는 월급의 대부분을 후배나 남을 위해 써버리고 정작 본인은 집 1칸 마련하지 못했다. 말년에 공군에서 마련해 준 작은 집에서 살았고 1969년 사망 후 그의 옷에서 나온 돈 240원이 재산의 전부였다.

권기옥(1901~1988)은 평양에서 권돈각과 장문영의 4녀 1남 중 차녀로 태어났다. 1918년 숭의여학교 3학년이던 권기옥은 수학 교사 박현숙의 권유로 송죽회에 가입하여 독립운동에 뛰어들었다. 3.1운동으로 구금되었고 상해에서 임시정부가 수립되었다는 소식을 듣고 독립사금 모금 및 송금에 앞장서다가 6개월간 옥살이를 하였다. 1920년 상해로 망명하여 임시정부의 추천으로 1923년 운남비행학교에 입학하였다. 1923년 3월 비행학교를 졸업하면서 우리나라 최초 여성비행사가 되었고 조국의 독립에 기여하기 위한 방편으로 중국 항공사령부 조종사가 되었다. 1937년 중일전쟁이 발발하자 중국 육군참모학교 교관이 되었으며 영어, 일어, 일본인 식별법 등을 교육하여 전쟁을 간접적으로 지원하였다. 1943년 6월 최용덕이 권기옥을 찾아와 중국 공군 비행사로 활약하는 한국인만의 조선 비행대 편성을 제안하였고 추진하였지만 실행되지는 못하였다. 권기옥은 해방 후 귀국하여 최용덕·이영무와 함께 대한민국 공군 창설에 온 힘을 기울였다. 이러한 활동으로 인해 권기옥은 '공군의 어머니'라는 별명을 얻었다.

◀ 권귀옥 동상
국립항공박물관.

◀ 권귀옥 묘소
서울 국립현충원
독립유공자 묘역.

3.1 운동 이후 의열투쟁

◀ **강우규 의사상**
서울역 역사박물관 앞.

강우규(1855~1920) 의사는 평안남도 덕천 출생으로 경술국치 이후 북간도로 망명해 연해주를 넘나들며 애국지사들과 교류하였으며 길림성 요하현에 자리를 잡고 학교와 교회를 세워 독립정신을 고취하는 데 힘썼다. 1919년 3·1 운동이 일어나자 강우규는 64세의 나이에도 불구하고 연해주 블라디보스토크로 건너가 노인동맹단에 가입한 뒤 소선총독을 암살할 계획을 세우고 폭탄 1기를 구입해 국내로 잠입하였다. 1919년 8월 하순경 신임 조선총독의 부임소식이 전해지자 강우규는 서울역으로 거사장소를 정하였다. 9월 2일 오후 5시경 서울역 귀빈실을 나와 마차에 오르는 사이토 마코토 신임총독을 향해 폭탄을 던졌다. 폭탄의 위력이 강하지 못해 총독을 암살하는 데는 실패하였고 주변의 30여 명이 중경상을 당했다. 거사 뒤 현장에서 빠져나와 재차 의거를 모색하던 중에 9월 17일 체

우물로 본 조선역사

포되어 1920년 2월 25일 사형선고를 받고 같은 해 11월 29일 서대문감옥에서 순국하였다. 강우규 의사의 의거는 3.1 운동 이후 문화통치라는 거짓논리를 내세우는 일본에 대한 한국민의 거부의사를 표명한 기념비적 사건이었다.

① **김상옥 의사상**   서울 종로구 동숭동. 마로니에 공원.
② **김상옥 의사 묘**   서울 국립현충원 독립유공자 묘역.

김상옥(1890~1923) 의사는 3·1 운동에 참여한 뒤 비밀결사 혁신단·암살단 등에 가담했다가 국내적 여건이 좋지 않아 1920년 10월 중국 상해로 망명하였다. 1922년 겨울 의열단장 김원봉이 구해준 포탄과 권총을 휴대하고 서울로 잠입한 뒤 1923년 1월 12일 저녁 8시경 종로경찰서에 폭탄을 던지는 의거를 감행하였다. 종로경찰서를 목표로 선정한 이유는 종로경찰서가 종로 일대를 무대로 해서 각종 민족운동을 감시 및 탄압하던 일제 공권력의 상징이며 심장부였다. 이후 일제 경찰을 피해 10여 일간 은신하던 김상옥은 1월 22일 아침 효제동에서 일제 경찰 수색대와 교전 끝에 스스로 자결하였다.

◀ **나석주 의사상**
현충시설.
서울 중구 을지로 2가.

　나석주(1892~1926)는 황해도 재령 출신으로 3·1 운동이 일어나자 겸이포에서 독립만세시위에 참여한 뒤 결사대를 조직해 독립군 자금 모집과 친일파 처단 활동을 펼치다가 1920년 9월 중국 상해로 망명하였다. 나석주는 상해 대한민국 임시정부 경무국 경호원으로 활약하다가 한단군관학교를 거쳐 1924년까지 중국군 장교로 근무했다. 그 뒤 톈진에서 의열단에 가입하여 보다 적극적인 독립투쟁을 수행하였다. 1926년 6월 유림대표 김창숙을 만나 한국의 토지와 경제를 착취하는 동양척식주식회사와 조선은행·조선식산은행 등을 폭파할 계획을 논의하였다. 나석주는 1926년 12월 폭탄과 권총을 휴대하고 서울에 잠입하였다. 12월 28일 오후 조선식산은행에 들어가 폭탄을 투척하였고 길 건너편 동양척식주식회사 경성지점에도 총격과 함께 폭탄 1개를 투척하였다. 그러나 폭탄은 모두 불발에 그치고 말았다. 이어 나석주는 동양척식 주식회사 옆에 위치한 조선철도회사에도 들어가 1차례 더 총격을 가하고 이동하던 중 출동한 경찰대와 기마대의 추격을 받자 권총으로 자결하였다.

① **이봉창 의사 생가 기념관**　서울 용산구 효창동.
② **이봉창 의사 동상**　효창공원 열사릉 구역.

　이봉창(1901~1932)은 서울 용산 출신으로 문창보통학교를 마친 뒤 일본인 상점 점원으로 일하다가 1919년 용산철도국에 임시인부로 들어가 역부가 되었는데, 이때 금정청년회의 간부로 활동하기도 하였다. 1924년 철도국을 사직하고 일본으로 건너가 철공소 직공 등을 하며 오사카, 도쿄 등지에서 생활하였다. 1931년 1월 상해로 건너가 김구의 주선으로 한인애국단에 가입하였다. 이후 일왕 주살을 자원하여 12월 일본으로 돌아왔다. 12월 22일 도쿄에 도착한 그는 1932년 1월 8일 일왕이 만주국 황제 푸이와 도쿄 교외 요요키 연병장에서 관병식을 거행한다는 신문 보도를 보고 거사 계획을 수립하였다. 당일 오후 2시 도쿄 관병식을 마치고 돌아가는 일왕 행렬을 향해 수류탄을 던졌으나 일왕이 탄 마차를 정확히 식별하지 못한 데다 거리가 멀어 피해를 주지 못했다. 체포된 이봉창은 그해 10월 비공개 재판에서 사형선고를 받고, 10월 10일 이치가야 형무소에서 순국했다.

① **윤봉길 기념관**   서울 서초구 양재동.
② **윤봉길 의사 동상**   기념관 내 위치.

　윤봉길(1908~1932)은 예산군 덕산면 시량리의 광현당에서 태어났다. 윤봉길은 별명이고 본명은 윤우의이며, 아호는 매헌이다. 농촌계몽운동에 전념하던 윤봉길은 광주학생운동에 영향을 받고 1930년 「장부출가생불환(丈夫出家生不換)」이라는 글을 남기고 상해로 망명하였다. 1932년 봄 대한민국 임시정부의 김구를 찾아가 민족의 광복을 위해 신명을 바치겠다는 결의를 밝히고 한인애국단에 가입했다. 이후 1932년 4월 29일 천장절과 일본군 상해 점령 전승 축하식을 거행하던 홍구공원에서 도시락 폭탄을 던져 일본군 시라카와 대장, 가와바타 상해일본인거류민단 단장 등을 즉사시키는 의거를 거행했다. 중국의 장제스 총통은 "중국의 백만 대군과 4억 국민이 하지 못한 일을 조선의 한 청년이 해냈다."며 윤 의사를 극찬했다. 이후 대한민국 임시정부에 대한 장제스 국민당 정부의 태도가 달라졌다. 윤봉길은 현장에서 체포되어 5월 25일 군법회의에서 사형선고를 받고 12월 19일 순국하였다.

우물로 본 조선역사

① **백정기 의사 사당** 현충시설. 전북 정읍시 영원면 은선리. 현판 의열사(義烈祠)는 김대중 대통령 친필.
② **백정기 의사 동상**

 백정기(1896~1934)의 호는 구파로 전라북도 부안군 동진면 출신이다. 1907년 정읍으로 이주한 그는 이곳에서 결혼하고 10여 년간 평범한 생활을 하였다. 하지만 서울에서 3·1 운동을 목격한 뒤 고향에 돌아가 동지를 규합하여 일제와의 무장항쟁을 전개하였다. 같은 해 8월 동지 4명과 함께 인천에 있는 일본군 시설물을 파괴하려다가 사전에 발각되자 만주로 피신하였다. 다음 해 겨울 재차 군자금을 마련하기 위해 서울에 잠입하여 활동 중 서울 중부경찰서에 구금되기도 하였다. 이후 다시 중국으로 망명하여 독립운동을 계속하는 동안 무정부주의자가 되었다. 1931년 11월 한국·중국·일본의 무정부주의자들이 모여 항일구국연맹을 결성하고 적의 국경기관 및 수송기관의 파괴, 요인 사살, 친일파 숙청 등을 목표로 흑색공포단을 조직하여 배일운동을 전개하였다. 1933년 3월 17일 주중 일본공사 아리요시가 상해에 있는 일본요정 육삼정에서 연회를 연다는 소식을 듣고 이강훈·원심창과 함께 습격하려다 체포되어 일본 나가사키법원에서 무기형을 선고받고 옥고를 치르던 중 순국하였다.

임시정부와 광복군

▲ **지청천 장군 묘** 서울 국립현충원 독립유공자 묘역.

임시정부는 일본이 1937년 중국과 전쟁, 1940년 태평양전쟁을 일으키면서 중국과 합작 및 서방 연합국의 일원으로 조국의 광복을 위해 나섰다. 이를 위해 1940년 광복군을 창설하였다. 광복군은 중국 각지에서 중국군과 협력하여 일본군과 싸웠으며 인도와 미얀마 전선에까지 진출하여 영국군과 함께 대일전을 수행하였다. 특히, 한국광복군은 일본군의 후방을 교란하는 등 특수전에서 큰 성과를 올렸다. 초대 광복군 총사령관은 지청천 장군이다. 그는 일본 육군사관학교를 졸업하였지만 3·1 운동이 발발하자 조국광복운동의 전선에 나섰다. 그는 신흥무관학교의 교성대장을 거쳐 교장을 맡아 독립군 양성에 혼신의 노력을 기울였다. 1920년에는 신흥무

우물로 본 조선역사

관학교 출신이 주축을 이룬 서로군정서군을 이끌면서 김좌진 장군의 북로군정서군과 홍범도 장군의 대한독립군과 합세하여 대한독립군단을 결성하였다. 일본군과 여러 차례의 전투를 벌였고 노령에 있는 자유시(自由市)로 이동하였다. 이곳에서 그는 독립군 부대를 다시 고려혁명군단으로 개편하는 한편 고려혁명군관학교를 설치하고 교장을 맡아 전열을 정비하고 일제와의 독립전쟁을 준비하였다. 그러나 일본 사주에 의한 소련정부의 배신으로 인해 독립군은 소련군과 전투를 벌여 포로가 되어 사형선고를 받았다가 구사일생으로 살아나기도 했다. 1937년 일제가 다시 중일전쟁을 도발하자 무장군대의 필요성은 더욱 절실해졌다. 이에 장군은 임시정부에 합류하여 국무위원과 한국독립당의 집행위원 등으로 활동하며 임시정부를 독립전쟁의 구심체로 엮어내는 데 힘썼으며 1940년 9월 17일 한국광복군 창설에 참여하고 총사령관을 맡음으로써 한국군을 대표하게 되었다.

광복군의 또 다른 주역은 이범석 장군이다. 그는 신흥무관학교의 교관으로 독립군 양성에 주력했고 1920년 김좌진이 이끄는 북로군정서로 자리를 옮겨 사관연성소 교수부장이 되었다. 그해 10월 발발한 청산리 전투에도 참여하여 용맹을 떨쳤다. 후일 김구의 요청으로 중국 낙양 중앙육군군관학교 교관 및 장교 대장이 되었다. 1940년 9월 19일 한국광복군의 참모장으로 선임되었지만 한국광복군이 중화민국 국민정부에 예속되는 형태로 바뀌면서 1942년 3월 참모장은 중국인 인청푸가 되고 이범석은 부참모장 및 참모처장이 된다. 그는 1942년 8월 부참모장 자리를 버리고 제2지대 지대

▲ **이범석 장군 거주지 터**　서울 동작구 신대방동. 장군이 말년에 거주하던 지역으로 현재 장군 훼미리 빌라 위치.

장을 맡았는데 이는 김원봉의 합류 등 대한민국 임시정부의 국공합작에 반대한다는 의사표시였다. 이후 그는 미국 미 육군전략처(OSS)와 적극적으로 서울 진공작전을 계획하였고 실행 직전에 광복을 맞았다. 그는 귀국 후 1948년 초대 국무총리 겸 국방부 장관으로 임명되었다.

　광복군의 신원이 밝혀지고 후손들이 있는 분들은 서울 및 대전 국립현충원에 모셔졌다. 반면 후손들이 없는 17위의 무후(無後) 선열들의 유해는 1967년부터 서울 북한산 수유리 산기슭에 무후 광복군 합동 묘지에 안장되어 왔다. 이러던 차에 2022년 8월 15일 광복군 동지회는 17위 무후 광복군 선열 유해를 국립대전현충원으로 옮겨 독립유공자 제7 묘역에 안장하고 각각의 비석을 설치했다. 그러나 여전히 안타깝게도 개별비석 앞에는 개별성명 없이 "수유리

▲ **17위 무후 광복군 묘** 대전 국립현충원 제7 묘역.

한국광복군의 묘"라고만 적혀져 있다. 대신 국가보훈처는 대리석
으로 진설(陳設)대 석단을 설치하고 전면 상하와 좌우 및 후면에 무
후 광복군 17위 선열들의 이름과 공적 및 수유리 한국광복군 묘비
등에 각인돼 있던 '비문'과 '추모 헌시'를 옮겨 적었다.

유한열 박사(1895~1971)는 유한양행 창업자이며 민족교육의 공로자
이다. 반면 잘 알려지지 않았던 조국의 독립을 위한 헌신적 노력은 과
히 광복군과 필적할 만하다. 1904년 미국 유학을 떠난 그는 1909년
에는 박용만이 네브라스카 헤스팅스에 설립한 독립군 사관학교인 한
인소년병학교에 입학했다. 1919년에는 3.1 운동과 맥을 같이 하여 필
라델피아 한인자유대회를 주도하였다. 미시간대학교 상대를 나온 그
는 1922년 라초이 식품회사를 설립하여 성공하였으며 1926년에 모
든 재산을 정리한 뒤 귀국하였다. 그는 유한양행을 설립하여 의료의
사각에 놓인 한민족의 건강증진에 힘쓰고 민족기업으로 성장시킨 뒤

1938년 미국으로 다시 건너가 본격적인 독립운동가로서 활동을 전개한다. 1941년 하와이 호놀룰루에서 열린 해외한족대회 집행부에 가담하였고 1942년에는 LA에서 재미 한인들로 무장한 맹호군 창설의 주역으로 활동했다. 또한 1942년부터 미 육군전략처(OSS)에서 한국 담당 고문으로 활동하다가 1945년 OSS의 비밀 침투작전인 냅코(NAPKO) 작전의 공작원으로 입대하게 된다. 이 작전은 한국 임시정부 광복군의 독수리 작전과 합동작전으로 계획되었으며 한국인을 국내로 침투시켜 정보 수집, 폭파, 무장 유격활동 등을 전개하는 것이었다. 당시 그는 50세라는 나이에도 불구하고 고된 군사훈련과 공수훈련까지 받으며 임무준비에 매진했다. 비록 1945년 8.15 광복으로 냅코 작전은 실행되지 못했지만 우리가 연합군의 일원으로 조국의 광복에 기여했다는 자부심을 갖게 한 대표적인 사례가 되었다. 1945년에는 버지니아주에서 12개국 대표가 참석한 IPR총회에 한국 대표 자격으로 전후 일본 처리 문제를 논의하기도 했다.

① **유한열 박사 동상** 경기 부천시 괴안동. 유한대학교 교정.
② **구두인관** 서울 구로구 항동. 1936년 유한열의 사저로 건립. 현 성공회 구두인(Goodwin) 신부 기념관.

부활의 주역 : 김구와 이승만

▲ **공주 마곡사 백범당**   유네스코 세계문화유산. 백범이 마곡사에서 거주하던 곳.

김구(1876~1949)의 본명은 김창수, 호는 백범(白凡)이다. 김구(金龜,
金九)로 개명하였으며 법명은 원이다. 김구는 18세에 동학에 입도하
였으며 19세에 팔봉접주(八峰接主)가 되어 동학군 선봉장으로 해주
성을 공략하였다. 이 사건으로 고종 32년(1895) 신천 안태훈의 집에
은거하며 그의 아들 안중근 의사와 친분을 맺게 된다. 을미사변이
발생하자 낙담하여 귀향하였다가 고종 33년(1896) 2월 안악 치하포
에서 일본인 스치다를 맨손으로 처단함으로써 국모의 원한을 푸는

첫 거사를 결행하지만 곧바로 체포되어 고종 34년(1897) 사형이 확정되었다. 사형 직전에 고종의 집행정지 명령으로 겨우 목숨을 건졌고 이듬해 봄에는 탈옥을 감행하였다. 탈옥 후 김구는 공주 마곡사에서 승려가 되어 원종이란 법명을 받았고 광무 3년(1899) 서울 봉원사(奉元寺)를 거쳐 평양 근교 대보산 영천암의 주지가 되었지만 몇 달 만에 환속하였다. 백범은 1946년 임시정부 주석 자격으로 마곡사를 다시 찾았고 사찰 경내를 둘러보며 "사찰은 예나 지금이나 변함없는 기상으로 나를 환영하여 주는데 48년 전의 승려들은 한 명도 볼 수 없다."라고 회고한 뒤 기념식수를 하였다.

▲ 백범당 옆 기념식수 향나무

김구는 융희 3년(1909) 안중근의 이토 거사에 연루되어 해주감옥에 투옥되었다가 석방되었으며, 1911년 1월 데라우치 총독의 암살을 모의했다는 혐의로 체포되어 다시 17년형을 선고받았다. 복역 중 1914년 감형되어 가출옥하였고 3.1 운동 이후 상해로 망명하였다. 임시정부에서 그는 초대 경무국장이 되었고, 1923년 내무총장, 1924년 국무총리 대리, 1926년 12월 국무령에 취임하였다. 1930년에는 이동녕·이시영 등과 한국독립당을 창당하였고 1932년 이봉창 및 윤봉길 의사의 의거를 주도하였다. 1940년 3월에는 임시정부 국무위원회 주석에 취임하여 충칭에서 한국광복군을 조직하였으며 1941년 12월 대한민국 임시정부의 이름으로 대일선전포고를 함으로써 본격적으로 대일 임전태세에 돌입하였다. 개정된 헌법에 따라 1944년 4월 충칭 임시정부 주석으로 재선되었고 다음 해 광복을 맞이하였다. 김구는 1945년 11월 해방된 조국으로 돌아와 임시정부 요인들과 자주통일의 구체적 방안을 마련하기 위해 경교장에서 지속적으로 국무위원회를 개최함과 동시에 한반

① **경교장 외관**　사적. 서울 종로구 평동. 서울 역사박물관 분관으로 강북삼성병원 구역에 함께 위치.

② **경교장 집무실**　김구 선생은 우측 의자에 앉은 상태에서 흉탄을 맞았으며 뒤쪽 유리창에는 두 발의 총알 자국이 남아 있음.

도 신탁통치 반대 운동을 추진하였다. 1947년 6월 30일에는 일본에서 운구해 온 윤봉길·이봉창·백정기 등 세 의사의 유골을 첫 국민장으로 효창공원 열사릉에 봉안하여 순국열사들의 영령을 위로 및 추모하였다. 한편 김구는 완전한 통일정부 수립을 위해 남북협상에 참여하고 남한의 단독정부 수립을 반대함으로써 미 군정과는 다소 갈등관계를 형성했다. 남한 초대정부 수립 이후 1949년 6월 26일 김구는 경교장 2층 집무실에서 대한민국 육군소위이자 주한 미군 방첩대(CIC) 요원이었던 안두희의 흉탄에 서거하였다. 현재까지 안두희가 김구를 암살한 정확한 이유는 밝혀지지 않았으며 김구의 시신은 효창공원에 안치되어 있다.

▲ **효창공원 의열사(義烈祠)**   이봉창, 윤봉길, 백정기, 김구, 이동녕, 차리석, 조성환 7열사와 안중근 의사를 모셨으며 1990년부터 합동추모제를 거행.

이승만(1875~1965)의 호는 우남이며 양녕대군의 16대손이다. 광무 2년(1898) 러시아의 이권침탈을 규탄하기 위해 열린 만민공동회에 참여하면서부터 독립협회활동에 적극적으로 참여하였다. 광무 3년(1899) 1월 고종 황제 폐위 음모 사건에 연루되어 광무 8년(1904) 8월까지 5년 7개월간 한성감옥에 투옥되었으며 그해 8월 9일 특별 사면령으로 석방되었다. 광무 8년(1904) 11월 민영환과 한규설의 주선으로 한국의 독립을 청원하기 위해 미국으로 갔다. 이후 조지워싱턴대학교에서 학사, 하버드대학교에서 석사, 1910년 프린스턴대학교에서 박사학위를 받았다. 1913년에는 독립운동가 박용만의 도움으로 하와이 호놀룰루로 활동 근거지를 옮겼다. 하지만 하와이에서 활동한 지 1년이 지날 무렵 박용만이 무력투쟁을 위해 국민군단을 창설하자 이에 이승만은 교육을 통한 실력양성을 주장하면서 서로 대립하게 된다. 이승만은 1919년 3.1 운동 직후 노령 임시정부(3월 21일 수립)에 의해 외무총장으로 임명되었고, 같은 해 상해 임시정부(4월 10일 수립)에서는 국무총리로, 한성 임시정부(4월 23일 수립)에서는 집정관총재에 임명되었다. 이승만은 1919년 6월 대한민국 대통령의 명의로 각국 지도자들에게 자신의 편지를 보내는 한편 워싱턴에 한국 독립운동 전초기지인 구미위원부를 설치하였다. 한편 임시정부 규정에도 없는 대통령 직책을 사용한 것에 대해 각계의 비난이 이어졌지만 상해 임시정부 의정원은 1919년 9월 6일 이승만을 임시 대통령으로 추대하였고 1920년 12월부터 대한민국 임시정부 대통령직을 수행하게 된다. 이승만은 1921년 5월 워싱턴 군축회의에서 한국의 독립문제를 의제화하기 위해 미국으로 갔지만 그 뜻을 이루지 못하였다. 이후 이승만은 하와이로 이동하여 독립활동의 일환으로 동

① **종로 이화장**　　사적. 서울 종로구 이화동. 이승만 대통령 기념관. 내부 전경으로 좌측 상단
　　　　　　　　　　이 정문.
② **이승만 대통령 묘소**　서울 국립현충원 대통령 묘역.

포들의 교육과 종교활동을 적극적으로 지원하였다. 그러던 중 1925
년 3월 11일 임시정부 의정원은 이승만을 탄핵하여 대통령직에서
해임하였다. 탄핵과 해임조치는 임시정부 인사들이 미국에서 이승
만이 주장한 국제연맹 위임통치안을 미국에 의한 위임통치로 오해
하여 발생한 일이었다. 이승만은 해방 후 10월 16일 귀국하기 전까
지 구미위원부 및 국제연맹에서 주로 독립활동을 하였다. 이승만은
귀국하여 돈암장, 마포장을 거쳐 1947년부터 이화장(梨花莊)에 거주
하였으며 이화장은 대통령이 되어 경무대로 이사한 후에는 사용되
지 않다가 이승만 사망 이후 프란체스카 여사가 거주하였다. 이승만
은 1948년 5월 10일 실시된 국회의원 총선거에서 동대문구 갑 지역
구에 당선되었다. 1948년 5월 31일 국회가 소집되자 선출된 국회의
원 중 가장 나이가 많았던 그는 의장에 선출되었으며 7월 20일 국회
에서 실시된 간접선거에 의해 대한민국 대통령에 선출되었다. 이승
만 전 대통령은 2, 3대 대통령 3연임에 성공하였으나 3.15 부정선거
로 인한 4.19 혁명으로 하야하였으며 하와이에서 여생을 마쳤다.

▲ **경복궁 하향정** 1959년 건립한 것으로 추정.

지우 : 경복궁 하향정(荷香亭)은 경복궁 소개에 잘 나오지 않아 찾아보았더니 이승만 대통령 집권 기간 중에 지어졌다고 해요. 이런 배경의 건물이 여기에 존치되어야 하는지에 대해서 의문이 있어요.

아빠 : 조선왕조 법궁인 경복궁의 온전한 모습을 생각한다면 그런 생각이 들 수 있다고 봐. 그러나 역사의 흐름을 생각해 본다면 달리 볼 수 있는 부분이 있지. 하향정은 광복 이후 이승만 대통령의 지시에 의해 대통령의 휴식처로 지어진 것은 분명해. 하지만 경복궁이 일제에 의해 크게 손상되어 현재 우리가 시간과 공을 들여 많은 부분을 복원하고 있는 상황에서 역사적 의미가 있는 대한민국 초대 대통령의 유적을 철거할 필요성은 없다고 생각해. 그것은 배희한이라는 당대 최고의 대목장이 공을 들여 만들었으며 경회루의 경관을 크게 해친다고 볼 수 없기 때문이야.

일제 강점기 항일 학생운동

　일제하 학생들의 항일운동의 양상은 가두시위, 합법적인 결사, 문화계몽운동, 동맹휴학, 비밀결사 등으로 분류할 수 있지만 각자의 활동이 다른 활동의 중요한 영향을 미치는 상관관계에 있다. 먼저 가두시위의 형태로 학생운동이 전개된 것은 1919년 2.8 학생운동에서부터이다. 비록 동경 시내로 진입하려는 뜻은 이루지 못하였지만 가두시위를 통해서 그들의 의사를 표명하려고 하였던 것은 공지의 사실이다. 이를 촉발점으로 민족사의 한 획을 그은 3.1 운동은 당시 서울 탑골공원에서 학생들이 실제 시위를 주도하였으며 3.5 학생운동은 학생들의 자체 계획과 추진에 의하여 실행된 항일 시위운동이었다. 학생들의 합법적인 단체의 결성은 당시 기성세대들의 결사운동과 보조를 맞추어 1923년 조선학생회, 1925년 조선학생과학연구회, 1927년 신간회학생부가 등장하여 민족주의·사회주의·좌우협동전선을 펴면서 학생운동이 추진되었다. 동맹휴학이 본격적으로 사회화·여론화되고 민족운동의 일환으로 그 성격이 뚜렷해진 것도 1920년대부터이다. 일제 측 통계에 의하면 동맹휴학 횟수가 1920~1935년까지 866회나 되었다고 한다. 대체로 1926년 6.10 학생운동 이전과 이후로 대별하여 전자가 민족주의적 색채를 띤 식민지교육에 대한 반항이었다면, 후자는 사회주의의 영향 아래 식민지 자체를 부정한 항일민족운동으로 발전되어 갔던 것이다. 그 후 1930년대에 들어오면 동맹휴학은 비밀결사와 연계되

▲ 중앙고보 6.10 만세운동 기념비 서울 종로구 계동.

어 전개되었다. 1919년 이후 잠잠하였던 학생들의 가두시위는 순
종의 인산일인 1926년 6월 10일에 학생운동으로 재점화되었다. 일
제는 3.1 운동의 전철을 밟지 않기 위해 인산일 당일 경성에 육·해
군 7천 명을 소집시켜 삼엄한 경계태세를 유지하였다. 일제가 기
성세대의 움직임에 중점을 두는 사이 연희전문, 중앙고보 학생들
이 중심이 된 6.10 학생운동은 성공적으로 진행되었다. 당일 학생
들은 경성에서 210명, 전국적으로 1천여 명이 일경에 체포되었다.
이로부터 3년 뒤 발생한 광주학생운동은 1929년 10월 30일 오후 5
시 30분경 광주발 통학열차가 나주에 도착하였을 때 일본인 학생
몇 명이 광주여자고등보통학교 3학년 학생들의 댕기 머리를 잡아
당기고 모욕을 주는 사건이 계기가 되었다. 11월 1일과 11월 3일에

① **나주역사**   전남 기념물. 전남 나주시 죽림동.
② **광주학생독립운동 기념탑**   광주 서구 화정동.

발생한 한일학생들 사이 무력충돌로 많은 학생들이 구속되고 퇴학되었다. 이후 광주 학생의 항일운동은 3.1운동 이후 최대의 민족 항쟁의 성격으로 변모되었으며 1929년 11월에서 다음 해 1930년 1월 사이 전국적으로 194개교, 5만 4천여 명의 학생들이 운동에 참여하였다. 비밀결사는 항일학생운동의 중추적 기능으로 작용했다. 일제의 탄압에 의해 합법적인 단체활동이 제 기능을 할 수 없게 되자 학교 내에서 독서회·반회(班會) 조직을 통해 시위운동이나 동맹휴학을 선동하였다. 광주학생운동도 사실상 이러한 조직이 배후에서 활동한 결과이다.

한편, 1940년 부산 제2상고·동래중학생의 군사훈련 반대시위는 전시체제하에서 결전교육을 강요하던 시기에 일어났던 항일학생 시위운동이라는 특징이 있다.

일제 식민지 시기 한국학생들은 학교 안에서 식민지교육에 대해 저항했을 뿐만 아니라 외부의 모든 세력들과 협력하여 일제에 맞서나갔다.

잠녀(潛女) 항일운동

▲ **제주해녀 동상**　　제주 구좌읍 상도리. 왼쪽부터 부춘화, 김옥련, 부덕량.

『조선왕조실록』에는 제주 해녀를 잠녀라고 칭하고 있다. 따라서 조선시대에 공식적인 명칭은 잠녀였으나 일제 강점기가 되면서 일본식 표현인 해녀(海女)로 변한 것으로 판단된다. 반면 현재 국어사전에 해녀가 표준어로 등재되어 있어 다음에서 해녀로 통칭하도록 하겠다. 1915년부터 일제는 과거 제주목사에 해당하는 최고 관리로 도사를 임명하였고 제주도 해녀들의 조합장을 겸임하였다. 하지만 제주도사는 일본 상인들과 결탁하여 해녀들의 이익과 생존권을 침해하는 일이 자주 발생하였다. 해녀들은 1932년 해가 바뀌자 잘못된 관행의 시정을 요구하며 진정서를 제출하였지만 제주도사는 아무런 반응이 없었다. 이에 구좌면 하도리 해녀들이 앞장서 1932년 1월 7일 구좌면 세화리 오일장에서 대규모로 항일투쟁을 감행했다. 이들은 세화리 해녀들과 함께 장터까지 시위행진을 하였지만 일경의 제지로 해산되었다. 그러자 1월 12일 신임 다구치 제주도사가 순시하러 온다는 소식을 듣고 구좌면과 성산면에서 해녀복 차림의 해녀 1천여 명이 세화리와 하도리 사이 연두막 동산에 집결하였다. 그리고 도사가 나타나자 차를 막고 항의하였다. 다구치는 뜻하지 않은 상황에 혼비백산하여 세화리 경찰주재소로 도망하였다. 이 일로 부춘화·김옥련·부덕량 등 주동자 20여 명이 검거되었다. 이에 분노한 해녀 500여 명은 1월 24일 새벽에 동료를 구하기 위해 세화리 경찰주재소에 쳐들어갔다. 해녀들의 난입에 놀란 경찰은 전라남도 경찰부에 응원대를 요청하였다. 해녀들은 우도로 피신하였으나 모두 체포되었고 이 사건으로 부춘화·김옥련을 비롯한 많은 해녀들이 오랜 시간 고초를 겪었다. 제주 해녀들의 2차 시위가 벌어졌던 연두막 동산에 제주해녀항쟁 기념공원이 들어서 있다. 특히, 제주해녀항일운동기념탑에는 해녀 야학의 모습이 새겨져 있다. 해녀 야학은 물장수 야학처럼 민족정신을 고취하고 생존권을 확보함과 동시에 신여성으로서 위상을 확립하는 데 기여하였다.

▲ 제주해녀항일운동기념탑
기념탑의 3개 돛은 제주 삼무(三無 : 도둑, 거지, 대문)를 상징.

◀ **이육사 생가**

경북 문화재. 경북 안동시 태화동.
원래 도산면에 있었으나 안동댐 수몰로
1976년 4월 현 위치로 이전.

◀ **이육사 시비**

경북 안동시 성곡동.

일제에 맞서 한국민의 민족정신을 고양한 민족저항시인으로 이육사, 윤동주, 한용운, 이상화를 들 수 있다. 이육사(1904~1944)는 현재 안동시 도산면 원천리 원촌마을에서 출생하였으며 원래 이름은 이원록, 이활 등이었으나 후일 이육사로 개명하였다. 1927년 장진홍의 조선은행 대구지점 폭파 사건에 연루되어 대구형무소에서 3년간 옥고를 치렀다. 이때 수인번호 264에서 따서 호를 '육사'라고 지었고 후일 이름을 이육사로 개명한 것이다. 출옥 후 1929년 5월부터 『중외일보』 대구지국 기자로 1년여간 근무하였고 1931년 8월에는 『조선일보』 대구지국 기자로 전직하였으나 1932년 3월 퇴사하였다. 같은 해 4월 만주국 펑톈으로 가서 의열단에 가입을 권유받고 조선혁명 군사정치간부학교 1기로 입교하였다. 1933년 학교 졸업 후 귀국하여 육사라는 필명으로 시 「황혼」을 『신조선』에 발표하여 시단에 데뷔했다. 하지만 1934년 3월 의열단 및 조선혁명군사정치간부학교 출신자라는 이유로 일제에 검거되어 서대문형무소에 혹독한 고문을 받았으며 7월에 기소유예로 풀려났다. 1937년 「청포도」를 비롯하여 「교목」, 「절정」, 「광야」 등을 발표했다. 1943년 베이징으로 건너갔지만 어머니와 큰형의 제사를 위해 5월에 귀국했다가 6월에 일제에 체포되어 베이징으로 압송되었고 이듬해 베이징 주재 일본총영사관 교도소에서 옥사하였다.

광야

까마득한 날에
하늘이 처음 열리고
어디 닭 우는 소리 들렸으랴.

… 중략 …

다시 천고(千古)의 뒤에
백마 타고 오는 초인(超人)이 있어
이 광야에서 목놓아 부르게 하리라.

▲ **연세대 윤동주 기념관** 서울 서대문구 신촌동. 핀슨관 521동, 연희전문 재학시절 기숙사.

윤동주(1917~1945)는 만주 북간도의 명동촌에서 태어났으며 1931년 명동소학교를 졸업하고 1933년 용정에 있는 은진중학교에 입학하였다. 1935년에 평양의 숭실중학교로 전학하였으나 학교가 신사참배 문제로 폐쇄되자 다시 용정에 있는 광명학원의 중학부로 편입하여 졸업하였다. 1941년에는 서울 연희전문학교 문과를 졸업하고 일본으로 건너가 1942년 도쿄에 있는 릿쿄대학교 영문과에 입학하였다가 다시 도시샤대학교 영문과로 전학하였다. 1943년 잠시 귀향하려던 차에 항일운동을 했다는 혐의로 일본 경찰에 체포되어 2년형을 선고받고 후쿠오카 형무소에서 복역하였다. 그러나 복역 중 건강이 악화되어 1945년 2월에 생을 마치고 말았다. 한편, 그의 죽음에 관해서는 많은 의문점이 남아 있다. 특히 일제가 생체실험을 위해 옥중에서 정체를 알 수 없는 주사를 윤동주에게 투약하여 죽음에 이르렀다는 주장이 강력히 제기되고 있다.

① **윤동주문학관** 서울 종로구 청운동. 청운수도가압장과 물탱크를 활용하여 건립. 문학관 내 윤동주
   의 북간도 고택에서 사용하던 우물 전시.
② **열린 우물(윤동주문학관 제2전시실)**

15세 때부터 시를 쓰기 시작하였고 1941년 연희전문학교를 졸업
하던 해에 그의 수작들을 모아 '하늘과 바람과 별과 시'라는 제목으
로 발간하려 하였으나 성사되지 못하였다. 친구 정병욱과 동생 윤
일주는 1948년 그의 자필 유작 3부와 다른 작품들을 모아 『하늘과
바람과 별과 시』라는 제목으로 시집을 출간하였다.

자화상

산모퉁이를 돌아 논가 외딴 우물을 홀로 찾아가선 가만히 들여다 봅니다.

… 중략 …

우물 속에는 달이 밝고 구름이 흐르고 하늘이 펼치고 파아란 바람이
불고 가을이 있고 추억(追憶)처럼 사나이가 있습니다.

한용운(1894~1944)은 충남 홍성에서 태어났으며 본명은 정옥, 법명은 용운, 법호는 만해(萬海, 卍海)이다. 1905년 백담사로 출가해서 승려가 되었다. 경술국치 이후 만주로 이동하여 독립군들의 정신과 혼을 심어주는 데 주력했다. 1913년에『조선불교유신론』을 저술하여 불교계뿐만 아니라 일제가 제공하는 현실에 안주하는 한국사회에 큰 반향을 일으켰다. 1917년부터 항일운동을 적극적으로 전개하였으며 3.1 운동 당시 백용성과 함께 불교계를 대표하였고 기미독립선언서 작성에 주도적인 역할을 수행하였다. 1920년에는 3.1 운동 주동자로 체포되어 3년간 수감생활을 하였다. 1925년 백담사에서 쓰기 시작한『님의 침묵』은 1926년에 간행되었다. 한용운은 서구의 스타일을 답습하던 당대 다른 시인들과 달리 우리 민족의 방식으로 종교와 예술을 아우르며 역사적 저항의식을 아름답게 나타내었다. 1927년에는 비밀단체인 신간회 결성에 참가하였으

◀ **한용운의 생가 터 우물**
충남 기념물. 충남 홍성군 결성면 성곡리.
뒤에 보이는 생가는 1992년 복원.

◀ 심우장
사적. 서울 성북구 성북동.
남쪽 조선총독부를
보지 않기 위해
북향으로 건축.

며 1938년 불교계 항일 비밀결사단체인 만당의 사건 배후로 검거
되어 심한 고초를 겪었다. 그 후에도 일제의 황국신민화 및 창씨개
명 정책에 반대하며 민족혼을 고취하는 데 주력하다 성북동 자택
심우장에서 생을 마감하였다.

님의 침묵

님은 갔습니다. 아아, 사랑하는 나의 님은 갔습니다.
푸른 산빛을 깨치고 단풍나무 숲을 향하여 난 작은 길을 걸어서, 차마
떨치고 갔습니다.

… 중략 …

아아, 님은 갔지마는 나는 님을 보내지 아니하였습니다.
제 곡조를 못 이기는 사랑의 노래는 님의 침묵을 휩싸고 돕니다.

▲ **이상화 고택**　대구 중구 계산동 2가.

이상화(1901~1943)는 본관이 경주이며 대구에서 출생하였다. 1919
년 3.1 운동 때에는 백기만 등과 함께 대구 학생봉기를 주도하였
다가 사전에 발각되어 실패하였다. 21세에 현진건의 소개로 박종
화를 만나 홍사용·나도향·박영희 등과 함께 『백조』 동인으로 본격
적인 문단 활동을 시작하였다. 1926년에는 『개벽』에 「빼앗긴 들에
도 봄은 오는가」를 게재하여 한민족의 사회적 참여를 촉구하는 메
시지를 전달하였다. 「빼앗긴 들에도 봄은 오는가」는 『개벽』지 폐
간 계기가 될 만큼 일제와 한국민에게 파급력이 컸다고 볼 수 있다.
1927년에는 의열단 이종암 사건에 연루되어 구금되기도 하였다.
1937년 3월에 장군이자 독립운동가인 형 이상정을 만나러 만경에
3개월간 다녀와서 일본관헌에게 구금되었다가 11월 말경에 겨우

석방되었다. 그 뒤로는 3년간 대구 교남학교에서 교편을 잡으면서 생활을 하였으며 교직을 그만두고 연구에 매진하던 중 위암으로 43세의 젊은 나이에 생을 마감하였다.

빼앗긴 들에도 봄은 오는가

지금은 남의 땅 ― 빼앗긴 들에도 봄은 오는가?

··· 중략 ···

나는 온몸에 풋내를 띠고
푸른 웃음 푸른 설움이 어우러진 사이로
다리를 절며 하루를 걷는다 아마도 봄 신령이 지폈나 보다.

그러나, 지금은 ― 들을 빼앗겨 봄조차 빼앗기겠네.

간송 전형필(1906~1962) 선생은 일제 강점기에 우리글과 문화를 지켜낸 공로자이다. 그는 국어학자는 아니지만 500년간 행방을 알 수 없던 『훈민정음 해례본』을 찾아내어 일제 강점기와 6.25 전쟁 기간 동안 목숨을 걸고 지켜내었다. 또한 그가 보관하고 있는 수장품을 제외하고서는 한국의 미술사를 거론할 수 없다는 말이 있을 정도로 한국의 문화발전에 기여하였다. 그는 말년에 도봉구 방학동에 옛집을 짓고 살았으나 소실되어 도봉구청에서 2015년 복구하였으며 이곳에 전형필의 묘소도 함께 위치하고 있다. 간송은

1934년부터 도봉구의 부지를 조금씩 구입하였고 1938년 근대 건축가 박길룡의 설계로 한국 최초 서구식 사설 박물관을 준공하게 된다. 초기 명칭을 보화각이라 했으며 1971년부터 간송미술관의 이름으로 일반인들에게 유물을 전시하고 있다. 간송은 일제에 의한 수감생활이 없어 독립유공자로 선정되지 못하였지만 한국의 문화적 독립을 가능하게 한 진정한 유공자이다.

▲ **간송고택과 우물** 국가등록문화재. 서울 도봉구 방학동. 우물의 명칭은 옥정이며 사진의 좌측 상단에 간송의 묘소가 위치.

독립에 기여한 외국인

호머 베잘렐 헐버트(1863~1949)는 23세 되던 고종 23년(1886) 고종 황제가 세운 우리나라 최초의 근대식 국립학교 '육영공원'의 영어 교사로 부임하여 한글의 우수성과 독특한 한국 문화에 매료되었다. 고종 28년(1891) 최초의 순 한글 교과서인 『사민필지』를 만들었으며 한글의 띄어쓰기를 최초로 제안하였다. 국내에서 구전으로만 전해오던 아리랑을 처음으로 채보하여 전 세계에 한국의 노래로 전파하였다. 한편 조선이 일본의 침탈 위협을 받고 있는 것을 알게 된 헐버트는 조선의 정치, 외교문제에 관심을 두게 된다. 일제가 고종 32년(1895) 명성황후를 시해하자 헐버트는 고종의 불침번을 자처하고 경호에 나섰다. 헐버트는 일제가 고종을 위해하려고 해도 미국인이 경호하는 한 그럴 수 없다는 판단을 하였고 고종은 그런 헐버트를 신뢰하였다. 광무 9년(1905) 10월 20일 고종은 일제가 대한제국의 주권을 위협하고 있음을 헐버트를 통해 미국정부에 알려 도움을 요청하려고 하였다. 조미수호통상조약(1882)에는 제3국이 조선과 미국에 피해를 줄 경우 서로 돕는다는 약속이 들어 있었기 때문이다. 그러나 미국의 태도는 고종의 기대와는 전혀 달랐다. 미국은 일본과 이미 가쓰라·태프트 밀약을 체결하고 미국은 필리핀을, 일본은 한국을 차지하기로 합의를 끝낸 상황이었다. 헐버트가 루스벨트 대통령을 만나기 위해 동분서주하는 사이 을사늑약이 체결되었고 미국정부는 이제는 고종의 친서가 효력이 없다며 외

① 호머 베잘렐 헐버트(Homer Bezaleel Hulbert)
② **헐버트 묘**　양화진 선교사 묘역.

면했다. 헐버트는 자신의 나라인 미국정부를 공개적으로 맹비난했다. 1907년 7월 헐버트는 만국평화회의가 열린 네덜란드 헤이그에서 이준, 이상설, 이위종 3명의 특사를 도와 국제사회에 을사늑약의 불법성을 폭로하고 한국독립의 정당성을 호소하는 데 필사적으로 매달렸다. 이로 인해 헐버트는 일제의 강제퇴거명령을 받아 미국으로 돌아갈 수밖에 없었지만 헐버트는 광복 때까지 조선의 독립을 위한 기고와 강연활동을 멈추지 않았다. 헐버트는 일제에 항거한 독립운동가였고 조선의 청년들에게 미래의 꿈과 희망을 불어넣은 교육자였으며 수많은 저술로 한국의 역사와 문화를 소개한 언론인이자 역사학자였다. 그는 1949년 8월 5일 사망하였으며 그의 영결식은 대한민국 최초의 사회장으로 거행되었다. 1950년 3월 1일 우리 정부는 호머 헐버트 박사에게 외국인 최초로 대한민국 최고의 훈장인 건국훈장 태극장을 추서하였다.

조지 루이스 쇼(1880~1943)는 중국 푸저우에서 아일랜드계 아버지인 사무엘 루이스 쇼와 일본인 어머니 사이에서 태어났다. 그는 중국에서 활동하다가 20대 초 평안도 지역의 금광 회사에서 일하면서 조선과 관계를 맺었다. 이후 중국 단둥 지역에서 무역업과 선박업을 하며 임시정

▲ 조지 루이스 쇼(George Lewis Shaw)

부 활동을 지원했다. 당시 대한민국 임시정부는 임시정부와 국내외 업무 연락을 위한 비밀조직인 연통제를 운영했는데 쇼는 이를 돕기 위해 단둥에 있는 자신의 무역선박 회사 이륭양행에 임시정부 교통국 사무소를 설치했다. 이륭양행의 사무실과 선박은 치외법권 지역에 속하여 일본 경찰의 영향력이 미칠 수 없었다. 이로 인해 백범 김구 선생은 1919년 3.1운동 직후 중국 단둥에 도착해 이륭양행의 배를 타고 상하이로 망명했으며 고종의 다섯째 아들 의친왕의 망명 시도도 이 회사를 통해 이뤄졌다. 쇼가 조선의 독립운동에 나선 것은 그의 조국인 이일랜드가 영국의 식민통치를 받고 있었고 영국과 일본이 동맹을 맺은 정치·역사적 배경이 있었기 때문이다. 쇼는 1920년 7월 일제에 의해 체포되어 내란죄로 기소되었고 4개월 간 옥고를 치른 뒤 보석으로 1월 석방되었다. 이후에도 그는 변함없이 한국독립운동을 지원해 주었고 일제의 집중 표적이 된 그는 1937년 단둥에 있던 이륭양행을 매각할 수밖에 없었다. 이로 인해 임시정부 연락망은 큰 타격을 받았다. 쇼는 1943년 중국 푸저우에

서 사망하였고 우리 정부는 1963년 건국훈장 독립장 추서를 추진했지만 유족을 찾지 못해 불발에 그쳤다. 시간이 흘러 국가보훈처는 2012년 8월 쇼의 유족인 손녀 마조리 허칭스와 증손녀 레이첼 사씨를 초청해 쇼의 건국훈장 독립장 전달식을 가졌다.

앨버트 테일러(1875~1948)는 광산기술자였던 부친의 일을 돕기 위해 광무 원년(1897) 조선에 처음 입국하였다. 그는 1919년 영국 출신의 연극배우 매리 린과 인도에서 결혼 후 한국 광산과 테일러 상회를 운영하였다. 한편 연합통신(Associated Press)으로부터 임시 통신원으로서 고종의 장례식을 취재해 달라는 부탁을 받았다. 앨버트와 메리 부부는 1919년 2월 28일 아들 브루스를 세브란스 병원에서 출산했다. 이때 앨버트는 병원에서 독립선언서를 발견했고 AP통신원으로서 자신은 이런 움직임을 전 세계에 알려야 한다고 생각했다. 앨버트는 일제에 들키지 않기 위해 아들의 침대 밑에 선언서를 숨겼다가 병원에서 나올 때 구두 굽에 숨겼다. 그 뒤 동생 윌리엄 테일러에게 독립선언서를 건넸고 윌리엄은 일본으로 건너가 형이 쓴 기사에 독립선언서를 첨부해 전 세계에 송고했다. 이후에도 테일러는 제안리 학살사건을 세계에 보도하여 한민족의 평화적인 3.1 운동을 폭력적이고 비인간적인 방법으로 대처하는 일본의 민낯이 고스란히 드러나게 하였다. 테일러는 딜쿠샤(기쁜 마음이라는 페르시아어)라 이름 붙인 집을 1923년 착공하여 1924년 완공한다. 1926년 화재가 발생하여 1930년 재건하였으며 1942년 일제에 의해 추방될 때까지 이 집에서 거주하였다. 테일러의 회고에 따르면 이 집을 지을 때 집 주변에 우물들이 있어 주민들의 동의를 얻는 것이 쉽지 않

▲ **딜쿠샤** 　국가등록문화재. 서울 종로구 행촌동. 권율 장군 집터 맞은편.

았던 것으로 보인다. 테일러 출국 이후 딜쿠샤는 몇 사람의 손을 거
친 뒤 방치되었다가 3.1 운동 당시 태어난 아들 브루스와 손녀 제
니퍼의 방문 및 지원으로 2021년 복구되어 새롭게 개관되었다.

① **앨버트 와일더 테일러(Albert Wilder Taylor)** (출처 : 문화재청, www.heritage.go.kr)
② **테일러 묘소**　서울 양화진 선교사 묘역. 좌측이 앨버트 테일러, 우측 아버지 테일러.

일제의 침탈

· 4장 ·

강압의 정치

1904년 한일 간 작성된 한일의정서는 일제의 대한침략을 합법화하는 동시에 한국주차군의 근거가 되었다. 을사늑약으로 통감정치가 실시되고 경술국치 이후 일본의 한국통치는 조선총독부가 승계하였다. 조선총독을 육·해군 현역대장으로 규정함에 따라 일제의 식민지 통치기구는 무관총독과 헌병경찰을 중심으로 한 군사적 통치기구로 확립되었다. 총독부는 한일경찰을 통합하고 일본군 사령관이 군사경찰을 통해 한국의 치안유지를 담당케 함으로써 한국에 있어서 무단 헌병통치가 가능하게 된 것이었다. 3.1 운동 이후인 1919년 8월에 문관도 총독으로 임명될 수 있도록 하는 등 외형적 변화가 있었지만 총독부의 군사적 통치기구로서의 본질은 크게 변하지 않았다. 한국주차군헌병대는 1904년부터 한국주차군사령부

① **천우각** 조선시대 시인묵객들이 풍류를 위해 지은 정자로 1989년 재건.
② **관어정** 제갈공명의 고사에서 따온 명칭.

의 예하부대로 소속되었으며 1907년 정미의병활동이 거세지자 확대·보강되었다. 한국주차군사령부는 최초 조선호텔 근처 대관정에 설치되었다가 1904년 8월 29일 현재 남산골 위치로 이전하였다. 주차군사령부는 남산골의 기존 천우각, 관어정을 업무공간으로 활용하였다. 사령부가 1908년 10월 1일에는 용산의 신축청사로 이전하였는데 현 용산기지 미군 121병원 자리이다. 주차군헌병대는 그 이후에도 남산골에 남아 있었다.

무단통치 시기 서대문형무소는 의병과 독립투사들을 감금·고문하며 무고한 한국민을 억압하던 악명 높은 곳이었다. 일본은 1908년 최초 '경성감옥'이라는 이름으로 설립하였으나 새로운 감옥이 마포구 공덕동에 마련되자 명칭을 그곳으로 이관하고 이곳을 서대문감옥이라 새롭게 불렀다. 일제는 1923년 서대문형무소로 개칭하여 해방 때까지 유지하였다. 현재 서대문형무소 역사관 지역에는 전시관, 통제를 위한 중앙사, 제9~12옥사와 수감자 공동작업을 하

① **공작사 서편에 위치한 사각연못** 서울 서대문구 통일로 251. 정면의 건물은 9옥사.
② **구 사형장 터 연못** 중앙 중앙사, 좌측 11옥사, 우측 10옥사.
③ **우물** 한센병사 앞.

는 공작사, 한센병사, 추모비, 사형장, 시구문, 수형자들의 운동을 위한 격벽장, 여옥사(유관순 지하감옥), 취사장 등이 남아 있다. 반면 형무소 초기 사형장은 현재 10옥사와 11옥사 사이에 위치했다. 2개의 교수대가 있었으며 지하에 시신수습실이 있었다. 이곳에 현재 연못이 위치하고 있는데 그 지하 시설의 흔적으로 파악된다. 이곳에서 이강년, 허위, 이은찬, 이인영 등의 의병장과 이재명, 강우규 의사 등 290명이 사형을 당했다. 현재의 서대문형무소 사형장 유적은 1921년 옥사를 확장하면서 이전한 것이다. 공작사 서편에는 사각연못이 있다. 공작사는 형무소 수감자들의 노동력을 이용하여 형무소, 군부대, 관공서에 필요한 물건을 만들어 보급하였다. 일제 강점기 공작사는 잘 알려지지 않은 인권 유린의 장소로 나전칠기 공장이 있었다고 하며 서대문형무소 뒤편 안산에서 연중 마르지 않고 물이 내려오는 곳이어서 수감자들이 이 물을 사용하였을 것으로 추측된다. 1979년 빨래터로 활용하기 위해 현재 모습으로 정비했다고 한다. 한센병사 앞에 1개의 대형우물이 있는데 일제 강점기에 식수 및 생활용수로 활용했다고 전한다. 과거 3개의 우물이 형무소 내에 있었으나 1987년 서울구치소가 의왕시로 이전하면서 현재의 우물만 남게 되었다.

① **대전 형무소 우물**　　대전 문화재자료. 대전 중구 중촌동.
② **대선 형무소 망루**　　대전 문화지지료.

　대전형무소는 3.1 운동 이후 전국적으로 만세운동이 이어지자 일제는 독립투사들을 수감하기 위해 긴급히 소규모로 시설을 만들었다가 1939년 대규모로 확장·준공하였다. 도산 안창호, 몽양 여운형 등 많은 독립투사들이 수감되어 옥고를 치렀고, 6.25 전쟁 때는 연합군에 쫓기던 북한군이 1천 300여 명의 양민을 포함 6천여 명을 무참하게 학살하기도 한 민족 비극의 현장이다. 1960년대 말 대전 도심이 확장되면서 형무소 본관과 담장이 철거되었고 우물과 망루만 남게 되었다. 우물은 형무소 설립과 함께 존재했으며 수많은 주검이 발견된 비극의 장소이기도 하다.

▲ 대구형무소 이육사기념관
대구 삼덕동 2가. 형무소 벽돌로 264글자를 조성.

유관순 열사가 잠시 수용되었던 공주형무소는 그 터만 남아 있으며 대구형무소는 경상도와 전라도에서 가장 규모가 컸으며 수천 명을 수용하였다고 한다. 광복회 총사령관 박상진 선생 등 독립투사들의 사형이 집행되었던 형장 위치에 현재 삼덕교회가 세워졌고 삼덕교회에서는 대구형무소 기념관(이육사기념관)을 소규모로 운영함으로써 선열의 희생을 기리고 있다.

개항장과 경제적 침탈

▪ 인천

◀ **화도진**
인천 동구 화수동.

①, ② **화도진 쌍우물** 광무 원년(1897)에 작성된 화도진도에 쌍우물을 표시. 군졸 동이와 마을 처녀 정이의 전설로 유명.

    강화도조약(조일수호조규)에 의해 1876년 부산, 1880년 원산에 이어 1883년 인천이 세 번째로 개항되었으며 일본을 비롯한 서구열강들이 외교 및 경제적 활동을 벌이는 '개항장'이 마련되었다. 미국은 고종 19년(1882) 화도진에서 조선과 조미수호조약을 맺게 되는

데 강화도조약과 마찬가지로 불평등 조약의 성격이지만 최초 양국 조약으로 의미를 찾을 수 있다. 미국이 조선과 조약을 맺자 영국·독일·프랑스 등도 연이어 조약을 맺게 된다. 강화도조약 체결 이후 조정은 일본의 인천 항구 개방요구에 대비하기 위해 어영대장 신정희와 강화유수 이경하에게 화도진(花島津)을 설치하도록 지시하였으며 고종 16년(1879) 완성되었다. 그러나 갑오개혁에 따른 군제 개편으로 화도진은 철폐되고 모든 건물이 철거되었다. 현재 재현된 화도진 관아 지역은 과거와 동일한 위치는 아니지만 화도진 공원 전시물과 지근에 위치한 화수동 쌍우물 등을 통해 과거 모습과 생활을 상상해 볼 수 있다.

◀ 인천 용동 큰 우물
1883년 개항 무렵 정비되었으며 동인천역 주변으로 번화가 형성되는 데 일조.

1883년 인천 개항장은 청국과 일본지계를 중심으로 현재 자유공원 및 송학동 일대에 조선과 미국·영국·청국·일본·독일 대표 사이에 체결된 제물포각국조계장정(거주를 통한 치외법권 지역 명시)에 따라 14만 평 규모로 형성되었다. 제물포에 조성된 인천 개항장은 한성을

연결하는 해문 역할과 동시에 격랑의 세계 제국주의와 접점이라는
의미가 있었다. 이로 인해 인천의 위상이 크게 바뀌었고 함께 한국
인들 거주 지역에도 변화가 있었다. 새로운 번화가가 형성되면서
이곳에 필요한 우물이 정비되는 등의 변화가 수반되었다.

① **청일조계지 계단**   인천 기념물. 인천 중구 관동. 좌측 청국, 우측 일본으로 석등의 형
태로 구분 가능. 고종 21년(1884) 설치.

② **북감리회 선교사 합숙소**   인천 중구 창영동. 선교사 존스가 광무 원년(1897)에 르네상스식
건축양식으로 건립.

    부산, 원산, 인천 개항장은 모든 국가들에게 공동조계를 부여하였
지만 일본에 대해서는 전관조계(專管組界)의 독점적 지위를 보장함에
따라 시간이 갈수록 일본의 독무대가 될 수밖에 없는 구조였다. 부
산과 원산이 출발부터 일본의 독점적 조세 상황이 되었던 반면 인
천의 경우 1904년 러일전쟁 발발 이전까지 약 20년간은 국제적 교
역항 및 다문화의 전시장으로서 면모를 보여주었다. 미국은 개신
교를 통한 선교활동과 무역회사를 통한 이권 확보에 주력하였다.
알렌과 언더우드를 중심으로 한 미국 북장로회는 서울을 중심으
로, 아펜젤러와 스크랜턴을 중심으로 한 북감리회는 서울과 인천
을 중심으로 교세를 넓혀갔다.

① **대불호텔 전시관** 인천 중구 중앙동. 2018년 재현.
② **인천 구락부**　　 인천 유형문화재. 인천 중구 송학동.

　수 세기 동안 박해와 탄압에 직면했던 프랑스의 천주교 선교사들은 고종 23년(1886) 조불조약으로 한성과 개항장에서 선교가 허락되었다. 조선대목구가 설치되고 주교가 된 블랑 신부는 빌렘 신부를 인천에 파견하여 광무 3년(1889) 제물포 본당을 설립하였다. 영국은 일본, 미국에 이어 세 번째로 통상조약을 체결하고 제물포의 해안요지에 영사관을 설치하였다. 또한 광무 4년(1890) 성공회 코프 주교를 파견하여 송학동에 교회를 신축하고 전교활동을 시작하였다. 영국은 이후 광무 6년(1902) 영일동맹을 통해 러시아를 견제하면서 일본의 배후에서 막강한 영향력을 행사하였다. 독일은 인천에 직접 영사관을 세우지는 않았지만 세창양행(E. Myer&Co) 등의 무역회사가 자국의 영향력을 통해 조선의 이권에 깊이 관여하고 막대한 이익을 창출할 수 있도록 지원하였다. 반면 청국조계는 개항 초기 일본 세력과 경쟁하며 활기를 띠었으나 고종 31년(1894) 청일전쟁 패배 이후 점차 퇴조되었다. 조계에 있던 청인들은 점차 조선인들과 함께 인천 하층의 세력으로 변화되어 생계를 걱정하는 지경이 되었다. 러시아는 고종 31년(1894) 동학농민운동으로 청일군대가 제물포에 상륙하자 자신들의 군함도 제물포에 파견하였다. 이에 영국영사가 인천항의 중립문제를 제기하자 러시아는 이를 거부하였다. 그러던 중 청일전쟁에서 청이 패배하자 청의 자리를 대신하여 일본과 한반도에서 각축을 벌이기 시작했다. 일본이 고종 28년(1891)에 맺은 조일 월미도조차조약의 후속으로 고종 33년(1896) 조러 월미도조차조약을 맺어 월미도에 석탄창고를 마련함으로써 광무 8년(1904) 러일전쟁에 이르기까지 일본과 본격적인 경쟁에 뛰어들게 되었다. 이렇게 서방 열강들의 외교관, 선교사, 상인들이 몰려들자 우리나라 최초의 서양식 호텔인 대불호텔이 생기게 되었다. 고종 24년(1887)경 일본인 해운업자 호리 히사타로와 아들 호리 리키타로가 호텔을 건축하여 운영하였다. 호텔건물은 초기 2층 목조 가옥이었으나 고종 25년(1888)에 벽돌조의 서양식 3층 가옥으로 재건축하여 확장하였다. 우리나라 최초로 커피를 팔아 큰 호응을 얻기도 했던 호텔이기도 하다. 조계지에 거주하는 외국인들이 늘어나자 광무 5년(1901) 조계 당사자들은 외교 및 비즈니스를 위한 제물포 클럽을 만들었다. 제물포 구락부의 건물은 덕수궁 중명전을 건축한 사바틴이 설계하였다.

이후에도 개항장 명성에 걸맞게 동서양 각국의 대사관과 관저 등 근대건축물들이 들어서지만 경술국치 이후 일본을 제외한 대부분의 나라들이 대사관을 철수하거나 매각하면서 대부분의 자산들이 일본인들의 소유로 바뀌게 된다. 현재까지 남아 있는 많은 개항장 시기 건물은 일제에 의해 운영되던 건물이다. 인천 개항장 근대건

◀ **개항장 박물관**
인천 유형문화재. 인천 중구 중앙동.
제1 은행 인천지점.

축전시장은 일본 제18 국립은행 인천지점을 재구성하여 전시장으로 활용하고 있다. 은행은 고종 27년 (1890) 준공되어 그해 10월 개점하였는데 조선의 금융계를 장악하려는 목적으로 세워졌다. 전시장 건축물 안에는 일본 제18 국립은행 인천지점으로 사용할 당시 지붕과 금고, 금고 출입문이 그대로 남아 있어 당시의 모습을 추측해 볼 수 있다. 인천 개항장 박물관은 고종 20년(1883) 일본 제1 은행 부산지점의 인천 출장소로 시작하여 고종 25년(1888) 인천지점으로 승격하였다. 이후 조선은행 인천지점이 되었다가 광복 후에는 한국은행 인천지점으로 활용되기도 했다. 당시 일본 제1 은행은 조선의 금괴와 사금 매입업무 대행과 일본 영사관의 금고 역할을 담당하였다. 한국근대문학관 기획전시관은 고종 26년(1899) 미쓰이물산 인천지점으로 사용된 건물로 과거 인천문화재단 청사로 사용하다가 리노베이션 공사를 거쳐 한국근대문학 기획전시관으로 새롭게 개관했다. 아트플랫폼은 개항장 주변에 위치한 다수의 창고 건물을 리모델링하여 예술의 중심지로 승화시킨 곳이다. 국내외 예술가들이 입주하여 스튜디오와 프로그램을 운영하고 문화예술

① **아트플랫폼**　　인천 중구 해안동. 개항장 물류창고.
② **팥알**　　　　　인천 중구 관동. 일 다이와 하역회사 건물.

행사를 계획하고 있다. 일본풍의 목조건물을 재정비하여 찻집으로 활용하는 팥알도 눈길을 끈다. 이곳은 1880년대 말에서 1890년 초에 지어졌으며 일본 하역회사 건물이었다. 근대 일본 점포 겸용 공동주택의 양식으로 1층은 사무소, 2~3층은 주거 공간으로 구성되어 있다. 일제 강점기 하역 노동자의 생활양식을 보여주며 건축 초기의 모습을 잘 보존하고 있다.

　한편 개항장의 일본 상인들은 고종 33년(1896) 미두취인소(米豆取人所)를 개소하여 우리나라의 곡물거래 주도권 장악을 시도하였다. 현재 증권거래소처럼 쌀, 콩 등의 곡물을 현물이 없어도 수확 시기의 가격을 예측하여 사고팔았다. 다양한 환경적, 심리적인 요소가 반영되어 가격이 결정되는 구조였다. 일본인들이 쌀 거래소를 만든 이유는 곡물의 가격 변동성을 이용하여 이익을 취하려는 투기 목적이 있었고 이미 본국의 쌀 시장 투기에 성공한 전력이 있었다. 우리 정부는 미두취인소 허가 과정에서 완전히 배제되었으며 인천

항에 있었던 일본 영사관의 독단적인 결정에 의해 개소되었다. 한국인 지주와 중소기업인, 일확천금을 노리고 인천항에 미곡을 싣고 온 사람들 가운데 다수가 매매차익에 실패하여 알거지가 되었고 그 이익금은 고스란히 일본 상인에게 돌아갔다. 1922년 인천미두취인소가 경성주식현물거래소와 통합됨으로써 이 문제는 일정 부분 해결되었다.

▪ 군산

조선시대 너른 호남평야의 세곡들을 보관하던 군산창이 있어 군산은 국가의 요충지였다. 군산항은 인천항보다는 늦게 광무 3년(1899) 5월 군산항 개항과 함께 해안 일대에 조계지가 설치되었다. 일본에게는 전관조계가 부여되었으며 해안의 일본 영사관을 중심으로 세로는 1조 통에서 9조 통까지, 가로는 중심도로에 본정통(현 해망로)이라는 일본식 가로명을 붙여 도시를 구획하였다. 본정통을 중심으로는 관공서 및 은행, 회사들 위주의 상업업무 지구, 군산역과 임피역을 교통 중심으로 정미업 위주의 공업지대가 형성되었다. 이러한 도시와 생산 인프라를 구축하는 데 동원되었던 조선인들은 주로 둔율동, 개복동 일대 산지에 거주하였다. 특히, 일제가 1920~1930년대 산미증식계획을 추진함에 따라 미곡 수탈량이 급증하고 반대급부적으로 이주 일본인들은 부를 축적하게 되었다. 일제는 수탈한 곡식을 일본으로 보내기 위한 다양한 방법을 강구하였다. 산지에서 군산역과 임피역까지 연결되는 길을 닦고 열차를 통해 미곡을 신속히 군산항으로 이송하였다. 군산항에는 8년이라는 기간에 걸쳐 부잔교(浮棧橋) 3기를 설치하였다. 부잔교는 조수

① **임피역**　　　　　　국가등록문화재. 전북 군산시 임피면 술산리. 1936년 건립. 역사 앞 채만
　　　　　　　　　　　식의 단편소설 「논 이야기」 관련 조형물 위치.

② **부잔교**　　　　　　국가등록문화재. 전북 군산시 장미동.

③ **조선식량영단 건물**　국가등록문화재. 전북 군산시 영화동. 1943년 건립.

④ **옥구저수지**　　　　전북 군산시 개사동.

간만의 차가 심한 서해안의 특성을 감안하여 밀물과 썰물에 상관
없이 미곡을 이동할 수 있도록 부두에서 정박시설까지 물에 뜨는
다리를 만든 것이었다. 3천 톤급 선박 3척이 동시에 접안할 수 있
는 시설이었는데 추가로 3기를 더 설치하여 총 6기였으나 현재는
3기만 남아 있다. 일제가 1937년 중일전쟁을 시작하면서부터는 전
시체제의 긴장감이 더 고조되었으며 미곡의 강제 송출을 위해 조
선식량영단 군산출장소를 세우게 된다. 군산지역이 미곡의 송출지
로 자리매김할 수 있었던 것은 치밀한 일제의 사전 준비가 있었기
때문이다. 군산은 평야 및 해안지역으로 수원이 되는 특별한 산이

주변에 없다. 일제는 먼저 전주시 완주군 고산면 어우리 앞을 흐르는 고산천에 수로를 만들어 군산지역까지 이르게 만들었다. 한편 일본인 후지이 간타로가 운영하는 농장이 소속된 불이흥업주식회사는 1914년 바다를 막아 간척지를 조성하여 옥구들판을 만들었다. 이후 고산에서 군산으로 유입된 물을 이용해 대아저수지(1922), 옥구저수지(1923)가 만들어지자 간척지 옥구들판에서 질 좋은 쌀을 생산하여 일본에 송출할 수 있는 큰 틀이 완성되었다. 대아·옥구저수지 외에도 후일 옥산저수지, 은파저수지, 옥녀저수지 등이 고산에서 유입된 물을 활용하여 저수지로 조성되었다.

① **군산 근대건축관** 전북 군산시 장미동. 조선은행 군산지점. 2008년 복원.
② **호남관세전시관** 국가등록문화재. 전북 군산시 장미동. 1993년까지 군산세관으로 활용.

군산 시내에는 일제 역사의 기억을 고스란히 간직하고 있다. 군산 근대건축관은 옛 조선은행 군산지점 건물이다. 1922년 완공된 조선은행 군산지점은 일본인 건축가 나카무라 요시헤이가 설계한 붉은 벽돌의 서양 고전주의 건축양식으로 조선총독부 직속금융기관 역할을 수행하였다. 군산 근대미술관은 일본 제18 은행 군산지점이었다.

인천지점과 마찬가지로 당시 은행 금고시설이 남아 있으며 금고 중 일부는 여순 감옥으로 재현되어 있다. 은행 건물들에서 200m 정도 떨어진 지점에 호남관세전시관으로 활용 중인 옛 군산세관 건물이 있다. 군산항을 통해 출입되던 모든 물품에 관세를 부과하던 곳으로 융희 2년(1908)에 세워졌다. 화강암 기초 위에 붉은 벽돌로 지어진 군산세관 건물은 우리의 아픔을 간직한 곳이지만 예술적인 측면에서 국내에 현존하는 서양고전주의 3대 건축물 중 하나로 꼽힌다.

① **신흥동 일본식 가옥 우물** 전북 군산시 신흥동.
② **신흥동 일본식 가옥 외부** 국가등록문화재.
③ **동국사**　　　　　　　　　국가등록문화재. 동국사 대웅전으로 1932년 건축.

군산에서 과거 일본인들의 삶은 신흥동 일본식 가옥을 통해서 살펴볼 수 있다. 군산 부협의회 의원이자 포목점을 운영하던 일본인 히로쓰가 소유했던 적산가옥이 가장 유명하며 2층짜리 목조건물에 단층의 객실이 부속되어 있는 형태이다. 구 호남제분에서 오랜 시간 사용했던 관계로 잘 관리되어 있는 편이며 많은 한국영화의 촬영지로도 유명하다. 군산 동국사는 대표적인 일본 건축양식의 절로 과거에는 많은 일본인들이 찾고 그들의 위패를 모신 곳이다. 또한 일제 강점기에 건설하여 광복 이후에도 남아 있는 몇 안 되는 일본식 법당이다. 동국사의 기원은 융희 3년(1909) 우치다라는 일본의 조동종 승려가 금강선사라는 포교당을 차린 것이며 1913년 현 동국사 위치에 금강사로 자리를 잡았다. 현재는 대한불교조계종 제24교구인 선은사의 말사이다. 2012년 일본 조동종에서는 과거 조동종이 해외포교라는 명목하에 일본의 제국주의를 도와주는 역할을 한 것에 대한 반성으로 동국사에 '참회와 사죄의 비'를 세웠으며 이후 그 옆에 평화의 소녀상이 함께 세워졌다.

■ 목포

목포는 광무 원년(1897) 개항되었으며 인천, 군산과 달리 일본의 전관조계가 아닌 공동조계 하나로 거류지가 설치되었다. 그래서 일본, 영국, 러시아 각국들이 치열한 경쟁을 했지만 최종 승리자는 일본이 되었다. 목포 개항장은 동쪽으로 동명동, 서쪽으로 온금동, 남쪽으로 목포진 해안, 북쪽으로 측후동을 경계하여 총 22만 평 규모로 조성되었다. 일본은 목포 개항장 일대가 내려다보이는 수려한 경관지에 당시 목포에서는 가장 크고 화려한 모습의 영사관을 광무 4년(1900)에 완공하였다. 일본 영사관은 인천과 군산 등지와 마찬가지로 일본인의 보호와 일본 상인들의 이권을 보호하는 데

① **목포 근대역사관 본관**
국가등록문화재. 전남 목포시 대의동.

② **일제 방공호**
근대역사관 본관 옆.

앞장섰고 미곡과 특산물을 일본으로 송출하는 데 총력을 기울였다. 일제는 영사관 건물을 광무 10년(1906)에는 목포이사청, 경술국치 이후에는 목포부청으로 활용하였다. 2014년부터는 목포 근대역사관 본관으로 활용되고 있다. 또한 최근 영화와 드라마의 촬영장으로 활용되어 많은 사람들에게 친숙해진 곳이기도 하다. 근대역사관 옆에는 일제의 방공호가 있으며 방공호 좌측에는 석조로 된 과거 목포부청 별관이 있다. 서고 등으로 활용했을 것으로 추정되며 건축 낭시 복포형무소 재소자들이 형무소 뒷산 채석장에서 돌을 날라 직접 건축한 것으로 알려져 있다.

목포 근대역사관 별관(2관)은 과거 동양척식주식회사 목포지점 건물이었다. 동양척식주식회사는 일본이 한국경제를 침탈하기 위해 융희 2년(1908)에 설립한 특수 회사이다. 일본인의 이주 지원, 식민지 지주 육성, 농장 관리, 금융 등이 주요 업무였다. 서울에 본점

◀ **목포 근대역사관 별관**
전남 기념물.
전남 목포시 중앙동 2가.
(출처 : 문화재청,
www.heritage.go.kr)

을 두고 전국 주요 도시 9곳에 지점을 세웠다. 현재 남한지역에서
는 목포와 부산에 건물이 보존되어 있다. 현 건물은 1921년에 신축
되었으며 부산지점보다 규모와 설립연도에 있어 앞선다. 내부에는
당시 사용된 대형 금고가 그대로 남아 있으며 이색유물로는 1층에
전시된 팔굉일우(八紘一宇)비이다. '팔굉일우'는 1940년 일본 고노에
후미마로 총리가 시정 연설에서 사용하였으며 '전 세계가 하나의
집'이란 뜻으로 일본 제국주의가 그들의 침략을 합리화하기 위해
내건 제국주의 논리이자 구호였다. 일제는 1940년 조선 전역에 팔
굉일우비를 건립했고 근대역사박물관의 비석은 2011년 목포여자
중학교 운동장 공사 중 발견된 것이다.

　일본은 목포의 경제적 지배를 위해 1898년 10월 1일 주식회사
제일은행 목포출장소를 제일 먼저 설립하였다. 이후 식산은행, 제
18 은행, 동양척식주식회사 등이 세워졌다. 늦게나마 1920년 한국
인을 위한 민족은행으로 호남은행 목포지점이 설립되었다. 호남은
행은 지역발전을 위해 현준호가 중심이 되어 설립한 은행으로 본

◀ 목포 호남은행
국가등록문화재.
전남 목포시 상락동 1가.
현재 건물은 1929년 신축.

점은 광주에 있었다. 은행의 설립을 위해 해방 후 초대 대법원장을 지낸 김병로도 물심양면으로 지원하였다. 호남은행은 1933년 동래은행을 합병하여 영업지역을 경상도로 확장하였고 당시 지방은행 중 실적 1위를 달성하기도 했다. 일제 총독부는 일본인 자본의 참여를 거부하고 일본인 직원을 채용하지 않다는 이유를 들어 1942년 5월 동일은행(東一銀行)과 강제로 합병시켰다. 하지만 호남은행은 해방 이후 조흥은행, 신한은행 등으로 계보를 이어오고 있다.

목포의 상업지역은 목포역과 해안지역을 따라 형성되었다. 구 목포화신 연쇄점은 근대 목포지역 최초 한국인 백화점으로 의미를 가진다. 해당 건물은 1932년 일본 경찰 출신 마루오카가 세운 잡화점이었다. 이때 1931년 경성에서는 친일 자본가 박흥식이 화신백화점을 열었고 전국 여러 지역에 체인점을 열었는데 그중에 하나가 구 목포화신 연쇄점이었다. 목포 재력가 서병제가 잡화점을 인수하여 1935~1938년 사이에 화신 연쇄점을 운영하였다. 서병제의 동생 서영인은 독립운동가로 독립자금을 마련하기 위해 연쇄점 운

◀ 목포 해안로 교차로 상가주택
국가등록문화재.
전남 목포시 대의동 1가.

영에 참여하였다는 이야기가 전해진다.

목포 해안로 교차로 상가주택은 과거 목포 경찰서 앞 교차로에 설치된 상징적 건축물로 아치형 창문과 옥탑 장식을 사용한 일본 마제야 양식의 2층 규모 목조상가 주택이다. 경찰서 앞 교차로로 인해 자연적으로 발생한 다각형의 대지에 맞게 건물의 모습을 건축하였다. 일본 상인 마쓰무라가 1935년 문구점 용도로 준공하였으며 훨씬 이전부터 건축이 진행된 것으로 보인다.

▪ 부산

부산항은 고종 13년(1876) 8월 강화도조약에 의해 제일 먼저 개항된 이후 고종 17년(1880) 5월 원산항이 개항할 때까지 4년간은 외국과의 무역을 독점하였다. 고종 31년(1894) 청일전쟁에서 일본이 승리하자, 일본은 조선 전체 무역의 주도권을 장악하게 되었다. 이후 부산은 일본과의 교역량이 꾸준히 늘어나면서 국내 최대의 무역항으로 성장하였다. 그러자 일본은 종전의 중계 무역에서 탈피하여 일본제 면제품을 부산항을 통해 수출함으로써 조선을 자국의 상

◀ **부산 근대역사박물관**
부산 기념물.
부산 중구 대청동 2가.

① **백산기념관**　　　부산 중구 동광동 3가.
② **한성 1918**　　　부산 중구 동광동 3가.

품 판매 시장으로 탈바꿈하려 하였다. 일본은 부산항의 역량을 늘리기 위한 작업에 착수하였는데 첫 단계가 항구 주변 매축공사였다. 일본인이 운영하는 부산매축회사는 광무 6년(1902)부터 융희 3년(1909)까지 8년에 걸쳐 2단계 공사를 진행하였다. 그 결과 부산항이 국제무역항으로 발전할 수 있는 기반이 마련되었고 광무 10년(1906)에는 북빈잔교(北濱棧橋 : 부산항 근처 부산역까지 연결되는 다리)도 설치되었다. 부산항 건설 당시 모습은 동래부산도병(東萊釜山圖屛 : 부산광역시 문화재자료)을 통해 확인할 수 있다. 부산이 국제무역항으로 발전해 가면서 일본인들의 이주가 크게 늘어났다. 개항 당시 어촌에 불과

했던 부산은 일본 거류지를 중심으로 급속히 성장하여 1914년 부제가 실시될 때 인구 약 5만 5천여 명의 대도시로 발전하였다. 그 중 일본인의 인구가 반을 차지하였다는 것은 사회경제적으로 일본인의 영향력이 대단하였다는 것을 의미한다. 부산 근대역사박물관은 일제가 1929년 동양척식주식회사 부산지점으로 사용한 건물이다. 이곳은 해방이 되자 미 군정에서 미군을 위한 시설로 이용하였고 1999년까지 미국 문화원으로 한미동맹의 역사를 함께했다. 부산지역의 일본인 증가와 일본 무역의 발전은 부산지역민들과 한국의 경제가 피해를 보는 결과를 가져왔다. 이런 상황에서 독립운동가 안희제(1885~1943)는 중국에서 항일독립운동을 하다가 1914년 국내로 들어와 민족자본으로 우리나라 최초의 주식회사인 무역회사 백산상회를 부산에 세우고 일본자본과 경쟁하였다. 백산상회는 국내와 중국, 특히 만주지역을 무대로 무역을 하였고 광복회 본부였던 대구 박상진의 상덕태상회처럼 항일독립자금 지원역할을 수행하였는데 상덕태상회와 긴밀한 협력도 있었다고 전해진다. 부산 용두산공원의 용탑 옆에 안희제의 흉상이 세워졌으며 백산상회가 있던 지역에 백산기념관이 세워졌다. 백산기념관 맞은편에는 한성 1918 부산생활문화센터가 위치하고 있다. 이곳은 1918년 민족자본으로 만들어진 최초 근대은행인 한성은행의 부산지점으로 건립되었다. 그 후 40년간 은행 건물로 사용되었으며 2018년 리모델링을 거쳐 현재 부산시민들의 문화공간으로 활용되고 있다.

개항기 일본은 부산을 단순한 한일 교역의 무역항으로 개발하는 데 그치지 않고 대륙 진출을 위한 군사적 거점으로서의 역할을 강화하였다. 부산은 일본군의 최대 군사 주둔지이면서 경부선의 종점으로서 대륙 진출의 관문 구실을 하게 되었다.

▪ 구룡포

◀ **구룡포 공원 조형물**
경북 포항시 남구 구룡포읍 구룡포리.

◀ **구룡포 근대역사관**
경북 포항시 남구 구룡포읍 구룡포리.
1940년대 건립된 적산가옥.

　구룡포는 신라 진흥왕 때에 사라리로 불렸다. 진흥왕은 장기 현감에게 동쪽 바다가 노하여 물고기가 잡히지 않으니 백성들의 고충을 살피라는 명을 내렸다. 장기 현감이 사라리 마을을 지날 때 별안간 천둥 번개가 치고 바다에 폭풍우가 몰아쳤다. 이때 소용돌이치는 바다에서 9마리의 용이 승천했으나 한 마리의 용은 바다로 다시 떨어졌고 거센 풍랑은 이내 잔잔해졌다. 이후 조업도 과거와 같이 잘 진행되었다. 어부들은 승천하지 못한 용이 자신들을 도와준다고 믿었다. 이후 구룡포는 그럭저럭 명맥을 유지했으며 사람들은 대부분 해안 구릉지 위쪽에 살았다. 고종 20년(1883) 조선과 일본 간에 조일통상장정이 체결되었고 1889년에는 조일통어장정에 따라 일본 선박도 조선 해역에서 어업이 가능하게 되었다. 그러자 어족자원이 고갈되어 근해어업이 사실상 불가능했던 일본 어부들, 특히 가가와현 어부들이 구룡포 해역으로 모여들기 시작했다. 융희 2년(1908) 한일어업협정이 체결되자 구룡포에 거주하는 일본인들이 급격히 늘어났고 구릉지 아래 바닷가 쪽에 정착하기 시작했다. 구룡포 거주 일본인들은 두 패로 나뉘었는데 가가와현 출신의 하시모토 젠기치 파와 오카야마 출신 도가와 야스브로였다. 하시모토 젠기치는 1923년 한국에서 축적한 재산으로 일본식 2층 목조주택을 세웠고 현재는 구룡포 근대역사관으로 탈바꿈하여 당시 일본인들의 생활상을 보여주고 있다. 경쟁하던 두 파벌은 구룡포에 방파제가 없어 조업 안전상의 문제가 계속 발생하자 조선총독부의 지원 아래 방파제 건설에 협력하게 된다. 구룡포 방파제는 1926년 완성되었고 1935년 보강되었다. 이때 모든 작업은 한국인 노동자들에 의해 진행되었고 노동자들의 희생과 피해가 컸다. 일본인들은 1917년 일본인 주거지와 조선인 주거지 사이에 위치한 면사무소 부근에 신사를 지었다. 구룡포항이 내려다보이는 신사로 가려면 돌계단을 올라야 하는데 1944년에 계단 양옆으로 120개 돌기둥을 세워 구룡포항 축항에 기여한 일본인들의 이름을 새겼다. 그러나 그들의 노력과 바람과 달리 1년 후 그들은 일본으로 돌아가야만 했다. 해방 직후 돌기둥의 일본인 이름은 모두 지워지고 대신 한국인 희생자들의 이름이 새겨졌다. 야스브로의 송덕비 비문은 시멘트가 발라져 지금도 흉물스럽게 남아 있다.

■ **장생포**

◀ **장생포 고래박물관**
울산 남구 매암동.
국내 유일의 고래박물관.

◀ **장생포 우물 터**
복원된 우물 터 옆에는
과거 우물 사진을 전시.
장생포 둘레길에는 옛 모습을 유지한
우짠샘(위의 마을 샘) 위치.

　　신석기시대로 추정되는 울주 반구대의 바위 조각에는 고래와 관련된 내용이 등장한다. 선사시대 조상들도 고래의 존재를 알고 일찍이 사냥을 했던 것으로 보이지만 조선시대까지는 고래를 잡는 포경업이 활발하지 않았다. 대한제국기 한반도 근해에서 주로 고래잡이를 하던 사람들은 러시아인과 일본인이었다. 일본인은 한국 연안의 어느 곳에서나 어떤 고기나 잡을 수 있는 권리 획득으로 장생포 지역에서 한국 어부들의 어로를 방해하였고 고래잡이로 많은 돈을 벌기 시작했다. 1905년에 노르웨이의 한 회사는 한반도 근해에서

211마리의 고래를 잡기도 하였다. 경술국치 이후 한반도 근해에서 문서상 포경조업을 하는 회사는 일본의 동양포경회사뿐이었다. 해방 후 일본 포경회사가 한반도 바다에서 사라지자 한국인들이 다시 포경을 시작했지만 실적은 크지 않았다. 더구나 1985년 11월 1일부터 포경어업이 금지됨에 따라 장생포는 포경어업기지로서 의미가 크게 상실되었으며 고래박물관과 장생포 우물 터 등을 통해 대한제국과 일제 강점기 성시를 이루었던 장생포의 모습을 확인할 수 있을 뿐이다.

일제 강점기 장생포는 대륙 침략의 전진 기지로서 유류 비축을 위한 축항계획이 시도되어 장생포 일대에 안벽이 축조되었고 울산·장생포 간에 철도 지선이 부설되어 군수 물자가 수송되기도 하였다.

궁궐의 훼철 및 반출

일제의 궁궐 훼철과 이건은 경복궁과 창경궁에 집중되었다. 창덕궁은 순종이 덕수궁은 고종이 사용하고 있던 공간이기 때문에 그 정도가 덜한 것으로 보인다. 경복궁의 전각이 훼철된 것은 크게 두 가지 이유로 볼 수 있다. 첫째는 경술국치로 궁궐의 소유권이 일본

◀ 자선당 유구
건천궁 담장 동쪽.

◀ 국립민속박물관

에 넘어간 것이다. 1910년 경복궁의 전각 4천여 칸이 한·일인 10명에게 헐값으로 판매되어 그들의 사저를 짓는 데 사용됨으로써 한국인들의 울분을 샀다. 둘째, 1915년 경복궁에서 개최된 시정 5주년 조선물산공진회였다. 공진회에 필요한 공간을 마련하기 위해 근정전 앞에 위치한 흥례문과 이를 연결한 회랑, 동쪽에 위치한 동궁, 자선당, 시강원 등의 문과 담장, 석재 등을 공매한 것이다. 특히, 왕의 자문 및 문서관리를 담당하던 홍문관과 세자의 업무공간이던 비현각(조顯閣)이 일본인 요정에 팔려갔다는 것은 슬픈 일이다. 자선당은 조선왕조에서 세자만이 아니라 왕의 정치 공간으로 활용된 의미 있는 공간이었다. 하지만 고종의 아관파천과 경운궁 이어로

우물로 본 조선역사

경복궁이 정궁으로서 가치가 약해지자 데라우치 총독은 1916년 자신과 친분이 있는 오쿠라에게 자선당의 해외반출을 허가하였다. 자선당은 사설미술관으로 활용되다가 1923년 관동대지진으로 소실되었다. 1996년 자선당의 유구만이 오쿠라 재단에서 한국에 반환하여 경복궁에 위치하고 있다. 이후에도 경복궁의 훼철은 계속되어 문·무과 과거를 보던 융문당(隆文堂)과 융무당(隆武堂)은 보존경비 부족이라는 이유로 1929년 민간에 대여된 이후 우여곡절을 거쳐 현재 국가문화재로 지정되었지만 종교재단과 소유권 문제가 해결되지 않아 쉽게 볼 수가 없다. 경복궁 선원전은 일본 총독부관사로 쓰이다가 1932년 남산 박문사(博文寺 : 이토 추모사찰)로 이건되었다. 현재 선원전 터에는 국립민속박물관이 세워져 있으며 중기계획에 의거 2030년 이전에 국립민속박물관을 세종으로 이전하고 선원전을 복원할 예정이라고 한다.

창경궁은 일제에 의해 심하게 훼철이 되었을 뿐만 아니라 궁(宮)에서 원(苑)으로 격하되는 치욕을 받기도 했다. 일제는 창경궁에 박물관, 동물원, 식물원을 조성한 후 1911년부터 창경원이라 불렀다. 우리 정부가 1984년 창경궁 복원사업을 시작하면서부터 창경궁으로 다시 부르고 있다. 일제는 명정전, 통명전, 양화전, 경춘전, 환경전, 함인정은 박물관, 영춘헌은 창경원 사무소 용도로 남기고 나머지 전각들을 모두 철거하였다. 또한 창경궁에 박물관, 동물원, 식물원을 설치하는 것은 한국인들에게 '취미 부여, 지식 공급 및 고상한 오락' 등을 제공함으로써 경성의 삭량함을 제거하는 데 의도가 있다고 설명하였다. 일제의 창경궁 훼철 및 위락시설 설치와 함께 생

◀ 성종 태실비
사적. 1928년 경기도 광주에서
창경궁으로 이전.

◀ 식물원
국가등록문화재. 1909년 건립.

각해 볼 부분은 성종 태실비의 창경원으로 이전이다. 일제가 성종 태실비의 이전 이유를 관리 효율성으로 들었으나 결과적으로 성종의 태실비가 궁이 아닌 원에서 그것도 일반인의 관람용이 된다는 측면이 있는 것이다. 이러한 측면들은 창경궁 형해화를 통해 식민지 한국인에 대한 정신적, 공간적 지배를 강화하려는 의도로 읽힌다. 춘당지는 원래 조그마한 연못이었으나 1909년 일제에 의해서 내농포(임금이 직접 밭을 일구고 농사의 풍·흉을 예측하던 곳)가 헐려 통합되면서 지금의 호리병 모양의 큰 호수로 남게 되었다. 식물원은 개원 당시 동양 최대의 목조 식물원으로 사람들의 주목을 받았으며 지금도 과거 모습을 잘 유지하고 있다.

우물로 본 조선역사

◀ **동국대 법당 정각원**
서울 유형문화재.
서울 중구 필동 3가.

◀ **황학정**
서울 유형문화재.
서울 종로구 사직동. 회상전(會祥殿)
담벼락에 있던 궁술 연습장.

경희궁은 1865년 경복궁이 중건되는 과정에서 이미 심각히 훼철되었다. 경술국치 이후 일제의 소유가 될 당시 경희궁 내 남아 있는 전각은 숭정전, 회상전, 흥정당, 흥화문, 황학정뿐이었다. 숭정전은 현재 동국대학교 법당 정각원으로 쓰고 있으며 흥화문은 경희궁 복원사업으로 경희궁터로 돌아오긴 했지만 이전과 다른 위치에 설치되어 있다. 대한제국 당시 경희궁의 활터였던 황학정(黃鶴亭)은 전매국 관사를 짓기 위해 철거될 위기에 처해 있다가 박영효의 청원에 따라 사직단 북쪽의 현재 인왕산 지역으로 이전되었다.

◀ 서삼릉 태실 묘
사적.
경기 고양시 덕양구 원당동.

◀ 태실의 항아리 견본
서삼릉 태실묘 옆.

  창경궁에 위치한 성종 태실비와 함께 생각해 볼 부분이 서삼릉
태실이다. 서삼릉에는 조선왕실의 태실 53위(왕의 태실 21위, 공주 및 왕자
의 태실 32위)가 함께 위치하고 있다. 1939년 이왕직(李王職)[34]의 주관으
로 전국 각지에 위치한 53위의 태실이 한 곳으로 모아졌으며 이는
일제 총독부의 정치적 압력이 있었음을 의미한다. 이렇게 일제가
조선왕실의 태실을 입맛대로 다루자 도굴꾼들이 날뛰어 국보급 문
화재인 태항아리가 다수가 도난당하는 수모를 겪기도 하였다.

지우 : 일제가 조선의 태실을 고양시에 위치한 서삼릉에 모으면서 관리되지 않는 태실을 효율적으로 관리하고 태실 조성에 따른 백성들의 고통을 덜어주는 의도가 있음을 선전했다고 해요.

아빠 : 일제가 소수의 의견을 정치적으로 활용한 것이지. 조선시대 태실 조성으로 백성들의 부담이 있었던 것은 사실이나 대부분의 백성들은 우리 마을 주변에 왕족이 같이 있다는 것을 자랑스럽게 생각했다고 해. 서삼릉에 태실 묘를 조성한 것은 식민통치를 위한 방편이었다고 할 수 있지. 서삼릉 이장 초기 석물이나 비석이 없는 상태로 날 일(日) 자 모양의 담 안에 태실을 모은 것은 일본 신사 틀에 조선왕조의 정기를 가두려는 의도로 읽혀져. 또한 전국의 명당 터에 위치한 태실을 파내고 공터를 만든 것은 조선왕조와 백성들의 접점을 없애버리는 효과가 있는 것이지. 반면에 풍수지리적으로 명당 터의 정기가 쉽게 없어지는 것은 아니니까 일본인들이 자신들의 발복을 위해 그 자리를 차지하기도 했다고 해.

궁궐뿐만 아니라 조선의 역사를 대표하고 있는 선농단에 대한 훼손도 이어졌다. 일제는 선농단이 있는 곳에 청량대 공원을 설치하여 창경궁과 마찬가지로 그 의미를 퇴색시켰다. 일제의 행동은 여기에 그치지 않고 선농단제를 올리던 제기(놋그릇)를 군수 물자로 공출하여 아예 제사를 지내지 못하게 하였다. 이에 한국인들의 분노는 극에 달하였고 해방이 되자 달려가 공원표지를 쓰러트렸는데 아직 그 잔해가 선농단에 남아 있다.

▲ 청량대 표석

▲ 완주 봉림사 오층석탑
보물. 고려시대 제작.
군산 개정면 발산초등학교 소재.

　　일제의 국가 차원의 문화재 훼철과 유출도 있었지만 일본인들의 개인적인 문화재 수입과 반출도 성행하였다. 대표적인 사례가 군산의 부호였던 시마타니 야소야였다. 그는 충남, 충북, 전남 지역의 문화재를 닥치는 대로 끌어모아 서화와 도자기는 현금과 함께 자신이 특별히 제작한 반지하 1층, 지상 2층의 콘크리트 금고에 보관하였고 헐값에 빼앗다시피 가져온 석불, 석탑, 부도 등은 자신의 정원에 두고 감상하였다. 시마타니는 해방이 되자 목숨을 걸고서라도 모은 자신의 문화재 자산을 지키려고 했으나 무사히 귀국하는 데 만족해야 했다. 군산 개정면 발산의 발산초등학교 건물 바로 뒤편에는 그가 남기고 간 금고와 한국의 보물들이 여전히 그 자리를 지키고 있다.

우물로 본 조선역사

국토의 군사기지화

① **알뜨랑 기지 격납고**　제주 서귀포시 대정읍 상모리. 폭 20m, 높이 4m, 길이 10.5m 13개소.
② **알뜨랑 관제탑**

◀ **셋알오름 고사포진지(알뜨랑 방어)**

　일제의 강점 기간 동안 우리 전 국토에 침탈과 황폐화가 진행되었지만 제주도는 중일전쟁 및 태평양전쟁 군사기지화로 인한 피해가 더 컸다. 1926년 서귀포시 대정읍에 해군 항공기지 계획이 수립되면서 모든 사람들은 제주도에 관심을 가지기 시작했다. 일본은 중일전쟁의 전초기지를 마련하기 위해 1931년부터 1936년까지 18만 평의 알뜨랑(마을 아래 있는 너른 벌판) 항공기지를 만든다. 1937년 7월에 중일전쟁이 발발하자 일본은 나가사키 주둔 오오무라 항공대를 동원하여 난징 대공습을 실시한다. 이때 알뜨랑 기지는 중간 기착 및 보급기지로 활용되었다. 같은 해 일본이 상해를 점령하자 오오무라 항공대는 상해로 전개하였으며 알뜨랑 기지는 오오무라의 지원 및 훈련시설로 활용된다. 이후 1945년까지 아카톰보 훈련기 활주로 및 유도로, 격납고, 지하벙커, 탄약고, 통신시설 등이 들어서며 약 80만 평의 대규모 비행장으로 정비된다.

◀ 별도봉 동굴진지
제주시 화북 1동.
미군의 북부해안 상륙을 저지하고
제주동비행장(진드르, 제주국제공항) 및
제주서비행장(정드르, 정석비행훈련원)를
방어하기 위해 구축.
대부분 일자형이며 ㄱ자형 포함
총 22개소.

일본군의 진주만 공습으로 1941년 태평양전쟁이 발발하였지만 1944년 봄까지 제주도는 큰 영향을 받지 않았다. 그러나 미국이 장거리 폭격기 B-29를 개발하고 일본 근해에 잠수함을 출동시키자 일본은 본토를 방어하기 위한 조치를 시삭한다. 1945년 1.20일 일본 지휘부는 본토결전작전대망(本土決戰作戰代網)이라는 전체계획을 수립하고 이에 따라 육군은 결호작전, 해군은 천호작전을 수립한다. 결호 작전은 홋카이도부터 한반도까지 전역을 7개 구역으로 나누고 한반도지역을 결7호작전 구역으로 명명하였다. 제주도가 결7호작전의 최전방이 되었으며 일본 제58군은 제주도를 다시 4개 지역으로 나누고 미군의 공격예상경로를 고려한 부대를 재배치하였

우물로 본 조선역사

다. 전세가 급박해지는 8월에는 해안결전을 목표로 주저항진지, 복곽진지, 전진거점, 위장진지 등을 건설하였다.

① **송악산**　제주 서귀포시 대정읍 상모리. 송악산 해안지역에는 일자형, ㄷ자형, ㅐ자형 17개소 위치.
② **일출봉**　제주 서귀포시 성산읍 성산리. 일출봉 해안지역에는 30m 길이 일자형 동굴진지 15개소, 벙커형 2개소, 왕(王) 자형 1개소 위치.

◀ **서우봉**

제주시 조천읍 함덕리. 서우봉 해안지역에는 왕(王) 자형 포함 18개소, 벙커형 2개소 위치. (출처 : 문화재청, www.heritage.go.kr)

　해군은 해안특공기지를 만들어 자살특공대를 준비하였다. 모슬포 송악산, 북촌 서우봉, 성산포 일출봉, 서귀포 삼배봉, 고산 수월봉에 해안기지를 건설하여 신요 특공대를 배치하였다. 인간어뢰로 불리는 가이텐 특공대는 계획하였으나 성사되지는 않았다. 신요 특공대들이 탑승하는 보트는 1~2인승 베니어판 모터보트로서 폭약을 250~300kg 장착한 자살공격용이었다. 제주도 해안의 동굴기지는 대부분 자살특공대보트를 엄폐·은폐하기 위한 격납고였다.

　한국인들에게 삶의 빛을 되찾는 부활의 그 날은 오고 있었지만 한국인들에게 고통의 시련은 쉽게 끝나지 않았다. 1945년 8월 6일 히로시마에 리틀보이(원자폭탄), 8월 9일에는 패트맨이 떨어졌다. 일본의 군국주의가 더 이상 지구상에 존재해서는 안 됨을 알리는 세계 인류의 엄중한 경고였고 일본의 천황은 떨리는 목소리로 항복을 선언하였다. 안타깝게도 천황의 항복을 이끌어 내는 데 재일동포 히로시마 2만 명, 나가사키 1만 명이 희생되었고 수만 명이 오랜 시간 원폭피해의 고통을 겪게 되었다. 최근 나가사키 한인 위령탑이 세워지고 히로시마에 한일 양국 정상이 참배한 것은 그나마 영령을 위로할 수 있는 최소한의 예의가 지켜진 것으로 보인다. 이러한 슬픔을 뒤로하고 1948년 8월 15일 대한민국 정부가 수립되었다. 대통령을 행정부 수반으로 하는 민주공화정이 채택되었으며 양녕대군의 16대손이 초대 대통령이 되었으니 조선이 대한민국이라는 새로운 모습으로 멋지게 부활했다고 볼 수 있다. 멋진 부활의 모습도 잠시 6.25 전쟁으로 인한 남북분단, 부정선거로 인한 4.19 혁명, 군사정권의 등장 등으로 부활한 국가의 몸이 성한 날이 드물었다. 한국 국민들은 이러한 어려움 속에서도 합심된 노력으로 한국의 경제를 세계 10위로 끌어올렸고 한국의 민주주의가 장족의 발전을 이루는 데 기여하였다. 국민들의 눈물겨운 노력에 비해 과거 정치권의 모습은 다소 실망스러운 모습을 보였고 지금도 큰 변화가 없어 보인다. 상대를 이해하려는 노력은 부족하고 자신들의 주장은 항상 옳다. 조선사림의 우물이 겹쳐 보이는 것은 단순한 기우일까? 미래의 후손들이 우리의 시대를 어떤 우물로 규정할 것인지 걱정하기보다는 세종의 민생우물을 만들려는 시대적 노력이 필요해 보이는 시기이다.

1   공민왕은 14세기 후반에 들어 원의 쇠약기를 틈타, 친원세력을 숙청하고 정동행성을 폐지하였다. 그리고, 쌍성총관부를 공략하여 영흥 이북의 땅을 회복하고, 최영으로 하여금 요동 지방을 공략하게 하였다. 한편, 원이 쇠약한 틈을 타서 일어난 홍건적이 공민왕 때 서경을 점령하였고, 그 후에 다시 개경을 점령하였는데 정세운, 안우 등이 이를 격퇴하였다. 그 뒤, 원은 공민왕을 물러나게 하기 위하여 북서에서 침입해 왔으나, 최영(崔瑩)이 이를 격파하였고, 또 원의 장수 나하추가 북동에서 침입해 오자, 이성계가 이를 격퇴하였다. 한편, 공민왕은 요동 땅을 회복하고자 지용수와 이성계로 하여금 북서, 북동 양면에서 북진하게 하였다. 그리하여, 이성계는 황초령을 넘고 압록강을 건너 요양(랴오양)을 점령하고, 이 땅이 원래 우리나라 땅임을 선포하였다. 요양 지역은 뒤에 명나라 군대가 점령함에 따라 그들의 지배하에 돌아가고 말았다. 공민왕 때부터 우왕 때에 걸쳐 왜구의 침략이 극도에 달하여 전국의 해안 지방을 황폐하게 만들고, 살인, 방화, 약탈을 자행하였으며, 강화도에까지 침입하였다. 고려는 외교적 교섭으로 왜구의 창궐을 막아보려 하였으나, 실패하자 국방력을 강화하여 무력적인 토벌에 나섰다. 최영과 이성계는 왜구 토벌의 영웅으로서 국민의 두터운 신망을 받았다. 왜구 토벌이 한창 진행 중이던 우왕 말년에 명과의 영토 분쟁이 일어났다. 명은, 원의 쌍성총관부 관할하에 있던 고려 땅을 그들의 직속령으로 만들겠다고 고려에 통보해 왔다. 이에, 고려 조야는 명의 조처에 크게 분개하여, 도리어 이 기회에 명이 차지한 요동 지방을 회수하려고 하였다. 그러나, 요동정벌을 둘러싸고 조정의 의논은 둘로 갈라졌다. 최영을 대표로 하는 일부 무장들은 즉각적인 출병을 주장하였고, 이성계를 대표로 하는 다른 무장들은 국내의 정세로 보아 요동정벌은 실제로 불가능하다고 판단하여 출병을 반대하였다.

2   以小逆大其不可(이소역대기불가), 夏月發兵其不可(하월발병기불가), 擧國遠征倭乘其虛(거국원정왜승기허), 時方暑雨弩弓解膠大軍疾疫(시방서우노궁해교대군질역)

3   충청남도 홍성군 홍북면 노은리 최영 장군 사당, 경기도 양주시 최영 장군당, 서울특별시 종로구 인왕산 국사당, 경상남도 통영시 사량면 최영 장군 사당, 남해군 미조면 최영 장군 사당 무민사(武愍祠), 부산광역시 수영구 무민사(武愍祠), 부산광역시 동구 무민공 최영 장군 사당, 충청북도 청주시 기봉영당(奇峰影堂), 제주특별자치도 제주시 추자면 추자도 최영 장군 사당

4   전국의 토지를 국가수조지로 파악하고 국가기구와 직역자 등에게 수조권을 분급

한 것으로, 토지를 개인이 수조권을 지닌 사전(私田)과 왕실이나 국가가 수조권을 지닌 공전(公田)으로 구분했다. 사전은 분급의 명목에 따라 과전(科田)·군전(軍田)·공신전(功臣田)·외역전(外役田) 등으로 나뉜다. 과전은 현직 관리, 서울에 거주하는 전직 관리들을 품계에 따라 18과(科)로 구분해 10결에서 150결까지 차등을 두어 지급했다. 원칙상 세습을 허용하지 않아 죽은 뒤에는 국가에 반환하도록 되어 있었으나 미망인과 미성년 자녀에게 수신전(守信田)·휼양전(恤養田)의 명목으로 지급되어 실질적으로는 세습되었다. 군전은 지방의 한량관리(閑良官吏)에게 품계에 관계없이 5결이나 10결의 지급한 수조지이다. 공신전은 공신으로 책봉된 자들에게 지급한 수조지로 세습이 인정되었을 뿐 아니라 전세도 면제되었다. 외역전은 향리와 특수직역에 종사하는 자들에게 지급한 수조지이다. 공전은 국가재정을 위한 수조지로 왕실수조지와 국가수조지로 나뉜다. 왕실 창고에 지급된 창고전(倉庫田), 왕실과 왕궁에 지급된 궁사전(宮司田)과 능침전(陵寢田), 관아의 경비를 조달하기 위해 분급된 공해전(公田), 성균관이나 향교 등에 분급된 학전(學田), 왕릉 수호를 위한 경비로 지급된 수릉군전(守陵軍田), 각 도의 역에 지급된 역전(驛田) 등이 있었다.

5   표전문제 등으로 물고 집요하게 정도전을 물고 늘어지던 명의 주원장의 건강이 악화되고 사망에 이른다. 정도전은 요동정벌을 위해 정치적 지지세력 결집과 전쟁준비를 시작한다. 전쟁준비에 들어가면서 시급한 문제인 군사력 강화의 일환으로 그동안 실시한 진도 연습과 훈련을 독려하고 중앙집권 및 통일된 군사 지휘체계를 만든다. 또한 병력 충원을 위해 과거 요동에서 사람이 넘어오면 돌려보냈는데 이 시기에는 의복과 음식을 주면서 받아들인다. 군대의 질적 강화를 위해 각 대신과 종친에게 나누어져 있던 사병을 혁파하고 왕의 지휘하 중앙군으로 편입을 추진한다. 사병을 가진 세력들의 반발이 엄청났다. 중앙군이 이미 진도 연습 등으로 통일된 지휘체계를 갖춰 병권이 강화되고 있었는데 그나마 있던 병력을 전부 가져가겠다는 행동에 불만은 커졌다. 더구나 막내 의안대군을 세자로 삼으면서 이복형제들은 숙청의 가능성 때문에 불안감이 커졌고 그나마 있던 군사까지 빼앗겨서는 무기력하게 당할 수 있다는 위기의식이 높아진 것으로 보인다.

6   성균(成均)은 '인재로서 아직 성취하지 못한 것을 이루고 풍속으로서 가지런하지 못한 것을 고르게 한다(成人才之未就 均風俗之不齊).'는 의미

7   千仞岡頭石徑橫   천 길 높은 산마루에 돌길 비껴 있는데,
    登臨使我不勝情   올라서자 내 심정 견딜 수 없게 하네
    靑山隱約扶餘國   푸른 산 아스라한 곳이 부여국이요
    黃葉繽紛百濟城   누른 잎 흩날리는 곳이 백제성이라
    九月高風愁客子   구월의 고풍이 나그네를 시름케 하고
    百年豪氣誤書生   백년의 호기가 서생을 잘못되게 했네
    天涯日沒浮雲合   하늘가엔 해가 지고 뜬구름만 모이니
    惆悵無由望玉京   서글퍼라 서울을 바라볼 길 없어졌네

8   조선이 건국되자 태학생 임선미 등 72인이 모두 두문동에 들어와서 마을의 동·서쪽에 문을 세우고, 빗장을 걸고서 문밖으로 나가지 않은 것에서 유래했다고 한다,

태조는 고려 유신들을 회유하기 위하여 경덕궁(敬德宮)에서 친히 과장(科場)을 열었다. 그러나 이들은 아무도 응시하지 않고 경덕궁 앞의 고개를 넘어가 버렸다. 그래서 그 고개를 부조현(不朝峴)이라 하였다. 그리고 부조현 북쪽에 관을 걸어놓고 넘어갔다 하여 이를 괘관현(掛冠峴)이라 불렀다고 한다.

9 황표정사 : 문종이 임시로 만든 인사체계. 단종이 어린 관계로 김종서 등 정승들이 의정부 대신들과 인사(人事)를 상의하여 황표(黃標)를 제시하면 임금이 형식적으로 낙점. 의정부의 권한이 강화되고 왕권은 추락하는 결과 초래.

10 일자원금출제궁(自寃禽出帝宮)　　　한 마리 원한 맺힌 새가 궁중을 나온 뒤로
　　고신척영벽산중(孤身隻影碧山中)　　외로운 몸 짝 없는 그림자 푸른 산 속을 헤맨다
　　가면야야면무가(假眠夜夜眠無假)　　밤이 가고 밤이 와도 잠을 못 이루고
　　궁한연년한불궁(窮恨年年恨不窮)　　해가 가고 해가 와도 한은 끝이 없구나
　　성단효잠잔월백(聲斷曉岑殘月白)　　두견새 소리 끊긴 새벽 묏부리에 달빛만 희고
　　혈류춘곡낙화홍(血流春谷落花紅)　　피 뿌린 듯 봄 골짜기에 지는 꽃만 붉구나
　　천롱상미문애소(天聾尙未聞哀訴)　　하늘은 귀머거리인가 슬픈 이 하소연 어이 못 듣고
　　하내수인이독총(何乃愁人耳獨聰)　　어찌 수심 많은 이 사람의 귀만 홀로 밝은가

11 비류삼백척(飛流三百尺)　　　날아 흐르는 물이 300척이요
　　요락구천래(遙落九天來)　　멀리 떨어지는 물은 구천에서 내리네
　　간시백홍기(看時白虹起)　　볼 때 흰 무지개 일고
　　번성만학뢰(翻成萬壑雷)　　골짜기마다 번개 소리 가득 하네

12 무신(巫神)의 상호관계는 최고신이 천신(天神) 그 밑에 상층신으로 일월성신(日月星辰), 제석신(帝釋神), 칠성신(七星神), 중층신으로 산신(山神), 용신(龍神), 지신(地神), 하층신으로 걸립신, 하졸(下卒), 잡귀(雜鬼)이다. 굿을 하는 경우 무속의 대상은 가신은 조왕신, 삼신, 지신, 성주신, 조상신, 정신(井神), 우마신, 동신은 산신, 서낭신, 부군신, 당신(堂神), 외계신은 천신, 천왕신, 칠성신, 시준신, 제석신, 용신, 용왕신, 장군신, 군웅신(軍雄神), 신장신(神將神), 창부신(倡夫神), 잡귀 등으로 구분된다.

13 이조전랑(吏曹銓郎)은 이조의 정랑(정5품)과 좌랑(정6품)을 힘께 이르던 말이다. 이조의 정랑과 좌랑은 각 부서의 당하관(堂下官 : 문관은 정3품 통훈대부, 무관은 어모장군, 종친은 장선대부, 의빈은 정순대부 이하의 품계) 관원을 천거하고 재야 인사 추천 권한을 가진 직책으로 전랑(銓郎)이라고 불렀다. 특히 이조정랑(吏曹正郎)은 사정기관인 삼사(三司) 관리의 추천권을 가진 핵심 요직으로, 품계는 낮았으나 막강한 권한을 가지고 있었다. 명망 있고 젊은 문신 중에서 선임되었고 중죄가 아니면 탄핵받지 않았다. 조선의 관리 임명 권한은 삼정승이 있는 의정부에게 있지 않고 이조에 속해 있었다. 따라서 이조의 수장인 이조판서는 삼정승보다 큰 권한을 누렸다. 이조판서의 인사권 전횡을 방지하기 위하여 삼사 관리 추천권만은 이조정랑에게 전권을 주었다. 감시, 탄핵, 감찰하는 삼사의 인사권이 재상이나 이조판서에게 있으면 권력남용의 소지가 있고 삼사 관리들이 소신껏 감찰 및 탄핵 활동을할 수 없기 때문이었다. 하지만 정랑은 삼사의 인사권을 가지고 있으므로 삼사의 여론은 은연중 정랑의 통제하에 있었고, 삼사를 통하여 대신들의 권력을 견제하였다.

따라서 이조전랑직을 누가 차지하느냐에 따라 권력의 향배가 결정되었다. 조선시대 붕당(朋黨) 시작으로 보는 사림파의 동서분당 사건을 초래한 심의겸과 김효원의 싸움도 이조정랑 자리를 놓고 벌어졌다. 이후 전랑직을 둘러싼 쟁탈전이 당쟁을 격화시키는 원인이 되었다.

14 조선의 고위 관리로 정치에 참여하는 방법은 문무 과거(科擧)를 통과하는 것과 조상의 공덕에 대한 혜택인 음직(蔭職)을 받거나 개인의 수양·학덕을 인정받아 진출할 수 있는 길이 열려져 있었지만 까다로운 제한이 있었다. 그러나 사림파가 정치를 주도한 이후 학자와 정치가의 구분이 사라지고 학문적 이념과 정치적 명분이 결합이 심화됨에 따라 과거에 집착하지 않고 학문만을 연마하여 높은 수준에 도달한 인물들이 오히려 정치적 권위를 인정받는 현상이 발생하였다. 선조 대에 성혼·정인홍이 과거를 통하지 않고도 정부에서 중요한 역할을 하였고 그중 정인홍은 광해군 대에 이이첨이 정치를 주도하는 데 강력한 배경이 되었다. 그러나 이것이 하나의 제도로 성립된 것은 17세기 전반 인조 대였다. 1623년 무력정변을 통해 권력을 잡음으로써 되도록 많은 사람들의 지지를 얻을 필요가 큰 인조와 서인 세력은 곧 성균관에 사업(司業: 종4품)을 설치하여 김장생·장현광·박지계를 임명하였다. 산림 우대정책은 더욱 진전되어 1646년에는 세자 교육을 맡은 시강원에 찬선(贊善: 정3품 당상관)·익선(翊善: 종5품, 뒤에 進善으로 바꿈)·자의(諮議: 정7품)를 설치하였고, 효종 대에는 성균관에 제주(祭酒: 정3품 당상관)를 두었다. 그리하여 송시열·송준길·윤선거·권시·허목·윤휴(尹鑴) 등이 임명되어 파격적 대우를 받으며 국가운영 및 국왕과 세자의 교육에 참가하였다.

15 4종지설(四種之說)은 의례에 적혀 있는 3년 복을 입을 수 없는 경우를 다음과 같이 네 가지로 나누어 설명하였다.
① 맏아들인데(正體) 자손을 얻지 못함(不得傳重), ② 적통인데 아들이 아닌 자손이 계승(正而不體). 즉, 적장자의 적장자가 후사를 이은 경우, ③ 아들이긴 하지만 적장자는 아님(體而不正). 즉, 맏아들이 아닌 다른 아들이 후사를 이은 경우, ④ 적통도 아니고 아들도 아님(不正不體).

16 한산섬 달 밝은 밤(한산도월명야 寒山島月明夜), 수루에 홀로 앉아 큰 칼 옆에 차고(상수루무대도 上戍樓撫大刀), 깊은 시름 하는 차에(심수시하처 深愁時何處), 어디서 일성호가는 깊은 시름 더하느냐(일성강적경첨수 一聲羌笛更添愁)

17 신구차의 내용은 먼바다 전장에서 일어난 일을 조정에서 다 알기 힘들며 오해의 소지가 있을 수 있다. 이순신의 공으로 임란 초기 조선이 견딜 수 있었으니 임금께서 은혜를 베풀어 다시 전공을 세우게 하라고 건의하는 내용이다. 정탁은 이순신이 죄가 없는 것은 아니라고 하여 선조를 존중함으로써 이순신의 목숨을 구명할 수 있는 실질적이고도 노련한 정치력을 보이고 있다.

18 불한당(不汗黨)은 첫째, 아무리 나쁘고 포악한 짓을 벌이고도 눈물은커녕 땀 하나 흘리지 않을 정도로 양심이 없고 냉혈한의 질 나쁜 무리라는 의미와 둘째, 땀 흘리지 않고 돈을 버는 족속을 뜻한다. 첫째의 의미를 고려 때는 초적 또는 적과적이라 부르다가 조선 초기에는 명화적(明火賊), 한당(汗黨), 화적(火賊)으로 후기에는 불한당(不汗黨)이라 했다. 다만, 영조 때 김한구의 남한당과 홍봉한의 북한당으로 나

뉘었는데 이들 파당에 들지 않은 사람을 불한당(不漢黨)으로 부른 것과는 구별되어
야 한다.

19 의대병환 혹은 의대증은 옷을 입는 것이 불편하거나 선택에 어려움을 겪는 강박증
(强迫症)의 형태이다. 사도세자의 의대증의 원인은 여러 가지가 있을 수 있으나 옷
을 입은 후 만날 영조 및 신하들과의 관계에서 스트레스를 생각해 볼 수 있다.

20 편집증은 대상에게 적의가 숨어 있다고 판단하여 끊임없이 자기중심적으로 해석하
는 증상이다. '망상장애'로 불리는 정신장애의 옛 이름이다. 그리스어 'paranoia'에
서 유래되었다.

21 양극성 장애는 정신이 상쾌하고 흥분된 상태와 우울하고 억제된 상태가 교대로 나
타나거나 둘 가운데 한쪽이 주기적으로 나타나는 병으로 분열병과 함께 2대 정신병
의 하나이다.

22 왕이 되지 못하고 죽은 왕족이나 왕의 조상에게 사후 왕과 왕비의 지위를 주는 것은
추존(追尊) 또는 추봉(追封), 추숭(追崇)이라고 한다

23 대고는 네 가지 시정 방향으로 제민산(制民産 : 백성의 부유한 삶을 위해 토지소유
문제 해결), 성인재(成人材 : 과거와 청요직 등의 개선), 힐융정(詰戎政 : 병농일치
에 기반한 군제개혁), 유재용(裕財用: 백성을 위한 세법 개선)이다.

24 정조는 당시 유행하기 시작한 박지원(朴趾源)의 『열하일기(熱河日記)』에서 쓰여진
새로운 형식의 문장에 대하여 그것이 소품 소설이나 의고문체(擬古文體)에서 나온
잡문체라 규정하고 정통적 고문(古文)인 황경원(黃景源) · 이복원(李福源) 등의 문
장을 모범으로 삼게 하였다. 한문의 문장체제를 순정고문(醇正古文)으로 회복하자
는 정조의 정책을 문체반정(文體反正)이며 조선 후기 문학의 발전에 도움을 주지
못하였다.

25 정조는 경종 대의 신임옥사(辛壬獄事), 영조 대의 임오화변(壬午禍變), 세손인 자
신의 내리칭정 저지의 시도는 외형은 다르지만 모두 당파적 속습이 빚어낸 결과라
고 규정하였다. 정조는 필생의 과업으로 신임의리(辛壬義理)와 '영조의 임오의리
(壬午義理)', 그리고 명의록(明義錄) 의리를 통합한 새로운 군신의리 곧 '정조의 임
오의리'를 핵심으로 한 '대의리(大義理)'를 천명하고자 하였다. 이를 위해서는 군신
의 신뢰와 화합이 무엇보다 중요하였는데, 이에 정조는 신하들이 과거의 속습에 얽
매여 당파별로 별도의 의리를 내세우며 다른 당파를 배척해서는 안 된다고 강조하
였다. 정조가 말하는 별도의 의리란 신임의리, '영조의 임오의리', 명의록 의리 가운
데 하나를 당파에 따라 절대적 준거로 삼는 것을 가리킨다. 이들 세 가지 의리는 정
조가 평생 확립하려 하였던 '대의리' 곧 지금의 의리, 금의리(今義理)의 일부일 뿐
이므로 일부 신하들이 과거의 한 의리를 고집하는 것은 앞으로 천명될 새로운 통합
의리에 대항하는 반역으로 이어질 수 있다고 경고한 것이다. 정조는 이상의 연교
(筵敎) 내용을 널리 반포하여 신하들에게 호응할 것인지 반성할 것인지 분명한 견
해 표명을 요구하였다.

26 정조 19년(1795) 윤이월 원행에서 화성향교(華城鄕校)를 방문하여 공자사당에 참
배하고 낙남헌(洛南軒)에 나아가 수원 유생들과 화성을 지키는 장용영(壯勇營) 병

사들을 대상으로 문무과 별시를 거행. 혜경궁 홍씨를 모시고 현륭원에 가서 참배. 새로 건설한 화성 성곽의 방어와 공격을 시험하기 위해 5천 명의 장용영 장병들을 나누어 실전에 가까운 훈련을 주야 간 실시하고 평가. 2월 13일에는 봉수당(奉壽堂)에서 혜경궁 홍씨의 회갑연 개최. 2월 14일 새벽에 정조는 행궁의 정문인 신풍루(新豊樓)에 나아가 홀아비, 과부, 고아, 독자 등과 가난한 주민들에게 쌀과 소금을 분배. 61세 일반 노인과 70세 이상의 관리, 80세 이상의 사서인(士庶人) 384명을 초대해 연향례를 베풀고 술과 음식과 비단, 노란 손수건을 매단 지팡이를 제공, 일정을 마친 정조는 완공되어 가는 화성을 둘러보았다. 그날 저녁에는 득중정(得中亭)에서 대신들과 함께 야간 활쏘기를 하고 땅에 화약을 묻어두었다가 터뜨리는 매화포(埋火砲)를 터뜨려 이 행행을 축하하였다.

27　오성지는 성의 바깥문 위에 지은 누각 둘레에 모인 물이 흘러내리도록 만든 홈으로 누조(漏槽)라고 칭한다. 적이 성에 대한 화공을 하는 경우 불을 끄기 위해 누각에 비치된 물이 흐르도록 세로로 설치되어야 함에도 불구하고 가로로 설치된 것을 지적한다.

28　오가작통법 : 조선시대 다섯 집을 1통으로 묶은 호적의 보조조직. 조선 후기에 이르러 호패(戶牌)와 더불어 호적의 보조수단이 되어 역(役)을 피하여 호구의 등록 없이 이사 · 유리(流離)하는 등의 만성화된 유민(流民)과 도적의 은닉을 방지하는 데 이용하였고 헌종 때에는 통의 연대책임을 강화하여 가톨릭교도를 적발하는 데 크게 이용하였다.

29　만동묘 : 숙종 15(1689)년 송시열이 사사(賜死)될 때 명나라 신종과 의종의 사당을 세워 제사 지낼 것을 그의 제자인 권상하에게 부탁하였다. 권상하는 이에 따라 숙종 29년(1703) 민정중 · 정호 · 이선직과 함께 부근 유생들의 협력을 얻어 만동묘를 창건하고 신종과 의종의 신위를 봉안하여 제사 지냈다. 이후 만동묘는 유생들의 집합장소가 되어 그 폐단이 서원보다 더욱 심해졌다. 이에 고종 2년(1865) 대원군은 대보단(大報壇)에서 명나라 황제를 제사 지내므로 개인적으로 제사를 지낼 필요가 없다는 이유를 들어 지방(紙榜)과 편액(扁額)을 서울에 있는 대보단의 경봉각(敬奉閣)으로 옮기고 만동묘를 철폐했다.

30　사창제 : 흥선대원군은 삼정의 문란 중 가장 극심했던 환곡의 폐단을 개혁하기 위해 리(里)를 단위로 보릿고개 때 곡식을 빌려주는 사창을 설치하여 운영하였다. 통상 보릿고개 때 곡식을 빌려주고 추수를 하는 가을 정도에 이자를 조금씩 붙여서 돌려받았다.

31　① 동학교도는 정부와의 원한을 일소하고 서정에 협력 ② 탐관오리 엄벌 ③ 횡포한 부호를 엄징 ④ 불량한 유림과 양반의 무리를 징벌 ⑤ 노비문서 소각 ⑥ 천인에 대한 대우 개선 ⑦ 청상과부의 개가 허용 ⑧ 무명잡세 일체 폐지 ⑨ 관리채용 시 지벌을 타파하고 인재 등용 ⑩ 왜와 통한 자는 엄징 ⑪ 기왕의 공사채를 무효로 할 것 ⑫ 토지는 평균하여 분작

32　로바노프-야마가타 협정 : 로바노프-야마가타 의정서는 본 조약 4개 조항과 비밀 조관 2개 조항으로 이루어져 있다. 제1조는 한국의 재정문제에 대해 러시아와 일본

이 한국 정부에 조언을 해줄 수 있다는 것, 한국이 개혁을 추진하기 위해 차관을 필요로 할 경우 러시아와 일본 양국이 합의해 제공해야 한다고 규정했다. 제2조는 한국의 경제적 여건이 허락하는 한 원조를 받지 않고 한국인 군대와 경찰을 창설하도록 하고 한국 정부가 이를 유지하도록 한다는 것이었다. 제3조는 일본이 한국 내에 설치한 전신선을 계속해서 보호한다는 것과 러시아 역시 한성에서 러시아 국경에 이르는 전신선을 가설할 수 있는 권리를 가지며, 이 전신선들은 한국 정부가 매수할 수 있는 여력이 생기면 매수할 수 있다고 규정했다. 제4조는 의정서의 내용을 명확히 하기 위한 경우나 또는 다른 논의 사항이 생길 경우 다시 양국 대표자가 논의한다는 내용을 담고 있다. 비밀 조관 제1조는 한국에서 소요가 발생하거나 그럴 가능성이 있을 경우 러시아와 일본은 자국민과 전신선 보호 병력 외에 추가로 군대를 파견할 수 있고, 양국 군대의 충돌 방지를 위해 중립 지대를 설정할 수 있다고 규정했다. 제2조는 한국인 군대를 조직하기 전까지 러시아와 일본이 자국 군대를 주둔시킬 수 있으며, 러시아 공사관에 머물고 있는 고종의 호위를 러시아군이 맡는다는 내용이다. 이 의정서는 러시아와 일본 중 어느 한 국가의 한국에 대한 영향력이 절대적으로 증대되는 것을 막기 위한 상호 견제 조치였다. 한국의 입장에서는 러시아와 일본이 자신들의 이권을 지키기 위해 자의적으로 한국에 군대를 파견하는 것을 결정하는 등 정치적, 군사적 자주권을 크게 침해받는 내용을 담고 있었다.

33 파리강화회의는 1919년 1월부터 1920년까지 이루어진 1차 세계대전의 전후 처리 문제를 논의하기 위한 회의 전체를 뜻한다. 1919년 1월부터 6월까지 프랑스에서 약 5개월간 영국, 미국, 프랑스 주도로 약 30여 국가의 대표들이 참여한 가운데 전후 처리에 대한 기본적인 사항을 협의하는 회의가 열렸다. 이 회의에서 국제문제를 풀어나갈 원칙으로 선택된 것은 미국 대통령 윌슨이 주장했던 14개조이다. 이것에 근거하여 1920년까지 패전국과 승전국가 간의 조약협상이 진행되었다.

34 이왕직(李王職)은 경술국치 이후 대한제국황실(大韓帝國皇室)이 이왕가로 격하됨에 따라 기존 황실업무를 담당하던 궁내부(宮內府)를 계승하여 설치되었다. 조선총독부가 아닌 일본의 궁내성(宮內省)에 소속된 기구였다.

우물로 본 조선역사

초판 1쇄 발행 2023. 9. 11.

지은이 김훈, 김지우
펴낸이 김병호
펴낸곳 주식회사 바른북스

편집진행 김재영
디자인 최유리, 양헌경, 김민지

등록 2019년 4월 3일 제2019-000040호
주소 서울시 성동구 연무장5길 9-16, 301호 (성수동2가, 블루스톤타워)
대표전화 070-7857-9719 | **경영지원** 02-3409-9719 | **팩스** 070-7610-9820

•바른북스는 여러분의 다양한 아이디어와 원고 투고를 설레는 마음으로 기다리고 있습니다.

이메일 barunbooks21@naver.com | **원고투고** barunbooks21@naver.com
홈페이지 www.barunbooks.com | **공식 블로그** blog.naver.com/barunbooks7
공식 포스트 post.naver.com/barunbooks7 | **페이스북** facebook.com/barunbooks7